Hugo

Das Jahr 1793

Victor Hugo

Das Jahr 1793

Roman

1989
Gustav Kiepenheuer Verlag
Leipzig und Weimar

Originaltitel: Quatre-vingt-treize

Aus dem Französischen übertragen
von Alfred Wolfenstein
Überarbeitet und ergänzt
von Alberte Schöne und Mireille Vildebrand
Mit einem Nachwort von Eberhard Wesemann

ISBN 3-378-00295-6

Erster Teil

Auf See

Erstes Buch

Der Wald von La Saudraie

In den letzten Maitagen des Jahres 1793 hatte eines der Pariser Bataillone, die unter Santerre in die Bretagne eingerückt waren, den unheimlichen Wald von La Saudraie im Bezirk Astillé zu durchstreifen. Das Bataillon, durch den rohen Krieg aufgerieben, zählte nur noch dreihundert Mann. Es war die Zeit, da nach den Schlachten im Argonnerwald, bei Jemmapes und Valmy von den sechshundert Freiwilligen des ersten Pariser Bataillons siebenundzwanzig, vom zweiten dreiunddreißig und vom dritten siebenundfünfzig Mann übrigblieben, Zeit epischer Kämpfe.

Die von Paris in die Vendée geschickten Bataillone waren neunhundertzwölf Mann stark. Jedes hatte drei Geschütze. Sie waren sehr schnell aufgestellt worden. Am 25. April, unter Gohier als Justizminister und Bouchotte als Kriegsminister, hatte der Stadtteil Bon-Conseil vorgeschlagen, Freiwillige in die Vendée zu entsenden; Lubin, Mitglied der Kommune, hatte Bericht erstattet; am 1. Mai stand Santerre bereit zum Abmarsch, mit zwölftausend Mann, dreißig Feldgeschützen und einem Bataillon Artillerie. Trotz dieser Eile war die Truppe so vorzüglich zusammengesetzt, daß nach ihrem Vorbild heute die ›Linie mobil‹ gemacht wird. Danach ist auch das frühere Zahlenverhältnis zwischen Soldaten und Unteroffizieren geändert worden.

Am 28. April hatte der Pariser Stadtrat den Freiwilligen aus Santerre befohlen: ›Keine Gnade, keine Schonung!‹ Ende Mai waren von den zwölftausend aus Paris Hinausgezogenen achttausend gefallen.

Das Bataillon, das in den Wald von La Saudraie eingedrungen war, rückte sehr behutsam vor. Man beeilte sich nicht, man schaute nach rechts und links, vorwärts und zurück. »Der Soldat hat ein Auge im Rücken«, sagte Kléber. Sie marschierten schon lange. Wie spät mochte es sein? Wie weit war der Tag schon fortgeschritten? Das war schwer zu bestimmen, denn in solchem verwilderten Dickicht herrscht stets eine Art Abendstimmung, niemals ist es dort richtig hell.

Ein tragischer Wald war dieser von La Saudraie. In seinem Gestrüpp hatte im November 1792 der Bürgerkrieg mit allen Greueltaten begonnen. Mousqueton, der hinkende Wilde, war dieser unheilvollen Baumnacht entstiegen. Eine Unmasse dort geschehender Morde machte an dem grausigen Ort die Haare sträuben. Darum schritten die Soldaten zögernd tiefer hinein. Doch alles stand voller Blumen. Eine zitternde Mauer von Zweigen hob sich um die Männer, und die reizende Frische des Laubes sank auf sie herab. Sonnenstrahlen durchbohrten hier und dort das grüne Dunkel. Über der Erde lag ein dichter Pflanzenteppich, bestickt und gesäumt mit Schwertlilien, Wasserlilien, Wiesennarzissen, Frühlingssafran und jenen kleinen Blumen, die schönes Wetter ankündigen. Dazwischen wuchsen alle Arten von Moos, von den Formen der Raupe bis zu der des Sterns. Schritt für Schritt, schweigend rückten die Soldaten durch das vorsichtig beiseite geschobene Astwerk, während die Vögel über den Bajonetten zwitscherten.

Im Unterholz von La Saudraie hatte man früher, in friedlichen Zeiten, die ›Houicheba‹ ausgeübt, die nächtliche Jagd auf Vögel. Jetzt machte man dort Jagd auf Menschen.

Der flache Boden des Waldes stand voller Buchen, Birken und Eichen. Moos und Gras erstickten den Laut der Schritte. Keine Pfade, oder nur solche, die sich sofort wieder verloren.

Stechpalmen, Schlehensträucher, Farrenkräuter, Hauhecheln, Brombeerstauden; unmöglich, einen Menschen auf zehn Schritt zu sehen. Zuweilen flog ein Reiher oder ein Wasserhuhn als Zeichen naher Sümpfe durchs Gezweige.

Sie marschierten, sie gingen auf gut Glück, voller Unruhe, voller Furcht zu finden, was sie suchten.

Von Zeit zu Zeit fanden sie Spuren von Lagerstellen; Brandflecke, niedergetretene Grasplätze, kreuzförmig aufgerichtete Stöcke, blutige Zweige. Dort hatte man die Suppe gekocht, dort die Messe gelesen, dort Verwundete gepflegt. Aber die Menschen, die dort verweilt hatten, waren verschwunden. Wohin? Vielleicht waren sie schon weit fort? Vielleicht lagen sie ganz nahe im Versteck, den Stutzen in der Faust? Verlassen schien der Wald. Das Bataillon verdoppelte die Vorsicht. Einsamkeit, darum Mißtrauen! Niemand war zu sehen, um so mehr war jemand zu fürchten. Es handelte sich um einen berüchtigten Wald, und mit einer Falle war zu rechnen.

Dreißig Grenadiere gingen unter der Führung eines Unteroffiziers als Aufklärer voran, ziemlich weit vor dem Kern der Truppe. Die Marketenderin des Bataillons begleitete sie. Marketenderinnen schließen sich gern der Vorhut an. Es ist zwar gefährlich, aber man bekommt etwas zu sehen. Neugier ist eine der Formen weiblicher Tapferkeit.

Plötzlich spürten die Soldaten des kleinen Vortrupps jenes dem Jäger bekannte Zittern, das die Fühlung mit dem Wild anzeigt. Aus einem Gebüsch heraus hatte man so etwas wie ein Atmen vernommen, man glaubte auch eine Bewegung im Laube zu erkennen. Die Soldaten winkten sich zu.

In diesen Späh- und Suchdienst der Aufklärer brauchen die Offiziere nicht einzugreifen; was geschehen muß, geschieht schon von selbst. Kaum eine Minute später, und der Ort, wo sich etwas gerührt hatte, war umstellt. Die dunkle Mitte des Gestrüpps wurde von allen Seiten zugleich aufs Korn genommen, ein Kreis angelegter Flinten umschwebte ihn, und die

Soldaten, den Finger am Drücker, den Blick auf die verdächtige Stelle gerichtet, warteten nur auf den Befehl des Unteroffiziers, um einen Kugelregen hineinzusenden.

Aber die Marketenderin hatte in den Busch zu sehen gewagt, und im Augenblick, da der Befehl ›Feuer!‹ kommen sollte, schrie die Frau: »Halt!«

Sie drehte sich zu den Soldaten um: »Schießt nicht, Kameraden!« Dann stürzte sie hinein. Die andern folgten ihr.

Es war tatsächlich jemand darin.

Mitten im Buschwerk, am Rand einer kleinen Lichtung, entstanden durch Kohlenmeiler, in denen Baumwurzeln verbrannt werden, saß in einem von Zweigen gebildeten Nest, in einer wie ein Alkoven halb geöffneten Laubkammer, eine Frau auf dem Moose, die einen Säugling an der Brust hatte und auf dem Schoß die blonden Köpfe zweier schlummernder Kinder. Dies war der Hinterhalt.

»Was machen Sie da?« rief die Marketenderin.

Die Frau blickte auf.

Wütend fuhr die Marketenderin fort: »Sind Sie verrückt, sich hier hinzusetzen? — Noch einen Augenblick, und Sie wären erledigt!«

Sie wandte sich zu den Soldaten: »Es ist eine Frau!«

»Donnerwetter, das sehen wir auch«, versetzte ein Grenadier.

»In den Wald rennen, um sich umbringen zu lassen, ist solch eine Dummheit schon dagewesen!« begann wieder die Marketenderin.

Die Frau, verblüfft, bestürzt, starr vor Schrecken, blickte wie im Traum auf all die Gewehre, Säbel, Bajonette und wilden Gesichter. Die beiden Kinder erwachten und schrien.

»Ich habe Hunger!« sagte das eine.

»Ich habe Angst!« sagte das andere.

Das Kleine fuhr fort zu saugen. Zu ihm wandte sich die Marketenderin: »Ja, du hast recht!«

Die Mutter war stumm vor Schrecken.

Der Unteroffizier schrie ihr zu: »Keine Angst, wir sind das Bataillon Bonnet-Rouge.«

Die Frau zitterte am ganzen Körper, sie stierte den Unteroffizier an, in dessen hartem Gesicht nur die Brauen, der Schnurrbart, die Glutkohlen der Augen zu erkennen waren.

»Vormals Bataillon Croix-Rouge«, erläuterte die Marketenderin.

Und der Unteroffizier fragte: »Wer bist du, Frau?«

Die Frau starrte ihn noch immer voller Schrecken an. Sie war jung, ihr Gesicht blaß, um den dünnen Körper trug sie Lumpen: nach Art der bretonischen Bäuerinnen eine große Kapuze und eine Wolldecke, am Hals mit einer Schnur zusammengehalten. Mit einer fast geschlechtslosen Gleichgültigkeit ließ sie ihren nackten Busen sehen. Ihre Füße, ohne Strümpfe und Schuhe, bluteten.

»Ein armes Ding«, sagte der Unteroffizier.

Und die Marketenderin, mit ihrer weiblichen Soldatenstimme und zärtlichem Unterton, fragte: »Wie heißen Sie denn?«

Die Frau flüsterte und stotterte fast unverständlich: »Michelle Fléchard.«

Mit ihrer breiten Hand strich die Marketenderin über den kleinen Kopf des Säuglings. »Wie alt ist dieser Knirps?« Die Mutter verstand nicht. »Ich frage Sie nach dem Alter dieses Kleinen da.«

»Ach so«, sagte die Mutter, »achtzehn Monate.«

»Das ist alt genug! Braucht nicht mehr gestillt zu werden, muß entwöhnt werden. Wir werden ihm Suppe geben.«

Die Mutter begann sich zu beruhigen, die beiden wachgewordenen Kinder waren eher neugierig als ängstlich. Sie staunten die Federbüsche der Soldaten an.

»Ach, sie sind recht hungrig«, sagte die Mutter. »Ich habe keine Milch mehr.«

»Sie sollen zu essen bekommen«, rief der Unteroffizier,

»und du auch! Aber erst einmal: Welche politische Gesinnung hast du?«

Die Frau sah den Unteroffizier an und antwortete nicht.

»Hast du meine Frage verstanden?«

Sie stotterte: »Ganz jung bin ich ins Kloster gekommen, aber ich habe geheiratet, ich bin keine Nonne. Bei den Schwestern lernte ich französisch sprechen. Man hat das Dorf angezündet. Wir sind so schnell geflüchtet, daß ich keine Schuhe mehr anziehen konnte.«

»Nach deiner politischen Gesinnung frage ich.«

»Davon weiß ich nichts.«

Der Unteroffizier fuhr fort:

»Weil es hier nämlich Spioninnen gibt. Dergleichen erledigen wir auf der Stelle! Also rede! Eine Zigeunerin bist du doch nicht? Welches ist dein Vaterland?«

Sie blickte ihn noch immer verständnislos an. Er wiederholte seine Frage.

»Ich weiß nicht«, sagte sie.

»Was? du weißt nicht, welches dein Vaterland ist?«

»Ach, mein Vaterland, gewiß.« — »Nun, welches ist es?« — »Das ist die Meierei von Siscoignard, in der Kirchengemeinde Azé.«

Jetzt war der Unteroffizier erstaunt. Nach einem Augenblick des Nachdenkens sagte er: »Was sagst du?« — »Siscoignard.« — »Das ist aber noch immer kein Vaterland.«

»Das ist meine Heimat.« Und die Frau setzte nach einem Moment des Nachdenkens hinzu: »Aber jetzt begreife ich, Monsieur, Sie sind aus Frankreich, ich aus der Bretagne.«

»Nun?«

»Das ist nicht dasselbe Vaterland.«

»Das ist dasselbe!« schrie der Unteroffizier.

Die Frau blieb bei der Antwort: »Ich bin aus Siscoignard.«

»Also lassen wir's dabei! Von dort ist deine Familie?«

»Jawohl.«

»Was treibt sie?«

»Alle sind gestorben. Ich habe niemanden mehr.«

Der Unteroffizier, der sich ganz gern reden hörte, setzte die Untersuchung fort: »Eltern hat man doch, zum Teufel! Oder hat sie gehabt! Wer bist du? Heraus mit der Sprache!«

Die Frau lauschte verwirrt diesen ›Oder hat sie gehabt‹ — Worten, die eher dem Heulen eines wilden Tieres als menschlicher Sprache glichen. Die Marketenderin fühlte das Bedürfnis zu vermitteln. Sie streichelte wieder den Säugling und gab den beiden anderen Kindern einen Klaps auf die Wange. »Wie heißt der Säugling? Es ist doch ein Mädchen?«

Die Mutter antwortete: »Georgette.«

»Und der Älteste? Der Mann da, dieser Lausebengel?«

»René-Jean.«

»Und der Jüngere? Der ist ja auch ein Mann und pausbäkkig dazu!«

»Gros-Alain.«

»Sie sind nett, die Kleinen, sehen schon wie richtige Personen aus.«

Aber der Unteroffizier ließ nicht ab: »Jetzt rede endlich, Frau. Hast du ein Haus?«

»Ich hatte eins.«

»Wo denn?«

»In Azé.«

»Warum bist du denn nicht mehr dort?«

»Weil man es niedergebrannt hat.«

»Wer?«

»Ich weiß es nicht. Die Schlacht.«

»Woher kommst du jetzt?«

»Eben von dort.«

»Wohin willst du?«

»Ich weiß nicht.«

»Zur Sache: Wer bist du?«

»Ich weiß nicht.«

»Wer du bist, weißt du nicht?«

»Wir sind Leute auf der Flucht.«

»Mit welcher Partei hältst du es?«

»Ich weiß nicht.«

»Mit den Blauen? Mit den Weißen? Zu wem stehst du?«

»Ich stehe zu meinen Kindern.«

Schweigen. Dann sagte die Marketenderin: »Ich habe nie Kinder gehabt. Mir fehlte die Zeit.«

»Aber deine Eltern!« hob der Unteroffizier wieder an. »Also, Frau, erzähl uns, wer deine Eltern waren. Ich heiße Radoub, bin Unteroffizier, stamme aus der Straße Cherche-Midi wie mein Vater und meine Mutter, ich kann von meinen Eltern erzählen. Sprich jetzt von deinen. Sag uns, wer sie waren.«

»Sie waren die Fléchards. Weiter nichts.«

»Gewiß, die Fléchards sind die Fléchards, wie die Radoubs die Radoubs sind. Aber jeder hat einen Beruf. Was trieben deine Eltern? Was treiben sie? Wie fléchardieren sie sich durchs Leben, deine Fléchards?«

»Sie waren Landleute. Mein Vater war lahm und konnte nicht arbeiten wegen der Prügel, die ihm der gnädige Herr, sein und unser gnädiger Herr, hatte verabreichen lassen. Das war aber noch Güte gewesen, denn mein Vater hatte ein Kaninchen genommen und war dafür zum Tode verurteilt worden. Der gnädige Herr war gnädig und sprach: ›Gebt ihm nur hundert Stockhiebe.‹ Und mein Vater ist ein Krüppel geworden.«

»Weiter.«

»Mein Großvater war ein Hugenotte. Der Herr Pfarrer hat ihn auf die Galeeren gebracht. Ich war noch ganz klein.«

»Weiter.«

»Der Vater meines Mannes war ein Salzschmuggler. Der König hat ihn hängen lassen.«

»Und dein Mann, was macht der?«

»Er hat jetzt gekämpft.«

»Für wen?«

»Für den König.«

»Und?«

»Und für seinen gnädigen Herrn.«

»Und?«

»Und für den Herrn Pfarrer.«

»Ihr Himmeldonnerwetterrindvieh!« brüllte ein Grenadier.

Die Frau fuhr vor Schreck in die Höhe.

»Sie sehen, liebe Frau, wir sind Pariser«, sagte die Marketenderin liebenswürdig.

Die Frau faltete die Hände und rief: »O Herr Jesus!«

»Keine abergläubischen Ausdrücke!« mahnte der Unteroffizier.

Die Marketenderin setzte sich neben die Frau und zog den ältesten Knaben, der es sich gern gefallen ließ, auf ihre Knie. Kinder beruhigen sich ebenso, wie sie erschrecken; man weiß nicht weshalb. Sie empfangen unsichtbare Weisungen.

Die Marketenderin sprach: »Meine arme gute Frau vom Lande, Sie haben ein paar hübsche Kinderchen, das ist schon etwas. Man sieht ihnen ihr Alter an, dem großen seine vier Jahre, dem Brüderchen seine drei. Aber alle Achtung, das Ding, das da trinkt, ist ein gehöriger Vielfraß. Du Ungetüm, willst du deine Mutter wohl nicht auffressen! Also, liebe Frau, fürchten Sie sich nicht. Sie müßten einfach ins Bataillon eintreten und es machen wie ich. Man nennt mich die Husarin; ein Spitzname; aber lieber will ich so heißen als Mamsell Bicorneau, wie meine Mutter. Ich bin die Kantinenwirtin, nämlich eine, die zu trinken bringt, wenn die sich zusammenkartätschen und abschlachten und der Teufel los ist. Wir haben ungefähr den gleichen Fuß, ich gebe ihnen ein Paar von meinen Schuhen ab. Ich habe den 10. August in Paris mitgemacht. Westermann nahm bei mir einen Schluck. Es ging vorwärts! Ich sah zu, als man Ludwig XVI., ich meine Ludwig Capet, guillotinierte. Er wollte nicht. Wenn man bedenkt, daß er am 13. Januar noch Kastanien braten ließ und mit seiner Familie lachte! Als man ihn mit Gewalt auf das Fallbrett legte, wie man's nennt, hatte er keinen Rock und keine Schuhe mehr an, nur sein Hemd, eine gesteppte Weste, eine graue

Tuchhose und grauseidene Strümpfe. Ich habe es selbst gesehen. Die Kutsche, die ihn brachte, war grün angestrichen. Also, kommen Sie nur mit uns. Es sind lauter gute Kerle im Bataillon, und Sie wären dann die Marketenderin Nummer zwei; ich zeige Ihnen die ganze Sache. Es ist einfach! Man nimmt sein Fäßchen mit der Klingel daran und geht mitten hinein in den Radau, ins Pelotonfeuer, in die Kanonenschüsse, in den ganzen Rummel, und man schreit: He, Kinder, wer will etwas trinken? So ist es, nicht schlimmer. Von mir bekommt jeder einen Schluck, auf Ehre, die Weißen wie die Blauen, obwohl ich eine Blaue bin und waschecht! Aber zu trinken gebe ich allen, Verwundete haben Durst. Man stirbt ja auch nicht nach der Gesinnung. Leute, die sterben, sollten sich die Hand geben. Was für eine Albernheit, so aufeinander loszuschlagen. Kommen Sie mit. Wenn ich falle, sind Sie meine Nachfolgerin. Schauen Sie uns doch an. Ich sehe nur so aus, aber tatsächlich bin ich eine gute Frau und ein anständiger Kerl. Keine Angst.«

Als die Marketenderin zu reden aufhörte, flüsterte die Frau: »Unsere Nachbarin hieß Marie-Jeanne, unsere Magd hieß Marie-Claude.«

Inzwischen belehrte der Unteroffizier Radoub den Grenadier: »Halte den Mund. Du hast die Dame erschreckt. Man flucht nicht in Gegenwart von Damen.«

»Aber es ist doch wahrhaftig zum Brechen für einen Menschen von ehrlichem Verstand«, versetzte der Grenadier, »wenn man solche chinesischen Hornochsen sieht, denen der gnädige Herr den Schwiegervater lahmgeschlagen, der Herr Pfarrer den Großvater an die Galeere und der König den Vater an den Galgen gebracht hat und die sich, zum Kuckuck nochmal, aufmachen und für den gnädigen Herrn, für den Pfarrer, für den König kämpfen und sich zu Brei schlagen lassen!«

»Ruhe im Glied!« schrie Radoub.

»Wir schweigen schon, Unteroffizier. Aber verdrießlich ist

es, wenn eine hübsche Frau wie die sich womöglich für die schönen Augen eines Pfaffen den Schädel einschlagen läßt.«

»Grenadier, wir sind hier nicht im Klub unserer Pikensektion. Keine Beredsamkeit!« Dann zu der Frau: »Und dein Mann, Frau? Was macht er also? Was ist aus ihm geworden?«

»Nichts, sie haben ihn ja umgebracht.«

»Wo?«

»Im Busch.«

»Wann war das?«

»Vor drei Tagen.«

»Wer?«

»Ich weiß nicht.«

»Was denn? Du weißt nicht, wer deinen Mann umgebracht hat?«

»Nein.«

»War es ein Blauer, ein Weißer?«

»Eine Flintenkugel war es.«

»Und vor drei Tagen?«

»Jawohl.«

»In welcher Gegend?«

»Bei Ernée. Dort ist mein Mann gefallen. So ist es.«

»Und was machst du, seitdem dein Mann tot ist?«

»Ich trage meine Kleinen fort.«

»Wohin?«

»Vor mich hin.«

»Wo schläfst du?«

»Auf der Erde.«

»Was ißt du?«

»Nichts.«

Der Unteroffizier zog jene militärische Grimasse, bei der die Schnurrbartspitzen die Nase berühren: »Gar nichts?«

»Schlehen schon und Brombeeren, wenn vom vorigen Jahr noch etwas übrig ist, Heidelbeeren auch und Farrenschößlinge.«

»Na ja, das ist im Grunde genommen nichts.«

Das älteste Kind schien sie zu verstehen und sagte: Ich habe Hunger.«

Der Unteroffizier zog ein Stück Kommißbrot aus der Tasche und reichte es der Mutter. Sie brach es in zwei Teile und gab es den Kindern, die gierig hineinbissen.

»Für sich hat sie nichts behalten«, brummte der Mann.

»Sie hat eben keinen Hunger«, sagte ein Soldat.

»Sie ist eben die Mutter«, antwortete der Unteroffizier.

Die Kinder hielten inne: »Trinken!« sagte eines. »Trinken!« wiederholte das andere.

»Gibt es denn keinen Bach in diesem teuflischen Wald?« fragte der Unteroffizier.

Die Marketenderin nahm den kupfernen Becher, der neben dem Glöckchen an ihrem Gürtel hing, drehte den Hahn des kleinen Fasses, das sie umgehängt trug, goß ein paar Tropfen in den Becher und setzte ihn den Kindern an den Mund. Das erste trank und schnitt eine Fratze. Das zweite trank und spuckte aus.

»Das ist doch etwas Gutes«, sagte die Marketenderin.

»Ist es ein Rachenputzer?« fragte der Unteroffizier.

»Und noch dazu vom besten. Aber, es sind ja Bauern!« Sie wischte den Becher aus.

»Du bist also auf der Flucht, Frau?« fuhr der Unteroffizier fort.

»Das muß ich ja.«

»Querfeldein, immer drauf los?«

»Erst renne ich aus Leibeskräften, dann muß ich gehen, und zuletzt falle ich.«

»Arme Kleine!« meinte die Marketenderin.

»Die Leute kämpfen ja«, stammelte die Frau, »überall um mich schießt es. Ich weiß nicht, was sie gegeneinander haben. Mein Mann ist von ihnen umgebracht worden. Das ist alles, was ich begriffen habe.«

Der Unteroffizier stieß den Gewehrkolben auf den Boden und schrie:

»Ja, ein dummer Krieg! Verflucht noch einmal!«

»Gestern nacht haben wir in einem Baumloch geschlafen.«

»Alle vier?«

»Alle vier.«

»Schlafen gelegt?«

»Schlafen gelegt.«

»Also aufrecht schlafen gelegt.« Und zu den Soldaten: »Kameraden, ein dicker alter Baum, der ausgehöhlt und abgestorben ist, wo ein Mensch wie in eine Scheide hineinschlüpfen kann, das nennen diese Wilden ein Baumloch. Was ist da zu machen? Man kann nicht jeden zwingen, aus Paris zu sein.«

»In einem Baumstamm zu schlafen«, sagte die Marketenderin, »und mit drei Kindern!«

»Und wenn die Kleinen heulten«, fuhr der Unteroffizier fort, »muß es für die Vorübergehenden komisch gewesen sein, nichts zu sehen und einen Baum Papa und Mama schreien zu hören!«

»Gut, daß es Sommer ist«, seufzte die Frau. Sie blickte zu Boden, voller Ergebung, in den Augen das Entsetzen über die Katastrophen. Schweigend umstanden die Soldaten dies Elend: Eine Witwe, drei Waisen, auf der Flucht, ausgestoßen, preisgegeben dem rings um den Horizont grollenden Krieg, dem Hunger und Durst, ohne andere Nahrung als das Gras, ohne ein anderes Dach als den Himmel.

Der Unteroffizier sah sich den Säugling aus der Nähe an. Die Kleine ließ die Brust los, wandte langsam den zarten Kopf und blickte mit schönen blauen Augen in das struppige, rauhe, wilde Gesicht, das sich herniederneigte, und fing an zu lächeln.

Der Unteroffizier richtete sich auf, man sah eine dicke Träne über seine Wange rollen, an der Spitze des Schnurrbarts blieb sie wie eine Perle hängen. Mit lauter Stimme sagte er:

»Kameraden, aus der ganzen Sache entnehme ich, daß das Bataillon Vater werden soll. Einverstanden? Wir nehmen die drei Kleinen an Kindesstatt an.«

»Es lebe die Republik!« riefen die Grenadiere.

»Abgemacht!« er streckte beide Hände über Mutter und Kinder aus: »Dies sind die Kinder des Bataillons ›Bonnet-Rouge‹.«

Die Marketenderin sprang vor Freude in die Luft: »Drei Köpfe in einer Mütze!« Dann umarmte sie außer sich, unter Schluchzen, die arme Witwe: – »Wie keck die Kleine schon aussieht!«

»Es lebe die Republik!« wiederholten die Soldaten.

Und der Unteroffizier sprach zu der Mutter: »Kommen Sie, Bürgerin.«

Zweites Buch
Die Korvette Claymore

I
England und Frankreich vermischt

Im Frühling des Jahres 1793, als Frankreich, an allen Grenzen zugleich angegriffen, sich eine pathetische Ablenkung leistete, den Sturz der Girondisten, trug sich auf den Inseln des Ärmelkanals folgendes zu.

Am 1. Juni, etwa eine Stunde vor Sonnenuntergang, bei Nebel, der für eine heimliche Abfahrt gerade wegen seiner Gefährlichkeit günstig ist, segelte aus der kleinen öden Bucht von Bonne-Nuit auf Jersey eine Korvette los. Das Schiff hatte eine französische Bemannung, gehörte jedoch zum kleinen englischen Flottenverband, der wie ein Vorposten an der Ostspitze der Insel aufgestellt war. Er wurde von dem Fürsten de La Tour d'Auvergne aus dem Hause Bouillon befehligt, und auf seine Anweisung war die Korvette mit einem dringlichen Sonderauftrag ausgeschickt worden.

Dieses in Trinity-House unter dem Namen ›The Claymore‹ eingetragene Fahrzeug war scheinbar ein Frachtschiff, in Wirklichkeit ein Kriegsschiff. Es hatte ein gewichtiges friedfertiges kaufmännisches Aussehen, und doch war ihm nicht zu trauen. Denn bei seinem Bau hatte man einen doppelten Zweck verfolgt: List, um nach Möglichkeit zu täuschen, und Kraft, um nötigenfalls zu kämpfen. Für den Dienst in dieser Nacht war die Ladung im Zwischendeck durch dreißig kurze Marinegeschütze schweren Kalibers ersetzt worden. Diese

Stücke hatte man in Voraussicht eines Sturmes, oder um das Fahrzeug für harmlos auszugeben, zurückgezogen: das heißt, sie waren innen mit dreifachen Ketten festgestellt, so daß die Mündungen auf die zugestopften Luken zeigten. Von außen war also nichts sichtbar. Auch die Stückpforten waren abgeblendet, jede Öffnung geschlossen; es war, als trüge die Korvette eine vollkommene Maske. Die Geschütze hatten bronzene Speichenräder, nach dem alten sogenannten Strahlenmodell. Die ordonanzmäßigen Korvetten führen Geschütze nur auf dem Verdeck; diese aber, für Hinterhalt und Überfall berechnet, hatte ein unbewaffnetes Verdeck, und die Batterie konnte hier, wie erwähnt, im Zwischendeck untergebracht werden. Fest und gedrungen gebaut, lief die ›Claymore‹ doch äußerst schnell. Sie hatte die stärkste Schale in der ganzen englischen Marine, und im Kampf war sie fast so gut wie eine Fregatte, obwohl sie an Stelle des Besanmastes nur einen kleineren mit einer einfachen Brigantine führte. Das überaus ausgeklügelt gebaute Steuer hatte ein einzigartiges geschweiftes Gliederwerk, das auf den Werften von Southampton fünfzig Pfund Sterling gekostet hatte.

Die rein französische Mannschaft bestand aus übergelaufenen Matrosen und emigrierten Offizieren. Es waren ausgesuchte Leute, jeder ein guter Seemann, guter Soldat und guter Königsanhänger, getrieben von dreifachem Fanatismus für Schiff, Waffe und Monarchie. Für den Fall einer Landung war ihnen ein halbes Bataillon Marinetruppen beigegeben worden.

Kapitän war der Comte du Boisberthelot, Ritter des Ordens vom Heiligen Ludwig, einer der besten Offiziere der ehemaligen königlichen Marine, zweiter Offizier war der Chevalier de la Vieuville, der bei den französischen Garden die Kompanie befehligt hatte, in der Hoche Unteroffizier gewesen war; als Lotse diente Philipp Gacquoil, der scharfsinnigste Schiffer von Jersey.

Jeder ahnte, daß dieses Schiff Außergewöhnliches vorhatte, zumal da ein Mann an Bord gekommen war, der aussah, als beginne mit ihm das Abenteuer: ein Greis von großer Gestalt, kräftig und gerade gewachsen, mit strengem Gesicht. Sein Alter war schwer zu bestimmen, da er zugleich bejahrt und jung erschien. Es war einer der Menschen voller Jahre und voller Kräfte, weißes Haar auf der Stirn und den Blitz im Auge, an Körperstärke Vierziger und Achtziger an geistigem Gewicht. Als er das Schiff bestieg, hatte man durch seinen sich öffnenden Wettermantel sehen können, daß er Pumphosen, sogenannte ›Bragou-bras‹, und hohe Stiefel trug, ferner eine Jacke aus Ziegenfell, deren seidenbesticktes Leder nach außen, deren borstiges und wildes Haar nach innen gekehrt war, also die regelrechte Kleidung eines bretonischen Bauern. Diese alten bretonischen Jacken dienten sowohl an Festtagen wie bei der Arbeit, je nachdem die borstige oder die gestickte Seite hervorgekehrt war. So ging man im Tierfell während der Woche und sonntags in Gala. Zur Vervollständigung dieser bewußten Echtheit war der Bauernanzug an Knien und Ellbogen wie durch langes Tragen abgenutzt, und der Schiffsmantel aus grobem Stoff glich den Lumpen eines alten Fischers. Auf dem Kopf des Greises saß ein runder zeitgemäßer Hut von hoher Form mit breiter Krempe, die herabgeschlagen, ein ländliches, und an einer Seite durch eine Borte mit Kokarde aufgestülpt, ein kriegerisches Aussehen gibt. Er trug ihn nach Bauernart mit hängender Krempe ohne Borde und Kokarde.

Lord Balcarras, der Gouverneur der Insel, und der Fürst de La Tour-d'Auvergne hatten ihn persönlich an Bord geführt und dort untergebracht. Der Geheimagent der Fürsten, de Gélambre, ein ehemaliger Gardeoffizier des Herrn Grafen von Artois, hatte selbst die Einrichtung der Kabine überwacht und war trotz seiner Vornehmheit in der Sorgfalt und Ehrerbietung so weit gegangen, dem Greis die Reisetasche nachzutragen. Beim Abschied hatte sich Herr de Gélambre tief vor dem Bauern verneigt, Lord Balcarras hatte zu ihm gesagt: »Viel Glück, General!« und der Fürst de La Tour-d'Auvergne: »Auf Wiedersehen, lieber Vetter.«

›Der Bauer‹ hieß dieser Mitreisende unverzüglich in den kurzen Gesprächen, welche die Seeleute untereinander führten. Aber ohne nähere Kenntnis verstanden sie doch, daß dieser Bauer ebensowenig ein Bauer war wie ihr Kriegsschiff ein Frachtfahrzeug.

Der Wind war schwach. Die ›Claymore‹ verließ Bonne-Nuit, segelte an Boulay-Bay vorüber, war noch eine Weile, während sie kreuzte, zu sehen, bis sie in der sinkenden Nacht zusammenschrumpfte und verschwand.

Eine Stunde später schickte Gélambre aus seiner Wohnung in Saint-Hélier folgende vier Zeilen durch Eilboten über Southampton an den Grafen von Artois im Hauptquartier des Herzogs von York: ›Hoheit, die Abfahrt hat soeben stattgefunden. Erfolg gewiß. In acht Tagen steht die ganze Küste von Granville bis Saint-Malo in Flammen.‹

Vier Tage vorher hatte der Abgeordnete Prieur vom Marnedepartement, Kommissar bei den Küstentruppen von Cherbourg, gegenwärtig in Granville, durch einen Geheimboten die folgende Mitteilung erhalten, die mit der gleichen Schrift wie die eben erwähnte Depesche geschrieben war:

›Bürger Abgeordneter, am 1. Juni wird zur Ebbezeit die Kriegskorvette ›Claymore‹ mit maskierter Batterie ausfahren und an die französische Küste einen Mann bringen, dessen Personalbeschreibung hier folgt: Hohe Gestalt, bejahrt, Haar weiß, Bauernkleidung, Aristokratenhände. Ich gebe Ihnen morgen noch Einzelheiten. Er wird am 2. in der Frühe landen. Benachrichtigen Sie die Kreuzer, kapern Sie die Korvette, lassen Sie den Mann guillotinieren.‹

II
Nacht über Schiff und Fahrgast

Die Korvette hatte, statt südlich auf Sainte-Cathérine zuzuhalten, sich erst in Richtung Norden und dann nach Westen gewandt. Zwischen Serk und Jersey fuhr sie ohne Zögern in den Meeresarm, der ›Passage de la Déroute‹ heißt. Es gab damals keinen Leuchtturm auf der gesamten Länge dieser Küste.

Die Sonne war völlig untergegangen, die Nacht kam dunkler als gewöhnlich im Sommer: eine Mondnacht, doch mit mächtigen Wolken verschalt, die eher an die Zeit der Nachtgleiche als der Sonnenwende erinnerten. Daher war anzunehmen, der Mond würde erst im Untergehen, bei seiner Berührung mit dem Horizont, sichtbar werden. Manche Wolken hingen bis aufs Meer herab und bedeckten es mit Nebeln.

Die tiefe Dunkelheit war aber günstig.

Der Lotse Gacquoil beabsichtigte, Jersey links und Guernesey rechts liegen zu lassen und mit kühner Durchfahrt zwischen Les Hanois und Les Douvres in irgendeine Bucht der Küste von Saint-Malo einzulaufen. Dieser Weg war zwar länger als der über Les Minquiers, aber sicherer, da der französische Kreuzer gewöhnlich besonders die Strecke zwischen Saint-Hélier und Granville bewachte.

Wenn der Wind anhielt und nichts dazwischen kam, hoffte der Lotse, unter vollen Segeln bei Tagesanbruch an die Küste zu gelangen.

Alles ging gut, das Schiff war an Gros-Nez vorüber. Gegen neun Uhr schien das Wetter zu schmollen, wie der Seemann sagt, die See wurde bewegt. Aber dieser Wind war gut und diese See wohl stark, doch nicht stürmisch. Nur bei manchen Schlägen senkte sich der Bug tief.

Der ›Bauer‹, den der Lord Balcarras ›General‹ und der Fürst de La Tour-d'Auvergne ›Vetter‹ genannt hatte, ging, ernst, aber ruhig, mit Matrosenschritten auf dem Deck auf und ab. Daß es heftig schwankte, schien er nicht zu bemerken.

Manchmal zog er aus der Jackentasche Schokolade, von der er ein Stück abbrach und verzehrte; trotz der weißen Haare hatte er noch alle seine Zähne.

Er sprach mit niemandem außer mit dem Kapitän, kurz und leise, und dieser hörte ehrerbietig zu, als hielte er eher seinen Fahrgast als sich selbst für den Kommandanten.

Mit Geschick geführt, unbemerkt im Nebel fuhr die Claymore die lange felsige Nordküste von Jersey entlang, dem Lande möglichst nahe, wegen der gefürchteten Klippe Pierres-de-Leeq, die in der Mitte dieses Meeresarmes zwischen Jersey und Serk liegt. Am Steuer stand Gacquoil, gab die Richtung von Punkt zu Punkt, Grève de Lecqu, Gros-Nez, Plémon, an und ließ das Schiff zwischen all den Hinderrnisketten sozusagen blindlings, doch mit der Sicherheit eines Mannes, der zum Haus gehört und die Räume des Ozeans kennt, hindurchgleiten. Das Schiff hatte vorn keine Signallichter, um sich in dieser überwachten Gegend nicht zu verraten. Jetzt war man bei La Grande-Etaque, und der Nebel lag so dicht, daß man kaum den hohen Schatten des Pinacle erkennen konnte. Vom Kirchturm von Saint-Ouen schlug es zehn Uhr: man hörte es, weil man den Wind noch immer im Rücken hatte. Es ging weiter gut, obwohl die See durch die Nähe von La Corbière bewegter wurde.

Kurz nach zehn Uhr geleiteten der Comte du Boisberthelot und der Chevalier de la Vieuville den Mann in Bauerntracht in dessen Kabine, die eigentlich dem Kapitän gehörte. Beim Eintritt sagte er mit leiser Stimme:

»Sie wissen, meine Herren, dies muß ein Geheimnis bleiben. Schweigen – bis zum Augenblick des Ausbruchs. Sie allein kennen hier meinen Namen.«

»Wir werden ihn bis ins Grab bewahren«, erwiderte der Graf.

»Ich selbst«, sagte der Greis, »würde ihn noch im Angesicht des Todes verheimlichen.«

Und er trat in sein Zimmer.

III

Adel und Bürgertum vermischt sich

Der Kapitän und sein Stellvertreter stiegen wieder auf Deck und gingen plaudernd hin und her. Sie sprachen natürlich von ihrem Fahrgast, und hier folgt ungefähr ihre Unterhaltung, die der Wind in die Finsternis entführte:

»Wir werden bald sehen, ob er ein Führer ist«, brummte Boisberthelot halblaut ins Ohr von La Vieuville.

»Einstweilen ist er ein Fürst«, erwiderte der andere.

»Beinahe.«

»Französischer Edelmann, aber bretonischer Fürst.«

»Wie die La Trémoilles, wie die Rohans.«

»Mit denen er auch verschwägert ist.«

»In Frankreich und in den Karossen des Königs ist er Marquis, wie ich Graf bin und Sie Chevalier.«

»Die sind weit weg, die Karossen! Jetzt ist die Zeit des Karrens.«

Nach einem Stillschweigen fuhr Boisberthelot fort: »Mangels eines französischen Fürsten nimmt man einen bretonischen.«

»In Ermangelung von gebratenen Lerchen ... Nein, in Ermangelung eines Adlers nimmt man einen Raben.«

»Ein Geier wäre mir lieber.«

»Freilich, mit einem Schnabel und Krallen.«

»Es wird sich ja zeigen.«

»Zeit wird es, daß ein Führer kommt«, sagte La Vieuville. »Ich denke wie Tinténiasc: ›Einen Führer und Pulver!‹ Sehen Sie, Kapitän, ich kenne in etwa alle möglichen und unmöglichen Führer; die von gestern, von heute und von morgen. Nicht einer hat den Kriegsschädel, den wir brauchen. In dieser verfluchten Vendée brauchen wir einen General, der zugleich Staatsanwalt ist, man muß dem Feind ständig auf den Fersen sein, ihn aus jeder Mühle, jedem Busch und Graben, jedem Erdloch hetzen, ihn in Intrigen verwickeln, alles ausnützen, alles beobachten, viel niedermetzeln, abschreckende Beispiele geben, sich keinen Schlaf und kein Mitleid gönnen. Zur Stunde gibt es in diesem Heer von Bauern zwar Helden, aber keine Anführer. D'Elbée ist eine Null, Lescure ist krank, Bonchamps versteht nur zu begnadigen; er ist gut, das ist dumm. La Rochejaquelein reicht zu einem prächtigen Unterleutnant, Silz ist ein Offizier für einen Feldkrieg, aber nicht für einen Krieg aus dem Hinterhalt; Cathelineau ist ein naiver Fuhrmann, Stofflet ein schlauer Jagdhüter, Bérard etwas beschränkt, Boulainvilliers lächerlich, Charette abstoßend. Über den Friseur Gaston spreche ich erst gar nicht. Zum Teufel, weshalb balgen wir uns mit der Revolution, und worin unterscheiden wir uns von den Republikanern, wenn wir die Edelleute von Perückenmachern befehligen lassen?«

»Weil diese hündische Revolution uns auch ansteckt.«

»Wie eine Krätze ganz Frankreich!«

»Die Krätze des dritten Standes. Nur England kann uns das Heil bringen.«

»Das wird England tun, zweifeln Sie nicht daran, Kapitän.«

»Bis dahin steht es schlimm.«

»Freilich, Pöbel überall. Die Monarchie mit Stofflet als Oberbefehlshaber, dem Förster des Herrn de Maulevrier, – sie braucht die Republik um den Minister Pache nicht zu beneiden, den Sohn des Pförtners beim Herzog von Castries! Was für eine schöne Gegenüberstellung ist dieser Krieg in der Vendée: auf der einen Seite Bierbrauer Santerre, auf der anderen Friseur Gaston.«

»Mein lieber La Vieuville, diesem Gaston traue ich immerhin etwas zu. Er hat sich in seinem Befehlsbereich von Guéménée nicht übel benommen und dreihundert Blaue sehr brav zusammengeschossen; sie mußten zuvor noch ihr eigenes Grab ausheben.«

»Vortrefflich, das hätte ich ebensogut gekonnt.«

»Donnerwetter, zweifellos ich auch.«

»Große Kriegstaten«, fuhr La Vieuville fort, »verlangen

Adel bei den Handelnden. Sie sind Sache von Rittern und nicht von Haarkünstlern.«

»Dennoch gibt es auch in diesem dritten Stande schätzenswerte Menschen. Nehmen Sie zum Beispiel den Uhrmacher Joly. Er war früher Unteroffizier im Regiment Flandern, macht sich zum Anführer in der Vendée und bringt eine Bande an der Küste zusammen. Er hat einen Sohn, der Republikaner ist: Während der Vater also bei den Weißen dient, ist der Sohn bei den Blauen. Zusammenstoß. Kampf. Der Vater nimmt seinen Sohn gefangen und schießt ihm eine Kugel durch den Kopf.«

»Der ist gut!« sagte La Vieuville.

»Ein Brutus der Königlichen.«

»Trotzdem ist es unerträglich, unter dem Befehl eines Coquereau zu stehen, eines Jean-Jean, eines Moulins, eines Focart, Bouju oder Chouppes!«

»Mein lieber Chevalier, die Wut auf der Gegenseite ist die gleiche. Wir stecken voller Bürger, die drüben voller Adliger. Glauben Sie, die Sansculotten sind glücklich, unter dem Grafen de Canclaux zu dienen, unter dem Vicomte de Miranda, dem Vicomte de Beauharnais, dem Comte de Valence, dem Marquis de Custine und dem Duc de Biron?«

»Welcher Wirrwarr!«

»Und unter dem Herzog de Chartres!«

»Dem Sohne von Egalité. Nun, wann wird er denn König sein?«

»Niemals.«

»Er nähert sich dem Throne. Seine Verbrechen dienen ihm.«

»Aber seine Laster rächen sich.« Nach einer Pause fuhr Boisberthelot fort: »Er bemühte sich übrigens um eine Versöhnung. Er suchte den König auf. Ich war dabei, als ihm in Versailles auf den Nacken gespuckt wurde.«

»Von der großen Treppe herab?«

»Jawohl.«

»Das war recht.«

»Wir nannten ihn ›Bourbon der Schlammige‹.«

»Eine Glatze, Eiterpusteln, Königsmörder, pfui! – Ich war bei Ouessant mit ihm zusammen.«

»Auf dem ›Saint-Esprit‹?«

»Ja.«

»Wäre er dem Zeichen des Admirals d'Orvilliers gefolgt, am Winde zu bleiben, so hätte er den Durchbruch der Engländer verhindert.«

»Sicherlich.«

»Ist es wahr, daß er sich damals am Kielboden versteckt hatte?«

»Nein. Aber erzählen muß man es doch«, sagte Vieuville, vor Lachen fast platzend.

»Dummköpfe gibt es! Diesen Boulainvilliers etwa, von dem Sie sprachen, kannte ich und habe ihn ganz aus der Nähe beobachtet. Anfangs waren die Bauern mit Piken bewaffnet. Er hatte es sich tatsächlich in den Kopf gesetzt, Pikenmänner aus ihnen zu machen! Er ließ sie Übungen vornehmen: ›Pike schräg! Und Pike schleift, Spitze voran!‹ Er träumte davon, aus diesen Wilden Liniensoldaten zu machen. Er behauptete, ihnen beibringen zu können, wie man abgestumpfte Karrees und Abteilungen mit leerem Mittelraum bildet. Dabei radebrechte er eine uralte Kommandosprache und nannte den Korporal noch Rottenmeister wie unter Ludwig XIV. Hartnäckig blieb er dabei, aus all diesen Wilderern ein Regiment herauszubekommen. Er hatte regelrechte Kompanien aufgestellt, deren Unteroffiziere sich allabendlich im Kreise um ihn versammelten, Parole und Gegenparole vom Unteroffizier der Leibkompanie empfingen, der sie seinerseits dem Unteroffizier der nächsten Kompanie zuflüsterte, der sie wiederum seinem Nachbarn zur Übermittlung an den nächsten weitergab und so von Ohr zu Ohr bis zum letzten Mann. Er entließ einmal einen Offizier, der nicht mit entblößtem Haupt aufgestanden war, um die Parole aus dem Munde des Unteroffiziers zu hören. Sie können sich vorstellen, wie das wirkte. Der Hohlkopf begriff nicht, daß die Bauern bäurisch geführt sein wollen und daß man aus Waldmenschen keine Kasernenmenschen macht. Ja, ich habe ihn kennengelernt, diesen Boulainvilliers.«

Sie machten ein paar Schritte, jeder mit den eigenen Gedanken beschäftigt. Dann ging das Gespräch weiter.

»Bestätigt es sich übrigens, daß Dampierre gefallen ist?«

»Jawohl, Kapitän.«

»Vor Condé?«

»Im Lager von Pamars. Eine Kanonenkugel hat ihn getötet.«

Boisberthelot seufzte. »Der Comte de Dampierre! Auch einer von den Unsern, der einer der Ihren wurde.«

»Gute Fahrt ins Jenseits!«

»Und die gnädigen Frauen? Wo sind die?«

»In Triest.«

»Immer noch?«

»Immer noch. Oh, diese Republik!« schrie La Vieuville. »Soviel Verheerung wegen einer Nichtigkeit! Wenn man bedenkt, daß die Revolution aus dem Fehlbetrag von einigen Millionen entstanden ist!«

»Kleine Ausgangspunkte niemals unterschätzen«, sagte Boisberthelot.

»Eigentlich steht alles schlecht!«

»Ja. La Rouarie ist tot, Du Dresnay vertrottelt, und was für traurige Anführer sind all diese Bischöfe, dieser Coucy, Bischof von La Rochelle, dieser Beaupoil Saint-Aulaire, Bischof von Poitiers, dieser Mercy, Bischof von Luçon, Liebhaber der Madame de L'Eschasserie! ...«

»Die eigentlich Servanteau heißt, wie Sie wissen, Kapitän. L'Eschasserie ist ein Gutsname.«

»Und dieser falsche Bischof von Agra, der ein Pfarrer von wer weiß wo ist!«

»Von Dol. Er heißt Guyot de Folleville. Er ist im übrigen ein tapferer Krieger.«

»Priester, jetzt, da wir Soldaten brauchten! Bischöfe, die keine Bischöfe und Generäle, die keine Generäle sind!«

La Vieuville unterbrach Boisberthelot: »Kapitän, Sie haben doch den ›Moniteur‹ in Ihrer Kajüte.«

»Ja.«

»Was wird denn gegenwärtig in Paris gespielt?«

»›Adele und Paulinus‹ und ›Die Höhle‹.«

»Das möchte ich gern sehen.«

»Ein bald erfüllter Wunsch! In einem Monat sind wir in Paris.« Nach einem Augenblick der Überlegung fügte Boisberthelot hinzu: »Spätestens. Herr Windham hat es Lord Hood gesagt.«

»Aber dann steht es ja doch nicht so schlimm?«

»Es stünde gut, wenn nur der Krieg in der Bretagne ordentlich geführt würde.«

La Vieuville schüttelte zweifelnd den Kopf: »Sagen Sie, werden wir unsere Marinetruppen ausschiffen?«

»Ja, wenn die Küste für uns ist; nein, wenn sie gegen uns ist. Der Krieg muß je nach Lage Türen aufstoßen oder sich hindurchschleichen. Der Bürgerkrieg muß stets einen Nachschlüssel in der Tasche haben. Man wird das Möglichste tun. Doch die Hauptsache bleibt der Anführer.« Versonnen fügte Boisberthelot hinzu: »La Vieuville, was halten Sie vom Chevalier de Dieuzic?«

»Dem jungen?«

»Ja.«

»Als Befehlshaber?«

»Ja.«

»Auch nur ein Führer für die Ebene und die offene Feldschlacht. Auf den Buschkrieg versteht sich allein der Bauer.«

»Dann schicken Sie sich in General Stofflet und General Cathelineau!«

Nach einer Weile antwortete La Vieuville: »Ein Fürst wäre nötig, ein französischer Fürst von Geblüt. Ein echter Prinz.«

»Weshalb? Wer Fürst sagt ...«

»... sagt auch: Feigling, ich weiß, Kapitän. Aber man muß doch den großen dummen Augen der Bauernburschen etwas zu sehen geben.«

»Mein lieber Chevalier, die Fürsten wollen durchaus nicht kommen.«

»Dann allerdings – schenken wir sie uns.«

Boisberthelot drückte mit unwillkürlicher Bewegung die Hand gegen die Stirn, als wollte er einen Gedanken hervorholen. »Versuchen wir es am Ende mit diesem General.«

»Er ist wenigstens von hohem Adel.«

»Meinen Sie, daß er genügen wird!«

»Wenn er gut ist.«

»Das heißt, wenn er grausam ist.«

Die beiden sahen einander an.

»Monsieur de Boisberthelot, Sie haben den richtigen Ausdruck gewählt. Grausam. Ja, das tut uns not. Es ist ein mitleidloser Krieg. Die Stunde gehört dem Blutdurstigen. Königsmörder haben Ludwig XVI. das Haupt abgeschlagen, wir werden den Königsmördern die vier Glieder aus dem Leibe reißen. Ja, der General, den wir brauchen, das ist der General Unerbittlich. Im Anjou und im oberen Poitou spielen die Führer die Großmütigen, man watet förmlich in Edelmut, und es geht nicht von der Stelle. Im Marais und in der Gegend von Retz sind die Führer entsetzlich, und man kommt voran. Weil Charette grausam ist, behauptet er sich gegen Parein. Hyäne gegen Hyäne.«

Boisberthelot hatte keine Zeit zur Antwort, La Vieuville wurde jäh unterbrochen von einem verzweifelten Schrei, und zugleich hörte man ein Geräusch, das in nichts dem gleicht, was man kennt. Dieser Schrei und dieses Dröhnen kamen aus dem Innern des Schiffes. Der Kapitän und sein Stellvertreter stürzten zum Zwischendeck, aber sie konnten nicht hineingelangen, denn alle Artilleristen kamen ihnen fassungslos entgegengerannt.

Schreckliches hatte sich ereignet.

IV

Tormentum belli

Ein Geschütz der Batterie, ein Vierundzwanzigpfünder, hatte sich losgerissen.

Dies ist vielleicht das furchtbarste Vorkommnis auf See. Nichts Gefährlicheres kann einem Kriegsschiff in voller Fahrt auf offenem Meer geschehen.

Ein Geschütz, das seine Verkettung zerbricht, verwandelt sich plötzlich in irgendein übernatürliches Wesen. Die Maschine wird zum Ungeheuer. Die Masse rollt mit den Sprüngen einer Billardkugel umher, seitwärts, wenn das Schiff nach der Seite, vorwärts, wenn das Schiff vorwärts geht, rennt hin, kehrt zurück, hält an, scheint nachzudenken, läuft von neuem los, durchfliegt pfeilschnell das Schiff von einem Ende zum anderen, dreht sich um sich selbst, bricht aus, schießt hinaus, bäumt sich, stößt, zermalmt, tötet, vernichtet. Wie ein Sturmbock ist es, der nach seinem Belieben gegen eine Mauer donnert. Und man bedenke, dieser Sturmbock ist aus Eisen, die Mauer aus Holz. Die Materie tritt ihre Freiheit an; man könnte sagen, daß dieser ewige Sklave Rache nimmt. Es scheint, die Bosheit in den von uns sogenannten leblosen Dingen kommt zum Vorschein und bricht plötzlich aus. Es ist, als ob die Masse die Geduld verliere und dunkle Vergeltung übe. Nichts ist unerbittlicher als dieser Zorn der leblosen Dinge. Der rasende Block vereinigt die Sprungkraft des Panthers, die Schwere des Elefanten, die Beweglichkeit der Maus, die Ausdauer der Axt, die Unberechenbarkeit des aufgewühlten Meeres, die Schlagkraft des Blitzes, die Dumpfheit des Grabes. Er wiegt zehntausend Pfund und hüpft wie ein Kinderball. Er schlägt jähe Kreise, durchschnitten von Querfahrten im geraden Winkel.

Was tun? Wie solcher Wut ein Ende machen? Ein Unwetter legt sich, ein Wirbelwind geht vorüber, ein Sturm läßt nach, einen zerbrochenen Mast kann man ersetzen, ein Leck verstopfen, ein Feuer löschen. Was aber soll man mit dem bronzenen Ungetüm beginnen? Wie Hand daran legen? Sie können einer Dogge zureden, einen Stier verblüffen, eine Boa bannen, einen Tiger abschrecken, einen Löwen zähmen. Bei dieser Bestie, einer losgerissenen Kanone, vermag man nichts. Sie können diese nicht töten, sie ist tot; und gleichzeitig lebt sie, ein unheimliches, von der Unendlichkeit verliehenes Leben. Unter ihr schaukelnder Boden. Der Boden wird durch das Schiff, das Schiff wird durch das Meer, das Meer wird durch den Wind bewegt. Diese Maschine der Zerstörung ist ein Spielzeug. Schiff, Wellen, Windstöße halten es fest in der Hand, daher sein schreckliches Leben. Wie soll man dieser Verzahnung, diesem übermenschlichen Ineinandergreifen des Schiffbruchs beikommen? Wie soll man dies Hin und Her, Zurückkehren, Anhalten, Anprallen berechnen? Jeder Stoß gegen Bord kann das Schiff zerbrechen. Wie soll man diese mäandrische Wut ergründen? Es handelt sich um ein Geschoß, das sich andauernd zu berichtigen, zu besinnen und sein Ziel zu ändern scheint. Wie soll man etwas hemmen, wo nur ausweichen hilft? Die entsetzliche Kanone tobt, schlägt nach rechts und links, flüchtet, stürmt vorbei, spottet der Erwartung, zermalmt jedes Hindernis, zerschmettert die Menschen wie Fliegen. Das ganze Grauen der Lage von der Beweglichkeit des Fußbodens. Wie kämpft man gegen eine willkürliche sich neigende Fläche? Das Schiff trägt im Innern einen gefangenen Blitz, der hervorbrechen will, einen Donner, der über ein Erdbeben hinwegrollt.

Augenblicklich war die ganze Mannschaft auf den Füßen. Die Schuld traf den Stückmeister, der die Schraubenmutter der Kette schlecht geschlossen und die vier Räder des Geschützes nachlässig befestigt hatte; so waren Fuß und Rahmen gelockert, die Planken aus dem Gleichgewicht gekommen und das Haltetau zerfetzt, das Geschützseil war gerissen, so daß die Kanone nicht mehr fest auf der Lafette lag. Feste Haltetaue zur Verhinderung des Rückstoßes waren damals noch nicht im Gebrauch. Als eine starke Welle gegen die Stückpforte schlug, hatte die schlechtbefestigte Kanone zurückstoßend die Kette gebrochen, und der wilde Lauf durch das Zwischendeck begann.

Um sich dies unheimliche Gleiten zu verdeutlichen, braucht man auch nur an Rinnen eines Wassertropfens über eine Scheibe zu denken.

Als die Kette zersprang, befanden sich die Artilleristen in der Batterie, gruppenweise oder einzeln beschäftigt mit den Vorbereitungen des Seemanns für den Angriffsfall. Das Schiff senkte sich in diesem Augenblick, und die Kanone schlug durch den Haufen Menschen hindurch, zermalmte mit einem Ruck vier Mann, schnitt bei der seitlichen Bewegung des Fahrzeugs einen fünften Unglücklichen mitten entzwei und stieß an Backbord ein anderes Geschütz von seinem Standort herunter.

Da hallte jener Verzweiflungsschrei, während alle die Leitertreppe hinaufdrängten. Im Nu war die Batterie leer.

Das Ungetüm wurde sich selbst überlassen, es wurde sein eigener Herr und Herr des ganzen Schiffes, mit dem es tun konnte, was ihm beliebte. Die Bemannung, Leute, die in der Schlacht zu lachen wußten, standen jetzt zitternd da, voll unbeschreiblicher Furcht.

Der Kapitän Boisberthelot und der Leutnant Vieuville, zwei wahrhaft unerschrockene Männer, starrten noch immer von der Höhe der Treppe stumm, bleich, ratlos hinab. Da schob sie jemand am Ellbogen beiseite und stieg an ihnen vorbei ins Zwischendeck.

Das war ihr Fahrgast, der ›Bauer‹, von dem sie gerade gesprochen hatten. Auf der untersten Stufe der Treppe hielt er an.

V
Vis et vir

Gleich dem leibhaftigen Wagen aus der Apokalypse rollte die Kanone durch den Raum. Die große Laterne unter dem Vordersteven der Batterie warf über den gespenstischen Vorgang einen zwischen Schatten und Licht schwankenden Schein. Die Umrisse des Geschützes schwanden in der Heftigkeit seines Laufes, bald tauchte es schwarz im Lichtschein auf, bald warf es weißliche Schimmer durch das Dunkel.

Es vollzog weiter die Hinrichtung des Schiffes. Schon hatte es vier andere Geschütze zerschlagen und in die Schiffswand zwei Risse geschlagen, zum Glück noch über der Wasserlinie; aber bei stärkerem Wind fluteten die Wellen herein. Rasend lief es gegen das Fugenwerk an. Die kräftigen Spanten widerstanden zwar noch, gekrümmtes Holz besitzt eine besondere Festigkeit: Aber man hörte es krachen unter der maßlosen Keule, die mit unfaßbarer Allgegenwart von jeder Seite zugleich auf sie einschlug. In einer Flasche geschütteltes Schrotkorn rasselt nicht schneller und sinnloser hin und her.

Die vier Räder tobten über die Leichen der Soldaten hin und zurück, zerschnitten, zerlegten, zerfetzten sie und machten aus den fünf Toten zwanzig herumrollende Stücke. Die abgeschnittenen Köpfe schienen noch zu schreien, Blutbäche wanden sich, dem Rhythmus des Schiffes folgend, über den Boden. Die überall beschädigte Verkleidung begann zu zerfallen, das ganze Fahrzeug hallte von dem höllischen Lärm.

Sehr schnell hatte der Kapitän seine Kaltblütigkeit wiedererlangt und ließ durch die Luke alles, was die Kanone aufhalten konnte, hinabwerfen. Matratzen, Hängematten, Segelhaufen, Tauknäuel, Mannschaftssäcke und die Ballen falscher Assignatenscheine, von denen die Korvette eine ganze Ladung mitführte. Denn diese englische Niederträchtigkeit hielt man für ein erlaubtes Kriegsmittel.

Aber was konnten die Lumpen nützen, wenn sich niemand hinabwagte, um sie zweckmäßig anzuhäufen? In wenigen Minuten war das Ganze zu Leinwandfasern zerfetzt.

Die See ging gerade so hoch, um das Unglück voll zu machen. Ein Sturm wäre besser gewesen, er hätte die Kanone vielleicht umgeworfen, und mit den Rädern in der Luft war sie zu überwältigen.

Statt dessen wuchs die Verheerung. Die Masten, die, im Kielwerk eingepflanzt, durch alle Stockwerke des Schiffes als große runde Pfeiler aufragten, waren schon eingekerbt und an manchen Stellen sogar geborsten. Unter den krampfhaften Stößen hatte der Fockmast einen Riß bekommen, der große Mast selbst war angeschnitten. Die Batterie löste sich auf, von dreißig Geschützen waren zehn bereits kampfunfähig. Die Lücken in der Bordwand vervielfachten sich, die Korvette begann voll Wasser zu laufen.

Der Alte am Fuß der Treppe schien zu einem steinernen Gast erstarrt. Er warf einen strengen Blick über die Verwüstung. Er blieb unbeweglich. Ein Schritt vorwärts in das Zwischendeck schien unmöglich. Jede Bewegung der befreiten Kanone ließ den Zusammenbruch des Schiffes ahnen. Noch einige Augenblicke und der Schiffbruch schien unausweichlich. Untergehen oder dem Unheil Halt gebieten, eins davon müßte geschehen. Wofür sich entscheiden?

Aber wie es kämpfte, dieses Geschütz! Man mußte diesen entsetzlichen Verrückten aufhalten. Mit einem Blitz hatte man zu kämpfen, einen Donnerschlag niederzuschlagen.

Boisberthelot sagte zu La Vieuville: »Glauben Sie an Gott, Chevalier?«

»Ja — Nein — Manchmal.«

»Beim Sturm?«

»Ja — und in Augenblicken wie diesem.«

»Wirklich, nur Gott kann uns heraushelfen.«

Alles schwieg, der teuflische Lärm der Kanone schwoll um so lauter an. Von draußen antwortete die anbrausende Flut den Schlägen des Geschützes mit den Stößen des Meeres. Es war gleich zwei wechselnden Hämmern.

Plötzlich erschien dort, wo die entfesselte Kanone wie in einem unzugänglichen Zirkus galoppierte, ein Mann mit einer Eisenstange in der Hand. Es war der Stückmeister, der das Unglück verschuldet hatte und seine Nachlässigkeit wiedergutmachen wollte. Er hatte eine Notbarre in die eine Hand, eine Tauschleife in die andere genommen und stieg durch die Luke ins Zwischendeck.

Jetzt begann ein titanisches Schauspiel: Kampf der Kanone mit dem Kanonier; Schlacht zwischen Materie und Vernunft; Zweikampf zwischen Sache und Mensch.

Der Mann hatte sich in einer Ecke aufgestellt; und Stange und Tau in den beiden Fäusten, gegen eine Spante gestemmt, fest auf seinen Beinen wie auf zwei ehernen Pfeilern, bleich, ruhig, tragisch, wartete er, wie im Boden angewurzelt.

Er wartete darauf, daß die Kanone bei ihm vorbeirollte. Der Kanonier kannte seine Kanone, und ihm schien, auch sie müsse ihn kennen. Er lebte seit langem mit ihr. Wie oft hatte er ihr die Hand in den Rachen gesteckt. Sie war sein Hausmonster, und er redete sie an wie seinen Hund: »Komm her!« sagte er. Er liebte sie vielleicht.

Es war, als wünschte er, daß sie auf ihn zukommen sollte. Aber das bedeutete: über ihn kommen! Dann war er verloren. Wie konnte er der Zermalmung entgehen? Das war die Frage. Alle starrten ihn entsetzt an. In jeder Brust vereiste der Atem, nur der Alte vielleicht blieb frei, der allein im Zwischendeck bei den Zweikämpfern stand, ein düsterer Zeuge.

Ihn selbst konnte die Maschine vernichten. Er stand regungslos. Unter ihnen lenkte die blinde Flut den Kampf.

Im Augenblick, da der Kanonier den ungeheuren Kampf Brust an Brust aufnahm, fügte es das Schwanken der See zufällig so, daß die herausgeforderte Maschine eine Zeitlang wie verblüfft innehielt. »Komm doch«, wiederholte der Mann. Sie schien ihn zu verstehen. Mit einemmal sprang sie auf ihn zu.

Der Mann wich aus. Der unerhörte Kampf hob an. Der Zerbrechliche rang mit etwas Unverwundbarem, der Tierbändiger von Fleisch und Bein stand gegen die erzene Bestie. Auf der einen Seite eine Gewalt, auf der anderen eine Seele.

Dies ging im Halbdunkel vor sich, gleich einer unbestimmten übernatürlichen Vision. Eine Seele aber schien auf seltsame Art auch in der Kanone zu wohnen, eine Seele aus Haß und Wut. Die Blindheit schien Augen zu haben, das Ungeheuer schien den Menschen zu belauern, als ob etwas Berechnendes in der Masse steckte.

Auch sie wählte ihren Augenblick aus. Sie war irgendein gigantisches Insekt aus Eisen, das die Willenskraft eines Dämons hatte oder zu haben schien. Manchmal hüpfte sie, eine gewaltige Heuschrecke, bis zur niedrigen Decke des Raumes empor und fiel auf ihre vier Räder zurück, wie ein Tiger auf seine vier Tatzen, um wieder auf den Menschen loszugehen. Dieser, geschickt und geschmeidig, schlängelte sich zwischen all den Blitzbewegungen hindurch. Doch die Angriffe, denen er entschlüpfte, trafen das Schiff und vollendeten die Zerstörung.

Ein Stück der zerbrochenen Kette hing noch an der Kanone, um die Schraube am Knauf gewickelt; ein Ende war an der Lafette festgemacht, während das freie Ende in wilden Kreisen um die Kanone herumflog und deren Sprünge noch schlimmer machte. Die Schraube hielt wie mit eiserner Hand die Kette fest, und diese vervielfachte die Rammbockstöße durch den Wirbel ihrer eisernen Geißelhiebe, eine eiserne Peitsche in einer eisernen Faust. Dadurch wurde der Kampf noch schwieriger.

Aber der Mensch kämpfte. In manchen Augenblicken war er sogar der Angreifer. Er schlich an der Schiffswand entlang, Stange und Tau in den Händen, und die Kanone, als wittere sie eine Falle, flüchtete, der gewaltige Mensch verfolgte sie. Eine solche Lage kann nicht allzu lange dauern. Als hätte die Kanone sich gesagt: Halt! Dies muß ein Ende haben! – stand sie still. Es war zu fühlen, daß die Entscheidung herannahte.

In der scheinbaren Unentschlossenheit des besessenen Geschützes steckte ein wilder Vorsatz. Jäh stürzte es sich auf den Kanonier. Dieser sprang zur Seite, ließ es vorbeisausen und schrie ihm lachend zu: »Nochmals!« Tobend zerschlug es ein anderes Geschütz auf Backbord, dann, von seiner unsichtbaren Schleuder geschnellt, flog es nach Steuerbord auf den Mann zu, der wieder auswich, doch drei Geschütze erlagen dem Stoß. Dann wie blind und bewußtlos wandte die Maschine ihm den Rücken, brauste von hinten nach vorn, verletzte den Steven und schlug ein Loch in die Bugwand. Der Mann hatte sich an den Fuß der Treppe geflüchtet, in die Nähe des zuschauenden Greises, und hielt seine Stange bereit. Die Kanone schien es zu merken, und ohne erst kehrtzumachen, flog sie rückwärts, mit der Schnelligkeit eines Axthiebs, auf ihn zu. Der Mann, in den Winkel gedrückt, war verloren. Alle schrien auf.

Aber der bis jetzt unbewegliche Greis, rascher als jene wilde Raschheit selbst, hatte schon, auf die Gefahr, selbst zermalmt zu werden, einen Ballen der falschen Assignatenscheine gepackt und ihn genau vor die Räder der Kanone geschleudert. Diesen gefahrvollen entscheidenden Wurf genau auszuführen, hätte auch der nicht vermocht, der mit all den Kunstgriffen, beschrieben im Buch von Durosel über ›Üben mit Schiffsgeschützen‹, vertraut war.

Der Ballen wirkte vollkommen wie ein Puffer. Auch ein Kiesel kann einen Felsblock anhalten, ein Baumzweig eine Lawine umlenken. Die Kanone strauchelte. Der Kanonier nutzte diesen Vorteil aus und stieß seine Eisenstange zwischen die Speichen eines Hinterrades. Da stand das Geschütz still, es neigte sich. Mit einer Hebelbewegung der Stange brachte der Mann es ins Schwanken, bis die schwere Masse mit dem Klang einer fallenden Glocke umsank. Da stürzte er, sich völlig vergessend, von Schweiß triefend, darauf zu und warf dem niedergeworfenen Ungetüm die Schlinge seines Taus um den erzenen Nacken.

Es war vorüber. Der Mensch hatte gesiegt, die Ameise behielt recht gegen den Mastodonten, der Zwerg nahm den Donner gefangen.

Die Soldaten und Matrosen klatschten in die Hände.

Mit Stricken und Ketten eilte die ganze Mannschaft herbei, und unverzüglich war das Geschütz wieder festgemacht.

Der Kanonier leistete dem Fahrgast die Ehrenbezeugung und sagte: »Herr, Sie haben mir das Leben gerettet.«

Der Greis hatte seine teilnahmslose Haltung wieder angenommen und antwortete nicht.

VI
Die beiden Waagschalen

Der Mensch hatte gesiegt, und doch konnte man das gleiche auch von der Kanone sagen. Der unmittelbare Schiffbruch war vermieden, aber die Korvette war durchaus noch nicht gerettet. Die Beschädigungen des Fahrzeugs schienen nicht reparabel: Die Schiffswand wies fünf Löcher auf, davon ein sehr großes am Bug. Zwanzig von den dreißig Kanonen lagen gefällt am Boden. Auch das eingefangene, wieder an die Kette gelegte Geschütz war dienstunfähig, denn die Knaufschraube war verdreht, und man konnte es nicht mehr richten. So war die Batterie auf neun Stück zusammengeschmolzen. Der Schiffsraum lief voll Wasser, man mußte sofort zu den Schadstellen eilen und die Pumpen einsetzen.

Das Zwischendeck bot jetzt, da man es betrachten konnte, einen greulichen Anblick. Das Innere des Käfigs eines tobenden Elefanten hätte solche Zerstörung nicht gezeigt.

Obwohl die Korvette darauf achten mußte, daß man sie nicht sah, war die unmittelbare Rettung noch zwingender. Deshalb mußte man das Deck beleuchten und an den Brüstungen eine Anzahl Windlichter anbringen.

Man hatte freilich während dieses ganzen tragischen Zwischenfalls, da es sich für die Mannschaft um Leben und Tod handelte, auf die äußeren Umstände wenig geachtet. Der Nebel war dichter geworden, das Wetter hatte sich geändert. Der Wind hatte mit dem Schiff gemacht, was ihm beliebte. So war man von der Richtung abgekommen, und ungedeckt von Jersey und Guernesey befand man sich weiter südlich als geplant war. Das Meer ging hoch. Starke Wogen leckten an den offenen Wunden des Schiffes – gefährliche Liebkosungen. Der Seegang ließ das Schiff abenteuerlich schwanken. Die Brise wurde zum Nordostwind, vielleicht war ein Sturm im Anzug. Mehr als vier Wellen weit konnte man nicht sehen.

Während die Mannschaft schleunigst die schlimmsten Beschädigungen notdürftig ausbesserte, die Lücken verstopfte und die unversehrten Geschütze wieder ordentlich aufstellte, war der Greis aufs Verdeck zurückgestiegen und lehnte am Hauptmast.

Er hatte auf eine Bewegung nicht geachtet, die sich innerhalb des Schiffes vollzog. Der Chevalier de La Vieuville stellte auf beiden Seiten des Mastes die Infanteristen der Marinetruppe in Schlachtordnung auf. Die mit dem Schiff beschäftigten Matrosen hatten sich auf einen Pfiff des Oberbootsmannes hin in den Rahen geordnet.

Jetzt näherte sich der Comte du Boisberthelot dem Greise. Hinter ihm schritt keuchend ein verstörter Mann in unordentlicher Kleidung. Sein Gesicht hatte aber dennoch einen freudigen Ausdruck. Es war der Artillerist, der im rechten Augenblick als Tierbändiger aufgetreten und der Kanone Herr geworden war.

Der Graf salutierte vor dem ›Bauern‹ und sagte: »Hier ist der Mann, Herr General.«

Der Kanonier stellte sich mit gesenkten Augen in vorschriftsmäßiger Haltung auf.

»Herr General«, fuhr der Comte du Boisberthelot fort, »denken Sie nicht, daß in Anbetracht seines Verhaltens wir Vorgesetzten etwas für den Mann tun könnten?«

»Das ist meine Meinung.«

»Wollen Sie demnach befehlen.«

»Befehlen Sie. Sie sind der Kapitän.«

»Doch Sie der General.«

Der Greis sah den Kanonier an. »Komm her«, sagte er.

Der Mann machte einen Schritt. Der Greis drehte sich zum Comte du Boisberthelot um, nahm von der Brust des Kapitäns das Sankt-Ludwigskreuz und heftete es an die Bluse des Kanoniers.

»Hurra!« riefen die Matrosen. Die Marinetruppen präsentierten das Gewehr.

Dann fuhr der Greis fort, mit dem Finger auf den vom Glück geblendeten Soldaten zeigend: »Nunmehr ist der Mann zu erschießen.«

Alle standen erstarrt mitten in ihrem Beifall. Aus dem Grabesschweigen erhob der Greis die Stimme und sprach:

»Nachlässigkeit hat dies Schiff in Gefahr gebracht. Vielleicht ist es zur Stunde schon verloren. Auf See sein bedeutet vor dem Feinde stehen. Ein Schiff in voller Fahrt ist ein Heer in der Schlacht. Der Sturm verbirgt sich wohl, aber er ist zugegen, das Meer ein einziger Hinterhalt. Die Todesstrafe steht auf jedes Vergehen vor dem Feinde. Es gibt keine Fehler, die man wiedergutmachen kann. Man muß den Mut belohnen und die Nachlässigkeit bestrafen.

Diese Worte fielen eins nach dem anderen, langsam, gewichtig, in unerbittlichem Takt, gleich Axthieben gegen eine Eiche. Dann blickte er die Soldaten an und sagte: »Vollzieht es.«

Der Mann, an dessen Kittel das Sankt-Ludwigskreuz schimmerte, senkte den Kopf.

Auf ein Zeichen des Grafen stiegen zwei Matrosen ins Zwischendeck, sie kamen mit einem Leichentuch zurück. Der Schiffsgeistliche, der seit der Abfahrt in der Offizierskajüte im Gebet lag, kam mit ihnen. Ein Unteroffizier wählte zwölf Soldaten aus, die sich in zwei gleichen Reihen, sechs und sechs, aufstellten. Ohne ein Wort trat der Kanonier zwischen die beiden Reihen.

Der Priester mit dem Kruzifix stellte sich an seine Seite.

»Marsch!« befahl der Unteroffizier. Der Zug bewegte sich langsam nach dem Vorderteil des Schiffes. Die beiden Matrosen mit dem Leichentuch folgten.

Düsteres Schweigen herrschte auf der Korvette. Von fern heulte der Orkan.

Nach einigen Augenblicken hallte die Salve unter einem Blitz durch die Finsternis. Dann wurde es wieder still. Man hörte das Geräusch eines Körpers, der ins Wasser fiel.

Noch immer an den Mast gelehnt, mit gekreuzten Armen, sann der Greis nach.

Boisberthelot aber, mit dem Zeigefinger der linken Hand auf ihn weisend, flüsterte La Vieuville zu:

»Die Vendée hat ein Haupt!«

VII
Wer Segel setzt, setzt auf die Lotterie

Aber was sollte aus dem Schiffe werden? Die Wolken, die sich während der Nacht mit den Wellen vermischt hatten, deckten ihren tiefen Mantel über den Horizont, über den ganzen Ozean. Rings umher nichts als Nebel; eine gefährliche Lage selbst für ein wohlbehaltenes Fahrzeug. Zu dem Nebel schlug sich noch die aufgewühlte See.

Zwar hatte man die Zeit genutzt und das Schiff erleichtert, indem man alle Überreste der Verwüstung vom Zwischendeck ins Meer geworfen hatte, die zerschmetterten Kanonen, die zerbrochenen Lafetten, das verbogene oder abgerissene Fugenwerk, die zertrümmerten Holz- und Eisenteile. Man öffnete die Stückpforten und ließ auf Brettern die Leichen und Gliedmaßen in Segeltuch gewickelt in die Tiefe hinabgleiten.

Doch gegen die See konnte man sich kaum noch halten. Nicht weil der Sturm unmittelbar drohte, im Gegenteil, er schien sich hinter dem Horizont abzuschwächen und gegen

Norden hinwegzuziehen. Aber der hohe Wellenschlag deutete auf schlechten Grund hin, krank, wie die Korvette war, bot sie den Erschütterungen wenig Widerstand, und die großen Wellen konnten sie vernichten.

Gacquoil stand am Steuerrad, in tiefen Gedanken.

Zum bösen Spiel gute Miene machen, ist bei Seeleuten Gewohnheit. So redete La Vieuville, der in der Not seine heitere Natur zeigte, den Lotsen an:

»Also Lotse, da macht sich der Sturm davon. Er möchte niesen, er kann nicht. Wir werden entwischen. Wind wird's geben, weiter nichts.«

Der Lotse erwiderte ernsthaft: »Wer Wind hat, hat Flut«.

Weder heiter noch traurig, so ist der Seemann. Die Antwort war beunruhigend. Bei einem lecken Schiff bedeutet Flut: schnell vollaufen. Der Lotse hatte seine Vorhersage mit unbestimmtem Stirnrunzeln unterstrichen. Vielleicht auch hatte La Vieuville seine fast jovialen und nachlässigen Worte ein wenig zu früh nach dem Unglück mit der Kanone und dem Kanonier gesprochen. Es gibt Dinge, die auf hoher See unheilvoll wirken. Das Meer hat Geheimnisse, man weiß niemals, woran man mit ihm ist, man muß sich in acht nehmen.

La Vieuville fühlte, daß hier doch Ernst angebracht war. »Wo sind wir, Lotse?« fragte er.

Die Erwiderung lautete: »Wir sind in Gottes Hand.«

Ein Lotse ist ein Meister, man muß ihn immer gewähren, oft reden lassen. Übrigens reden diese Menschen wenig. La Vieuville entfernte sich wieder.

La Vieuville hatte eine Frage an den Lotsen gerichtet, der Horizont beantwortete sie. Denn plötzlich öffnete sich das Meer. Der Nebel über den Wellen zerriß, das dunkle Gewühl des Wassers glättete sich im dämmernden Schein, so weit man sehen konnte, und man gewahrte dies:

Ein Deckel dicker Wolken lag auf dem Himmel, aber sie berührten nicht mehr die See. Im Osten erhob sich weißlich der Tag, im Westen schwebte ein anderer bleicher Glanz, der untergehende Mond. So lagen am Horizont zwischen dem düsteren Wasser und dem grauen Himmel zwei fahle Lichtstreifen einander gegenüber.

Von den beiden Helligkeiten hoben sich gerade und starr schwarze Schattenrisse ab: Im Westen standen vor dem Monde drei große Felsen, ragend wie keltische Menhire. Im Osten schwebten am blassen Horizont in geordneter Reihe und bedrohlichen Abständen acht Segel.

Die drei Felsen waren ein Riff, die Segel ein Geschwader. Im Rücken hatte man die berüchtigten Klippen Les Minquiers und im Angesicht die französischen Kreuzer, gegen Westen den Abgrund, gegen Morgen das Gemetzel. Man befand sich zwischen Schiffbruch und Schlacht.

Man konnte sich der Klippe stellen; aber man hatte einen durchlöcherten Kiel, zerfetztes Takelwerk und in der Wurzel erschütterte Masten. Man konnte sich der Schlacht stellen; aber von dreißig Kanonen waren einundzwanzig unbrauchbar und von den Kanonieren die besten tot.

Der Tag kam sehr matt, vor dem Schiff lag noch immer ein wenig Nacht, die sogar noch eine Weile andauern konnte. Denn sie rührte von den dichtgedrängten hohen Wolken her, die wie ein festes Gewölbe standen.

Der Wind, der den Nebel verjagt hatte, trieb nun das Schiff gegen die Klippen.

Das Schiff war bis zum äußersten zerbrochen und müde, es gehorchte kaum noch dem Steuer, rollte mehr als es fuhr, willenlos gepeitscht von der Flut.

Das verhängnisvolle Riff Les Minquiers war damals noch starrer als heute. Mehrere Türme dieser Festung der Tiefe sind durch den unaufhörlichen Angriff des Meeres abrasiert worden. Selbst die Gestalt der Klippen wandelt sich. Nicht umsonst haben wir in unserer Sprache für Wellen und Klinge den gleichen Ausdruck ›lame‹, denn jede Brandung ist ein Sägeschnitt. Die Minquiers berühren hieß damals: untergehen.

Das Kreuzergeschwader aber war jenes von Cancale, das

unter der Führung des Kapitäns Duchêne, den Lequinio ›Le Père Duchêne‹ genannt hatte, seitdem berühmt geworden war.

Die Lage war bedenklich. Während die Kanone sich losgerissen hatte, war die Korvette, ohne es zu bemerken, von der Route abgekommen und segelte eher in Richtung Granville als nach Saint-Malo. Selbst wenn sie noch hätte segeln können, hinderte jetzt das Riff die Rückkehr nach Jersey, und das Geschwader hinderte das Anlaufen der französischen Küste.

Ansonsten – kein Sturm. Aber das Meer, wie der Lotse vorausgesagt hatte, rollte wild unter dem steifen Wind, über dem zerklüfteten Grund. Das Meer sagt niemals sofort, was es will. Alles ist in seiner Tiefe enthalten, selbst die Bosheit. Es scheint beinahe eine eigene Methode zu haben, stürzt vor und weicht zurück, gibt eine Absicht kund und verwirft sie, deutet ein Unwetter an und gibt es auf, verspricht den Abgrund und hält sich nicht daran, bedroht den Norden und trifft den Süden. So hatte das Schiff die ganze Nacht hindurch im Nebel den Sturm gefürchtet, den das Meer nun widerrief, doch auf fürchterliche Art. Es hatte den Orkan entworfen und die Klippe ausgeführt. Es war immer noch, nur auf andere Art, der Schiffbruch!

Und dem Untergang auf den Klippen gesellte sich die Vernichtung durch die Schlacht. Ein Feind kam zum anderen.

Doch La Vieuville rief mit seinem tapferen Lachen: »Untergang hier – der Kampf dort. Wir haben auf beiden Seiten das große Los.«

VIII
9 zu 380

Rings um das einem Wracke schon ähnliche Schiff wehte aus dem schwarzen Gewölk, aus den vagen Schwankungen des Horizonts, aus dem geheimnisvollen Stirnrunzeln der Wogen ein feierlicher Todeshauch. Doch außer dem Winde, der es feindselig umpfiff, war alles still. Majestätisch stieg das Verhängnis aus dem Abgrund. Es glich einer Erscheinung eher als einem Angriff. Nichts regte sich in den Felsen, nichts im Geschwader, ein übermenschliches Schweigen. Hatte man es noch mit der Wirklichkeit zu tun oder stand ein Traum auf dem Meere? Die Legenden kennen solche Erscheinungen. Zwischen steinernen Dämonen und Gespensterschiffen befand sich die Korvette.

Der Comte du Boisberthelot gab La Vieuville halblaut einige Befehle, dieser ging in die Batterie hinab, während der Kapitän mit seinem Fernrohr sich dicht neben den Lotsen stellte. Gacquoil bot seine ganze Kraft auf, das Schiff in der Wellenrichtung zu halten. Falls Wind und Meer es von der Seite faßten, war es sofort verloren.

»Lotse«, sagte der Kapitän, »wo sind wir?«

»Auf den Minquiers.«

»Auf welcher Seite?«

»Auf der schlechten.«

»Der Meeresgrund?«

»Nackter Felsen.«

»Können wir ankern?«

»Sterben kann man immer«, erwiderte der Lotse.

Der Kapitän richtete das Glas nach Westen und betrachtete das Riff, dann nach Osten und betrachtete die Segel in Sicht.

Wie zu sich selbst sprach der Lotse weiter: »Das sind die Minquiers. Die Lachmöwe ruht darauf aus, wenn sie aus Holland kommt, auch die große Sturmmöwe mit dem schwarzen Mantel.«

Inzwischen hatte der Kapitän die Schiffe gezählt. Es waren acht, die in regelrechter Ordnung ihr kriegerisches Profil über dem Wasser zeigten. In ihrer Mitte sah man die hohe Gestalt eines Dreideckers.

»Kennen Sie diese Segel?« fragte der Kapitän den Lotsen.

»Gewiß.«

»Wer ist das?«

»Das Geschwader.«

»Der Franzosen?«

»Des Teufels.«

Nach einer Pause: »Ist es das ganze Geschwader?«

»Nicht das ganze.«

Tatsächlich hatte am 2. April Valazé dem Nationalkonvent Bericht erstattet, daß zehn Fregatten und sechs Linienschiffe im Kanal kreuzten. Der Kapitän erinnerte sich jetzt daran. »Ja«, sagte er, »das Geschwader hat sechzehn Schiffe. Hier sind nur acht.«

»Der Rest lungert dort drüben an der Küste entlang und spioniert.«

»Ein Dreidecker, zwei Fregatten ersten, fünf zweiten Ranges –« murmelte der Kapitän, immer durch sein Fernrohr schauend.

»Aber ich habe sie auch ausspioniert«, brummte der Lotse.

»Tüchtige Fahrzeuge. Auf jedem hatte ich eine Zeitlang das Kommando.«

»Ich sah sie aus der Nähe«, sagte Gacquoil, »und verwechsle keins mit dem andern. Ihre Kennzeichen habe ich im Kopf.«

Der Kapitän reichte ihm sein Glas. »Lotse, erkennen Sie den Dreidecker genau?«

»Ja, Herr Kapitän, es ist die ›Côte d'Or‹.«

»Die sie umgetauft haben. Früher: ›Les États de Bourgogne‹.«

Ein neues Schiff, hundertachtundzwanzig Kanonen. Er nahm ein Notizbuch aus der Tasche und schrieb mit dem Bleistift die Zahl 128 hinein. »Lotse, wie heißt das erste Segel an Backbord?«

»L'Experimentée.«

»Fregatte ersten Ranges. Zweiundfünfzig Kanonen. Sie wurde in Brest vor zwei Monaten ausgerüstet.« Der Kapitän schrieb in sein Buch die Zahl 52. »Lotse, wie heißt das zweite Segel an Backbord?«

»La Dryade.«

»Fregatte ersten Ranges. Vierzig Achtzehner. Sie war in Indien und hat eine schöne militärische Geschichte.« Er schrieb unter die 52 die Zahl 40, dann blickte er wieder auf.

»Jetzt an Steuerbord.«

»Lauter Fregatten zweiten Ranges. Fünf.«

»Die nächste beim Dreidecker?«

»La Résolue.«

»Zweiunddreißig Achtzehner. Die nächste?«

»La Richemont.«

»Dieselbe Bestückung. Weiter?«

»L'Athée.«

»Sonderbarer Name, um in See zu stechen. Weiter?«

»La Calypso.«

»Weiter.«

»La Preneuse.«

»Fünf Fregatten von je zweiunddreißig.« Der Kapitän schrieb unter die anderen Zahlen: 160. »Lotse, Sie erkennen sie doch genau?«

»Und Sie, Herr Kapitän, kennen sie genau. Das Kennen ist mehr wert als das Erkennen.«

Der Kapitän, den Blick auf sein Buch gerichtet, zählte zwischen den Zähnen zusammen: »Hundertachtundzwanzig, zweiundfünfzig, vierzig, hundertsechzig.«

In diesem Augenblick kam La Vieuville wieder auf das Verdeck. »Chevalier«, rief ihm der Kapitän entgegen, »wir haben 380 Geschütze vor uns.«

»Gut«, sagte der andere.

»Sie kommen von der Besichtigung, La Vieuville. Wieviel Geschütze sind bei uns tatsächlich noch feuerfähig?«

»Neun.«

»Gut«, sagte nun Boisberthelot.

Er nahm dem Lotsen das Fernrohr aus der Hand und richtete es wieder auf den Horizont. Die acht stummen schwarzen Schiffe schienen sich nicht zu rühren und wurden doch größer. Sie rückten unmerklich heran.

»Herr Kapitän«, sagte La Vieuville mit militärischem Gruß, »hier mein Bericht. Ich habe dieser Korvette ›Claymore‹ niemals getraut. Es ist immer ärgerlich, ohne weiteres auf ein Schiff versetzt zu werden, das uns nicht kennt und nicht liebt. Englisches Schiff, verräterisch gegenüber den Franzosen. Die verfluchte Kanone hat es bewiesen. – Ich habe folgendes festgestellt: Gute Anker, kein Roheisen, geschweißtes Stabeisen, die Ankerringe sind fest. Ausgezeichnete Taue, handlich, von vorschriftsmäßiger Länge, hundertundzwanzig Faden. Reichliche Munition. Sechs Artilleristen tot. Hunderteinundsiebzig Schuß für jedes Geschütz.«

»Weil es nur noch neun sind«, flüsterte der Kapitän. Boisberthelot richtete wieder das Fernrohr auf den Horizont. Das langsame Vorrücken des Geschwaders hielt an.

Diese ›Kanonen‹ der Korvette hatten eines für sich, daß sie zur Bedienung nur drei Mann erforderten. Nachteilig aber war, daß sie weniger weit und weniger sicher trafen als die üblichen Kanonen. Deshalb mußte man das Geschwader um so viel näher rücken lassen.

Mit leiser Stimme erteilte der Kapitän seine Befehle, Stille herrschte auf dem ganzen Schiff. Ohne das gewöhnliche Glokkenzeichen wurde zum Gefecht klargemacht; mochte die Korvette auch gegen den Feind so kampfunfähig sein wie gegen die Wellen. Man nutzte den Überrest der Seeverteidigungsmittel nach Kräften aus. Auf den Tauracken und Laufplanken wurde alles Tauwerk zur eventuellen Wiederherstellung der Takelung zusammengetragen. Eine Verbandstelle wurde eingerichtet. Nach damaligem Brauch verschanzte man das Verdeck, was zwar gegen Gewehrkugeln, aber nicht gegen Artilleriefeuer schützt. Das Kugelmeßgerät wurde herbeigeschafft, obwohl es zur Prüfung der Kaliber etwas spät war; aber wer hatte soviel Zwischenfälle vorhergesehen? Jeder Matrose erhielt eine Patronentasche und steckte ein Paar Pistolen und einen Dolch in den Gürtel. Man legte die Hängematten zusammen, richtete die Geschütze, bereitete die Musketen vor, legte Beile und Haken zurecht; man bereitete die Bunker für die Patronen- und Kugelladungen vor und öffnete die Pulverkammer. Jeder Mann nahm seinen Posten ein. All dies geschah wortlos, wie im Zimmer eines Sterbenden, voll düsterer Eile.

Dann ankerte die Korvette. Sie hatte sechs Anker wie eine Fregatte. Man warf alle sechs aus, den Tagesanker über den Bug, den Werpenanker über das Heck, den Leichteranker nach der offenen See, den Ebbeanker nach der Seite der Klippe, an Steuerbord den Teuanker und den Pflichtanker an Backbord.

Die überlebenden neun Kanonaden wurden sämtlich auf einer Seite, dem Feinde zu, aufgepflanzt.

Nicht weniger still hatte inzwischen das Geschwader seine Aufstellung genommen. Die acht Schiffe nahten im Halbkreis, dessen Sehne die Klippen bildeten.

In diesem Halbkreis gefangen und durch die eigenen Anker gefesselt, lehnte sich die Korvette an die Felsen an, das heißt an den Schiffbruch.

Es war wie eine Meute von Hunden um einen Wildeber, die noch nicht anschlägt, aber schon die Zähne fletscht.

Auf beiden Seiten schien man aufeinander zu warten.

Die Kanoniere der ›Claymore‹ standen an ihren Geschützen. Boisberthelot sagte zu La Vieuville:

»Ich lege Wert darauf, den ersten Schuß zu tun.«

»Das Vergnügen eines Gefallsüchtigen?« antwortete La Vieuville.

IX
Einer entkommt

Der Passagier hatte das Verdeck nicht verlassen, regungslos beobachtete er alles.

»Herr«, sagte Boisberthelot, der zu ihm trat, »es ist alles bereit. Wir klammern uns an unser Grab und werden es nicht fahren lassen. Gefangene des Geschwaders oder der Klippe sind wir und haben keine andere Wahl, als uns zu ergeben oder Schiffbruch zu erleiden! Nur ein Ausgang bleibt uns, der Tod. Kämpfen ist besser als untergehen. Was meinen Tod anbelangt, so ziehe ich das Feuer dem Wasser vor. Jedoch das Sterben ist unsere Sache, nicht auch die Ihre. Sie sind der Ausgewählte der Fürsten, zu einer großen Aufgabe bestimmt, zum Oberbefehl im Kriege der Vendée. Fehlen Sie, ist das Königtum vielleicht verloren. So müssen Sie am Leben bleiben. Unsere Ehre verlangt, hier auszuharren, die Ihre, davonzukommen. Sie werden das Schiff verlassen, Herr General. Ich gebe Ihnen ein Boot und einen Mann. Die Küste auf Umwegen zu erreichen, ist nicht unmöglich. Noch ist nicht Tag, die See geht hoch und liegt noch im Dunkeln; Sie werden entrinnen. In manchem Falle bedeutet die Flucht den Sieg.«

Der Greis gab mit einer Bewegung des strengen Kopfes ein Zeichen der Zustimmung, und der Comte du Boisberthelot rief mit lauter Stimme: »Soldaten und Matrosen!«

Alle hielten in ihren Beschäftigungen inne, und von jedem Punkte des Schiffes wandten die Gesichter sich auf den Kapitän. Er fuhr fort:

»Der Mann, der sich unter uns befindet, ist des Königs Stellvertreter. Er ist uns anvertraut, wir müssen ihn retten. Der Thron Frankreichs braucht ihn. Da ein Prinz fehlt, wird er, so hoffen wir wenigstens, Oberhaupt in der Vendée sein. Er ist ein großer Feldherr. Mit uns sollte er in Frankreich landen, jetzt muß er ohne uns landen. Rettet man den Kopf, rettet man alles.«

»Ja! Ja! Ja!« tönte es aus jedem Munde. Der Kapitän sprach weiter:

»Auch er wird ernste Gefahren bestehen müssen. Das Ufer zu erreichen ist nicht leicht. Zur Überwindung der hohen See wäre ein großes Boot nötig, aber ein kleines ist nötig, damit die Kreuzer es nicht bemerken. Er muß an irgendeiner sicheren Stelle landen, möglichst nahe an der Küste von Fougères, fern von Coutances. Dazu braucht er einen kräftigen Seemann, tüchtigen Ruderer und tüchtigen Schwimmer, der aus dieser Gegend sein und sie aufs genaueste kennen muß. Es ist noch dunkel genug, um das Boot unbemerkt von der Korvette abzulassen, um sich zu entfernen. Bald wird der Pulverdampf hinzutreten, und durch seine Kleinheit wird das Boot auch über die versteckten Klippen hinwegkommen. Wo der Panther sich fängt, entschlüpft das Wiesel. Für ihn gibt es ein Entrinnen, nicht für uns. Mit voller Ruderkraft wird das Boot sich entfernen, die Feinde werden es nicht merken, und außerdem lenken wir den Feind durch genügende Unterhaltung inzwischen ab. Soll es so sein?«

»Ja! Ja! Ja!«

»Es ist keine Minute zu verlieren. Meldet sich jemand freiwillig?«

Im Dunkeln trat ein Matrose vor die Reihe und sprach: »Ich.«

X
Entkommt er?

Kurz danach stieß die kleine Jolle, sonst zum Dienste für den Kapitän bestimmt, von der Korvette ab. Zwei Menschen befanden sich im Boot. Hinten saß der Greis, der ›Freiwillige‹ vorn. Die Nacht war noch sehr dunkel. Der Matrose ruderte kräftig durch die Dunkelheit gegen die Klippen hin, nach dem Befehl des Kapitäns. Es gab keinen anderen Ausweg. Auf den Boden der Jolle hatte man einigen Eßvorrat gelegt, einen Sack mit Zwieback, eine geräucherte Rindslende und ein kleines Faß Wasser.

Als sie hinausfuhren, lehnte sich La Vieuville, ein Spötter noch vor dem Abgrund, über den Steven und rief ihnen als Abschiedsgruß nach:

»Gut zum Flüchten und ausgezeichnet zum Ertrinken!«

»Herr«, sagte der Lotse, »scherzen wir nicht mehr.«

Schnell brachte das Boot eine gute Strecke zwischen sich

und das Schiff. Wind und Wellen halfen dem Ruderer nach, und die kleine Barke verschwand bald hinter den hohen Falten der düsteren Wellen. Dämmernde Erwartung lag über dem Meer.

Plötzlich, mitten im düsteren und aufgeregten Schweigen des Ozeans, erhob sich eine Stimme, verstärkt durch das Sprachrohr wie durch den ehernen Mund eines antiken Tragöden, daß sie fast übermenschlich klang. Es war die Stimme des Kapitäns Boisberthelot:

»Matrosen des Königs, nagelt die weiße Lilienfahne an den großen Mast. Wir werden unseren letzten Sonnenaufgang sehen.«

Ein Kanonenschuß löste sich von der Korvette.

»Es lebe der König!« schrie die Mannschaft.

Da erscholl vom Horizont her ein anderer, gewaltiger, in der Ferne verhallender und doch deutlicher Ruf:

»Es lebe die Republik!«

Ein Dröhnen wie von dreihundert Donnerschlägen brach aus der Tiefe hervor. Der Kampf begann.

Das Meer bedeckte sich mit Rauch und Feuer. Wasserstrahlen, von den einschlagenden Kugeln, sprangen nach allen Richtungen durch die Wogen. Die Korvette spie Feuer auf alle acht Schiffe. Aus allen Batterien beschoß das Geschwader halbmondförmig die ›Claymore‹. Der Horizont brannte, ein Vulkan schien aus dem Meere gestiegen. Der Wind zerrte den weiten Purpur der Schlacht hin und her, und wie Geister erschienen und verschwanden darin die Schiffe. Vorn stand gleich einem schwarzen Skelett vor rotem Hintergrund die Korvette. An der Spitze des großen Mastes war das Lilienbanner noch zu sehen.

Die beiden Männer in der Jolle schwiegen.

Der dreieckige Fels der Minquiers, eine Art unterseeische Trinacria, ist breiter als die ganze Insel Jersey. Das Meer bedeckt es; seine höchste Stelle, ein Hochplateau, ragt auch bei der höchsten Flut hervor. Nordöstlich gehen davon in einer geraden Reihe sechs mächtige Felsen aus, die wie eine große, da und dort eingestürzte Mauer wirken. Die Durchfahrt zwischen dem Plateau und den sechs Zacken ist nur einem sehr flachgehenden kleinen Boote möglich. Auf der anderen Seite beginnt gleich wieder die tiefe See.

Der Matrose, der mit der Rettung des Bootes beauftragt war, lenkte in die Durchfahrt ein, und so standen die Minquiers jetzt zwischen der Schlacht und dem Boot. Geschickt wich er in der engen Rinne den Felsen zu beiden Seiten aus. Die Klippen verdeckten die Szene der Schlacht. Der Brand des Horizonts und der wütende Lärm der Geschütze begannen auf Grund der immer größer werdenden Entfernung abzunehmen. Aber an der Hartnäckigkeit des Geschützfeuers war zu erkennen, daß die Korvette sich tapfer hielt und ihre hunderteinundneunzig Salven bis auf die letzte abgeben wollte.

Bald fuhr das Boot im freien Wasser, weit entfernt von der Klippe, weit entfernt von der Schlacht, außer Reichweite der Geschosse.

Die Umrisse des Meeres traten hervor, die Lichter wurden stärker als die ertränkenden Dunkelheiten, der wirbelnde Schaum entfaltete sich zu Lichtbüscheln, weißer Glanz schwamm auf den geteilten Flächen der Wogen. Der Tag brach an.

Aber obwohl dem Feinde entronnen, hatte das Boot die schwierigste Fahrt noch vor sich. Das Boot war zwar vor dem Geschützfeuer, aber nicht vor dem Untergehen gerettet. Es war nichts als eine fast unsichtbare Schale auf weitem Meer, ohne Deck, Segel und Mast, ohne Kompaß, mit keinem anderen Hilfsmittel als dem Ruder, im Angesicht des Ozeans und Orkans ein Atom vor den Riesen.

Und jetzt inmitten der unendlichen Einsamkeit, das Gesicht erhebend, das der Morgen bleichte, sah der Mann, der vorn saß, den Mann, der am Ende des Bootes saß, an und sprach:

»Ich bin der Bruder desjenigen, der auf Ihren Befehl erschossen wurde.«

Drittes Buch
Halmalo

I
Der Geist ist im Wort

Langsam hob der Greis den Kopf.

Der Mann, der zu ihm gesprochen hatte, war ungefähr dreißig Jahre alt. Seine Stirne war von der See gebräunt, er hatte seltsame Augen, den Scharfblick des Matrosen mit dem ehrlichen Schimmer des Bauern. Kraftvoll hielt er die Ruder in beiden Fäusten. Er hatte einen sanften Ausdruck. Im Gürtel trug er einen Dolch, zwei Pistolen und einen Rosenkranz.

»Wer sind Sie?« fragte der Alte.

»Ich sagte es Ihnen soeben.«

»Was wollen Sie von mir?«

Der Mann ließ die Ruder los, verschränkte die Arme und erwiderte: »Ich will Sie töten.«

»Wie Sie wünschen«, sagte der Greis.

»Machen Sie sich bereit«, fuhr der Mann mit erhobener Stimme fort.

»Bereit wozu?«

»Zu sterben.«

»Weshalb?«

Ein Schweigen entstand. Der Mann schien einen Augenblick lang über die Frage verwundert zu sein. Dann sagte er: »Sie haben gehört, daß ich Sie töten will.«

»Und ich frage Sie, weshalb?«

Ein Blitz ging durch die Augen des Matrosen: »Weil Sie meinen Bruder umgebracht haben.«

Der Greis entgegnete ruhig: »Vorher habe ich ihm das Leben gerettet.«

»Das ist wahr. Sie haben ihn zuerst gerettet und dann umgebracht.«

»Nicht ich.«

»Wer sonst?«

»Seine Schuld.«

Sprachlos blickte der Matrose den Alten an, bis seine Brauen sich wieder heftig zusammenzogen.

»Wie heißen Sie?« fragte der Greis.

»Ich heiße Halmalo. Sie brauchen meinen Namen nicht zu wissen, um von mir getötet zu werden.«

Gerade ging die Sonne auf. Ein Strahl fiel leuchtend in das wilde Gesicht des Matrosen. Der Greis betrachtete ihn aufmerksam.

Noch immer hallte das Geschützfeuer, doch mit Unterbrechungen, als zucke ein Sterbender. Auf den Horizont senkte sich eine breite Rauchwolke.

Das Boot, von keinem Ruderer mehr bedient, trieb ziellos hin. Mit der rechten Hand zog der Matrose eine der Pistolen aus dem Gürtel, mit der Linken hob er den Rosenkranz. Der Greis stand auf.

»Du glaubst an Gott?« sagte er.

»An unseren Vater, welcher ist im Himmel«, erwiderte der Matrose und schlug das Kreuz.

»Hast du deine Mutter noch?«

»Ja.«

Er schlug wieder ein Kreuz und fuhr fort: »So ist es. Ich gebe Ihnen noch eine Minute, gnädiger Herr.« Er spannte die Waffe.

»Warum nennst du mich gnädiger Herr?«

»Weil Sie ein Herr sind, das sieht man.«

»Hast du selbst einen Herrn?«

»Ja, und einen großen. Kann man ohne Herrn leben?«

»Wo ist er?«

»Ich weiß es nicht. Er hat das Land verlassen. Er heißt Marquis de Lantenac, Vicomte de Fontenay, Fürst der Bretagne, Herr der Sieben Wälder. Gesehen habe ich ihn nie, aber deshalb ist er doch mein Herr.«

»Und wenn du ihn sähest, würdest du ihm gehorsam sein?«

»Gewiß. Ich wäre ja sonst ein Heide. Gehorsam schuldet man Gott und dann dem König, der Gott vertritt, und dann dem Herrn, der den König vertritt. Aber das ist ganz gleich, Sie haben meinen Bruder umgebracht, jetzt muß ich Sie umbringen.«

Der Greis erwiderte: »Daß ich deinen Bruder töten ließ, daran tat ich recht.«

Der Matrose preßte die Finger krampfhaft um seine Pistole: »Genug.«

»Gut«, sagte der andere, und in ruhigem Ton: »Wo ist der Priester?«

Der Matrose sah ihn an. »Der Priester?«

»Jawohl. Ich habe ihn deinem Bruder zur Seite gegeben. Du schuldest auch mir einen Priester.«

»Ich habe keinen. Als ob es auf offenem Meer Geistliche gäbe!«

Immer schwächer hallte in der Ferne das krampfhafte Dröhnen der Schlacht.

»Die, welche dort sterben, haben einen Priester«, sagte der Greis.

»Schon richtig«, murmelte der Matrose. »Sie haben den Herrn Schiffsgeistlichen.«

»Du nimmst nur das Heil meiner Seele, das ist schlimm.«

Der Matrose senkte nachdenklich den Kopf.

»Und mit meinem Seelenheil«, sprach der andere weiter, »verlierst du zugleich dein eigenes. Höre, du dauerst mich. Tu nachher, was du willst. Ich jedenfalls habe vorhin meine Pflicht erfüllt, als ich deinem Bruder das Leben rettete, und als ich es ihm nahm. Ich tue auch jetzt meine Pflicht, indem ich dein Seelenheil zu retten suche. Überlege gut, meine Worte gehen dich etwas an. Hörst du die Kanonenschüsse dort drüben? Dort sterben Männer, Sterbende wälzen sich, Gatten, die ihre Frauen, Väter, die ihre Kinder, Brüder, die wie du ihre Brüder nicht mehr wiedersehen werden. Und durch wessen Schuld? Durch die Schuld deines Bruders. Du glaubst an Gott, nicht wahr? Dann weißt du auch, daß Gott in diesem Augenblick leidet, er leidet in seinem allerchristlichsten Sohne, dem König von Frankreich, der ein Kind ist wie das Jesuskind, eingesperrt im Turm des Temple. Gott leidet in seiner Kirche der Bretagne, in seinen geschändeten Kathedralen, zerrissenen Evangelien, entweihten Andachtsstätten. Gott leidet in seinen gemordeten Priestern. Was wollten wir auf jenem Schiffe, das jetzt zugrunde geht? Wir wollten Gott zu Hilfe kommen. Wäre dein Bruder ein treuer Diener gewesen, hätte er seine Menschenpflicht brav und tüchtig erfüllt, so wäre das Unglück mit der Kanone nicht geschehen, die Korvette nicht zerstört worden. Sie hätte ihre Fahrt beibehalten, wäre nicht zwischen die verruchte Flotte geraten, und wir würden zu dieser Stunde alle in Frankreich landen als tapfere See- und Kriegsleute, den Säbel in der Faust, die weiße Fahne entfaltend, zahlreich, fröhlich und zufrieden. Wir würden den braven Bauern der Vendée helfen, Frankreich, den König und Gott zu retten. Das wollten wir tun, das würden wir tun, das werde ich, der einzige Übrigbleibende, noch tun. Du aber stellst dich entgegen, und in diesem Kampf der Gottlosen gegen die Priester, der Mörder gegen den König, des Satans gegen Gott bist du für die Hölle. Dein Bruder war der erste Helfer des Teufels, du bist der zweite; was er begonnen hat, führst du zu Ende. Du bist für die Königsmörder, gegen den Thron, du bist für die Heiden, gegen die Kirche und nimmst Gott seinen letzten Ausweg. Weil ich an des Königs Stelle nicht da sein werde, müssen die Dörfer weiter brennen, die Familien weinen, die Priester bluten, die Bretagne weiter leiden, der

König im Gefängnis schmachten, Jesus Christus verzweifeln. Wer wird dies alles begangen haben? Du. Vorwärts, du willst es. Ich zählte freilich auf dich gerade für das Gegenteil, aber es war ein Irrtum. Du hast recht, ich habe deinen Bruder getötet. Dein Bruder war tapfer gewesen, ich habe ihn belohnt; er ist schuldig geworden, ich habe ihn bestraft. Er hatte seine Pflicht verletzt, nicht ich die meine. Und ich schwöre dir bei der Hochheiligen Anna von Auray, welche uns durchschaut, ich würde im gleichen Falle wieder meine Pflicht tun, und wie ich Deinen Bruder, würde ich meinen eigenen Sohn erschießen lassen. Aber jetzt entscheide du! Wohl bedaure ich dich, da du deinen Kapitän belogen hast und als Christ ohne Glauben bist, als Bretone ohne Ehre. Ich wurde deiner Redlichkeit anvertraut und von deinem Verrat empfangen. Den Männern, denen du mein Leben versprochen hast, gibst du meinen Tod. Weißt du, wer hier verlorengeht? Das bist du. Du stiehlst dem König mein Leben, und du gibst dem Dämon deine Ewigkeit. Geh, führe dein Verbrechen aus, es ist gut! Du gibst deinen Paradiesanteil billig auf. Dank deiner Hilfe wird der Teufel siegen, dank dir werden dann die Kirchen stürzen, die Heiden alle Glocken zu Kanonen umgießen, und mit dem, was einst die Seelen tröstete, wird man die Menschen erschießen. In diesem Augenblick, da ich zu dir spreche, tötet vielleicht die Glocke, die zu deiner Taufe läutete, deine Mutter. Geh! Hilf dem Dämon, bleib nicht stehen! Ja, ich habe deinen Bruder verurteilt, aber wisse, ich bin ein Werkzeug Gottes. Du urteilst über Gottes Mittel, gehst ins Gericht mit dem Blitz des Himmels! Unglücklicher, du wirst von ihm gerichtet werden. Hüte dich vor dem, was du tun wirst. Weißt du auch nur, ob ich frei von Todsünde sterbe? Nein. Aber kümmere dich nicht darum. Es ist dir vollkommen überlassen, mich in die Hölle hinabzuschleudern und dich selbst mit mir. Unser beider Verdammnis liegt in deiner Hand. Für beide aber verantwortlich vor Gott bist nur du. Wir sind allein, im Angesicht des Abgrunds. Tu es, vollführe es, mach ein Ende.

Ich bin alt, und du bist jung, ich wehrlos, du bewaffnet: Töte mich!«

Während der Greis stehend mit einer Stimme lauter als das Rauschen des Meeres sprach, ließen ihn die Schwankungen der Wogen bald im Dunkeln, bald im Licht erscheinen. Der Matrose war leichenblaß geworden, große Schweißtropfen fielen von seiner Stirn. Zitternd wie Espenlaub küßte er mehrmals den Rosenkranz. Als der Greis aufhörte, warf er die Pistole hin und stürzte auf die Knie:

»Erbarmen, Herr, verzeihen Sie mir! Sie sprechen wie Gott im Himmel. Ich habe gefehlt. Mein Bruder hat gefehlt. Ich will seine Schuld wiedergutmachen. Nehmen Sie mich hin, gebieten Sie, ich werde gehorchen.«

»Ich verzeihe dir«, sagte der Greis.

II
Bauerngedächtnis ersetzt Kapitänsführung

Die Lebensmittel im Boot waren nicht überflüssig.

Zu großen Umwegen gezwungen, brauchten die beiden Flüchtlinge sechsunddreißig Stunden, um die Küste zu erreichen. Sie verbrachten eine Nacht auf dem Meer, aber die Nacht war schön, nur etwas zu mondhell für Leute, die sich verbergen wollen.

Zunächst mußten sie sich von der französischen Küste wieder nach Jersey zu entfernen. Da hörten sie das letzte Feuern der zerschmetterten Korvette wie das letzte Gebrüll eines von Jägern getroffenen Löwen. Stille trat auf dem Meere ein.

Diese ›Claymore‹ endete ähnlich wie der ›Vengeur‹. Aber der Ruhm hat sie übersehen. Gegen das eigene Vaterland kann man nicht zum Helden werden.

Halmalo entfaltete überraschende Seemannseigenschaften. Er vollführte wahre Wunder der Gewandtheit und der Intelligenz bei der Improvisation einer Route durch Klippen, Wogen und Feindesbeobachtungen, ein Meisterwerk. Der Wind hatte inzwischen nachgelassen, die See wurde fügsamer.

Halmalo umruderte die Caux des Minquiers, umschiffte La-Chaussée-aux-Boeufs, rastete einige Stunden in dem kleinen Schlupfhafen, der dort an der Nordseite zur Ebbezeit entsteht. Dann wandte er sich wieder nach Süden, und es gelang ihm, zwischen Granville und den Chausey-Inseln hindurchzukommen, ohne von einer der beiden Wachen bemerkt zu werden. Er lief in die Bucht von Saint-Michel ein, was sehr kühn war angesichts der Nachbarschaft von Cancale, wo die Kreuzer ihren Ankerplatz hatten.

Am Abend des zweiten Tages landete er etwa eine Stunde vor Sonnenuntergang, den Berg Saint-Michel im Rücken. Es geschah an einer Stelle des Strandes, wohin niemand kommt, da sie gefährlich ist, weil man dort im Sande stecken bleibt. Zum Glück war gerade hohe Flut. Halmalo trieb das Boot soweit wie möglich vorwärts, befühlte den Sand, fand ihn fest, ließ das Boot auflaufen und sprang hinaus. Der Greis folgte ihm und blickte sich aufmerksam um.

»Herr«, sagte Halmalo, »wir sind an der Mündung des Couesnon. An Steuerbord blieb Beauvoir, an Backbord Huisnes, der Kirchturm vor uns ist Ardevon.«

Der Greis bückte sich ins Boot, steckte einen Zwieback in die Tasche und sagte: »Nimm das Übrige.«

Halmalo legte den Rest des Fleisches und des Zwiebacks in den Sack, lud ihn auf die Schulter und fragte: »Soll ich den gnädigen Herrn führen oder ihm folgen?«

»Weder das eine noch das andere.« Verwundert sah Halmalo ihn an. »Wir trennen uns, Halmalo. Zu zweit ist man nichts. Entweder zu tausend oder allein.«

Er unterbrach sich und zog aus der Tasche eine grünseidene Schleife, einer Kokarde ähnlich, in deren Mitte eine goldene Lilie gestickt war.

»Kannst du lesen?«

»Nein.«

»Schön. Ein Mensch der liest, ist störend. Hast du ein gutes Gedächtnis?«

»Ja.«

»Gut! Paß auf, Halmalo. Du gehst nach rechts; ich nach links, auf Fougères zu, du gegen Bazouges hin. Den Sack behältst du, er gibt dir das Ansehen eines Bauern. Verbirg deine Waffen, schneide dir einen Stock aus dem Busche. Krieche durch den hohen Roggen auf den Äckern, schleiche an den Hecken entlang, steige über die Zäune, um die Felder zu queren. Bleibe im Abstand von den Menschen, vermeide Wege und Brücken, geh nicht nach Pontorson hinein. Ach so, du mußt den Couesnon überqueren. Wie willst du hinüberkommen?«

»Hindurchschwimmen.«

»Gut. Es gibt auch eine Furt. Weißt du, wo?«

»Zwischen Ancey und Vieux-Viel.«

»Du bist hier wirklich zu Haus.«

»Aber es wird Nacht. Wo will der Herr schlafen?«

»Ich sorge schon für mich. Und du? Wo wirst du schlafen?«

»Es gibt hier Baumhöhlen genug. Bevor ich Matrose wurde, war ich Bauer.«

»Die Matrosenmütze kann dich verraten, wirf sie ins Wasser. Du wirst wohl irgendwo eine andere Kopfbedeckung finden.«

»Oh, eine Wetterkappe gibt es überall. Der nächste Fischer verkauft mir die seine.«

»Gut. Höre weiter. Du kennst hier die Wälder?«

»Alle.«

»Vom ganzen Lande?«

»Von Noirmoutier bis Laval.«

»Kennst du auch die Namen?«

»Die Wälder, die Namen, alles.«

»Du wirst nichts vergessen?«

»Nichts.«

»Gut. Jetzt aufpassen! Wieviel Meilen am Tage kannst du gehen?«

»Zehn, fünfzehn, achtzehn. Zwanzig, wenn es nötig ist.«

»Es wird nötig sein. Merke auf jedes Wort, das ich dir jetzt sagen werde. Zuerst gehst du zum Walde von Saint-Aubin.«

»Bei Lamballe?«

»Ja. Am Rande der Schlucht, die sich zwischen Saint-Rieul und Plédéliac erstreckt, steht ein großer Kastanienbaum. Dort machst du halt. Du wirst niemanden sehen.«

»Was nicht hindert, daß jemand da sein wird. Ich weiß schon.«

»Dann gibst du das Zeichen. Kennst du es?«

Halmalo blies die Backen auf, drehte sich dem Meere zu, und man hörte das Huhu der Eule. Es klang so echt und schauerlich, als käme es aus dem tiefen Walde.

»Schön«, sagte der Greis, »du weißt Bescheid.« Er reichte ihm die grünseidene Schleife. »Hier hast du meine Kommandoschleife. Meinen Namen darf noch niemand kennen; aber dies hier genügt schon. Die Lilie wurde von der Königsschwester im Kerker des Temple gestickt.«

Halmalo beugte das Knie und empfing bebend die liliengeblümte Schleife. Er führte sie an die Lippen, doch wie erschrocken über diesen Kuß, hielt er inne: »Darf ich das?«

»Ja. Du küßt auch das Kruzifix.«

Halmalo küßte die Lilie. »Steh auf.« Er stand auf und verbarg die Schleife an seiner Brust. Der Greis fuhr fort: »Höre gut zu! So lautet der Befehl: Erhebt euch! Und keine Schonung! Du gibst also das Zeichen, dreimal. Nach dem dritten Mal wird ein Mann aus der Erde steigen.«

»Aus einem Loch am Fuße der Bäume. Ich weiß schon.«

»Dieser Mann ist Planchenault, auch Cœur-de-Roi genannt. Ihm zeigst du die Schleife. Er wird verstehen. Dann machst du dich auf Wegen, die du selbst aussuchst, in den Wald von Astillé. Du triffst dort einen krummbeinigen Mann. Er wird Mousqueton genannt. Er schont niemanden. Dem sagst du, daß ich ihn liebe und daß er seine Gemeinden aufzuwiegeln und auf den Weg zu bringen hat. Danach gehst du in den Wald von Couesbon, eine Meile von Plœrmel. Auf dein Eulenzeichen wird wieder ein Mann aus einem Loch kommen, Herr Thuault, Landeshauptmann von Plœrmel, früher Mitglied der sogenannten Verfassunggebenden Versammlung, aber auf der guten Seite. Ihm sagst du, er solle das Schloß von Couesbon kriegsmäßig instand setzen, ein Besitz des Marquis de Guer, eines Emigranten. Schluchten, Gehölz, unebener Boden, das ist sehr brauchbar. Herr Thuault ist ein gerader und gescheiter Mann. Von dort gehst du nach Saint-Ouen-les-Toits und sprichst mit Jean Chouan, der in meinen Augen der eigentliche Führer ist, von dort in den Wald Ville-Anglose, wo du Guitter, auch Saint-Martin genannt, sagen wirst, er solle auf einen gewissen Courmesnil achten, den Schwiegersohn des alten Goupil de Préfeln und Haupt der Jakobinerhorde von Argentan. All dies präge dir ein. Ich schreibe dir nichts auf, weil man nichts schriftlich machen soll. La Rouarie hatte eine Liste angefertigt, und so kam alles heraus. Danach wirst du zum Walde von Rougefeu gehen, wo du noch einen gewissen Miélette aufsuchst, der mit einer langen Stange über die Schluchten setzt.«

»Das nennt man eine Ferte.«

»Kannst du auch damit umgehen?«

»Sonst wäre ich kein Bretone und kein Bauer! Die Springstange ist unsere Freundin. Sie verlängert unsere Arme und streckt unsere Beine.«

»Verkürzt also den Weg und verringert den Feind. Ein gutes Ding.«

»Mit meiner Springstange habe ich mir einmal drei Salzsteuerbeamte mit ihren Säbeln vom Leibe gehalten.«

»Wann?«

»Vor zehn Jahren.«

»Unter dem König?«

»Freilich.«

»Du hast also schon unter dem König gekämpft.«

»Gewiß.«

»Gegen wen?«

»Ach, das weiß ich nicht. Ich war Salzschmuggler.«

»So.«

»Man nannte es den Kampf gegen die Salzsteuer. Hat die Salzsteuer etwas mit dem König zu schaffen?«

»Ja – Nein – Aber das brauchst du nicht zu verstehen.«

»Ich bitte den Herrn um Verzeihung, daß ich mir eine Frage an den Herrn erlaubte.«

»Weiter: Kennst du La Tourgue?«

»Ob ich La Tourgue kenne? Ich bin von dort her.«

»Wieso?«

»Weil ich aus Parigné bin.«

»Tatsächlich, das liegt in der Nähe.«

»Und ob ich La Tourgue kenne! Das große runde Schloß, das Stammschloß meiner Herren! Es hat ein mächtiges Eisentor, das den neuen vom alten Bau trennt. Auch mit Geschützfeuer könnte man es nicht sprengen. Im neuen Schloß ist das berühmte Buch über den Heiligen Bartholomäus, zu dessen Besichtigung viele Leute kamen. Im Gras gibt es eine Menge Frösche, mit denen habe ich als Kind gespielt. Und der unterirdische Gang! Den kenne ich. Vielleicht kennt ihn sonst keiner mehr.«

»Unterirdischer Gang? Ich weiß nicht, was du damit sagen willst.«

»Der stammt von früher her, als La Tourgue belagert wurde. Die Leute konnten durch den Gang hinaus flüchten, er führt bis in den Wald.«

»Einen unterirdischen Gang gibt es im Schloß La Jupellière und im Schloß von Humandaye und unter dem Turm von Champéon, aber in La Tourgue gibt es so etwas nicht.«

»Doch, gnädiger Herr. Ich kenne zwar die anderen Gänge nicht, aber diesen schon, weil es meine Heimat ist, und außerdem bin ich sicherlich fast der einzige, der diesen Gang kennt.

Man redete nicht darüber, es war verboten, weil man den Gang in Kriegszeiten unter Monsieur de Rohan benutzt hatte. Mein Vater wußte um das Geheimnis und hat es mir anvertraut. Ich kenne den geheimen Eingang und Ausgang. Bin ich im Walde, so kann ich in den Turm, und bin ich im Turm, kann ich in den Wald gelangen, ungesehen. Dringt dann der Feind ein, findet er niemanden mehr im Schloß. Das ist La Tourgue. Oh, ich weiß Bescheid.«

Der Greis schwieg einen Augenblick. »Du irrst dich doch. Wenn es solche geheime Einrichtung gäbe, würde ich es wissen.«

»Ich bin ganz sicher, Herr: Es ist ein Stein, der sich dreht.«

»Aha! Ihr Landleute glaubt an die Steine, die sich drehen, an die Steine, die singen; auch an Steine, die nachts zum nächsten Bach gehen, um zu trinken. Alles Märchen.«

»Aber ich habe ihn doch selbst gedreht ...«

»So wie andere ihn singen gehört haben. La Tourgue, mein Freund, ist eine sichere und starke Feste, leicht zu verteidigen. Wer aber auf einen unterirdischen Weg rechnete, um sich davonzumachen, wäre albern.«

»Aber Herr ...«

»Wir wollen keine Zeit damit verlieren und von unseren Angelegenheiten reden.«

Der entschiedene Ton schnitt Halmalos Beharrlichkeit ab.

»Also weiter. Paß auf. Von Rougefeu gehst du zum Wald von Montchevrier, wo sich Bénédicité, das Oberhaupt der Zwölf, aufhält, auch ein rechter Mann. Er betet sein Tischgebet, während er die Leute über den Haufen schießen läßt. Keine Empfindsamkeit im Krieg. Von dort gehst du ...«

Er unterbrach sich. »Ich vergesse ja ganz das Geld.« Er zog eine Börse und eine Brieftasche hervor und drückte sie Halmalo in die Hand.

»Die Brieftasche enthält dreißigtausend Franken in Assignaten, so etwa drei Pfund zehn Sous. Die Assignaten sind allerdings falsch, aber die echten sind ebensoviel wert. In der

Börse, Achtung! sind hundert Goldstücke. Ich gebe dir alles, was ich habe. Hier brauche ich nichts, und es ist sogar besser, wenn man kein Geld bei mir finden kann. Ich wiederhole: Von Montchevrier also gehst du nach Antrain zu Monsieur de Frotté, dann nach Jupellière zu Monsieur de Rochecotte, von dort nach Noirieux zum Abt Baudouin. Behältst du das alles?«

»Wie das Vaterunser.«

»In Saint-Brice-en-Cogles suchst du Monsieur Dubois-Guy auf, in dem befestigten Platze Morannes Monsieur de Turpin und in Chateau-Gonthier den Duc de Talmont.«

»Wird ein Fürst mit mir sprechen?«

»Spreche ich nicht mit dir?«

Halmalo nahm seinen Hut ab.

»Beim Anblick dieser Lilie von Madame wird dich jedermann gut aufnehmen. Vergiß nicht, daß du in Orte kommst, wo plumpes Gebirgsvolk haust. Da mußt du dich verkleiden, das ist leicht. Diese Republikaner sind so dumm, daß man in einem blauen Rock, mit einem Dreispitz und der dreifarbigen Kokarde überall durchkommt. Regimenter gibt es nicht mehr, auch keine Uniformen, die Truppenteile haben keine Nummern, jeder zieht den Lumpen an, den er will. Dann begibst du dich nach Saint-Mhervé zu Gaulier, genannt Grand-Pierre, dann zur Einquartierung von Parné, wo Leute mit geschwärzten Gesichtern liegen. Sie laden ihre Gewehre mit Kies und doppeltem Pulver, um mehr Lärm zu machen. Da haben sie ganz recht, aber vor allem sollen sie töten, töten, töten. Das präge ihnen ein. Geh danach ins Lager von La Vache-Noire, das auf einer Anhöhe mitten im Wald von La Charnie liegt. Anschließend zum Camp de l'Avoine, zum Camp-Vert und zum Camp des Fourmis. Du gehst nach Grand-Bordage, das man auch Haut-des-Prés nennt und das von einer Witwe bewohnt wird, deren Tochter von Treton, genannt ›der Engländer‹, geheiratet wurde. Grand-Bordage liegt in der Kirchgemeinde Quelaines. Du suchst Epineuxle-Chevreuil auf, Sillé-le-Guillaume, Parannes und alle Männer, die in den Wäldern leben. Du wirst Freunde finden, die schickst du zur Grenze zwischen Ober- und Nieder-Maine. Jean Treton wirst du in der Kirchgemeinde Vaisges sehen, Sans-Regret in Bignon, Chambord in Bonchamps, die Brüder Corbin in Maisoncelles und Petit-sans-Peur in Saint-Jean-sur-Erve, das ist der, der Bourdoiseau genannt wird. Wenn du alles besorgt und jedem die Parole gegeben hast: ›Erhebt euch! Keine Schonung!‹, dann wirst du dich zur großen katholischen und königlichen Armee begeben, wo immer sie sein mag. Du meldest dich bei den Herren d'Elbée, de Lescure und de la Rochejaquelein, bei den Führern, die dann noch am Leben sein werden. Du wirst ihnen meine Kommandoschleife zeigen. Sie wissen, was das bedeutet. Du bist zwar nur ein Matrose, aber Cathelineau ist auch nur ein Fuhrmann. Du meldest ihnen folgendes von mir: Es ist an der Zeit, die beiden Kriege zugleich zu führen, den großen und den kleinen. Der große macht mehr Lärm, der kleinere bessere Arbeit. Die Vendée ist zwar tüchtig, aber die Chouans sind ärger, und im Bürgerkrieg ist das ärgste durchaus das beste. Ob ein Krieg gut geführt wird, läßt sich nur nach dem Umfang des angerichteten Schadens beurteilen.«

Nach einer Pause sprach er weiter: »Halmalo, du begreifst vielleicht nicht jedes meiner Worte, aber die Tatsachen im großen und ganzen verstehst du. Ich habe Vertrauen zu dir gefaßt, als ich dich das Boot führen sah. Ohne Kenntnisse in der Geometrie führst du auf dem Meer recht überraschende Bewegungen aus. Wer eine Barke so zu lenken versteht, kann auch der Lotse für eine kriegerische Erhebung sein. Da du mit den Intrigen der See fertig geworden bist, wirst du dich auch aller meiner Aufträge gehörig entledigen. Ich wiederhole! Verkünde dies also alles den Führern, so gut du es wiedergeben kannst, es wird schon richtig werden: Ich ziehe den Krieg in den Wäldern dem auf offenem Felde vor. Ich lege keinen Wert darauf, hunderttausend Bauern in Reih und Glied vor die Gewehrsalven der Blauen und vor die Artillerie des Monsieur

Carnot hinzustellen. Innerhalb eines Monats will ich fünfhunderttausend Schützen auf dem Anstand in den Wäldern haben. Das republikanische Heer ist mein Wild, und Wildern wird hier Kriegführen sein. Ich bin der Stratege des Dickichts. Das ist wohl wieder ein Ausdruck, den du nicht begreifen wirst, ganz gleich, dies wirst du erfassen: Keine Schonung! Überall Fallen! Mehr Chouans als Vendée! Sage schließlich auch, daß die Engländer mit uns sind. Wir nehmen die Republik zwischen zwei Feuer, Europa ist auf unserer Seite. Wir machen ein Ende mit der Revolution. Die Könige überziehen sie mit dem Krieg der Königreiche, wir mit dem Krieg der Kirchengemeinde. So wirst du zu ihnen sprechen. Hast du es begriffen?«

»Ja. Alles zu Feuer und Blut machen.«

»Richtig.«

»Keinen Pardon geben.«

»Niemandem. Richtig.«

»Ich werde überall hingehen.«

»Und vorsichtig. Denn in dieser Gegend ist man schnell ein toter Mann.«

»Der Tod kümmert mich nicht. Den ersten Schritt tut man vielleicht im letzten Schuh.«

»Du bist ein Tapferer.«

»Und wenn man mich nach dem Namen des gnädigen Herrn fragt?«

»Der muß noch geheim bleiben. Du sagst die Wahrheit, daß du ihn nicht kennst.«

»Und wo werde ich den Herrn wiederfinden?«

»Dort, wo ich gerade sein werde.«

»Wie soll ich das wissen?«

»Das wird dann jeder wissen. Bevor acht Tage um sind, wird man von mir sprechen. Ich werde Exempel statuieren und Rache üben für den König und den Glauben, und du wirst sogleich erkennen, daß ich es bin, von dem man spricht.«

»Ich verstehe.«

»Vergiß nichts.«

»Seien Sie unbesorgt.«

»Jetzt geh, Gott geleite dich.«

»Ich werde alles tun, was Sie mir aufgetragen haben; marschieren, sprechen, gehorchen und befehlen.«

»Gut.«

»Und wenn es mir gelingt …«

»Dann mache ich dich zum Ritter des Ordens vom Heiligen Ludwig.«

»Wie meinen Bruder. Und wenn es mir nicht gelingt, lassen Sie mich erschießen.«

»Wie deinen Bruder.«

»Abgemacht, gnädiger Herr.«

Der Greis senkte den Kopf und verfiel in strenges Sinnen. Als er die Augen wieder hob, war er allein. Halmalo, ein ferner schwarzer Punkt, verschwand schon am Horizonte.

Die Sonne war untergegangen. Die Seemöwen und die Krausemöwen flogen zurück vom Meer, das weit draußen lag. Man fühlte durch den Raum die Bangigkeit schweben, die der Nacht voraneilt. Die Laubfrösche schrien, pfeifend flogen die Schnepfen von den Tümpeln auf, die Krähen, Raben, Dohlen machten ihren abendlichen Lärm, alle Strandvögel lockten einander. Kein menschlicher Laut. Tiefe Einsamkeit. Kein Segel in der Bucht, auf den Feldern kein Bauer: soweit man sah, Einöde. Die großen Sanddisteln erschauerten. Ein breiter bleicher Schein fiel vom weißdämmernden Himmel über die Küste. Fernhin auf der finsteren Ebene schimmerten Teiche wie auf den Boden gelegte Zinnplatten. Der Wind hauchte vom offenen Meere her.

Viertes Buch

Tellmarch

I
Auf der Düne

Als Halmalo verschwunden war, zog der Greis den Schiffermantel fester um sich und setzte sich in Bewegung, er ging langsamen Schrittes, gedankenvoll. Während Halmalo sich nach Beauvoir entfernt hatte, schlug er die Richtung nach Huisnes ein. Hinter ihm ragte das gewaltige schwarze Dreieck des Berges Saint-Michel, mit der Tiara seiner Kathedrale, mit dem Panzer seiner Festung, mit zwei mächtigen Türmen an der Ostseite, dem runden und dem viereckigen, die dem Berge beim Tragen seiner Last von Kirche und Dorf zu helfen scheinen. Der Mont Saint-Michel ist dem Ozean, was die Cheopspyramide der Wüste ist. Der Treibsand dieser Bucht verlegt unmerklich die Dünen. Damals erhob sich zwischen Huisnes und Ardevon eine sehr hohe Düne, die heute eingeebnet worden ist. Das geschah durch eine Flut zur Zeit der Tag- und Nachtgleiche. Sie hatte den seltenen Wert, sehr alt zu sein und trug auf der Höhe einen Gedenkstein aus dem zwölften Jahrhundert, erinnernd an das zu Avranches gegen die Mörder des heiligen Thomas von Canterbury gehaltene Konzil. Vom Dünenkamm überblickte man die ganze Gegend, und man konnte sich orientieren.

Der Greis stieg hinauf. Den Rücken an den Gedenkstein gelehnt, setzte er sich oben auf eine der vier Stufen an den Ekken des Gedenksteins und schaute in die natürliche Landkarte hinab. Er schien, in der ihm übrigens wohlbekannten Gegend, nach einem Wege zu suchen. Die Dämmerung trübte diese weite Landschaft, und nur der Horizont grub sich mit deutlichem Schwarz in den weißlichen Himmel.

Die Dächergruppen von elf Flecken und Dörfern waren noch zu unterscheiden, auch auf mehrere Meilen hin die Kirchtürme der Küste, die sehr hoch sind, um den Seeleuten in der Not als Anhalt zu dienen.

Nach einigen Minuten schien der Greis im Zwielicht, was er suchte, entdeckt zu haben. Sein Blick lag auf einer Gruppe von Bäumen, Mauern und Dächern, mitten in der Ebene und den Wäldern, dem gerade noch sichtbaren Anwesen einer Meierei. Er nickte mit der Befriedigung eines Mannes, der sich sagte: ›Dort ist es‹, und entwarf mit dem Finger in der Luft die Zeichnung eines Weges durch die Hecken und Felder. Manchmal betrachtete er forschend einen undeutlichen Gegenstand, der über dem Hauptdache schwankte, und schien sich zu fragen, was das sei? In der Dämmerung sah es farblos und undeutlich aus, ein Wetterhahn konnte es nicht sein, denn es flatterte, aber es gab keinen Grund zu vermuten, es sei eine Fahne.

Er war müde und saß noch gern an diesen Stein gelehnt. Er überließ sich dem leichten Vergessen, das im Anfang des Rastens über ermattete Menschen kommt.

In einer einzigen Stunde des Tages ist jedes Geräusch abwesend, es ist die friedliche, die Abendstunde, und diese war jetzt gekommen. Er genoß sie, er sah und hörte – was? die Stille. Die Grausamen selbst haben ihren Augenblick der Schwermut.

Plötzlich wurde die Stille eher bekräftigt als gestört durch menschliche Stimmen, die sich näherten, Stimmen von Frauen und Kindern. So ertönen manchmal in der Dämmerung unerwartet fröhliche Glockenspiele. Unsichtbar hinter dem Gestrüpp gingen die Leute am Fuß der Düne zur Ebene und zum Walde hin. Ihr Gespräch stieg klar und frisch zu dem sinnenden Greise herauf, denn sie kamen so nahe vorbei, daß von der Unterhaltung nichts verlorenging. Eine Frau sagte: »Machen wir schnell, Fléchard! Ist das der Weg?«

»Nein, der dort.«

Eine kräftige und eine scheue Stimme wechselten miteinander ab.

»Wie heißt der Meierhof, wo wir jetzt wohnen?«

»L'Herbe-en-Pail.«

»Ist es noch weit?«

»Eine gute Viertelstunde.«

»Machen wir etwas rascher, die Suppe wartet.«

»Ja, wir haben uns verspätet.«

»Wir müßten laufen. Aber Ihre Knirpse sind müde. Wir beiden Frauen können nicht alle drei tragen. Sie haben schon genug an dem einen, Fléchard, das ist ein richtiges Bleigewicht. Entwöhnt haben Sie den Vielfraß endlich, aber herumtragen müssen Sie ihn noch immer. Eine schlechte Gewohnheit, lassen Sie sie doch endlich selbst laufen. Aber jetzt nützt es nichts mehr, die Suppe ist kalt.«

»Oh, die guten Schuhe, die Sie mir geschenkt haben! Wie für mich gemacht!«

»Das ist doch besser, als barfuß laufen!«

»Etwas flinker, René-Jean!«

»Der hat schuld, daß wir uns verspätet haben. Mit jedem kleinen Bauernmädchen, das er trifft, muß er schwatzen. Das will schon ein Mann sein.«

»Na, fünf Jahre alt wird er.«

»Sag doch, René-Jean, warum hast du die Kleine im Dorf angesprochen?«

Eine Knabenstimme antwortete: »Weil ich sie kenne.«

»Was, du kennst sie?«

»Natürlich, denn heute morgen hat sie mir kleine Tiere geschenkt.«

»Das ist ein starkes Stück! Drei Tage sind wir erst hier, und der kleine Schlingel hat schon einen Schatz.«

Die Stimmen entfernten sich. Es wurde wieder ganz still.

II

Aures habet et non audit

Der Greis regte sich nicht. Er dachte nicht nach, kaum daß er träumte. Rings war alles Frieden, Schlummer, Vertrauen, Einsamkeit. Auf der Düne war es noch richtig Tag, aber in der Ebene fast dunkel und nachtschwarz in den Wäldern. Der Mond ging im Osten auf, durch das matte Blau des Zenits blitzten einige Sterne. Der Mann schien trotz der heftigen Leidenschaftlichkeit seines Innern in die unsagbare Zartheit des Unendlichen versunken. Er fühlte einen dunklen Morgen der Hoffnung in sich erwachen, wenn man die Erwartung des großen Bürgerkriegs Hoffnung nennen kann. Für den Augenblick schien nun, da er soeben dem so unerbittlichen Meer entstiegen war und wieder die Erde berührte, jede Gefahr verschwunden. Niemand kannte seinen Namen, er war allein, dem Feinde galt er als verloren, hinter ihm blieb keine Spur, denn die Oberfläche des Meeres bewahrt nichts. Er war geborgen, unbekannt, nicht einmal beargwöhnt, und eine hohe Befriedigung überkam ihn. Fast hätte sie ihn in Schlummer versenkt.

Was diesem Manne, der innerlich wie äußerlich von soviel Aufruhr erfüllt war, jetzt eine so seltene Freude schenkte, war die tiefe Stille auf der Erde und im Himmel. Man hörte nur den von der See kommenden Wind, aber der Wind hörte sich wie ein gleichbleibender Baßton an, der bald zur Gewohnheit wird und kaum noch ein Geräusch ist.

Plötzlich sprang der Mann auf, seine Aufmerksamkeit wurde blitzartig wachgerüttelt, er starrte überrascht zum Horizont. Durch irgend etwas wurde sein Blick seltsam bohrend. Es war der Kirchturm von Cormeray am Ende der Ebene, den er vor sich hatte und der sein Auge anzog. In diesem Turm ging tatsächlich etwas Besonderes vor sich. Mit scharfen Umrissen stand er da, und unter seinem Pyramidenkopf war der viereckige durchbrochene Glockenstuhl zu sehen, der nach bretonischer Art ohne Wetterdach nach allen vier Seiten offenstand.

Aber dieser Glockenstuhl erschien jetzt abwechselnd offen und geschlossen, in gleichen Zwischenzeiten zeigte sich sein hohes Fenster bald ganz weiß, bald ganz schwarz. Jetzt sah man den Himmel hindurchschimmern, dann verschwand er, es wurde dunkel und wieder hell. Dies Öffnen und Schließen folgte aufeinander von Sekunde zu Sekunde wie der Schlag des Hammers auf den Amboß.

Der Turm stand in gerader Linie vor dem Greise, etwa zwei Meilen weit entfernt. Rechts davon ragte der Kirchturm von Baguer-Pican am Horizont empor: Auch dort schloß und öffnete sich der Glockenstuhl. Der Greis sah nach links zum Turm von Tanis: Der Glockenstuhl von Tanis öffnete und schloß sich wie der von Baguer-Pican.

Er betrachtete alle Türme am Horizont, einen nach dem anderen, zur Linken die von Courtils, Précey, Crollon und Croix-Avranchin; zur Rechten die von Raz-sur-Couesnon, Mordrey und Les Pas; geradeaus den Turm von Pontorson. Alle Glockenstühle erschienen abwechselnd dunkel und hell.

Was bedeutete das? Das zeigte an, daß alle Glocken in Bewegung gesetzt waren. Sie mußten, um so aufzuleuchten und zu verschwinden, mit rasender Gewalt gezogen werden.

Was war das? Offenbar Sturmgeläute. Man läutete Sturm, man läutete rasend, läutete überall, in jedem Turme, in jeder Gemeinde, in jedem Dorfe. Und nichts war zu hören.

Das kam von der großen Entfernung, die die Töne daran hinderte, bis zu ihm zu kommen, und vom Seewind, der von der Gegenseite blies und alle Töne der Erde über den Horizont hinwegtrug. Dort die wütenden Glocken, die nach allen Seiten schrien, hier die Stille: unheildrohender Unterschied.

Der Greis sah und lauschte. Er hörte das Sturmgeläute nicht, er sah es. Das Turmgeläut sehen, was für ein fremdartiges Gefühl.

Auf wen hatten es diese Glocken abgesehen? Gegen wen stürmten sie?

III
Vom Nutzen der großen Buchstaben

Sicherlich wurde jemand gehetzt. Wer? Den stählernen Mann durchschauderte es.

Aber er konnte der Verfolgte nicht sein. Unmöglich, daß man seine Ankunft erraten hatte, daß die Abgesandten des Konvents schon unterrichtet waren. Er hatte kaum das Land betreten. Von der Korvette war niemand entkommen, und außer Boisberthelot und La Vieuville hatte niemand dort seinen Namen gekannt.

Die Glocken fuhren in ihrem wilden Spiele fort. Unwillkürlich betrachtete und zählte er sie, und seine Gedanken gingen von einer Vermutung zur anderen mit jenen inneren Schwankungen, die bald tiefe Sicherheit, bald schreckliche Ungewißheit in die Seele eindringen lassen. Doch da dieses Läuten sich auf viele Arten erklären ließ, beruhigte er sich am Ende, indem er sich ständig wiederholte: Jedenfalls weiß niemand um meine Ankunft und meinen Namen.

Seit einer Weile ertönte über ihm und hinter ihm ein leichtes Geräusch, etwa wie das Rascheln eines Baumblattes. Er hatte es zuerst nicht beachtet, da es aber hartnäckig andauerte, drehte er sich am Ende um. Ein Blatt war es wirklich, doch ein Blatt Papier: Der Wind war dabei, über dem Kopf des Mannes ein an den Gedenkstein geklebtes Plakat abzulösen. Man hatte es erst vor kurzem angeschlagen, denn es war noch feucht, und so konnte der Wind es spielend fassen und ablösen.

Es war ihm vorher entgangen, da er von der anderen Seite der Düne hinaufgestiegen war. Er trat auf die Stufe, auf der er gesessen hatte, und hielt das Blatt an der Ecke fest, die der Wind flattern ließ. Da die Dämmerung im Juni lange dauert, war der Himmel noch hell, und der untere Teil der Düne lag im Dunkeln, während der obere beleuchtet war. Ein Teil des Plakats war in großer Schrift gedruckt. Er las Folgendes:

Französische Republik — eins und unteilbar!
›Wir, Prieur, Abgeordneter des Departements der Marne, Konventskommissar beim Küstenheer von Cherbourg, verordnen: Der vormalige Marquis de Lantenac, Vicomte de Fontenay, sogenannter bretonischer Fürst, heimlich gelandet an der Küste von Granville, wird hiermit für vogelfrei erklärt. Auf seinen Kopf wird ein Preis gesetzt. Wer ihn, tot oder lebendig, abliefert, erhält die Summe von sechzigtausend Livres. Die Zahlung geschieht nicht in Assignaten, sondern in Gold. Ein Bataillon des Küstenheeres von Cherbourg wird sofort zur Verfolgung und zur Festnahme des vormaligen Marquis de Lantenac ausrücken. Die Gemeinden sind aufgefordert, jede Hilfe zu leisten. — Gegeben im Rathaus von Granville am 2. Juni 1793.

(gez.) Prieur, Dep. der Marne.‹

Unter dem Namen stand noch eine zweite Unterschrift in kleineren Buchstaben, die wegen mangelnden Tageslichts nicht mehr zu lesen waren.

Der Greis drückte den Hut ins Gesicht, zog den Mantel bis unter das Kinn und ging rasch die Düne hinab. Es war offenbar nicht günstig für ihn, auf dieser erleuchteten Anhöhe zu bleiben. Vielleicht hatte er sich schon zu lange dort aufgehalten. Der Gipfel der Düne war in der Landschaft der einzige sichtbar gebliebene Punkt.

Unten im Dunkeln angekommen, schritt er langsamer in der Richtung des Meierhofs, wohin er sich den Weg schon vorgezeichnet hatte. Er meinte wohl, dort sicher zu sein.

Alles lag verlassen. Um diese Stunde war niemand mehr unterwegs. Hinter einer Hecke blieb er stehen, zog den Mantel aus, drehte die Jacke nach der behaarten Seite um, legte dann den Mantel, einen Lumpen, mit einem Strick gegürtet, wieder über die Schultern und ging weiter.

Der Mond schien. An einer Abzweigung des Weges erhob sich ein altes Steinkreuz. Ein weißes Viereck glänzte an seinem Sockel, wahrscheinlich wieder ein Plakat. Er trat heran.

»Wohin?« sagte jemand.

Er wandte sich um. In den Hecken stand ein Mann, hochgewachsen wie er, alt wie er, mit weißen Haaren wie er und in der Kleidung noch zerlumpter, fast ein Doppelgänger. Der Mann, auf einen langen Stock gestützt, wiederholte:

»Ich frage, wohin Sie gehen?«

»Zunächst, wo befinde ich mich denn?« antwortete der andere mit fast hochmütiger Ruhe.

»In der Herrschaft von Tanis, wo ich der Bettler bin und Sie der Herr.«

»Ich?«

»Ja, Sie, Herr Marquis de Lantenac.«

IV
Der Caimand

Der Marquis de Lantenac, den wir von nun an bei seinem Namen nennen, antwortete ernst:

»Gut. Liefern Sie mich aus.«

Der Mann fuhr fort: »Wir sind beide hier zu Hause, Sie im Schloß, ich im Busch.«

»Genug. Tun Sie es, liefern Sie mich aus.«

»Sie wollten doch nach der Meierei von Herbe-en-Pail gehen, nicht wahr?« sagte der andere.

»Ja.«

»Lassen Sie das.«

»Weshalb?«

»Weil die Blauen dort sind.«

»Seit wann?«

»Seit drei Tagen.«

»Haben die Bewohner von Hof und Weiler Widerstand geleistet?«

»Nein. Sie haben alle Türen aufgemacht.«

»Ach!« sagte der Marquis.

Der Mann zeigte nach dem Dache des Hofes, das in einiger Entfernung aus den Bäumen ragte. »Sehen Sie das dort?«

»Ja.«

»Sehen Sie auch, was darüber ist?«

»Was flattert?«

»Ja.«

»Eine Fahne.«

»Dreifarbig«.

Es war der Gegenstand, der schon auf der Düne die Beachtung des Marquis erregt hatte.

»Läutet man nicht Sturm?« fragte er.

»Allerdings.«

»Weshalb?«

»Ganz bestimmt Ihretwegen.«

»Aber man hört es nicht?«

»Der Wind verhindert es. – Haben Sie Ihren Anschlagzettel schon gesehen?«

»Ja.«

»Man fahndet nach Ihnen.« Er warf einen Blick nach dem Meierhof: »Dort liegt ein halbes Bataillon.«

»Republikaner?«

»Pariser.«

»Also«, versetzte der Marquis, »gehen wir!«

Er machte einen Schritt dorthin. Der Mann faßte ihn am Arm: »Bleiben Sie weg.«

»Wohin sonst soll ich gehen?«

»Zu mir.«

Der Marquis blickte den Bettler an.

»Hören Sie, Herr Marquis, schön ist es bei mir nicht, aber Sie sind dort sicher. Meine Hütte ist niedriger als ein Keller, der Fußboden ist eine Streu aus Seegras, die Stubendecke ein Geflecht von Zweigen und Blättern. Kommen Sie, im Meierhof würde man Sie erschießen. Bei mir werden Sie schlafen. Sie müssen müde sein. Morgen früh rücken die Blauen wieder ab, und Sie können gehen, wohin Sie wollen.«

Der Marquis betrachtete noch immer diesen Mann: »— Auf welcher Seite stehen Sie denn? Sind Sie Republikaner oder königlich Gesinnter?«

»Ich bin ein Armer.«

»Weder königlich Gesinnter noch Republikaner?«

»Ich glaube nicht.«

»Sind Sie für oder gegen den König?«

»Zu solchen Überlegungen habe ich keine Zeit.«

»Aber was denken Sie sich bei all dem, was hier vorgeht?«

»Ich weiß nicht, wovon ich leben soll.«

»Trotzdem wollen Sie mir helfen?«

»Ich habe gesehen, daß Sie außerhalb des Gesetzes stehen. Was ist das eigentlich, das Gesetz? Man kann also außerhalb dieses stehen. Ich begreife es nicht. Was mich angeht, stehe ich innerhalb oder außerhalb? Keine Ahnung. Vor Hunger sterben, ist das innerhalb des Gesetzes?«

»Seit wann sterben Sie vor Hunger?«

»Seitdem ich lebe.«

»Und Sie retten mich?«

»Ja.«

»Aus welchem Grunde?«

»Weil ich dachte: Der ist noch ärmer als ich. Ich habe noch das Recht zu atmen, dieser nicht einmal das.«

»Das ist wahr. Und Sie wollen mir beistehen!«

»Sicher. Jetzt sind wir Bruder, gnädiger Herr. Mir geht es um Brot, Ihnen um das Leben. Wir sind zwei Bettler.«

»Wissen Sie aber, daß auf meinen Kopf ein Preis gesetzt ist?«

»Ja.«

»Aber woher wissen Sie das?«

»Ich habe den Zettel gelesen.«

»Lesen können Sie?«

»Auch schreiben. Warum sollte ich wie das Vieh sein?«

»Da Sie also lesen können, wissen Sie auch, daß der, der mich ausliefert, sechzigtausend Franken erhält?«

»Ich weiß es.«

»Und nicht in Assignaten.«

»Ja, ich weiß, in Gold.«

»Sie wissen, daß 60 000 Franken ein Vermögen sind?«

»Ja.«

»Und daß derjenige, der mich ausliefert, ein Vermögen macht.«

»Na und?«

»Ein Vermögen!«

»Gerade daran habe ich gedacht. Als ich Sie sah, meinte ich zu mir selbst: Wenn ich bedenke, daß derjenige, der diesen Mann ausliefert, 60 000 Franken verdienen und sein Glück machen würde! Es hat Eile, ihn zu verstecken!«

Der Marquis folgte dem Armen. Sie traten in ein Gestrüpp, dort lag der Schlupfwinkel des Bettlers, eine Art Wohnraum, den eine große Eiche in ihrem Stamm duldete. Unter ihren Wurzeln war eine Höhlung, mit ihren Zweigen zugedeckt, finster, niedrig, unsichtbar. Zwei hatten Platz darin.

»Ich war schon darauf vorbereitet, einen Gast bei mir zu sehen«, sagte der Bettler. Solch eine unterirdische Wohnstätte, in der Bretagne nicht unbedingt eine Seltenheit, heißt bei den Landleuten ›carnichot‹. Der Name gilt ebenso für ein im Innern von Mauern zurechtgemachtes Versteck. Die Einrichtung besteht aus einem jämmerlichen Lager, von Stroh oder von gewaschenem und getrocknetem Seegras, einer groben Wolldecke, mehreren Töpfen, Talglichtern und Feuerzeug nebst hohlen Bärenklaustengeln zum Anzünden.

Gebückt, ein wenig kriechend, gelangten sie in die Unterkunft, die von dicken Baumwurzeln in sonderbare Abteilungen zerlegt wurden.

Sie setzten sich auf einen Haufen Gras, das Bett. Der Raum zwischen den zwei Wurzeln, durch die sie eingetreten waren, die Tür also, ließ etwas Licht herein. Es war zwar Nacht, aber der Blick paßt sich an und findet immer noch ein wenig Tag in der Dunkelheit. Ein Strahl des Mondes traf den Eingang mit bleichem Schimmer. In einer Ecke lagen Kastanien neben einem Wasserkrug und einem Buchweizenfladen.

»Wir wollen essen«, sagte der Bettler.

Sie teilten die Kastanien, der Marquis gab seinen Zwieback dazu, sie bissen in dieselben Buchweizenfladen und tranken einer nach dem anderen aus demselben Krug. Dabei plauderten sie.

Der Marquis begann den Mann auszufragen: »Also, alles was jetzt geschieht, ist für Sie so, als ob nichts geschehe?«

»Einigermaßen. Das ist Ihre und aller großen Herren Sache.«

»Aber alles, was zur Zeit geschieht ...«

»Geschieht von oben her.« Der Bettler fügte hinzu: »Und es gibt noch Höheres: Die Sonne geht auf, der Mond nimmt zu und ab. Das sind die Dinge, mit denen ich mich beschäftige.«

Er nahm einen Schluck aus dem Kruge: »Gutes frisches Wasser. – Wie finden Sie das Wasser, gnädiger Herr?«

»Ihr Name?« fragte der Marquis.

»Ich heiße Tellmarch, und man nennt mich den Caimand.«

»Ich weiß, Caimand ist ein hier gebräuchliches Wort.«

»Das Bettler bedeutet. Man nennt mich auch den Alten. – Schon seit vierzig Jahren heiße ich der Alte.«

»Seit vierzig Jahren! Da waren Sie doch jung.«

»Ich war niemals jung. Sie sind es noch immer. Sie haben die Beine eines Zwanzigjährigen und können auf die große Düne steigen. Ich höre schon auf, zu gehen. Nach einer Viertelmeile bin ich erschöpft. Und doch sind wir im gleichen Alter. Aber die Reichen haben den Vorteil vor uns, daß sie jeden Tag essen. Essen erhält.«

Nach einer Pause fuhr er fort: »Die Armen, die Reichen, eine schlimme Sache! Das ist das, was Unheil bringt. So kommt es mir wenigstens vor. Die Armen wollen reich und die Reichen nicht arm sein. Da liegt ein bißchen die Ursache. Ich mische mich nicht ein, was geschieht, geschieht. Ich bin nicht für den Gläubiger und nicht für den Schuldner; weiß nur, daß es Schulden gibt, und daß man sie bezahlt, sonst nichts. Es wäre mir lieber gewesen, wenn man den König nicht getötet hätte, aber ich kann schwer sagen, weshalb. Übrigens gibt man mir immer zur Antwort: Früher hat man euch für ein Nichts an die Bäume gehängt, liebe Leute! Und hören Sie, ich habe selbst gesehen, wie man einen Mann, der eine Frau und sieben Kinder hatte, hängte, nur für einen kläglichen Büchsenschuß auf einen Rehbock des Königs. Man könnte wohl nach beiden Seiten hin etwas sagen.«

Wieder nach einem Stillschweigen fuhr er fort: »Sie verstehen, ich weiß nicht genau. Man geht, man kommt, es ereignet sich allerhand. Ich warte hier, unter den Sternen.« — Tellmarch unterbrach sich für einen Moment der Besinnung und fuhr fort: »Ich bin ein wenig Bader, ein wenig Arzt, kenne die Kräuter, nutze die Pflanzen. Die Bauern, die mich oft wegen einer Nichtigkeit nachdenklich sehen, halten mich für einen Hexenmeister. Weil ich sinne, glauben sie, daß ich weiß.«

»Sind Sie aus dieser Gegend?«

»Ich bin nie aus ihr herausgekommen.«

»Sie kennen mich?«

»Natürlich. Zum letzten Mal sah ich Sie vor zwei Jahren, als Sie nach England durchreisten. Vorhin bemerkte ich einen Mann auf der Dünenhöhe, von großer Gestalt; das ist hier selten, die Bretagne ist ein Land kleiner Menschen. Ich schaute gut hin, hatte den Anschlag gelesen und dachte: Aha! Als Sie dann herunterkamen, schien der Mond, ich erkannte Sie.«

»Aber ich kenne Sie nicht.«

»Sie haben mich gesehen und doch nicht gesehen. Ich aber sah Sie. — Der Bettler hat einen anderen Blickwinkel als der Vorübergehende.«

»Bin ich Ihnen sonst schon begegnet?«

»Oft, denn ich bin ja der Bettler Ihres Schlosses. Ich war der Arme unten am Wege Ihres Schlosses. Sie haben mir bei Gelegenheit Almosen gegeben, aber wer schenkt, sieht nicht hin, nur wer empfängt, prüft und beobachtet. Ein Bettler ist ein Späher. Aber ich versuche, kein böser Späher zu sein, obwohl ich oftmals traurig bin. Ich streckte die Hand vor, Sie sahen nur die Hand und warfen das Almosen hinein, das ich morgens bekommen mußte, um nicht am Abend zu verhungern. Zuweilen hat man vierundzwanzig Stunden lang nichts zu essen, und ein Sou ist dann das Leben. Also schulde ich Ihnen mein Leben und vergelte es jetzt.«

»Es ist wahr, Sie retten mich.«

»Ja, ich rette Sie, Monsieur.« Tellmarchs Stimme wurde ernst. »Eins vorausgesetzt.«

»Nämlich?«

»Daß Sie nicht kommen, um hier Böses zu tun.«

»Um Gutes zu tun, komme ich«, erwiderte der Marquis.

»Wir wollen schlafen«, schloß der Bettler.

Sie legten sich nebeneinander auf das Seegras. Der Bettler schlief sofort ein, der Marquis, obwohl sehr müde, sann eine Weile vor sich hin. Dann blickte er durch die Dunkelheit nach dem Armen hin und streckte sich aus. Auf einem solchen Bett liegt man auf der Erde. Er benutzte dies, um sein Ohr an den Boden zu drücken und zu horchen. Unten ertönte ein dumpfes Summen. Jeder Klang pflanzt sich durch die Tiefen des Erdraums fort, und so war dort das Dröhnen der Glocken zu hören.

Das Sturmgeläute dauerte an.

Der Marquis schlief ein.

V
Gezeichnet: Gauvain

Als er erwachte, war es Tag.

Der Bettler stand am Eingang, denn in der Höhle konnte man sich nicht aufrecht halten. Er stützte sich auf seinen Stock, das Gesicht von der Sonne beleuchtet.

»Gnädiger Herr, soeben hat die Glocke von Tanis vier Uhr morgens geschlagen. Ich habe die vier Schläge gehört, also hat sich der Wind gedreht, er weht jetzt vom Lande her. Sonst höre ich nichts mehr, das Sturmläuten muß vorüber sein. Im Hof und im Weiler von Herbe-en-Pail ist alles ruhig. Die Blauen schlafen noch oder sind schon abgerückt. Die größte Gefahr ist vorbei. Es wird gescheit sein, uns zu trennen. Um diese Stunde gehe ich aus.«

Er deutete nach einer Stelle des Horizonts: »In diese Richtung gehe ich.« Er deutete auf eine Stelle der entgegengesetzten Seite: »Und dorthin Sie.«

Der Bettler winkte dem Marquis einen ernsten Gruß zu und sagte noch, indem er auf den Rest des Abendessens zeigte: »Nehmen Sie ein paar Kastanien mit, für den Hunger.« Unmittelbar danach war er zwischen den Bäumen verschwunden. Der Marquis stand auf und schlug die ihm gewiesene Richtung ein. Es war die reizende Morgenstunde, die in der alten Bauernsprache der Normandie ›das Zwitschern des Tages‹ genannt wird. Die Distelfinken und Sperlinge schwatzten ringsum. Der Marquis ging den Pfad entlang, auf dem er am Abend mit dem Bettler gekommen war, er verließ das Dikkicht und befand sich wieder an dem Scheidewege mit dem steinernen Kreuz. Ganz weiß und gleichsam heiter im aufgehenden Licht glänzte der Aushang. Da fiel ihm ein: Unten hatte noch etwas gestanden, das er wegen der kleinen Schrift in der Dämmerung nicht lesen konnte. Er trat heran. Unter dem Namen ›Prieur‹ fand er noch folgende Zeilen:

›Unmittelbar nach Feststellung der Identität des vormaligen Marquis de Lantenac ist derselbe standrechtlich zu erschießen. – (Gez.) Der Bataillonsführer und Kommandant der Streifenkolonne Gauvain.‹

»Gauvain!« sagte der Marquis sinnend und blickte unablässig auf den Aushang. »Gauvain!« wiederholte er.

Dann ging er weiter, drehte sich aber um, sah nach dem Kreuz zurück, trat wieder hin und las die Anzeige nochmals.

Dann entfernte er sich langsam. Jemand, der in der Nähe gewesen wäre, hätte ihn ›Gauvain‹ murmeln hören.

Vom Hohlweg aus konnte er die Dächer der Meierei, die er links liegen gelassen hatte, nicht sehen. Er schritt eine steile Anhöhe entlang, die mit blühendem Langdorn bedeckt war. Die Steigung gipfelte in einer Art Erhöhung, einem ›Wuschkopf‹, wie man in der Gegend sagt. Der Blick wurde durch Bäume verdeckt, das Laub wie mit Sonnenlicht getränkt. Die Natur war voll morgendlicher Heiterkeit.

Mit einem Schlage kam der Schrecken über die Landschaft. Gleich einer Windhose brach aus dem Hinterhalt wüstes Geschrei und Gewehrfeuer gegen diese leuchtenden Fluren und Wälder hervor, und an der Stelle der Meierei erhob sich eine dicke, von hellen Flammen durchschossene Rauchwolke, als seien der Weiler und die Meierei eine einzige brennende Strohgarbe. Der jähe Übergang vom Frieden zur Wut, der Ausbruch der Hölle mitten in der Ruhe des Morgens, das Entsetzen ohne Vorbereitung war kaum zu ertragen. Um Herbe-en-Pail raste der Krieg auf.

Der Marquis war stehengeblieben. Jeder, der es am eigenen Leibe gespürt hat, weiß, daß bei solchen Gelegenheiten die Neugier stärker als das Bewußtsein der Gefahr ist; man will Bescheid wissen, und wenn man dabei umkäme. Der Marquis stieg die Anhöhe hinauf, unter welcher der Hohlweg lief. Von dort konnte er zwar gesehen werden, aber auch sehen. In wenigen Minuten war er auf der Anhöhe und hielt Ausschau.

In der Tat, Gewehrsalven und Feuersbrunst, lautes Geschrei, helle Flammen: Der Meierhof war der Mittelpunkt irgendeiner Katastrophe. Welcher? Das Gehöft wurde angegriffen? Von wem? War es wirklich ein Kampf? Vielleicht eher eine militärische Exekution? Häufig legten die Blauen auf Grund revolutionärer Verordnung Feuer an die sich widersetzenden Höfe und Dörfer. Als abschreckendes Beispiel brannte man jedes Anwesen nieder, wo nicht die gesetzlich vorgeschriebene Anzahl Bäume gefällt worden war oder wo man der republikanischen Reiterei nicht den Weg durch die Wälder gebahnt hatte. So war die Kirchengemeinde von Bourgon, in der Nähe von Ernée, erst kürzlich besonders hart bestraft worden. Handelte es sich hier bei Herbe-en-Pail um den gleichen Vorgang? Offenbar war in den Gehölzen und an den Umzäunungen von Tanis und Herbe-en-Pail keine der anbefohlenen strategischen Durchbrüche ausgeführt worden. War dies nun die Züchtigung dafür, vollstreckt durch die in der Meierei liegende Vorhut? Gehörte sie zu den Streiftrupps, welche man die ›höllischen Kolonnen‹ nannte?

Ein besonders starres Dickicht umschloß den Kopf der Anhöhe. Man nannte es das Gehölz von Herbe-en-Pail, es hatte aber die Ausmaße eines Waldes. Es erstreckte sich bis zum Meierhof und barg wie alle bretonischen Gehölze ein ganzes Netz von Schluchten, Pfaden und Hohlwegen, in deren Irrgarten die republikanischen Abteilungen sich verloren.

Die Züchtigung, wenn es eine war, mußte furchtbar gewesen sein, denn sie dauerte nur kurz. Wie alle brutalen Dinge wurde sie sofort erledigt. Die Schauerlichkeit des Bürgerkrieges bringt solche schnelle Brutalität mit sich. Während der Marquis sich in zahlreichen Vermutungen erging, unschlüssig, ob er hinuntergehen oder noch bleiben sollte, während er lauschte und spähte, endete das Getöse der Vernichtung oder besser, es zerstob. Der Marquis hörte im Dickicht etwas, gleich dem Trubel wildfröhlicher Scharen. Ein fürchterliches Wimmeln regte sich unter den Bäumen vom Meierhof her in den Wald hinein. Trommeln wirbelten, es wurde nicht mehr geschossen, alles nahm jetzt die Art einer Treibjagd an. Man suchte offenbar jemanden, verfolgte, spürte, hetzte. Der Lärm erschien zerstreut und dennoch dicht, eine Mischung von zornigen und sieghaften Rufen, ein Tumult und Geschrei; es war nichts zu unterscheiden, bis plötzlich, wie ein Umriß aus einer Rauchwolke hervortritt, das Geschrei einen deutlicheren sinnvolleren Laut gebar, einen Namen, einen von tausend Stimmen aufgenommenen Namen. Und der Marquis hörte diesen einen klaren Ruf: »Lantenac! Lantenac! Marquis de Lantenac!«

Er war es, den sie suchten.

VI
Die Wechselfälle des Bürgerkrieges

Und plötzlich füllte sich rings um ihn das Dickicht mit Flinten, Bajonetten und Säbeln, im Hintergrund erhob sich eine dreifarbige Fahne, der Schrei »Lantenac« dröhnte in sein Ohr, und ihm zu Füßen durch Dornen und Äste erschienen heftig erregte Gesichter.

Nach allen Seiten sichtbar stand der Marquis allein auf der Anhöhe. Er konnte die, welche seinen Namen riefen, kaum erblicken, aber alle sahen ihn. Wenn tausend Gewehre im Walde waren, bildete er die einzige Zielscheibe. Er sah im Gestrüpp nichts als die glühenden, auf ihn gerichteten Augen.

Da nahm er den Hut vom Kopf, bog die Krempe auf, riß neben sich einen langen trockenen Dorn von einem Stechginster ab, zog aus der Tasche eine weiße Kokarde, befestigte mit dem Dorn die Krempe und die Kokarde an den Hut. Er setzte den Hut wieder auf, so daß durch die gebogene Krempe die Stirn und die Kokarde jetzt frei zu sehen waren, und rief laut, nach allen Seiten des Waldes zugleich: »Ich bin der Mann, den ihr sucht. Ich bin der Marquis de Lantenac, Vicomte de Fontenay, bretonischer Fürst, Oberbefehlshaber der Armeen des Königs. Machen wir ein Ende! Legt an! Gebt Feuer!«

Er riß mit beiden Händen seine Jacke aus Ziegenfell auf und entblößte die Brust. Er sah hinab und suchte die angelegten Gewehre und sah sich umringt von niederknienden Männern. Ein gewaltiger Schrei stieg auf:

»Es lebe Lantenac! Es lebe unser Herr! Es lebe der General!«

Hüte flogen in die Luft, Säbel kreisten fröhlich, aus jedem Busch fuhren Stöcke, auf denen braune Wollmützen tanzten.

Was er um sich sah, auf den Knien, waren Aufständische der Vendée.

Nach alten Sagen gab es in den Wäldern Thüringens seltsame Wesen von Riesenwuchs, sie waren gleichzeitig mehr und weniger als Menschen, denn sie galten den Römern als wilde Tiere und den Germanen als Göttergestalten und konnten also je nachdem, auf wen sie trafen, abgeschlachtet oder angebetet werden.

Der Marquis empfand jetzt einem solchen Wesen gleich: schon darauf gefaßt, als Untier getötet zu werden, und plötzlich auf Knien verehrt wie ein Gott. Diese Augen voll drohender Blitze hingen an ihm mit einem Ausdruck wilder Liebe.

Die Menge war mit Flinten, Säbeln, Sensen, Hacken und Stöcken bewaffnet. Die Leute trugen große Filzhüte oder braune Mützen mit weißen Kokarden, sie führten zahllose Amulette und Rosenkränze mit sich; weite, am Knie offene Hosen, Felljacken und lederne Gamaschen, und ihre Kniekehlen waren nackt, ihre Haare waren lang, manche hatten wilde Gesichter, alle kindlich blickende Augen.

Ein gutaussehender junger Mensch drängte sich durch die kniende Menge hindurch und ging mit großen Schritten auf den Marquis zu. Auch er trug den Filzhut mit aufgestülpter Krempe und weißer Kokarde und die Ziegenfelljacke, doch seine Hände waren weiß, sein Hemd war fein, und er trug über seiner Weste eine weißseidene Schärpe, daran einen Degen mit goldenem Griff. Oben angekommen, warf er den Hut hin, löste seine Schärpe, bog ein Knie und bot dem Marquis Schärpe und Degen mit den Worten:

»Es ist wahr, Sie haben wir gesucht, und wir haben Sie gefunden. Nehmen Sie den Degen des Oberbefehls. Diese Männer sind jetzt die Ihren. Bisher war ich Befehlshaber, jetzt steige ich im Grade, denn ich werde Ihr Soldat. Nehmen Sie unsere Huldigung entgegen, Herr, und geben Sie Ihre Befehle, General.«

Auf seinen Wink traten einige Männer mit einer dreifarbigen Fahne aus dem Walde, stiegen auf die Anhöhe und legten vor dem Marquis die Fahne nieder, die er vorhin zwischen den Bäumen ragen sah.

»Herr General«, sagte der junge Mann, der ihm Degen und Schärpe gereicht hatte, »es ist die Fahne, die wir soeben den Blauen im Meierhof abgenommen haben. Mein Name ist Gavard. Ich diente unter dem Marquis de La Rouarie.«

»Gut«, sagte der Marquis.

Ernst und ruhig umgürtete er sich mit der Schärpe, dann zog er den Degen, schwenkte ihn über seinem Haupte und rief: »Auf! Und es lebe der König!«

Alle erhoben sich, und durch die Waldestiefe brauste der triumphierende Ruf: »Es lebe der König! Es lebe unser Marquis! Es lebe Lantenac!«

Der Marquis wandte sich wieder zu Gavard: »Wie viele seid ihr?«

»Siebentausend.«

Während sie hinabstiegen und die Bauern vor den Schritten des Marquis das Dorngestrüpp beiseite bogen, fuhr Gavard fort: »Herr, die Sache ist ganz einfach. Kurz gesagt, man wartete nur auf den Funken. Da hat die Bekanntmachung der Republik, die uns Ihre Anwesenheit mitteilte, das ganze Land für den König aufgerufen. Außerdem verständigte uns der Bürgermeister von Granville, der unser Mann ist und seinerzeit den Abbé Olivier gerettet hat. Also wurde diese Nacht Sturm geläutet.«

»Für wen?«

»Für Sie.«

»Ah so!« sagte der Marquis.

»Und hier sind wir.«

»Und ihr seid siebentausend?«

»Heute; morgen aber werden wir fünfzehntausend sein. Das ist das, was unsere Gegend aufbringen kann. Als Monsieur Henri de La Rochejaquelein sich zur katholischen Armee begab, haben ihm auf das Sturmgeläute hin sechs Gemeinden, Isernay, Corqueux, les Echaubroignes, les Aubiers, Saint-Aubin und Nueil in einer Nacht zehntausend Mann zugeführt. Munition hatte man nicht, aber man fand bei einem Mauerer sechzig Pfund Sprengpulver, und damit zog der Herr ins Feld. Wir dachten uns, Sie müßten sich irgendwo in diesem Busch aufhalten, und wir suchten Sie.«

»Und ihr habt die Blauen in der Meierei Herbe-en-Pail angegriffen?«

»Wegen der Windrichtung hatten sie die Glocken nicht gehört. Da die einfältigen Leute im Dorf sie freundlich aufgenommen hatten, fühlten sie sich sicher. Vorhin, als sie noch schliefen, umzingelten wir das Anwesen, und im Handumdrehen war alles erledigt. Ich habe ein Pferd. Darf ich es Ihnen anbieten, Herr General?«

»Ja.«

Ein Bauer führte ein weißes, kriegsmäßig aufgezäumtes Pferd herbei. Der Marquis bestieg es, ohne Gavards Hilfe.

»Hurra!« schrien die Bauern. Denn infolge der ständigen Verbindung mit den Inseln im Kanal sind solche englischen Ausrufe an der bretonisch-normannischen Küste im Gebrauch.

Gavard fragte salutierend: »Wo soll Ihr Hauptquartier sein, gnädiger Herr?«

»Zunächst im Walde von Fougères.«

»Das ist einer Ihrer sieben Wälder, Herr Marquis.«

»Wir brauchen einen Geistlichen.«

»Es ist schon einer bei uns.«

»Wer?«

»Der Vikar von La Chapelle-Erbrée.«

»Ich kenne ihn. Er hat die Fahrt nach Jersey gemacht.«

»Dreimal«, sagte ein Priester, der aus den Reihen getreten war.

Der Marquis wandte den Kopf: »Guten Tag, Herr Vikar, Sie werden Beschäftigung bekommen.«

»Sehr wohl, Herr Marquis.«

»Sie werden viele Beichten hören. Von denen, die es wünschen. Niemand wird gezwungen.«

»Herr Marquis«, sagte der Pfarrer, »Gaston in Guéménée zwingt die Republikaner zur Beichte.«

»Er ist ein Perückenmacher. Im Tode darf man frei sein.«

Gavard, der einige Anordnungen getroffen hatte, kam zurück: »Herr General, ich erwarte Ihre Befehle.«

»Die Leute sollen sich zerstreuen und sich zunächst im Walde von Fougères wieder sammeln.«

»Der Befehl ist bereits gegeben.«

»Sagten Sie mir nicht, daß die Leute von Herbe-en-Pail die Blauen gut aufgenommen haben?«

»Jawohl, Herr General.«

»Sie haben den Meierhof niedergebrannt?«

»Ja.«

»Den Weiler gleichfalls?«

»Nein.«

»So tun Sie es!«

»Die Blauen versuchten eine Gegenwehr. Aber sie waren hundertfünfzig und wir siebentausend.«

»Was für Blaue waren das?«

»Blaue von Santerre.«

»Der während der Hinrichtung des Königs den Trommelwirbel kommandierte. Es ist also ein Pariser Bataillon?«

»Ein halbes.«

»Welchen Namen führt es?«

»Auf der Fahne steht: Bonnet-Rouge, Herr General.«

»Bestien.«

»Was soll mit den Verwundeten geschehen?«

»Erledigt sie.«

»Und was ist mit den Gefangenen?«

»Erschießt sie.«

»Es sind an die achtzig Mann.«

»Alle erschießen.«

»Zwei Frauen dabei.«

»Ebenfalls erschießen.«

»Und drei Kinder.«

»Nehmt sie mit, wir werden sehen, was wir mit ihnen anfangen.«

Der Marquis trieb sein Pferd vorwärts.

VII
Keine Gnade (Parole der Kommune)
Keine Schonung (Parole der Fürsten)

Während dies bei Tanis geschah, war der Bettler gegen Crollon weiter gewandert. Er war tief in die Schluchten hinabgestiegen, unter das breite dichte Laub, unaufmerksam für alles und aufmerksam für nichts, wie er selbst gesagt hatte, mehr träumerisch als nachdenklich; denn der Denkende hat ein Ziel, der Träumer nicht. So schlenderte und schweifte er hin und her, blieb stehen, aß hier und da vom wilden Ampfer, trank an der Quelle, hob zuweilen den Kopf nach dem fernen Lärm hin. Dann sank er wieder in den blendenden Zauber der Natur zurück, öffnete seine Lumpen der Sonne, den Tumult der Menschen vielleicht noch im Ohr, aber lauschend auf den Gesang der Vögel.

Er war alt und langsam, er konnte nicht weit gehen. Wie er dem Marquis de Lantenac gleich gesagt hatte, war er nach einer Viertelmeile schon müde. Er machte noch einen kleinen Abstecher auf La Croix-Avranchin zu, und bei seiner Rückkehr war es Abend.

Kurz hinter Macey brachte ihn der Weg zu einer baumlosen Anhöhe, von der man den westlichen Horizont bis ans Meer überblicken konnte. Eine Rauchwolke fiel ihm auf.

Es gibt nichts Sanfteres und nichts Erschreckenderes als den Rauch, es gibt friedliche, und es gibt fürchterliche Rauchwolken, die Dichte und Farbe des Rauches kann uns den Unterschied zwischen Krieg und Frieden zeigen, zwischen Gemeinschaft und Feindschaft, zwischen Gastlichkeit und Grabeskälte, zwischen Leben und Tod. Wenn zwischen Bäumen Rauch aufsteigt, kann er das Lieblichste von der Welt bedeuten, den häuslichen Herd oder das Wildeste, die Feuersbrunst. Alles Glück und alles Elend des Menschen kann in solcher dem Winde überlassenen Wolke enthalten sein.

Der Rauch, den Tellmarch bemerkte, war beunruhigend. Es war ein schwarzer Qualm, der sich jäh rötete, als wenn der Herd, dem er entstammte, zuweilen nachließe und erlöschen wollte. Der Rauch stand über Herbe-en-Pail.

Tellmarch beschleunigte seine Schritte und ging in Richtung des Rauches; trotz seiner Müdigkeit wollte er wissen, was dies bedeutete.

Er gelangte auf den Hügel, an dessen Fuß Weiler und Meierhof lagen.

Weder Meierhof noch Weiler waren da.

Herbe-en-Pail bestand nur noch aus brennenden Hütten.

Es gibt noch einen schmerzlicheren Anblick als einen brennenden Palast: eine brennende Strohkate. Eine Strohkate in Flammen, das ist jammervoll. Die Verheerung, die sich auf das Elend stürzt, der Geier, der verbissen den Wurm angreift, enthalten einen Widersinn, der das Herz zusammenschnürt.

Nach der biblischen Legende ist ein menschliches Wesen, das sich nach einer Feuersbrunst umwandte, zur Säule erstarrt. Tellmarch war einen Augenblick lang ebenso verwandelt, der Schrecken machte ihn regungslos. Ein tiefes Schweigen vervollständigte die Zerstörung, kein Schrei, kein menschlicher Seufzer mengte sich in die Rauchwolke. Der große Schmelzofen arbeitete weiter und verzehrte das Dorf, ohne daß ein anderer Laut als das Krachen der Balken und das Knistern der Strohdächer zu hören war. Wenn der Schleier zerriß, wurden durch die eingestürzten Decken gähnende Wohnräume sichtbar. Die Glut zeigte all ihre Rubine: scharlachfarbige Lumpen, armselige Möbel, wie mit Purpur überzogen, erschienen in den rotglänzenden Stuben, und Tellmarch stand vom düsteren Unheil geblendet.

Im Kastanienwald, der an die Häuser stieß, flammten einige Bäume auf.

Er horchte umher nach irgendeiner Stimme, einem Hilferuf, einem Klagelaut. Nichts regte sich als das Feuer, alles schwieg außer der Glut. Waren sie sämtlich geflohen? Wo steckte dies lebendige arbeitsame Volk von Herbe-en-Pail?

Tellmarch stieg hinab. Ohne Eile, mit starrem Blick näherte er sich dem tödlichen Rätsel dieser Ruinen, zögernd wie ein Schatten; denn er kam sich wie ein Gespenst in diesem Grab vor.

Er kam an die Stelle, wo früher das Tor der Meierei gewesen war, und blickte in den Hof, der keine Mauern mehr hatte und der mit dem Weiler zu einem einzigen Trümmerhaufen zerschmolzen war. Das, was er bisher gesehen hatte, war gar nichts. Es war nur das Schreckliche, jetzt erblickte er das Ungeheuerliche.

Mitten im Hof, auf der einen Seite undeutlich vom Feuer umrissen, auf der anderen vom Mond, lag eine schwarze Masse. Es war ein Haufen Menschen, diese Menschen waren tot.

Rings um sie breitete sich eine große Pfütze aus, die ein wenig rauchte. Der Brand spiegelte sich darin, aber sie brauchte ihn nicht, um rot zu sein. Es war Blut.

Tellmarch trat heran. Er untersuchte die hingestreckten Körper, einen nach dem anderen. Alle leblos.

Der Mond beleuchtete sie und die Feuersbrunst; die Leichen waren Soldaten, barfuß, man hatte ihnen die Schuhe ausgezogen, die Waffen waren mitgenommen worden. Sie hatten noch ihre blauen Uniformen an, und in dem Klumpen der Glieder und Köpfe lagen die durchlöcherten Hüte mit dreifarbigen Kokarden. Es waren Republikaner, jene Pariser, die am Abend zuvor, alle lebendig, im Meierhof ihr Quartier genommen hatten. Die symmetrische Ordnung in der Lage dieser Körper zeigte, daß man die Leute hingerichtet hatte, stehend erschossen, und das mit Sorgfalt. Alle waren tot. Kein Röcheln klang hervor.

Tellmarch ließ bei seiner Leichenschau keinen einzigen Körper aus. Alle waren von Kugeln durchsiebt.

Die, welche sie erschossen hatten, zogen vermutlich mit solcher Eile ab, daß sie ihre Opfer nicht mehr begruben.

Als er sich zum Gehen wandte, fiel sein Blick auf eine niedrige Mauer im Hof, hinter der vier Füße hervorsahen. An diesen Füßen waren Schuhe, kleiner als die der anderen. Tellmarch ging näher heran. Es waren Füße von Frauen.

Hinter der Mauer lagen zwei Frauen nebeneinander, ebenfalls erschossen. Er beugte sich über sie. Die eine trug eine Art Uniform, bei ihr lag ein zerbrochenes, ausgeleertes Fäßchen. Es war eine Marketenderin; sie war tot, vier Kugeln im Kopf.

Er untersuchte die andere, eine Bäuerin. Sie lag bleich mit offenem Munde und geschlossenen Augen da. Am Kopf fand sich keine Wunde. Ihr Kleid, wohl von erduldeter Not so zerlumpt, war beim Falle aufgegangen und entblößte den halben Oberkörper. Er schob es weiter auseinander und sah an der Schulter den runden Einschuß. Das Schlüsselbein war zertrümmert. Er sah ihre blasse Brust.

»Mutter, und stillend«, flüsterte er. Er rührte sie an. Sie war nicht kalt, und eine andere Wunde als die an der Schulter und das zertrümmerte Schlüsselbein konnte er nicht finden. Er legte die Hand auf ihr Herz und fühlte ein schwaches Klopfen. Sie war nicht tot. Tellmarch richtete sich auf und schrie mit schrecklicher Stimme:

»Ist denn niemand hier?«

»Du bist es, Caimand!« antwortete jemand, kaum hörbar.

Gleichzeitig tauchte ein Kopf aus einem Loch im Schutthaufen auf.

Ein zweites Gesicht erschien in einer anderen Kate.

Es waren zwei Bauern, die sich versteckt hatten; die einzigen Überlebenden.

Die wohlbekannte Stimme des Caimand hatte sie beruhigt und rief sie aus ihrem Versteck.

Noch heftig zitternd, schlichen sie heran. Aber Tellmarch, der die Kraft zu einem Schrei gehabt hatte, konnte nicht sprechen. Die tiefen Erregungen sind so.

Er deutete mit dem Finger auf die Frau zu seinen Füßen.

»Lebt sie noch?« fragte der eine der Bauern.

Tellmarch nickte.

»Die andere Frau auch?« fragte der zweite Bauer.

Tellmarch schüttelte den Kopf.

Der erste sagte:

»Die übrigen sind alle tot, nicht wahr? Ich habe es gesehen, ich war in meinem Keller. Wie dankt man Gott in solchen Augenblicken, daß man keine Familie hat! Mein Haus brannte! Herr Jesus! Alle sind umgebracht worden. Die Frau hier hatte Kinder, drei, ganz kleine! Die Kinder schrien: Mutter! Die Mutter schrie: Meine Kinder! Die Mutter wurde niedergeschossen, die Kinder wurden mitgenommen. Ich mußte das alles sehen, o Gott! o Gott! o Gott! Die Schlächter sind abgezogen, sie waren zufrieden, haben die Kleinen mitgenommen und die Mutter umgebracht. Aber sie ist nicht tot, nicht wahr, sie ist nicht tot? Sag doch, Caimand, glaubst du, daß du sie retten kannst? Sollen wir dir helfen, sie in dein Nest zu bringen?«

Tellmarch nickte.

Der Wald stieß an den Hof; aus Laubwerk und Farnen hatten sie schnell eine Tragbahre hergerichtet. Sie legten den regungslosen Körper der Frau darauf und machten sich auf den Weg durch das Dickicht. Die Bauern trugen die Bahre, der eine am Kopf, der andere zu Füßen der Frau, der Bettler hielt den Arm der Verwundeten und fühlte ihr den Puls.

Unterwegs sprachen die Bauern und warfen einander ihre entsetzten Worte zu, über die blutende Frau hinweg, deren bleiches Gesicht im Mondschein lag.

»Alles umzubringen!«

»Alles niederzubrennen!«

»Ach, lieber Gott! Soll das jetzt immer so sein?«

»Der große alte Mann war's, der hat's gewollt.«

»Ja, der war der Anführer.«

»Ich habe ihn nicht mehr gesehen, als geschossen wurde. War er dabei?«

»Nein, er war schon fort. Aber das ist gleich, auf seinen Befehl ist es geschehen.«

»Dann hat er es getan.«

»Er hat gesagt: Schießt! Brennt! Ohne Schonung!«

»Das ist ein Marquis.«

»Ja, es ist unser Marquis.«

»Wie heißt er nur?«

»Er ist Marquis de Lantenac.«

Tellmarch erhob die Augen zum Himmel und sagte zwischen den Zähnen: »Hätte ich das gewußt!«

Zweiter Teil

In Paris

Erstes Buch
Cimourdain

I
Die Pariser Straßen zu jener Zeit

Man lebte damals in aller Öffentlichkeit und aß an Tischen, die vor den Türen aufgestellt waren. Auf den Kirchenstufen saßen die Frauen und zupften Leinwandfasern zum Gesang der Marseillaise. Der Park Monceaux und der Luxembourggarten waren Manövergelände. An jeder Ecke entfalteten Waffenfabriken ihre Tätigkeit, die Gewehre entstanden unter den Augen der in die Hände klatschenden Menge. Von allen Lippen hörte man nur diese Worte: »Geduld! Es ist Revolution!« Man zeigte ein heroisches Lächeln und ging ins Schauspiel wie damals in Athen während des Peloponnesischen Krieges. An den Straßenecken hingen Plakate wie: Die Belagerung von Thionville. – Die Familienmutter aus den Flammen gerettet! – Der Klub der Unbekümmerten. – Die ältere der Päpstinnen Johanna. – Philosophen beim Militär. – Ländliche Liebeskunst. – Die Deutschen standen vor den Toren, es hieß, der König von Preußen habe sich schon seine Logen in der Oper bestellen lassen. Alles war erschreckend, niemand war erschrocken. Das verruchte Gesetz gegen die Verdächtigen, diese Schandtat Merlins aus Douai, warf den Schatten der Guillotine über alle Köpfe: Und doch erwartet der denunzierte Prokurator Séran seine Verhaftung im Schlafrock und in Pantoffeln, an seinem Fenster die Flöte blasend. Niemand schien noch Zeit zu haben, jeder hastete vorwärts, an jede

Hut steckte eine Kokarde. Die Frauen meinten: »Die rote Mütze steht uns gut.« Paris schien in einem großen Umzug begriffen. Die Trödelläden lagen vollgepfropft mit Kronen, Bischofsmützen, vergoldeten Zeptern und Lilienfahnen, dem Nachlaß der Königspaläste. Da waren die Ruinen der Monarchie zu besichtigen! Chorröcke und Meßgewänder kaufte man als Plunder. Im Porcherons-Viertel und bei Ramponneau tranken Leute in Chorhemden und Stolen, auf Eseln reitend, die mit Kirchenornaten umhängt waren, den Wein der Kneipe aus den Kelchen der Kathedralen. In der Straße Saint-Jacques hielten barfüßige Steinklopfer den Karren eines Hausierers an, der Schuhe zum Kauf anbot, sammelten unter sich und kauften fünfzehn Paar Schuhe, die sie dem Konvent für unsere Soldaten schickten. Im Angebot waren zahlreiche Büsten von Franklin, Rousseau, Brutus und, nicht zu übersehen, von Marat. Unter einer Büste Marats in der Straße Cloche-Perce hing in schwarzem Rahmen unter Glas eine Anklageschrift gegen Malouet mit Beweisstücken und folgender Randbemerkung: ›Diese Angaben machte mir die Geliebte des Sylvain Bailly, eine gute Patriotin, die mir geneigt ist. – gez. Marat.‹ Auf dem Platz des Palais Royal war die Brunneninschrift: ›Quantos effundit in usus!‹ durch zwei große Gemälde in Leimfarben verdeckt worden: Das eine zeigte Cahier de Gerville, wie er der Nationalversammlung das Erkennungszeichen der ›Chiffonnisten‹ von Arles bekannt gibt. Das andere stellte Ludwig XVI. dar, in seiner königlichen Karosse von Varennes zurückgeschleppt, und unter dem Wagen saßen auf einem mit Tauen befestigten Brett an beiden Enden zwei Grenadiere, das Bajonett aufgepflanzt. Nur wenige von den großen Läden waren geöffnet. Kramsachen wurden von Frauen herumgezogen, auf Karren, mit Kerzen beleuchtet, von denen der Talg auf die Sachen niederschmolz. Frühere Klosterfrauen mit blonden Perücken hielten Verkaufsbuden unter freiem Himmel, und das Frauenzimmer dort, die in einem Schuppen Strümpfe stopft, war eine Gräfin, die Näherin hier eine Marquise, Madame de Boufflers bewohnte eine Dachstube mit Aussicht auf ihr Anwesen. Zeitungsverkäufer rannten durch die Straßen und schrien ihre ›Papiers-Nouvelles‹ aus. Diejenigen, deren Kinn noch in einer Halsbinde steckte, nannte man die ›Skrofulösen‹. Eine Unmasse öffentlicher Sänger wanderte umher. Mit Geheul begrüßte das Volk Pitou, den königlich gesinnten Komiker, der übrigens ein tapferer Mann war, denn er wurde zweiundzwanzigmal eingesperrt und kam vor das Revolutionstribunal, weil er sich bei dem Wort ›Bürgertugend‹ auf den unteren Teil des Rückens geschlagen hatte. Als sein Kopf in Gefahr geriet, rief er: »Aber schuldig ist doch nur das Gegenteil meines Kopfes!« Darüber mußten die Richter lachen, und er kam davon. Dieser Pitou machte sich über die Mode der griechischen und römischen Namen lustig, sein Lieblingscouplet handelte von einem Schuster, den er ›Cujus‹ nannte; dessen Frau nannte er ›Cujusdam‹. Überall tanzte man die Carmagnole: Man nannte sich nicht Kavalier und Dame, man nannte sich Bürger und Bürgerin. Man tanzte in den zerfallenen Klöstern, Lampions über dem Altar, am Gewölbe zwei gekreuzte Stöcke mit vier Lichtern, unter den hüpfenden Füßen lagen die Grabstätten. Man trug Westen in ›Tyrannenblau‹ und Hemdnadeln mit weißen, blauen und roten Steinen ›a la Freiheitsmütze‹. Die Richelieu-Straße hieß Straße des Gesetzes, die Vorstadt Saint Antoine Vorstadt des Ruhmes, auf der Place de la Bastille stand eine Statue der Natur. Man zeigte einander bekannte öffentliche Personen, Châtelet, Didier, Nicolas und Garnier-Delaunay, die vor der Tür des Tischlers Duplay Wache hielten, Voullant, der nie einen Tag der Guillotine versäumte und dem Karren der Verurteilten folgte, was er ›zur roten Messe gehen‹ nannte; oder Montflabert, den revolutionären Geschworenen und vormaligen Marquis, der sich den Namen ›10. August‹ zugelegt hatte. Man schaute dem Vorbeimarsch der Zöglinge der Militärschule zu, die auf Verordnung des Konvents ›Zöglinge des Mars‹, vom Volk aber ›Pagen des Robespierre‹ genannt wurden. Oder man las die

Anschläge Frérons, worin er gegen gewisse Leute den Verdacht eines ›verbrecherischen Geschäftssinns‹ aussprach. Die ›Stutzer‹, die sich an den Türen der Amtshäuser herumtrieben, verhöhnten die Ziviltrauungen und stellten sich den Jungverheirateten mit dem Spottruf ›Munizipaliterhochzeit!‹ entgegen. Im Invalidendom hatten die Standbilder der Heiligen und der Könige die Phrygische Mütze auf. Auch die Kartenspiele, mit denen man auf den Ecksteinen spielte, waren in voller Revolution: Statt der Könige gab es Genien, statt der Damen Freiheitsgöttinnen, statt der Buben Gleichheitsgestalten, statt der Asse Gesetze. Man pflügte die öffentlichen Gärten um, die Tuilerien wurden beackert. Zu all dem kam, besonders bei den besiegten Parteien, ein gewisser überheblicher Lebensüberdruß. An Fouquier-Tinville schrieb jemand: ›Haben Sie die Freundlichkeit, mich vom Leben zu befreien. Hier ist meine Adresse.‹ Champcenetz wurde verhaftet, weil er mitten im Palais-Royal geschrien hatte: ›Wann gibt es Revolution in der Türkei? Ich will an der Hohen Pforte die Republik sehn!‹ Überall Zeitungen. Auf der Straße kräuselten die Barbiergehilfen die Perücken der Frauen, während der Meister mit lauter Stimme den Moniteur vorlas. Daneben besprachen ganze Gruppen unter heftigen Gebärden die Zeitung ›Entendons nous!‹ von Dubois-Crancé oder die ›Trompette du Père Bellerose‹. Manche Barbiere waren gleichzeitig Schlächter, bei ihnen sah man neben einer goldhaarigen Puppe Würste und Schinken hängen. Händler verkauften auf offener Straße ›Emigrantenweine‹, anderswo pries man ›Zweiundfünfzigsorten‹-Weine an. Es gab Lyra-Uhren, Herzoginnen-Sofas. Auf dem Schild eines Barbiers stand: ›Ich rasiere den Klerus, ich kämme den Adel, ich mache den dritten Stand schmuck.‹ Bei Martin, Nr. 173 der Anjoustraße, früher Kronprinzessinnenstraße, ließ man sich die Karten legen. Es fehlte an Brot, Kohlen und Seife. Herden von Milchkühen wurden aus der Provinz herbeigetrieben. Im Valléeviertel kostete das Pfund Lammfleisch fünfzehn Franken. Ein Anschlag des

Stadtrates bestimmte für jede Dekade ein Pfund Fleisch je Kopf. Vor den Lebensmittelläden stand man an, und eine dieser Schlangen ist legendär geworden, sie reichte von der Tür eines Lebensmittelhändlers in der Rue du Petit-Carreau bis zur Mitte der Rue Montorgueil. Anstehen hieß ›Schnur halten‹, weil man in der Reihe ein langes Seil anfassen mußte. Die Frauen ertrugen dieses Elend tapfer und geduldig. Ganze Nächte warteten sie vor dem Bäckerladen, bis sie eintreten durften. Es gelang der Revolution, der Verzweiflung mit zwei gefährlichen Notbehelfen zu begegnen: das Assignat war der Hebel, das Maximum der Stützpunkt. Diese Kurpfuscherei rettete Frankreich. Der Feind, der aus Koblenz ebenso wie der aus London, wucherte mit den Assignaten; Dirnen, die mit Lavendelwasser, Strumpfbändern und Zöpfen handelten, betrieben das Agiogeschäft. Die Geldmakler der Rue Vivienne trugen schmutzige Schuhe und Fellmützen mit Fuchsschwanz und hatten fette Haare. Die ›Mayolets‹ der Rue de Valois hatten Lackstiefel, wuschlige Hüte, Zahnstocher im Munde; die Freudenmädchen duzten sie, das Volk machte Jagd auf sie wie auf Diebe, die von den Royalisten ›aktive Bürger‹ genannt wurden. Übrigens waren Diebstähle selten: eine wilde Armut, eine stoische Rechtlichkeit herrschte. Barfüßige und Hungerleider gingen mit ernst gesenkten Augen an den Juwelenauslagen des Palais-Egalité vorbei. Während der Haussuchung des Bezirks Antoine bei Beaumarchais pflückte eine Frau im Garten eine Blume. Dafür wurde sie vom Volk geohrfeigt. Der Klafter Holz kostete vierhundert Franken Silbergeld, manche sägten auf der Straße ihre Bettgiebel entzwei. Im Winter waren die Brunnen gefroren, und das Wasser kostete zwanzig Sous die Fuhre, jedermann wurde Wasserträger. Der Louis d'or war dreitausendneunhundertfünfzig Franken wert. Eine Fahrt mit dem Fiaker kostete 600 Livres.

Nach einer Tagesfahrt konnte man folgende Unterhaltung hören: »Was schulde ich Ihnen, Kutscher?« – »Sechstausend Livres.« Eine Gemüsehändlerin hatte eine Tageseinnahme von zwanzigtausend Franken. Ein Bettler konnte mit folgender Anrede kommen: »Haben Sie Mitleid, Herr, helfen Sie mir, mir fehlen zweihundertdreißig Livres, um meine Schuhe zu bezahlen.« An den Brücken standen gewaltige, von David geschnitzte und bemalte Statuen, von Mercier als hölzerne Riesenhanswürste verhöhnt. Sie stellten den niedergeworfenen Föderalismus und die besiegte Koalition dar. Keine Entmutigung befiel dies Volk in seiner düsteren Freude über das Ende der Throne. Die Freiwilligen strömten herbei, um dem Feinde die Brust zu bieten, jede Straße stellte ein Bataillon. Die Fahnen der Bezirke wurden herumgetragen, jede hatte ihren Leitspruch. Auf der des Kapuziner-Bezirks stand: ›Uns fährt keiner über den Löffel!‹, auf einer anderen: ›Keinen Adel mehr außer im Herzen!‹. Auf allen Mauern Plakate, große und kleine, weiße, gelbe, grüne, rote, gedruckte und geschriebene, stets mit dem Ruf: ›Es lebe die Republik!‹ Auch die kleinen Kinder stotterten: ›Ça ira!‹

Diese kleinen Kinder waren die unendliche Zukunft.

Später folgte auf die tragische die zynische Stadt. Die Straßen von Paris haben zwei sehr unterschiedliche revolutionäre Gesichter gehabt, vor und nach dem 9. Thermidor. Das Paris des Saint-Just machte dem Paris von Tallien Platz. Und da kann man die immerwährenden Gegensätze Gottes erkennen, unmittelbar nach Sinai folgt La Courtille.

Es ist ein Anfall öffentlichen Wahnsinns. Das war schon achtzig Jahre vorher dagewesen; und aus der Zeit Ludwigs XIV. wie aus der Zeit Robespierres tritt man mit dem dringenden Bedürfnis nach Luft. Daher die Regentschaft am Beginn des Jahrhunderts und das Direktorium an seinem Ende, zwei Saturnalien nach zwei Gewaltherrschaften. Frankreich befreit sich mit der Ausgelassenheit einer dem puritanischen wie dem monarchistischen Kloster entsprungenen Nation.

Nach dem 9. Thermidor wurde Paris lustig, verrückt lustig, es strömte über von ungesundem Vergnügen. Der Raserei des

Sterbens folgte die Raserei des Lebens, und die Größe verschwand. Die Zeit hatte ihren Trimalchio mit Namen Grimod de La Reynière, es erschien der Almanach der Gefräßigen. Man speiste unter schmetternden Fanfaren im Zwischenstock des Palais-Royal, während ein Frauenorchester Trommel schlug und Trompete blies; der ›Rigaudinier‹ mit dem Fiedelbogen war Herrscher. Bei Méot gab es orientalische Abendessen zwischen duftenden Räucherpfannen. Boze malte seine Töchter, reizende unschuldige Wesen von sechzehn Jahren, im ›Guillotinekostüm‹, nämlich mit ausgeschnittenen roten Hemden. Die wilden Tänze in den Kirchenruinen erfuhren ihre Fortsetzung bei Ruggieri, Luquet, Wenzel, Mauduit und bei der Montansier. Nach den strengen, Leinen zupfenden Bürgerinnen kamen jetzt die Sultaninnen, die Wilden, die Nymphen. Den nackten, mit Blut, Schmutz und Staub bedeckten Füßen der Soldaten folgten die nackten, von Diamanten strahlenden Füße der Frauen. Mit der Schamlosigkeit erschien wieder die Unredlichkeit; oben in Gestalt der Lieferanten, unten als ›kleine Gauner‹. Ein Ameisenhaufen von Spitzbuben wimmelte durch Paris, und jeder hatte auf seinen ›Luc‹, seine Tasche zu achten. Jetzt vertrieb man sich die Zeit, indem man auf dem Platz des Justizpalastes die ausgestellten Diebinnen besah. Es wurde nötig, ihnen die Röcke zuzubinden. Am Ausgang der Theater boten Straßenjungen kleine Wagen an, mit den Worten: »Bürger und Bürgerinnen, es ist Platz darin für zwei.« Statt des ›Vieux Cordelier‹ und des ›Ami du peuple‹ wurde die ›Lettre de Polichinelle‹ und die ›Pétition des Galopins‹ ausgerufen. Vorsitzender der Pikensektion, Place Vendôme, war der Marquis de Sade. Die Reaktion kam lustig und grausam zugleich. Unter dem Titel ›Chevalier du Poignard‹ waren die ›Dragons de la Liberté‹ aus dem Jahre 92 wieder auferstanden. Auf der Bühne kam die typische Figur des Jocrisse zum Vorschein. Die ›Merveilleusen‹ waren wieder da und darüber hinaus noch die ›Inconcevablen‹, man schwur bei seiner ›Paole victimée‹ und ›Paole vete‹. Von Mirabeau war man bis auf Bobêche zurückgegangen. Das ist nun das Hin und Her von Paris, der gewaltige Pendelausschlag der Zivilisation, von einem Pol zum anderen, von den Thermopylen bis zu Gomorrha. Nach 93 rollte die Revolution durch eine seltsame Sonnenfinsternis. Es war, als hätte das Jahrhundert das zu beenden vergessen, womit es begonnen hatte. Eine unfaßbare Orgie schob sich dazwischen, trat in den Vordergrund, drängte die furchtbare Apokalypse zurück, verschleierte den revolutionären Traum und brach nach dem Entsetzen in Gelächter aus. In der Parodie verschwand die Tragödie, und am Horizont verschwamm das Medusenhaupt im Dampf des Karnevals.

Im Jahre 93 aber, in dem wir sind, besaßen die Straßen von Paris noch das wild erhabene Wesen des Anfangs. Sie hatten noch ihre Redner. Varlet sprach von seinem rollenden Gerüst herab zur Menge; ihre Helden waren noch da, wie der ›Kapitän der eisenbeschlagenen Stöcke‹, oder Guffroy, Verfasser des Flugblattes ›Rougiff‹. Manche dieser Lieblinge übten schlechten, andere guten Einfluß aus, ein Mann darunter aber war redlich und wirkte verhängnisvoll: Cimourdain.

II
Cimourdain

Ein reines, doch dunkles Wesen war in Cimourdain, das Absolute war in ihm. Bedeutsam, daß er dem Priesterstande angehört hatte. Über den Menschen kann wie über den Himmel eine finstere Ruhe kommen, es muß nur irgend etwas die Nacht über ihn bringen. Das Priestertum hatte Cimourdain finster gemacht. Wer Priester gewesen ist, ist es für immer.

Aber die Nacht, die über uns kommt, kann auch Sterne in uns aufleuchten lassen. Cimourdain war voller Tugenden und Wahrhaftigkeit, aber sie leuchteten im Verborgenen. Seine Lebensgeschichte ist rasch zu erzählen. Er war Dorfgeistlicher und Erzieher in einem reichen Hause gewesen. Dann hatte er eine kleine Erbschaft gemacht und wurde unabhängig.

Hartnäckigkeit war einer seiner Wesenszüge. Er handhabte sein Denken wie eine Zange. Nicht eher hielt er sich für berechtigt, von einem Gedanken abzulassen, als bis er mit ihm zu Ende gekommen war. Mit Verbissenheit dachte er nach. Er kannte alle europäischen Sprachen und einige andere, er studierte unablässig. Dies half ihm zwar, seine Keuschheit zu ertragen, aber eine solche Zurückdrängung ist höchst gefährlich.

Als Priester hatte er aus Stolz, aus Seelengröße oder auch nur zufällig seine Gelübde eingehalten. Aber seinen Glauben konnte er nicht bewahren, den zerstörte die Wissenschaft, und das Dogma zerfiel im Denken. Als er sich einmal überprüfte, kam er sich wie verstümmelt vor. Da er nun den Priester nicht ungeschehen machen konnte, hatte er daran gearbeitet, sich wieder in einen Menschen zu verwandeln, und das mit viel Härte. Da er keine Familie haben durfte, nahm er Frankreich an Kindesstatt an; da man ihm ein Weib verweigerte, ehelichte er die Menschheit. Diese grenzenlose Ausdehnung ist im Grunde absolute Leere.

Seine Eltern, Bauern, hatten ihn Priester werden lassen, damit er aus dem Volk heraustrete. Nun kehrte er ins Volk zurück, leidenschaftlich kehrte er zurück. Mit furchterregender Zärtlichkeit sah er auf die Unglücklichen. Wie aus dem Priester ein Philosoph geworden war, wurde aus dem Philosophen ein Athlet. Ludwig XV. lebte noch, als Cimourdain sich schon verschwommen als Republikaner fühlte; aber für welche Republik? Republikaner nach Plato vielleicht und vielleicht auch nach Drako.

Da ihm zu lieben untersagt war, hatte er sich aufs Hassen verlegt. Er haßte die Lüge, die Monarchie, die Theokratie und sein Priestergewand. Er haßte die Gegenwart und schrie laut nach der Zukunft, die er ahnte, die er schaute, großartig und fürchterlich. Er wußte, das menschliche Elend würde nur durch einen Erlöser enden, der irgendwie ein Rächer sein würde. Er betete schon von weitem die Katastrophe an!

Als diese im Jahre 1789 anhob, fand sie ihn bereit. Cimourdain stürzte sich mit Folgerichtigkeit, das hieß bei der Härte seines Sinnes mit Unerbittlichkeit in die große Erneuerung; die Logik kennt keine Rührung. Er hatte, bewegt von jedem Sturmhauch, die großen revolutionären Jahre erlebt: 89, den Sturz der Bastille, das Ende der Volksmarter; 90, 19. Juni, das Ende der Feudalherrschaft; 91, Varennes, das Ende des Königtums; 92, die Ausrufung der Republik. Er hatte mit eigenen Augen die Revolution aufstehn sehen und war nicht der Mann, sich vor der Riesin zu fürchten. Im Gegenteil, dies stete Anwachsen aller Geschehnisse belebte ihn, und obwohl er schon fünfzig Jahre alt war und ein Priester noch schneller als ein anderer altert, wuchs er selbst mit. Von Jahr zu Jahr sah er die Zeit an Größe gewinnen, und er wuchs mit ihr. Er befürchtete zuerst, die Revolution könne scheitern, er beobachtete sie genau, sie hatte die Vernunft und das Recht auf ihrer Seite, er verlangte, daß sie auch Erfolg haben sollte, und je mehr Schrecken sie hervorrief, um so tiefer beruhigte er sich. Er wollte diese Minerva, gekrönt mit den Sternen der Zukunft, auch als Pallas, deren Schild mit dem Schlangenantlitz bewehrt war. Ihr göttliches Auge sollte in der Gefahr den Dämonen höllische Blitze entgegenwerfen und Schrecken mit Schrecken erwidern.

So stand es um ihn im Jahre 93.

93 findet der Krieg Europas gegen Frankreich und Frankreichs gegen Paris statt. Was ist da Revolution? Der Sieg Frankreichs über Europa und der Sieg von Paris über Frankreich. Daher die Maßlosigkeit dieser furchtbaren Minute 93, größer als das ganze übrige Jahrhundert.

Nichts ist so tragisch wie Europas Angriff auf Frankreich, Frankreichs Angriff auf Paris, ein Drama von der Dimension des Epos.

93 ist eine aufs äußerste angespannte Zeit, das Unwetter ist da, mit all seiner Wut und Erhabenheit.

Darin fühlte Cimourdain sich wohl, die maßlose, wilde, herrliche, außer sich geratene Atmosphäre paßte zu seinem Flügelschlag. Denn der Mann verband wie der Seeadler starke innere Ruhe mit verwegenem Sinn nach außen. Die beschwingten Naturen, heftig und fest, sind für die großen Winde geschaffen, es gibt Sturmseelen.

Ein besonderes Mitleid erfüllte ihn, das allein für die Unglücklichen da war. Derjenigen Art des Leidens, die andere abstößt, weihte er sich. Widerwillen empfand er niemals, es war das, was seine Güte ausmachte. Seine Hilfsbereitschaft grenzte ans Häßliche und ans Göttliche. Er suchte die eiternden Wunden auf, um sie zu küssen. Die schönen Taten, die häßlich anzusehen sind, vollbringen sich am schwersten, die aber liebte er vor allen. Im Armenhaus lag einmal ein Mann mit einer Halsgeschwulst im Sterben. Das gräuliche, stinkende, vielleicht ansteckende Geschwür mußte auf der Stelle ausgeleert werden. Cimourdain war da. Er drückte seinen Mund auf das Geschwür, sog daran, spie den immer wieder gefüllten Mund aus, leerte die Geschwulst, rettete den Menschen. Da er zu dieser Zeit noch Priesterkleidung trug, sagte jemand zu ihm: »Wenn Sie das beim König gemacht hätten, würden Sie Bischof werden.« »Beim König tät ich es nicht«, antwortete Cimourdain. Diese Handlung und diese Antwort schafften ihm in den dunklen Bezirken von Paris seine Beliebtheit.

So sehr, daß er über alle, die litten, weinten und drohten, unbedingte Herrschaft ausübte. In der Zeit der oftmals danebengreifenden Ausbrüche gegen die Wucherer genügte ein Wort Cimourdains, um die Plünderung eines mit Seife beladenen Schiffes im Hafen von Saint-Nicolas zu verhüten; oder die wütende Menge zu zerstreuen, die an der Barriere Saint-Lazare über die Wagen herfiel.

Er war es auch, der zwei Tage nach dem 10. August das Volk anführte und die Standbilder der Könige umwerfen ließ. Ihr Sturz verursachte Unglücksfälle. Auf der Place Vendôme wurde eine Frau, Reine Violet, von Ludwig XIV. zerschmettert, den sie an einem um seinen Hals geschlungenen Seil niederzog. Dieses Standbild ragte dort hundert Jahre, errichtet am 12. August 1692, umgestürzt am 12. August 1792. Ein gewisser Guinguerlot, der die Bilderstürmer Kanaillen geschimpft hatte, wurde auf dem Sockel Ludwig XV. an der Place de la Concorde totgeschlagen. Aus der zerschmetterten Statue machte man später Sousstücke. Nur der rechte Arm, den Ludwig XV. mit der Gebärde eines römischen Kaisers ausstreckte, wurde verschont. Auf Cimourdains Antrag schenkte das Volk diesen Arm dem Latude, der siebenunddreißig Jahre lang in der Bastille lebendig begraben lag. Als Latude, den Eisenring um den Hals, die Kette um den Leib, noch in diesem Gefängnis moderte, auf Befehl dieses Königs, dessen Standbild über Paris ragte, wer hätte damals gedacht, daß das Gefängnis und das Standbild fallen würden, der Eingekerkerte aus der Gruft hinausgehen und das Königtum hineingestoßen werden würde? Daß ihm eine Deputation die erzene Hand übergeben würde, die einstmals seine Verhaftung unterschrieb, und von jenem König der Schande nichts übrigbliebe als ein erzener Arm, wer hätte das gedacht?

Cimourdain gehörte zu denen, die auf eine Stimme in ihrem Innern lauschen. Solche Naturen scheinen zerstreut; nein, sie sind aufmerksam.

Er wußte alles und kannte nichts, alles über die Gelehrsamkeit, nichts über das Leben. Daher seine Unnachsichtigkeit. Wie die homerische Themis hatte er die Augen verbunden. Mit der blinden Sicherheit des Pfeils sah er nur das Ziel und ging darauf los. In der Revolution ist nichts so furchtbar wie die gerade Linie. Cimourdain schritt vor sich hin wie das Verhängnis.

Er glaubte, daß in der sozialen Entwicklung erst der extremste Punkt fester Boden ist. Dieser Irrtum ist den Geistern eigen, in denen die Logik an die Stelle der Vernunft tritt. Er ging weiter als der Konvent, weiter als die Kommune, er hielt es mit dem Évêché.

Die Volksversammlung, welche diesen Namen nach ihren Sitzungen im alten Bischofspalast führte, bildete eher ein Durcheinander als eine Versammlung von Menschen. Dort fanden sich wie bei der Kommune jene stummen und bezeichnenden Zuschauer ein, die nach Garat ›ebensoviel Pistolen wie Rocktaschen‹ bei sich trugen. Das Évêché war eine eigentümliche Mischung von Kosmopolitischem und Pariserischem. Das schließt einander nicht aus, denn Paris ist die Stelle, wo das Herz der Völker schlägt. Dort brannte die große Weißglut des Plebejertums. Gegen das Évêché erschien der Konvent kühl und die Kommune lau. Hier handelte es sich um ein solches revolutionäres Gebilde, das den vulkanischen gleichzusetzen ist. Alles war in ihm vertreten, die Unwissenheit, die Dummheit, die Redlichkeit, das Heldentum, die Wut und die Polizei. Der Herzog von Braunschweig hatte dort seine Spitzel, dort gab es Leute, Spartas würdig und würdig des Zuchthauses. Die Mehrzahl war überspannt und ehrenhaft. Durch den Mund Isnards, derzeitigen Vorsitzenden des Konvents, hatte die Gironde einen ungeheuerlichen Ausspruch getan: ›Hütet euch, Pariser! Von eurer Stadt wird kein Stein auf dem anderen bleiben, und man wird eines Tages den Ort suchen müssen, wo Paris gestanden hat.‹ Diese Parole hatte das Évêché ins Leben gerufen. Männer, und wie gesagt Männer aller Nationen, hatten die Notwendigkeit erkannt, sich um Paris zusammenzuscharen. Cimourdain war dem Évêché beigetreten.

Die Gruppe reagierte gegen die Reaktion. Ihre Mutter war die öffentliche Sucht nach Gewalttätigkeit, diese entsetzliche und geheimnisvolle Seite der Revolutionen. Stark von dieser Stärke, hatte das Évêché sofort seine besondere Richtung eingeschlagen. Bei jeder Pariser Bewegung feuerte die Kommune die Alarmkanone ab, das Évêché läutete Sturm.

Cimourdain glaubte in seiner unversöhnlichen Unbefangenheit, für den Kampf um die Wahrheit bedeutete Gerechtigkeit alles. So eignete er sich zur Führung radikaler Parteien. Schufte spürten seine Anständigkeit und waren befriedigt, denn dem Verbrechen schmeichelt es, die Tugend zum Vorsitzenden zu haben. Es stört sie und gefällt ihnen zugleich. Palloy, der Architekt, der die Zerstörung der Bastille für sich ausgebeutet hatte, indem er die Steine auf eigenen Vorteil verkaufte, und der am Kerker Ludwigs XVI. aus Eifer für seinen Auftrag Gitter, Ketten und Halseisen in toller Menge angebracht hatte; Gonchon, der zweifelhafte Volksredner der Vorstadt Saint-Antoine, von dem man später gewisse Quittungen auffand; der Amerikaner Fournier, der am 17. Juli auf Lafayette einen Pistolenschuß abgefeuert hatte, und zwar nach dem Gerücht bezahlt von Lafayette; Henriot, der aus Bicêtre kam und Bedienter, Gaukler, Dieb, Spion gewesen war, bevor er als General Kanonen gegen den Konvent auffahren ließ; La Reynie, der frühere Großvikar von Chartres, der sein Brevier durch den ›Père Duchêne‹ ersetzt hatte. Alle diese Männer wurden von Cimourdain in den Schranken gehalten. Und um die Schlimmsten unter ihnen in den äußersten Augenblicken vor dem Straucheln zu bewahren, brauchten sie nur diesen ungeheuren Halt überzeugter Ehrlichkeit zu verspüren. So terrorisierte auch Saint-Just Schneider. Die Mehrheit des Évêché, die aus armen und gewalttätigen, zugleich aber guten Leuten bestand, glaubte gleichzeitig an Cimourdain und folgte ihm blindlings. Als Vikar oder Adjutant diente ihm ein anderer republikanischer Priester, Danjou, den das Volk wegen seiner großen Gestalt liebte und ›Abbé Sechs Fuß hoch‹ getauft hatte. Völlig Cimourdain ergeben war auch jener unerschrokkene Anführer, den man ›Pikengeneral‹ nannte, und der kühne Truchon, ›Grand-Nicolas‹ geheißen, der die Prinzessin Lamballe retten wollte und ihr den Arm gab, um sie über die Leichen hinwegzuführen; was ihm ohne den wüsten Scherz des Barbiers Charlot auch gelungen wäre.

Wie die Kommune den Konvent, überwachte das Évêché die Kommune. Cimourdains gerader, der Intrige feindlicher Sinn hatte schon manchen heimlichen Faden zwischen den Fingern jenes Pache zerrissen, den Beurnonville ›den schwarzen Mann‹ nannte. Cimourdain ging im Évêché mit jedermann auf gleicher Ebene um. Er wurde von Dobsent und von Momoro um Rat gefragt, er sprach spanisch mit Gusman, italienisch mit Pio, englisch mit Arthur, flämisch mit Pereyra und mit dem Österreicher Proly, einem fürstlichen Bastard, deutsch. Er schaffte Einklang in allen diesen Dissonanzen. Dies gab ihm eine dunkle und starke Stellung, so daß selbst Hébert ihn fürchtete.

Er übte in diesen tragischen Zeiten und Gruppierungen die Gewalt der Unerbittlichen aus, ein reiner Mensch, der sich unfehlbar dünkte. Niemand hatte ihn weinen sehen. Unnahbare eisige Tugend! Er war der furchtbare Gerechte.

Es gab ja für einen Priester eigentlich keinen Mittelweg in der Revolution, er konnte sich nur aus den niedrigsten oder den höchsten Beweggründen diesem offensichtlichen wunderbaren Abenteuer überlassen, er mußte scheußlich oder erhaben sein. Cimourdain war die Erhabenheit, aber die Erhabenheit in der Einsamkeit, in der Höhe, in der ungastlichen Fahlheit, in der Umgebung von Abgründen. Die hohen Berge besitzen solche düstere Jungfräulichkeit.

Sein Aussehen war unauffällig, er trug unscheinbare ärmliche Kleider. In seiner Jugend wurde sein Haar zur Tonsur geschnitten, jetzt war er kahl, die wenigen Haare waren grau. Für den Beobachter war auf der Stirn ein Zeichen bemerkbar. Seine Sprache war schroff, leidenschaftlich und feierlich, die Stimme scharf, gebieterisch, der Mund traurig und bitter, das Auge von klarer Tiefe, im Ausdruck des Gesichtes lag eine unbestimmte Empörung.

Das war Cimourdain.

Heute kennt niemand seinen Namen. Die Geschichte hat solche furchtbaren Unbekannten.

III

Die nicht in den Styx getauchte Stelle

War ein solcher Mann auch ein Mensch? Konnte der Diener der Menschheit eines Gefühls fähig sein? Hatte er nicht zuviel Seele, um ein Herz zu haben? Konnte sich diese maßlose Umarmung, die jeden und alle in sich aufnahm, einem Einzelnen zuwenden, konnte Cimourdain lieben? Wir sagen: ja.

Als junger Erzieher in einer beinahe fürstlichen Familie hatte er den Sohn und Erben des Hauses zum Schüler, und ihn liebte er. Ein Kind zu lieben ist freilich leicht, was verzeiht man nicht einem Kinde? Man verzeiht ihm, daß es ein Adliger, ein Fürst, ein König ist. Vor der Unschuld des Alters vergißt man die Verbrechen seiner Ahnen, vor der Hilflosigkeit des Wesens die Überhebung seines Standes; einem so kleinen Menschen vergibt man seine Höhe. Der Sklave übersieht, daß er der Herr ist, der alte Neger betet das weiße winzige Ding an. Cimourdain wurde von leidenschaftlicher Zuneigung zu seinem Zögling ergriffen. Die Kindheit besitzt eine unaussprechliche Tugend, darin man alle Arten der Liebe erschöpfen möchte. Alles, was in Cimourdain lieben konnte, schlug sich gewissermaßen auf dies Kind nieder, dieses zarte unschuldige Wesen wurde eine Art Beute des zur Einsamkeit verdammten Herzens. Er liebte es zugleich wie ein Vater, Bruder, Freund, Schöpfer. Es war der Sohn nicht seines Fleisches, doch seines Geistes. Er war nicht der Vater und dies nicht sein Werk, doch er war der Meister und dies seine wichtigste Schöpfung. Aus dem kleinen Adligen machte er einen Mann, wer weiß, vielleicht einen großen Mann. Denn so sind die Träume. Ohne Wissen der Familie (muß man denn Erlaubnis einholen, um einen Geist, einen Willen, eine Gesinnung heranzubilden?) vermittelte er dem jungen Grafen, seinem Schüler, den ganzen Fortschritt, der in ihm steckte. Er pfropfte ihm den furchterregenden Virus seiner Tugend auf, er goß in das Blut des Kindes seine eigene Überzeugung, sein

Bewußtsein, sein Ideal. In das aristokratische Hirn leitete er die Seele des Volkes.

Der Geist kann stillen, der Verstand ist ein Busen; zwischen der Amme, die ihre Milch gibt, und dem Lehrer, der sein Denken gibt, ist Verwandtschaft. Wie die Amme zuweilen mehr Mutter als die Mutter ist, kann der Erzieher mehr Vater als der Vater sein.

Die tiefe geistige Zeugerschaft, die Cimourdain an seinen Zögling band, erweckte in ihm Rührung beim bloßen Anblick dieses Kindes.

Übrigens war es nicht schwer, hier den Vater zu ersetzen, denn das Kind hatte keinen mehr. Es war Waise, auch die Mutter war tot, es hatte niemand mehr als eine blinde Großmutter und einen abwesenden Großonkel. Dieser, nach dem Tode der Großmutter das Familienhaupt, mied als ein adelsstolzer Offizier und Höfling das ältliche Stammschloß, er lebte bald in Versailles, bald beim Heer und ließ die Waise in dem einsamen Schloß. Der Erzieher war also der Herr im wahren Sinne des Wortes.

Fügen wir hinzu: Cimourdain hatte das Kind, das später sein Schüler wurde, zur Welt kommen sehen. Schon als kleines Kind Waise, machte es eine schwere Krankheit durch. Cimourdain wachte in dieser Todesgefahr Tag und Nacht bei ihm. Der Arzt behandelt, der Pfleger rettet, und Cimourdain hatte das Kind gerettet. So verdankte es ihm nicht nur die Erziehung, die Ausbildung, den Unterricht, sondern auch Genesung und Gesundheit. Sein Schüler dachte nicht nur, sondern lebte durch ihn. Die aber, welche uns alles schulden, werden von uns angebetet. Cimourdain betete dieses Kind an.

Dennoch mußte die natürliche Trennung einmal kommen. Nach vollendeter Erziehung verließ Cimourdain den zum Jüngling Herangereiften. Mit welcher kalten ahnungslosen Grausamkeit geschehen solche Trennungen, wie gleichgültig verabschieden die Familien den Erzieher, der seine Gedanken in dem Kinde, oder die Amme, die ihre Säfte in ihm läßt. Als

Cimourdain bezahlt und vor die Türe gesetzt war, stieg er aus der hohen Welt in die niedere zurück, die Scheidewand zwischen den Großen und den Kleinen schloß sich von neuem. Der junge Herr, geborener Offizier und sofort zum Hauptmann ernannt, war in irgendeine Garnison abgereist. Der bescheidene Lehrer aber, im Grunde seines Herzens schon mit dem Priestertum zerfallen, schlich eiligst in das dunkle Erdgeschoß der Kirche zurück, das man den unteren Klerus nannte. Er verlor seinen Schüler aus den Augen.

Die Revolution war gekommen, aber die Erinnerung an das Wesen, aus dem er einen Menschen gemacht hatte, glomm weiter in ihm, versteckt, doch nicht erloschen unter dem Schwall der öffentlichen Dinge.

Schön ist es, eine Statue zu meißeln und ihr das Leben zu verleihen, schöner noch, einen Geist zu gestalten und ihm Erkenntnis zu geben. Cimourdain war der Pygmalion einer Seele. Der Geist kann ein Kind haben. Dieser Schüler, dieses Kind, diese Waise war das einzige von ihm geliebte Wesen auf der Erde.

War an solchem Mann, selbst bei einer solchen Zuneigung, irgendeine Schwäche?

Wir werden es sehen.

Zweites Buch

Die Schenke in der Rue du Paon

I

Minos, Acákos und Rhadamanthys

In der Rue du Paon lag eine Schenke, die man Café nannte. Dieses nunmehr historisch gewordene Café hatte ein Hinterzimmer. Dort trafen sich, einigermaßen heimlich, Männer, die so mächtig und zugleich so überwacht waren, daß sie sich scheuten, in der Öffentlichkeit miteinander zu sprechen. Am 23. Oktober 1792 war hier ein berühmter Versöhnungskuß zwischen dem Berg und der Gironde ausgetauscht worden. Hierher kam Garat (wenn er es auch in seinen Memoiren nicht zugibt), um sich Informationen zu holen; in jener Schreckensnacht nämlich, wo er Claviere in der Rue de Beaume in Sicherheit gebracht hatte und seinen Wagen auf dem Pont-Royal anhielt, um auf das Sturmgeläut zu lauschen.

Am 28. Juni 1792 saßen in diesem Hinterzimmer drei Männer um einen Tisch. Ihre Stühle berührten einander nicht. Jeder besetzte eine Seite des Tisches, die vierte blieb leer. Es war gegen acht Uhr abends, auf der Straße war es noch hell, in dem Zimmer war es Nacht, und eine an der Decke befestigte Zuglampe, damals ein Luxusgegenstand, beleuchtete den Tisch.

Einer der drei war jung und ernst, mit bleichem Gesicht, schmalen Lippen, kaltem Blick. Über die Wangen lief ein nervöses Zucken, das ihm das Lächeln erschweren mußte. Er war gepudert, gebürstet, zugeknöpft, behandschuht. Sein hellblauer Rock warf keine Falte. Er trug Nankingbeinkleider, weiße Strümpfe, eine hohe Halsbinde mit gekräuselter Brustkrause, Schuhe mit silbernen Schnallen. Von den beiden anderen war der eine fast ein Riese, der andere fast ein Zwerg. Der Große in einem verwahrlosten weiten Tuchrock von Scharlachfarbe saß mit entblößtem Hals, denn die lose Binde hing tiefer als die Brustkrause. Die Weste mit abgerissenen Knöpfen stand offen, er trug Stulpenstiefel, sein Haar sträubte sich unordentlich, obwohl man noch den Rest einer Frisur erkennen konnte, seine Perücke erinnerte an eine Mähne. Das Gesicht war blatternarbig, zwischen den Brauen lag eine Zornfalte, doch im Mundwinkel Güte. Er hatte dicke Lippen, starke Zähne, die Faust eines Packträgers, ein blitzendes Auge. Der dritte, klein, gelbhäutig, mit zurückgeworfenem Kopf dasitzend, erschien wie verwachsen. Die Augen waren blutunterlaufen, das Gesicht hatte grünliche Flecken, um die fetten angedrückten Haare trug er ein Taschentuch gewunden. Ungeheurer, drohender Mund, keine Stirn. Er trug Strumpfhosen und weite Schuhe, eine Weste, die einmal von weißem Atlas hätte sein können, darüber eine Art Kittel, in dem eine harte gerade Falte einen Dolch vermuten ließ.

Der erste dieser Männer hieß Robespierre, der zweite Danton, der dritte Marat.

Sie waren in dem Raum allein. Vor Danton stand ein Glas und eine staubige Flasche Wein, die an Luthers Bierhumpen erinnerte, vor Marat eine Tasse Kaffee, vor Robespierre neben vielen Papieren eins der schweren bleiernen Tintenfässer, rund und gerippt, die jeder kennt, der zu Anfang des Jahrhunderts in die Schule ging; auf den Papieren ein dickes kupfernes Siegel, die genaue Nachbildung der Bastille, mit der Inschrift ›Palloy fecit‹.

Eine Karte von Frankreich lag in der Mitte des Tisches ausgebreitet.

Draußen vor der Tür wachte Marats Hund, Laurent Basse, der Laufbursche von Nr. 18 der Rue des Cordeliers, der am

13. Juli, ungefähr vierzehn Tage nach diesem 28. Juni eine Frau mit dem Stuhl niederschlagen wird: Charlotte Corday. Sie aber träumte in diesem Augenblick noch in Caen vor sich hin. Laurent Basse trug die Korrekturbogen des ›Ami du peuple‹. An diesem Abend hatte sein Herr ihn ins Café mitgenommen mit der Anweisung, das Hinterzimmer, wo sich Marat, Danton und Robespierre befanden, zuzuhalten. Niemand durfte eintreten, der nicht zum Wohlfahrtsausschuß, zur Kommune oder zum Évêché gehörte. Robespierre wollte nicht Saint-Just, Danton wollte nicht Pache und Marat nicht Gusman vor der Tür lassen.

Die Unterredung dauerte schon lange. Sie drehte sich um die auf dem Tisch ausgebreiteten Papiere, die Robespierre verlesen hatte. Die Stimmen schwollen an. Etwas wie Zorn grollte zwischen den drei Männern. Draußen vernahm man zuweilen wilde Ausbrüche. Damals hatte die Gewohnheit, öffentliche Sitzungen zu besuchen, gewissermaßen ein Recht auf Zuhörerschaft begründet. Es war die Zeit, wo der Abschreiber Fabricius Pâris durchs Schlüsselloch den Wohlfahrtsausschuß belauschte. Und dies, sagen wir es gleich, wurde wichtig, weil jener Pâris in der Nacht vom 30. zum 31. März Danton noch warnen konnte. Jetzt drückte Laurent Basse sein Ohr an die Tür, hinter der Danton, Marat und Robespierre sprachen. Er war in Marats Diensten, gehörte aber zum Évêché.

II

Magna testantur voce per umbras

Danton war aufgestanden und hatte seinen Stuhl heftig zurückgerückt.

»Hört«, rief er, »es gibt nur eine dringende Sache: Gefahr für die Republik. Ich kenne nur eins: Frankreich vom Feinde zu befreien. Dafür sind alle Mittel gut. Alle, alle, alle! Wenn ich aller Gefährdung begegnen muß, schöpfe ich aus jeder

Hilfsquelle. Wenn ich alles befürchte, trotze ich allem. Mein Gedanke ist ein Löwe. Keine Halbheiten, keine Zimperlichkeit in der Revolution! Nemesis ziert sich nicht. Wir müssen furchtbar und nützlich sein. Schaut der Elefant, wohin er den Fuß setzt? Zermalmen wir den Feind.«

»Recht gern«, erwiderte Robespierre sanft. »Es fragt sich nur, wo der Feind ist.«

»Draußen ist er, ich habe ihn hinausgetrieben«, sagte Danton.

»Er ist im Innern, ich überwache ihn«, sagte Robespierre.

»Und ich werde ihn von neuem hinausjagen«, fuhr Danton fort.

»Den inneren Feind jagt man nicht hinaus.«

»Was tut man mit ihm?«

»Man vertilgt ihn.«

»Einverstanden«, versetzte jetzt Danton. Nach einem Augenblick: »Aber ich sage Ihnen, Robespierre, er ist draußen.«

»Ich sage Ihnen, er ist drinnen, Danton.«

»Robespierre, er steht an der Grenze.«

»Danton, er steht in der Vendée.«

»Ruhe«, sagte die dritte Stimme. »Er steht überall, und ihr seid verloren.« Dies war Marat.

Robespierre blickte ihn an und sagte gelassen: »Keine Verallgemeinerungen. Ich fasse mich genauer. Die Tatsachen sind folgende:«

»Pedant!« brummte Marat.

Robespierre legte die Hand auf die vor ihm ausgebreiteten Papiere:

»Ich habe euch die Depeschen von Prieur de la Marne vorgelesen. Ich habe euch die Erkundungen des Gélambre mitgeteilt. Danton, überzeugen Sie sich. Unwichtig ist der Krieg mit dem Ausland, der Bürgerkrieg ist alles. Der Krieg nach außen ritzt uns nur den Ellbogen, der Bürgerkrieg ist ein fressendes Geschwür an unserer Leber. Aus allem, was ich euch vorlas, ergibt sich dies: Die Vendée, die bis heute unter zersplitterter Führung stand, ist im Begriff, eine Einheit zu bilden. Dort wird man von jetzt ab einen einzigen Führer haben ...«

»Einen zentralen Banditen«, sagte Danton.

»Das ist der Mann«, fuhr Robespierre fort, »der am 2. Juni bei Pontorson gelandet ist. Um wen es sich handelt, haben Sie gesehen. Bemerken Sie auch, daß diese Landung mit der Verhaftung unserer Kommissare Prieur de la Côte-d'Or und Romme in Bayeux zusammenfiel, die am gleichen 2. Juni durch den verräterischen Bezirk Calvados festgenommen werden konnten.«

»Sie sitzen im Schloß von Caen«, sagte Danton. Robespierre entgegnete:

»Ich gebe weitere Auszüge aus den Depeschen. Der Krieg im Wald wird in großem Maßstabe vorbereitet. Gleichzeitig rüsten die Engländer zu einer Landung. Vendéer mit Briten heißt Bretagne mit Bretagne. Die Wilden vom Finistère reden dieselbe Sprache wie die Eingeborenen von Cornwales. Ich habe Ihnen einen aufgefangenen Brief von Puisaye vorgelegt, worin steht, daß zwanzigtausend Rotröcke, im Lande verteilt, hunderttausend Aufständische auf die Beine bringen werden. Ist die Erhebung der Bauern vollendet, so kommt die Landung der Engländer. Hier ist der Plan, folgen Sie auf der Karte.« Robespierre wies mit dem Finger hin. »Die Engländer haben die Wahl für den Landungsplatz von Cancale bis Paimpol. Craig würde die Bucht von Saint-Brieuc, Cornwallis die von Saint-Cast vorziehen. Aber dies ist Nebensache. Das linke Ufer der Loire wird vom Rebellenheer der Vendéer gedeckt. Was die achtundzwanzig offenen Meilen zwischen Ancenis und Pontorson angeht, so haben vierzig normannische Gemeinden Hilfe und Schutz versprochen. Die Landung wird an drei Stellen vor sich gehen: Plérin, Iffiniac und Pléneuf. Von Plérin marschiert man auf Saint-Brieuc und von Pléneuf auf Lamballe, am zweiten Tage auf Dinan, wo sich neunhundert gefangene Engländer befinden. Gleichzeitig wird Saint-Jouan und Saint Méen besetzt, man wird dort eine Reiterabteilung zurücklassen. Am dritten Tage geht eine Abteilung von Jouan gegen Bédée vor, eine andere von Dinan gegen die natürliche Festung Becherel, wo zwei Batterien aufgestellt werden. Am vierten Tage erreicht man Rennes, das ist der Schlüssel der Bretagne. Wer Rennes hat, hat alles. Damit fallen auch Châteauneuf und Saint-Malo. In Rennes haben wir eine Million Patronen und fünfzig Feldgeschütze ...«

»Die sie ergattern würden«, brummte Danton.

»Ich schließe: Von Rennes werfen sich drei Kolonnen auf Fougères, auf Vitré, auf Redon. Da die Brücken zerstört sind, wird sich der Feind, wie Sie gehört haben, mit Pontons und Bohlenwerk versehen, und Führer werden der Reiterei die Furten zeigen. Von Fougères strahlt der Angriff auf Avranches aus, von Redon auf Ancenis, von Vitré auf Laval. Nantes wird sich ergeben, Brest wird sich ergeben, Redon beherrscht den ganzen Lauf der Vilaine, Fougères öffnet die Straße nach der Normandie, Vitré die nach Paris. In vierzehn Tagen wird ein Banditenheer von dreihunderttausend Mann auf den Beinen sein, und die ganze Bretagne gehört dem König von Frankreich.«

»Das heißt, dem König von England«, entgegnete Danton.

»Nein, von Frankreich«. Und Robespierre fügte hinzu: »Dieser König ist schlimmer. Vierzehn Tage sind nötig, um den fremden zu verjagen, aber achtzehnhundert Jahre braucht man zur Beseitigung unserer Monarchie.«

Danton hatte sich wieder gesetzt, er stützte nachdenklich die Ellbogen auf den Tisch und den Kopf in die Hände.

»Sie erkennen die Gefahr«, sagte Robespierre. »Vitré öffnet den Engländern den Weg nach Paris.«

Danton hob die Stirn und schlug die beiden mächtigen Fäuste auf die Landkarte wie auf einen Amboß:

»Robespierre, öffnete nicht Verdun den Preußen gleichfalls den Weg nach Paris?«

»Nun?«

»Also wird man die Engländer hinauswerfen, wie bereits die Preußen.«

Und Danton stand wieder auf.

Robespierre legte seine kühle Hand auf die fiebernde Faust Dantons: »Bedenken Sie, die Champagne hielt nicht zu den Preußen, doch die Bretagne ist für die Engländer. Verdun zurückzugewinnen ist nur Krieg mit dem Ausland; Vitré wiederzuerobern ist Bürgerkrieg.« Und in kaltem tiefem Ton: »Ein wesentlicher Unterschied. Setzen Sie sich wieder hin, Danton, und sehen Sie die Karte an, statt darauf zu schlagen.«

Aber Danton war ganz von seiner Überlegung eingenommen: »Das ist verrückt«, rief er, »auf die Katastrophe im Westen zu achten, wenn sie im Osten heraufsteigt! Ich gebe Ihnen zu, Robespierre, daß England sich auf dem Ozean erhebt, aber Spanien auf den Pyrenäen, aber Italien auf den Alpen, aber Deutschland über dem Rhein, und im Hintergrunde steht der große russische Bär. Die Gefahr, Robespierre, ist ein riesiger Kreis, wir liegen in seiner Mitte. Außen die Koalition, innen der Verrat, im Süden öffnet Servant dem König von Spanien einen Spalt von Frankreichs Tür, im Norden geht Dumouriez zum Feinde über. Er hat übrigens schon immer weniger Holland als Paris bedroht: Neerwinden löscht Jemmapes und Valmy aus. Der Philosoph Rabaut de Saint-Etienne, ein protestantischer Verräter, unterhält einen Briefwechsel mit dem Höfling Montesquiau. Die Armee ist zusammengeschmolzen, kein Bataillon hat jetzt mehr als vierhundert Mann, das tapfere Regiment von Deuxponts nur noch hundertfünfzig; das Lager von Pamars ist aufgegeben, in Givet bleiben uns kaum fünfhundert Säcke Mehl; wir ziehen uns auf Landau zurück; Wurmser ist Kléber auf den Fersen, Mainz fällt mit Ruhm bedeckt, Condé mit Schmach, ebenso Valenciennes, obwohl hier und in Condé zwei Helden die Verteidigung führen, Chancel und der alte Féraud sowie Meunier in Mainz. Alle anderen aber verraten uns, uns verrät Dharville in Aachen, Mouton in Brüssel, Valence in Bréda, Neuilly in Limburg, Miranda in Maastricht. Stengel ist Verräter, Lanoue Verräter, Ligonnier Verräter, Menou Verräter, Dillon Verräter; sie sind des Dumouriez jämmerliches Kleingeld. Abschreckende Beispiele tun not. Custines Rückmärsche sind mir verdächtig, ich vermute, er zieht die einträgliche Besetzung Frankfurts der nützlichen Eroberung von Koblenz vor. Frankfurt kann vier Millionen Kriegssteuer zahlen, richtig, aber was bedeutet das gegen die Zerschmetterung des Emigrantennestes? Verrat! sage ich. Meunier ist am 13. Juni gestorben. Nun steht Kléber allein, und währenddessen stärkt sich der Herzog von Braunschweig und rückt vor. Er pflanzt an allen eingenommenen französischen Plätzen die deutsche Fahne auf. Der Markgraf von Brandenburg ist gegenwärtig Europas Gebieter. Er steckt unsere Provinzen ein, und ihr werdet sehen, er bemächtigt sich Belgiens. Es ist, als arbeiteten wir für Berlin. Wenn das so weitergeht und wir nicht anders Ordnung schaffen, wird die Französische Revolution zugunsten von Potsdam gemacht worden sein. Ihr einziges Ergebnis ist dann, daß der kleine Staat Friedrichs II. vergrößert wird, die Hinrichtung des Königs von Frankreich wird wirklich ›pour le roi de Prusse‹ gewesen sein.«

Danton brach bei seinen Worten in ein gewaltiges Gelächter aus. Es brachte Marat zum Lächeln.

»Ihr habt jeder euer Steckenpferd«, sagte er, »Danton Preußen und Robespierre die Vendée. Auch ich will mich genauer fassen. Die wahre Gefahr seht ihr nicht. Sie droht aus den Spielhöllen und den Cafés. Das Café von Choiseul ist jakobinisch, das Café Patin königstreu, das Café zum Rendez-vous greift die Nationalgarde an, das Café zur Porte Saint-Martin nimmt sie in Schutz, das Café de la Régence ist gegen Brissot, das Café Corazza für ihn, das Procope schwört auf Diderot, das vom Théâtre Français auf Voltaire, in der Rotunde werden die Assignaten zerrissen, die Cafés vom Saint-Marceau haben die Tobsucht, das Café Manouri regt sich über die Mehlfrage auf, am Café Perron summen die Drohnen der Finanz, im

Café de Foy gibt es Schlägereien und Faustkämpfe. Dies ist ernst zu nehmen.«

Danton lachte nicht mehr. Marat lächelte noch immer, das Lächeln des Zwerges ist schlimmer als das Gelächter des Riesen.

»Scherzen Sie mit uns, Marat?« grollte Danton.

Marat bekam sein berühmtes Zucken in der Hüfte, sein Lächeln war verschwunden.

»Jetzt erkenne ich Sie wieder, Bürger Danton. Sie waren es ja, der mich in der Vollversammlung des Konvents ›das Individuum Marat‹ nannte. Hören Sie, ich vergebe es Ihnen. Wir gehen durch eine üble Zeit. Scherze ich? Allerdings, wer bin ich denn? Ich habe Chazot, Pétion, Kersaint, Moreton, Dufriche-Valazé, Ligonnier, Menou, Banneville, Gensonné, Biron, Lidon und Chambon entlarvt. Tat ich nicht recht? Ich wittere den Verrat im Verräter und halte es für gut, den Verbrecher vor dem Verbrechen anzuklagen. Ich pflege tags zuvor zu äußern, was ihr am nächsten Tage sagt. Ich bin es, der in der Nationalversammlung den vollständigen Entwurf einer Strafgesetzgebung vorlegte. Was habe ich bis jetzt getan? Unterricht für die Sektionen gefordert, um sie in der Revolution zu schulen; die Siegel von den zweiunddreißig Kartons abnehmen lassen; die bei Roland hinterlegten Diamanten herausverlangt; nachgewiesen, daß die Anhänger Brissots dem Sicherheitsausschuß Haftbefehle in blanko überlassen haben; ich zeigte die Lücken im Bericht Lindets über die Verbrechen des Capet auf; ich stimmte dafür, daß der Tyrann binnen vierundzwanzig Stunden hingerichtet wurde; ich verteidigte die Bataillone Mauconseil und Républicain; hinderte die Verlesung des Briefes von Narbonne und von Malhouet; stellte den Antrag zugunsten der verwundeten Soldaten. Ich ließ die Kommission der Sechs abschaffen; in der Angelegenheit von Mons sah ich den Verrat des Dumouriez voraus; ich verlangte, daß man hunderttausend Verwandte der Emigranten als Geiseln für unsere dem Feind ausgelieferten Kommissare festnehmen solle;

und jeden die Stadt verlassenden Abgeordneten für einen Verräter erkläre, riß in den Wirren wegen Marseille der Partei Rolands die Maske vom Gesicht, drang darauf, daß auf den Kopf des jüngeren Egalité ein Preis gesetzt wurde, trat für Bouchotte ein, forderte namentliche Abstimmung, um Isnard vom Präsidentenstuhl zu vertreiben, und veranlaßte die Erklärung, daß die Pariser sich ums Vaterland verdient gemacht haben. Deshalb schimpft mich Louvet einen Hampelmann, das Departement Finistère verlangt meinen Ausschluß, die Stadt Loudun meine Verbannung; die Stadt Amiens wünscht, daß mir ein Maulkorb angelegt wird, der Prinz Koburg fordert meine Verhaftung, und Lecointe-Puyraveau schlägt dem Konvent vor, mich für verrückt zu erklären. Jetzt sagen Sie mir, Bürger Danton, warum Sie mich zu Ihrer Besprechung geladen haben, wenn nicht, um meine Meinung zu hören? Bat ich Sie, dabeisein zu dürfen? Weit gefehlt. Intime Zusammenkünfte mit Gegenrevolutionären wie mit Robespierre und Ihnen liegen mir absolut nicht. Übrigens hätte ich es wissen müssen, daß Sie mich nicht verstehen; Sie so wenig wie Robespierre und Robespierre so wenig wie Sie. Es gibt wohl gerade keinen Staatsmann hier. – Man muß euch die Politik buchstabieren lassen und noch den Punkt über jedes i machen. Was ich euch sagte, bedeutet: Ihr irrt alle beide. Die Gefahr liegt weder in London, wie Robespierre glaubt, noch in Berlin, wie Danton meint, sie liegt in Paris: in der Uneinigkeit, im Anspruch eines jeden, am eigenen Strange zu ziehen, bei Euch beiden angefangen. Die Drohung liegt im gewollten Zerfall des Geistes, in der Anarchie der Willenskräfte ...«

»Anarchie!« unterbrach Danton. »Wer hat sie verursacht, wenn nicht Sie!«

Marat ließ sich nicht stören. »Robespierre, Danton, die Gefahr liegt in diesem Haufen Cafés, Spielhäuser, Klubs: Da ist der ›Klub der Schwarzen‹, ›Klub der Föderierten‹, ›Klub der Damen‹, ›Klub der Unparteiischen‹, noch aus der Zeit des Clermont-Tonnerre, früher ›Monarchistischer Klub‹ von

1790, ferner der ›Soziale Zirkel‹, ausgeheckt vom Priester Claude Fauchet, ›Klub der Wollmützen‹, gegründet vom Zeitungsmann Prudhomme und so weiter. Ganz abgesehen von Ihrem ›Jakobiner-Klub‹, Robespierre, und Ihrem ›Klub der Cordeliers‹, Danton. Die Gefahr ist die Hungersnot, sie hat den Sackträger Blin dazu getrieben, den Bäcker vom Markte Palu, François Denis, an der Laterne des Rathauses aufzuhängen; Gefahr ist die Justiz, die den Sackträger Blin wegen der Hängung des Bäckers Denis ihrerseits hängen ließ. Gefahr ist das Papiergeld, das sich immer weiter entwertet. In der Rue du Temple fiel ein Assignat von hundert Franken auf den Boden, und ein vorübergehender Mann aus dem Volke meinte: ›Lohnt nicht, es aufzuheben.‹ Gefahr sind die Wucherer und Spekulanten. Welch großartiges Hilfsmittel, die schwarze Fahne auf dem Rathaus zu hissen! Es genügt auch nicht, daß ihr den Baron de Trenck verhaftet habt, dreht ihm den Hals um, dem alten Intriganten der Gefängnisse. Oder glaubt ihr, es sei alles gut, weil der Präsident des Konvents dem Labertèche für die einundvierzig bei Jemmapes empfangenen Säbelhiebe eine Bürgerkrone aufsetzt und Chénier den Elefantenführer dabei spielt? Komödien, Läppereien! Ach, ihr seht Paris nicht und sucht die nahe Gefahr in der Ferne! Was nützt Ihre Polizei, Robespierre? Spione haben Sie freilich, in der Kommune den Payan, beim Revolutionstribunal den Coffinhal, im Sicherheitsausschuß David, im Wohlfahrtsausschuß Couthon. Sie bemerken, daß ich gut unterrichtet bin. So besinnt euch endlich: Die Gefahr schwebt über euren Köpfen, die Gefahr liegt unter euren Füßen. Verschwörung! Verschwörung! Verschwörung! Die Leute in den Straßen, die einander die Zeitungen vorlesen, nicken sich bedeutungsvoll zu. Sechstausend Personen ohne Bürgerausweise, zurückgekehrte Emigranten, ›Muscadins‹ und ›Mathevons‹ sind in Kellern, auf Dachböden, in den hölzernen Galerien des Palais-Royal versteckt. Vor den Bäckerläden stehen Schlangen, die armen Frauen auf den Türschwellen kreuzen die Hände und fragen: ›Wann wird Friede sein?‹ Schließt euch nur sorgfältig ein und bleibt unter euch im Sitzungssaal des Exekutivrats. Man erfährt dennoch, was ihr redet. Ich will es Ihnen beweisen, Robespierre, indem ich hiermit Ihre gestrigen Worte zu Saint-Just wiederhole: ›Barbaroux bekommt einen Bauch, das wird ihn auf der Flucht stören.‹ Ja, Gefahr ist überall, doch vor allem im Mittelpunkt, in Paris. Der ehemalige Adel verschwört sich, die Patrioten gehen barfuß, die am 9. März verhafteten Aristokraten sind wieder freigelassen, die Luxuspferde, die man vor unsere Kanonen an der Grenze spannen müßte, bespritzen uns hier mit dem Straßenschmutz, ein vierpfündiges Brot kostet drei Franken zwölf Sous, die Theater spielen unzüchtige Stücke, und Robespierre wird Danton noch guillotinieren lassen.«

»Keine Angst!« versetzte Danton.

Robespierre forschte eifrig in der Karte.

»Nötig ist«, schrie plötzlich Marat, »ein Diktator! Sie wissen, Robespierre, daß ich einen Diktator verlange.«

Robespierre hob den Kopf: »Ja, ich weiß, Marat, Sie oder ich.«

»Ich oder Sie«, sagte Marat.

»Diktatur? Versucht es!« grollte Danton.

Marat sah Dantons Stirnrunzeln: »Also einen letzten Versuch, uns zu einigen. Die Lage ist es wert. Wir haben uns ja schon einmal für den 31. Mai verständigt. Unsere Einigkeit ist noch wichtiger als die Frage der Girondins, die eine Nebenfrage ist. An euren Auffassungen ist etwas Wahres. Aber das Wahre, das ganze Wahre, das wahre Wahre findet ihr in meinen Worten. Der Föderalismus im Süden, der Royalismus im Westen, in Paris der Zweikampf zwischen Konvent und Kommune und an den Grenzen der Rückzug Custines und der Verrat von Dumouriez: Was bedeutet dies alles? Zersetzung. Und was brauchen wir? Die Einheit, das ist die Rettung. Aber beeilen wir uns, Paris muß die Herrschaft über die Revolution übernehmen. Wenn wir noch eine Stunde verlieren, können morgen die Vendéer in Orléans und die Preußen in Paris sein.

Dies beides gebe ich Ihnen zu, Danton und Robespierre. Gut. Aber die Folgerung ist die Diktatur. Machen wir die Diktatur! Wir drei sind die Träger der Revolution. Wir sind die drei Köpfe des Cerberus: der eine spricht, das sind Sie, Robespierre, der zweite brüllt, das sind Sie, Danton ...«

»Und der dritte beißt, das sind Sie, Marat«, sagte Danton.

»Es beißen alle drei«, setzte Robespierre hinzu.

Ein Schweigen entstand.

Dann begann das Gespräch voll unheimlicher Erschütterungen von neuem.

»Hören Sie, Marat, ehe man sich heiratet, muß man sich kennen. Woher wissen Sie, was ich gestern abend zu Saint-Just gesagt habe?«

»Das ist meine Sache, Robespierre.«

»Marat!«

»Es ist meine Pflicht und mein Geschäft, mich aufzuklären.«

»Marat!«

»Ich liebe nun einmal, unterrichtet zu sein.«

»Marat!«

»Robespierre, ich kenne Ihre Unterhaltung mit Saint-Just ebenso wie die Dantons mit Lacroix; ebenso wie ich weiß, was im Hotel von Labriffe am Theatiner-Kai vorgeht, in jener Höhle für die Nymphen der Emigration; oder was bei Gonesse im Haus der Thilles vorgeht, das dem früheren Leiter der Post Valmerange gehört. Dorthin kamen früher Maury und Cazalès, später Sieyès und Vergniaud, dorthin kommt man jetzt allwöchentlich einmal.«

Bei diesem ›man‹ warf Marat einen Blick auf Danton. Dieser rief:

»Hätte ich nur zwei Heller Macht in Händen, es würde furchtbar werden!«

»Ich weiß, was Sie, Robespierre, sagen, ebenso wie ich weiß, was im Temple vorging, als Ludwig XVI. dort noch gemästet wurde, so daß allein im Monat September der Wolf, die Wölfin und ihre Jungen sechsundachtzig Körbe Pfirsiche verschlangen. Unterdessen verhungerte das Volk. Ebenso weiß ich, daß Roland in einer Hofwohnung der Rue de la Harpe versteckt wurde, oder daß Faure, Schlosser des Herzogs von Orléans, sechshundert Piken vom 14. Juli angefertigt hat. Ich weiß auch, was bei der Saint Hilaire, der Geliebten Sillerys, getrieben wird, wo an Tanztagen der alte Sillery selbst mit Kreide das Parkett des gelben Salons in der Rue Neuve-de-Mathurins bohnert und wo Buzot und Kersaint oftmals zu Tisch waren. Am 27. speiste auch Saladin dort, und mit wem, Robespierre? Mit Ihrem Freunde La Source.«

»Geschwätz«, murmelte Robespierre. »La Source ist nicht mein Freund.«

Dann nachdenklich: »Inzwischen stellen in London achtzehn Fabriken falsche Assignaten her.«

Marat fuhr fort mit ruhiger, dennoch gefährlich schwingender Stimme: »Ihr seid die Partei der Wichtigtuer. Ja, ich weiß alles, trotz der ›Staatsverschwiegenheit‹, wie Saint-Just das nennt ...«

Marat betonte das Wort und sah Robespierre an. »Ich weiß, was man an Ihrem Tische spricht, wenn Lebas den David zum Essen einlädt, das von Elisabeth Dupley, seiner zukünftigen Frau und Ihrer zukünftigen Schwägerin, Robespierre, zubereitet wird. Ich bin das riesige Auge des Volkes, und aus dem Dunkel meines Kellers heraus sehe ich. Jawohl, ich sehe, ich höre, ich weiß. Euch befriedigen die Kleinigkeiten, ihr bewundert euch. Robespierre läßt sich von seiner Madame de Chalabre anstaunen, Tochter jenes Marquis, der mit Ludwig XV. am Abend der Hinrichtung des Damiens Whist spielte. Ja, man trägt den Kopf hoch. Saint-Just bewohnt eine Halsbinde, Legendre trägt sich tadellos; neuer Rock, weiße Weste, Brustkrause, damit man seine Schürze von ehemals vergißt. Robespierre bildet sich ein, die Geschichte werde gern verzeichnen, daß er in der Verfassunggebenden Versammlung einen olivenfarbenen und im Konvent einen himmelblauen Rock trug. An allen Wänden seines Zimmers hängt sein Bild ...«

»Und Ihres, Marat, in allen Kloaken«, unterbrach ihn Robespierre mit noch ruhigerer Stimme als die von Marat.

Sie sprachen weiter in diesem Plauderton, dessen langsames Tempo die Heftigkeit der Angriffe und Gegenstöße nur verstärkte und die Drohung durch seltsame Ironie unterstrich.

»Robespierre, Sie nannten die, welche den Umsturz aller Throne anstreben, die Don Quijotes des Menschengeschlechts.« — »Und Sie, Marat, in Nummer 559 Ihres ›Ami du Peuple‹ — ich habe nützlicherweise die Zahl im Kopf behalten — verlangten Sie nach dem 4. August, daß man den Adligen ihre Titel zurückgebe. Sie sagten, ein Herzog bleibe immer ein Herzog.«

»Robespierre, in der Sitzung vom 7. Dezember haben Sie die Frau Roland gegen Viard in Schutz genommen.«

»Ebenso wie mein Bruder Sie in Schutz genommen hat, Marat, als man Sie bei den Jakobinern angriff. Was beweist das? Nichts.«

»Robespierre, man erinnert sich noch an das Zimmer in den Tuilerien, wo Sie zu Garat sagten: ›Ich habe die Revolution satt!‹ «

»Aber in diesem Hinterzimmer, am 29. Oktober umarmten Sie Barbaroux.«

»Sie äußerten zu Buzot: ›Republik! Was ist denn das überhaupt!‹ «

»Sie gaben hier den Marseillern ein Frühstück, dreien von jeder Kompanie.«

»Sie, Robespierre, lassen sich von einem Träger aus den Hallen mit einem Knüppel begleiten.«

»Sie, Marat, haben am Abend vor dem 10. August Buzot um seine Hilfe gebeten, als Sie in Reitknechtskleidung nach Marseille flüchten wollten.«

»Während des Strafgerichts vom September haben Sie sich versteckt, Robespierre.«

»Und Sie, Marat, haben sich gezeigt.«

»Robespierre, Sie haben die rote Mütze weggeworfen.«

»Ja, als ein Verräter sie aufgesetzt hatte: Was Dumouriez ziert, befleckt Robespierre.«

»Sie weigerten sich beim Durchmarsch der Soldaten von Châteauvieux, den Kopf Ludwigs XVI. zu verhüllen.«

»Ich habe etwas Besseres getan, als seinen Kopf zu verhüllen, ich habe ihn abgeschlagen.«

Danton mischte sich ein, doch wie das Öl im Feuer wirkt: »Robespierre, Marat, beherrscht euch!«

Marat hörte sich nicht gern an zweiter Stelle nennen. Er wandte sich um: »Was nimmt Danton sich heraus?«

Danton sprang auf. »Was ich mir herausnehme? Euch zu sagen, daß wir keinen Brudermord brauchen; daß zwei Männer, die dem Volke dienen, nicht miteinander kämpfen dürfen; daß wir genug am Krieg mit dem Ausland, genug am Bürgerkrieg haben und den häuslichen Krieg nicht auch noch verkraften können; daß ich es bin, der die Revolution macht und daß ich nicht will, daß sie kaputt gemacht wird. Das ist es, weshalb ich mich einmische.«

»Beschäftigen Sie sich lieber damit, Rechenschaft abzulegen«, versetzte Marat ruhig.

»Rechenschaft!« schrie Danton. »Fordert sie doch von den Pässen der Argonnen, von der befreiten Champagne und dem eroberten Belgien, von den Heeren, bei denen ich schon viermal meine Brust dem Kartätschenfeuer darbot. Fordert Rechenschaft vom Revolutionsplatz, vom Schafott des 21. Januar, vom umgestürzten Thron, von der Guillotine, jener ›Witwe‹ …«

»Die Guillotine ist eine Jungfrau«, unterbrach ihn Marat, »man legt sich auf sie, aber befruchtet sie nicht.«

»Was wissen Sie davon?« versetzte Danton. »Ich würde sie befruchten!«

»Das wird sich zeigen«, sagte Marat, und er lächelte. Danton sah es.

»Sie handeln aus dem Versteck, Marat! Ich bin der Mann der Offenheit und des Tageslichtes. Ich hasse die Lebensweise der Reptilien. Das Erdasselwesen liegt mir nicht. Sie wohnen im Keller, ich auf der Straße. Sie verkehren mit keinem Menschen, mich kann jeder, der vorbeigeht, sehen und sprechen.«

»Hübscher Junge, geh doch mit mir mit ...« summte Marat. Er hörte auf zu lächeln und sagte in entschiedenem Tone: »Danton, legen Sie Rechenschaft ab über die 33 000 Taler, die Ihnen Montmorin in klingender Münze namens des Königs ausgezahlt hat, unter dem Vorwand, es sei die Entschädigung für Ihr früheres Amt beim Châtelet.«

»Ich bin ein Mann des 14. Juli«, sprach Danton hoheitsvoll.

»Und die Gerätekammer? Und die Krondiamanten?«

»Ich bin ein Mann des 6. Oktober.«

»Und die Diebstähle Ihres alter ego, Lacroix, in Belgien?«

»Ich bin ein Mann des 20. Juni.«

»Und die Darlehen an die Montansier?«

»Ich lenkte das Volk bei der Rückkehr von Varennes.«

»Und der Opernsaal, den man mit Ihren Geldern baut?«

»Ich bewaffnete die Sektionen von Paris.«

»Und die Geheimgelder beim Justizministerium, hunderttausend Franken?«

»Ich habe den 10. August gemacht.«

»Und die zwei Millionen geheimer Ausgaben der Nationalversammlung, wovon Sie ein Viertel übernahmen?«

»Ich habe den anmarschierenden Feind zum Stehen gebracht und den verbündeten Königen den Weg versperrt.«

»Sie Prostituierter!« sagte Marat.

Danton richtete sich riesenhaft auf. »Ja«, schrie er, »ich habe mich prostituiert, meinen Leib preisgegeben, aber die Welt damit gerettet.«

Robespierre hatte wieder angefangen, an den Fingernägeln zu kauen. Er konnte weder lachen noch lächeln. Dantons Blitz, dies Lachen, und Marats Stich, dies Lächeln, fehlte ihm.

»Ich bin wie der Ozean«, fuhr Danton fort, »und habe

meine Flut und meine Ebbe, bei niedrigem Wasser sieht man meine Untiefen, bei hoher See meine Wogen.«

»Ihren Schaum«, versetzte Marat.

»Meinen Sturm«, sagte Danton.

Im gleichen Augenblick wie Danton hatte Marat sich erhoben, auch er brach aus, die Schlange wuchs plötzlich zum Drachen an.

»So!« heulte er, »so! Robespierre! Danton! Ihr wollt nicht auf mich hören! Dann seid ihr verloren, sage ich euch. Eure Politik stößt an die Mauer der Unmöglichkeit, ihr habt keinen Ausgang mehr. Ihr tut Dinge, die euch jede Tür verschließen, außer der zu eurem Grabe.«

»Das ist unsere Größe«, sagte Danton, er zuckte die Achseln.

»Nimm dich in acht«, sprach Marat weiter. »Auch Vergniaud hat einen breiten Mund und dicke Lippen und zornige Brauen, auch Vergniaud ist blatternarbig wie Mirabeau und wie du; trotzdem ist der 31. Mai gekommen. Du zuckst die Achseln: Damit schüttelt man sich manchmal den Kopf von den Schultern. Ich sage dir, deine laute Stimme, deine lockere Halsbinde, deine weichen Stiefel, deine kleinen netten Abendessen und deine großen Taschen, das alles schielt nach Louisette hin.«

Dies war der Schmeichelname Marats für die Guillotine.

»Du aber, Robespierre, mäßigst dich sehr, und doch wird es dir nichts nützen. Ja, pudere dich, kräusle und bürste dein Haar, trage Wäsche wie ein Stutzer, sei erhaben, frisiert, geschniegelt: du wirst doch zum Grèveplatz fahren. Lies die Erklärung des Braunschweigers. Dir winkt die Behandlung des Königsmörders Damiens. Und du wirst dich solange putzen, bis man dich auf dem Karren hat.«

»Echo von Koblenz!« knirschte Robespierre.

»Ich bin das Echo von nirgends, der Schrei von überall. Oh, ihr seid noch jung. Wie alt bist du, Danton? Vierunddreißig Jahre alt. Und du, Robespierre? Dreiunddreißig Jahre alt.

Und ich? Ich lebe – von jeher, ich bin das uralte menschliche Leiden, sechstausend Jahre habe ich auf mir.«

»Ganz richtig«, erwiderte Danton. »Seit sechstausend Jahren steckt Kain im Haß wie die Kröte im Stein; der Fels zerbricht, Kain springt unter die Menschen und heißt Marat.«

»Danton!« schrie Marat, und ein fahles Licht erschien in seinen Augen.

»Ja, was?« sagte Danton.

So redeten die drei furchtbaren Menschen miteinander. Ein Streit der Gewalten.

III
Zucken der tiefsten Fasern

Das Gespräch stockte. Die Titanen traten einen Augenblick lang in die eigenen Gedanken zurück.

Schlangen beunruhigen Löwen: Robespierre war sehr bleich geworden und Danton sehr rot, beide zitterten. Das wilde Auge Marats war erloschen, Ruhe, gebieterische Ruhe, lag wieder auf dem Antlitz dieses Mannes, vor dem die Furchtbaren sich fürchteten.

Danton fühlte sich besiegt, aber er wollte sich nicht ergeben: »Marat spricht sehr laut von Diktatur und Einigkeit, und doch hat er nur eine Stärke: zu zersetzen.«

Robespierre zerrte seine eingekniffenen Lippen auseinander und fügte hinzu: »Ich denke wie Anarcharsis Cloots und sage: Weder Roland noch Marat.«

»Und ich sage: Weder Danton noch Robespierre«, fügte Marat hinzu und starrte die beiden an. »Ich will Ihnen einen Rat geben, Danton. Sie sind verliebt, Sie wollen wieder heiraten. Befassen Sie sich nicht mehr mit Politik. Seien Sie weise.«

Dann machte er einen Schritt zur Tür hin und sprach den unheimlichen Gruß: »Leben Sie wohl, meine Herren.«

Danton und Robespierre empfanden einen Schauder.

Da erhob sich aus dem Hintergrund des Raumes eine Stimme: »Du hast unrecht, Marat.«

Alle drei drehten sich um. Während Marats Ausbruch war unbemerkt jemand durch die Hintertür hereingetreten.

»Du bist es, Bürger Cimourdain«, sagte Marat. »Guten Tag.« Es war tatsächlich Cimourdain, er wiederholte: »Marat, ich sage, du hast unrecht.«

Marat wurde grün im Gesicht, es war seine Art zu erbleichen.

»Du bist nützlich, Marat, aber Robespierre und Danton sind nötig. Warum drohst du ihnen? Eintracht, Bürger, Eintracht! Das Volk verlangt, daß wir einträchtig sind.«

Die Ankunft dieses Mannes wirkte wie eine kalte Dusche, und wie wenn ein Fremder zu einem häuslichen Streit hinzukommt, besänftigte sich zwar nicht der Grund, aber die Oberfläche der Gemüter. Cimourdain ging an den Tisch.

Danton und Robespierre kannten ihn. Sie hatten schon oft auf den öffentlichen Tribünen des Konvents den mächtigen, finsteren Mann bemerkt, den das Volk ehrte. Dennoch fragte ihn der Formenmensch Robespierre:

»Bürger, wie kommen Sie hier herein?«

»Er gehört zum Évêché«, antwortete Marat, und aus seiner Stimme klang eine gewisse Unterordnung. Marat trotzte dem Konvent, führte die Kommune und fürchtete das Évêché.

Denn hier liegt ein Gesetz verborgen. In unbekannten Tiefen regen sich die Kommenden, und Mirabeau fühlt schon Robespierre, Robespierre fühlt schon Marat, Marat fühlt schon Hébert, Hébert fühlt schon Babeuf. Solange diese unbekannten Tiefen noch ruhig sind, kann der Politiker auf ihnen hinschreiten. Aber selbst unter dem Revolutionärsten gibt es noch einen Untergrund, und die Kühnsten halten betroffen an, wenn sie die Bewegung, die sie in der Höhe ihres Scheitels geschaffen haben, an ihren Sohlen spüren.

Die Bewegung aber, die dem Ehrgeiz entspringt, unterscheiden zu können von der aus Grundsätzen gezeugten, und jene zu bekämpfen, diese zu bestärken: das kennzeichnet Genie und Tugend der großen Revolutionäre.

Danton bemerkte die Unterordnung Marats. »Oh, Bürger Cimourdain ist hier nicht überflüssig!« Er streckte ihm die Hand hin. »Setzen wir ihm die Lage sogleich auseinander. Er kommt wie gerufen: Ich vertrete den Berg, Robespierre den Wohlfahrtsausschuß, Marat die Kommune, Cimourdain das Évêché. Er wird den Ausschlag geben.«

»Gut«, sagte Cimourdain mit einfachem Ernst. »Wovon sprachen Sie?«

»Von der Vendée«, antwortete Robespierre.

»Die Vendée!« wiederholte Cimourdain – »Das ist die große Bedrohung. Wenn die Revolution sterben sollte, so wird sie es durch die Vendée. Die eine Vendée ist unheilvoller als zehn deutsche Reiche. Damit Frankreich lebe, muß man die Vendée töten.«

Die wenigen Worte gewannen Robespierre bereits für ihn. Aber er fragte noch: »Sind Sie nicht ein früherer Priester?« Das geistliche Aussehen entging ihm niemals. Er erkannte rings um sich, was er im eigenen Innern trug.

Cimourdain erwiderte: »Ja, Bürger.«

»Was macht das?« rief Danton. »Wenn die Priester gut sind, sind sie besser als alle anderen. In Revolutionszeiten werden die Priester zu Bürgern umgeschmolzen wie die Glokken zu Münzen und Kanonen. Danjou ist Priester, Daunou ist Priester, Thomas Lindet ist Bischof von Evreux. Sie, Robespierre, sitzen im Konvent Seite an Seite mit Massieu, Bischof von Beauvais. Der Großvikar Vaugeois gehörte zum Aufstandsausschuß vom 10. August. Chabot ist Kapuziner, Dom Gerle hat den Schwur im Ballhaus veranlaßt. Die Erklärung, daß die Nationalversammlung über dem König stehe, ist vom Abbé Audran, der Abbé Goutte beantragte in der gesetzgebenden Versammlung, daß der Baldachin über dem Sessel Ludwigs XVI. zu entfernen sei. Der Anstoß zur Abschaffung des Königtums ging vom Abbé Grégoire aus …«

»Und wurde unterstützt vom Schauspieler Collot-d'Herbois«, grinst Marat. »Die beiden besorgten die Arbeit, der Priester hat den Thron umgeworfen, der Komödiant den König gestürzt.«

»Wenden wir uns wieder der Vendée zu«, sagte Robespierre.

»Nun«, fragte Cimourdain, »wie steht es damit, was tut diese Vendée?«

»Sie hat einen Führer. Sie wird furchtbar werden.«

»Wer ist dieser Führer, Bürger Robespierre?«

»Ein früherer Marquis de Lantenac, der sich bretonischer Fürst nennt.«

Cimourdain machte eine Bewegung. »Ich kenne ihn. Ich war bei ihm Priester.« Er dachte einen Augenblick nach. »Er war ein Lebemann, bevor er ein Kriegsmann wurde.«

»Wie Biron, der früher Lauzun war«, sagte Danton.

»Ja«, fuhr Cimourdain noch immer sinnend fort, »er war ein Lüstling. Er muß schrecklich sein.«

»Greulich«, sagte Robespierre. »Er verbrennt die Dörfer, läßt die Verwundeten umbringen, metzelt die Gefangenen nieder, erschießt die Frauen.«

»Die Frauen?«

»Ja, unter anderen hat er eine Mutter von drei Kindern erschießen lassen. Was aus den Kindern geworden ist, weiß man noch nicht. Aber er ist ein Führer. Er versteht sich auf den Krieg.«

»Allerdings«, antwortete Cimourdain. »Er hat den hannoverschen Feldzug mitgemacht, und die Soldaten sagten: ›Hinter Richelieu steckt Lantenac.‹ Lantenac war der wirkliche General. Fragen Sie Dussaulx danach, Ihren Kollegen.«

Robespierre schwieg eine Weile, dann ging das Gespräch zwischen den beiden weiter: »Dieser Mann also, Bürger Cimourdain, befiehlt in der Vendée!«

»Seit wann?«

»Seit drei Wochen.«

»Man muß ihn für vogelfrei erklären.«

»Ist geschehen.«

»Einen Preis auf seinen Kopf setzen.«

»Ist geschehen.«

»Einen hohen Preis.«

»Ist geschehen.«

»Nicht in Assignaten. In Gold.«

»Ist geschehen.«

»Und man muß ihn guillotinieren lassen.«

»Wird geschehen.«

»Durch wen?«

»Durch Sie.«

»Durch mich?«

»Ja, Sie sollen vom Wohlfahrtsausschuß mit unbeschränkter Vollmacht abgeordnet werden.«

»Ich nehme es an«, sagte Cimourdain.

Robespierre als fähiger Staatsmann war schnell in seiner Wahl. Aus den Akten vor ihm zog er ein weißes Blatt Papier mit vorgedrucktem Kopf: Eine und unteilbare Französische Republik. Wohlfahrtsausschuß.

»Ich nehme an«, wiederholte Cimourdain. »Schrecken gegen Schrecken. Lantenac ist blutrünstig, auch ich werde es sein. Tödlichen Krieg gegen diesen Mann! Ich werde die Republik von ihm befreien, so Gott will.«

Er hielt inne, dann: »Ich bin Priester. Jedenfalls, ich glaube an Gott.«

»Gott ist alt geworden«, bemerkte Danton.

»Ich glaube an Gott«, sagte Cimourdain unbeirrt. Mit einem düsteren Nicken stimmte Robespierre zu.

»Wem soll ich beigeordnet werden?« fragte Cimourdain.

»Dem Befehlshaber der gegen Lantenac ausgesandten Streifabteilung. Ich mache Sie allerdings darauf aufmerksam, daß es ein Adliger ist.«

»Auch etwas, um daß ich mich den Teufel schere!« rief Danton. »Ein Adliger! Was macht das? Mit dem Adligen geht es wie mit dem Priester. Wenn er gut gesinnt ist, hält er sich ausgezeichnet. Der Adel ist ein Vorurteil, man darf es weder im einen noch im anderen Sinne haben, man soll weder dafür noch dagegen sein. Ist nicht Saint-Just auch von Adel, Robespierre? Florelle de Saint-Just, Donnerwetter! Anarcharsis Cloots ist Baron, unser Freund Charles Hesse, der keine Sitzung der Cordeliers versäumt, sogar Prinz, Bruder des regierenden Landgrafen von Hessen-Rothenburg, und Montaut, Marats Intimus, Marquis de Montaut. Unter den Geschworenen des Revolutionstribunals ist Vilate Priester und Leroy, Marquis de Montflabert, Adliger. Beide zuverlässig.«

»Sie vergessen sogar noch den Vorsitzenden der revolutionären Jury ...« fügte Robespierre hinzu.

»Antonelle?«

»Der Marquis Antonelle ist.« Danton warf ein: »Ein Adliger, Dampierre, ist vor Condé für die Republik gefallen, und ein Adliger, Beaurepaire, hat sich eine Kugel in den Kopf geschossen, um nicht den Preußen die Tore der Stadt Verdun zu öffnen.«

»Trotz alledem«, brummte Marat, »hat an dem Tage, an dem Condorcet sagte: ›Die Gracchen waren Adlige!‹ – Danton ihm zugerufen: ›Alle Adligen sind Verräter, von Mirabeau bis zu dir!‹ «

Cimourdains ernste Stimme fiel ein: »Bürger Danton, Bürger Robespierre, ihr vertraut mir wohl mit Recht, aber das Volk mißtraut und nicht mit Unrecht. Wenn ein Priester mit der Überwachung eines Adligen beauftragt wird, verdoppelt sich die Verantwortung, und der Priester muß unbeugsam sein.«

»Gewiß«, versetzte Robespierre.

»Und unerbittlich.«

»Wohl gesprochen, Bürger Cimourdain. Sie haben es mit einem jungen Mann zu tun. Sie sind ihm also schon durch die doppelte Zahl der Jahre überlegen. Er soll gelenkt werden, aber rücksichtsvoll. Er scheint militärische Begabung zu haben, darin stimmen alle Berichte überein. Er gehört zu einem

Heeresteil, der von der Rheinarmee in die Vendée abgezweigt wurde. An der Grenze hat er bewundernswerten Scharfblick und Mut gezeigt. Die Streifabteilung führt er ganz vortrefflich. Seit vierzehn Tagen hält er diesen alten Marquis de Lantenac in Schach, hemmt ihn, treibt ihn vor sich her. Er wird ihn am Ende noch bis ans Meer drängen und hineinwerfen. Lantenac besitzt die Schlauheit des alten Generals, dieser die Kühnheit eines jungen Kapitäns. Er hat auch schon Neider und Feinde. Der Generaladjutant Léchelle ist auf ihn eifersüchtig.«

»Dieser Léchelle«, unterbrach ihn Danton, »will kommandierender General sein und hat nichts als einen Witz für sich: ›Man braucht die Leiter [l'échelle], um auf den Karren [charette] zu steigen.‹ «

»Inzwischen wird er von Charette besiegt.«

»Und er will auf keinen Fall«, fuhr Robespierre fort, »daß ein anderer Lantenac schlägt. Diese Eifersüchteleien verschulden das ganze Unglück im Vendéer Kriege. Unsere Soldaten sind Helden unter brüchiger Führung. Da zieht etwa ein einfacher Husarenrittmeister Chambon in Saumur ein, mit einem Trompeter, welcher ›Ça ira‹ bläst. Er nimmt die Stadt und könnte so fortfahren und Cholet nehmen, aber er muß haltmachen, weil er keinen Befehl dazu hat. Alle Führerstellen in der Vendée sind neu zu besetzen! Die Garnisonen werden verzettelt, die Kräfte zersplittert, eine zerstreute Armee ist eine gelähmte Armee, ein Block, aus dem man Staub macht. Im Lager von Paramé gibt es nur noch Zelte, zwischen Treguier und Dinan liegen hundert kleine überflüssige Abteilungen, die zu einer Division vereinigt, die ganze Küste decken könnten. Léchelle, von Parrein unterstützt, entblößt die Nordküste unter dem Vorwand, er wolle die südliche schützen, und öffnet so Frankreich den Engländern. Aufwiegelung einer halben Million Bauern und Landung in Frankreich von England aus, das ist Lantenacs Plan. Aber der junge Führer der Streifabteilung rückt ihm auf den Leib und bedrängt und schlägt ihn ohne Léchelles Erlaubnis, der sein Vorgesetzter ist, der ihn also zur

Anzeige bringt! Jedenfalls sind die Ansichten über den jungen Mann geteilt, Léchelle will ihn erschießen lassen, Prieur de la Marne möchte ihn zum Generaladjutanten machen.«

»Er scheint hervorragende Eigenschaften zu haben«, sagte Cimourdain.

»Aber einen Fehler!« war Marats Einwurf.

»Welchen?« fragte Cimourdain.

»Die Milde«, sagte Marat. »Er ist fest im Kampf und weich nachher. Er ist nachsichtig, schonungsvoll, rücksichtsvoll über alle Maßen, schützt die Nonnen und die Klosterfrauen, rettet die Gemahlinnen und Töchter der Aristokraten, läßt die Gefangenen los und gibt den Priestern die Freiheit.«

»Schwerer Fehler«, murmelte Cimourdain.

»Verbrechen«, sagte Marat.

»Manchmal«, Danton.

»Oft«, Robespierre.

»Fast immer«, Marat.

»Wenn man mit den Feinden des Vaterlandes zu tun hat, stets«, sagte Cimourdain.

Marat wandte sich zu ihm: »Was würdest du also mit einem republikanischen Befehlshaber machen, der einen königlichen Befehlshaber freigäbe?«

»Ich wäre der Meinung Léchelles und würde ihn erschießen lassen.«

»Oder guillotinieren«, ergänzte Marat.

»Je nach Wahl«, fügte Cimourdain hinzu.

Danton lachte auf: »Mir wäre das eine so lieb wie das andere.«

»Du bist des einen oder des anderen sicher!« brummte Marat. Sein Blick ging von Danton wieder zu Cimourdain: »Wenn also ein republikanischer Befehlshaber strauchelte, Bürger, ließest du ihm den Kopf abschlagen?«

»Binnen vierundzwanzig Stunden.«

»Schön. So meine ich mit Robespierre, daß der Bürger Cimourdain dem Führer der Streifabteilung bei unserem Küstenheer als Kommissar des Wohlfahrtsausschusses zur Seite gegeben wird. Wie heißt nur dieser Befehlshaber?«

»Es ist ein früherer Adliger«, antwortete Robespierre und blätterte in seinen Akten.

»Mag also der Priester den Adligen behüten«, äußerte sich Danton.

»Einem Priester allein oder einem Adligen allein würde ich mißtrauen: Wenn sie beisammen sind, fürchte ich sie nicht. Der eine überwacht den anderen, und so geht es«, fügte Danton hinzu.

Der Ausdruck der Empörung um Cimourdains Brauen verstärkte sich. Aber da er in der Bemerkung etwas Wahres finden mochte, wandte er sich nicht unmittelbar gegen Danton, sondern sprach im Ton selbständiger Strenge: »Wenn der republikanische Befehlshaber, welcher mir anvertraut wird, einen Fehltritt begeht, trifft ihn die Todesstrafe.«

Robespierre sagte, den Blick in den Akten: »Hier steht der Name des Befehlshabers, über den Sie volle Gewalt haben werden, Bürger Cimourdain. Es ist ein früherer Vicomte, er heißt: Gauvain.«

Cimourdain erbleichte. »Gauvain!« rief er.

Marat bemerkte sein Erblassen.

»Der Vicomte Gauvain?« wiederholte Cimourdain.

»Jawohl«, versetzte Robespierre.

»Was gibt es?« fragte Marat und sah Cimourdain scharf an.

Eine Pause entstand. Marat fuhr fort: »Bürger, nehmen Sie unter den Bedingungen, die Sie selbst angaben, den Auftrag als Kommissar beim Kommandanten Gauvain an? Ist das abgemacht?«

»Es ist abgemacht«, erwiderte Cimourdain. Er wurde immer bleicher.

Robespierre nahm die Feder, die neben ihm lag und schrieb in seiner langsamen und korrekten Schrift vier Zeilen auf das Blatt Papier mit dem Kopf ›Wohlfahrtsausschuß‹, unterzeichnete, reichte das Blatt und die Feder Danton; Danton unterzeichnete, und Marat, der von Cimourdains fahlem Gesicht kein Auge wandte, unterschrieb nach Danton.

Robespierre nahm das Blatt zurück, fügte das Datum hinzu und übergab es Cimourdain, welcher las:

›Jahr II der Republik

Der Bürger Cimourdain erhält unbeschränkte Vollmacht als Kommissar des Wohlfahrtsausschusses bei dem Bürger Gauvain, Befehlshaber der Streifabteilung des Küstenheeres.

Robespierre. — Danton. — Marat.‹

Unter den Namen: ›28. Juni 1793.‹

Der revolutionäre sogenannte Zivilkalender war damals noch nicht gesetzlich eingeführt und wurde erst am 5. Oktober 1793 auf Antrag von Romme im Konvent angenommen.

Während Cimourdain las, sah Marat ihn noch immer an und sprach halblaut, wie zu sich selbst: »All dies muß durch Verordnung des Konvents oder durch Sonderbeschluß des Wohlfahrtsausschusses noch genau bestimmt werden. Es bleibt also noch etwas zu tun.«

»Wo wohnen Sie, Bürger Cimourdain?« fragte Robespierre.

»Cour du Commerce.«

»Ach, ich auch«, meinte Danton, »wir sind Nachbarn.«

»Es ist keine Zeit mehr zu verlieren«, fuhr Robespierre fort. »Morgen erhalten Sie Ihre regelrechte Vollmacht, unterschrieben von sämtlichen Mitgliedern des Ausschusses. Dies ist nur eine Bestätigung, zum Gebrauch gegenüber den entsandten Konventsmitgliedern Philippeaux, Prieur de la Marne, Lecointre, Alquier und den anderen. Wir wissen, wer Sie sind. Sie haben unbegrenzte Vollmachten und können Gauvain zum General machen oder aufs Schafott schicken. Sie empfangen Ihre Vollmacht morgen um drei Uhr. Wann reisen Sie?«

»Um vier«, antwortete Cimourdain.

Sie gingen auseinander.

Als Marat nach Hause kam, sagte er zu Simonne Évrard, er gehe am nächsten Tage zur Konventssitzung.

Drittes Buch

Der Konvent

I

Der Konvent

1

Wir nähern uns dem hohen Gipfel. Das ist der Konvent.

Das Auge wird starr vor der Gegenwart dieses Gipfels. Höher hat sich nichts am Horizont der Menschheit aufgerichtet. Es gibt den Himalaja und den Konvent. Er ist wohl der äußerste Höhepunkt der Geschichte.

Bei Lebzeiten des Konvents – denn eine solche Versammlung hat ein Leben – war man sich darüber nicht im mindesten im klaren. Den Zeitgenossen entging gerade seine Größe. Man war zu heftig erschrocken, um solchen Glanz zu sehen. Alles Große flößt heilige Furcht ein. Leicht bewundert man die Mittelmäßigkeiten und die Hügel. Doch was zu hoch ist, ein Genius oder ein Gebirge, ein Geschehnis oder ein Meisterwerk, erschreckt, aus zu großer Nähe gesehen. Jeder hohe Gipfel erscheint als eine Übertreibung, hinaufzusteigen erschöpft, man keucht auf steilen Wegen, man gleitet an den Hängen aus, man stößt sich wund an Härten, die für das Auge Schönheiten sind. Die schäumenden Sturzbäche verraten Abgründe, die Wolken hüllen einsame Grate ein. Der Aufstieg erfüllt mit Schauder wie der Absturz. So überwiegt das Entsetzen die Bewunderung. Wir haben das seltsame Gefühl einer Abneigung gegen das Große. Wir sehen die Schlünde, doch nicht die Erhabenheiten, das Ungeheuerliche, nicht das Wunderbare. So wurde zunächst auch der Konvent beurteilt. Er, dem Kurzsichtige zublinzelten, der jedoch mit Adleraugen hätte betrachtet werden müssen.

Heute sehen wir ihn aus der Vogelperspektive, vom tiefen Himmel hebt er sich ab in heiterer und tragischer Entfernung, inmitten des mächtigen Profils der Französischen Revolution.

2

Der 14. Juli war der Tag der Befreiung gewesen. Der 10. August: der Tag der Zerschmetterung. Der 21. September: der Tag der Gründung.

Der 21. September war die Tag- und Nachtgleiche, das Gleichgewicht im Zeichen der Waage. Unter diesem Sinnbild der Gerechtigkeit und Gleichheit wurde nach Rommes Bemerkung die Republik verkündet. Ein Sternbild kündigte die Nachricht an.

Der Konvent ist die erste Verwandlung des Volkes. Mit ihm öffnete sich die große neue Seite, mit ihm begann die Zukunft von heute.

Jeder Gedanke braucht eine sichtbare Hülle, jeder Grundsatz eine Wohnstätte. Eine Kirche ist nichts anderes als Gott zwischen vier Wänden, jedes Dogma bedarf eines Tempels. Als der Konvent da war, hatte man als erstes Problem dieses zu lösen: wo er tagen sollte.

Zuerst wählte man die Reitschule, dann die Tuilerien. Man stattete den Raum mit einem großen Rahmen aus, einer Ausschmückung, einem großen grauen Bild von David, mit Bänken in regelmäßigen Reihen und einer viereckigen Rednertribüne. Gleichlaufende Pilaster, blockartige Untersätze, die an Hackeklötze erinnerten, lange geradlinige Verbindungsbalken, rechtwinklige Kästen, in denen sich die Menge drängen mußte, öffentliche Tribünen genannt, ein römisches Velarium, griechische Draperien; in diese rechten Winkel und geraden Linien hinein setzte man den Konvent, zwischen diese Geometrie den Sturm. An die Tribünenwand war in Grau die rote

Mütze gemalt. Die königlich Gesinnten lachten zuerst über diese graue rote Mütze, über diese Augentäuschung, dieses Pappdenkmal, das Heiligtum aus Papiermaché, das Panthéon aus Schmutz und Speichel. Wie schnell würde es damit zu Ende sein! Die Säulen bestanden aus Faßdauben, die Gewölbe aus Schindeln, die Reliefs waren aus Kitt, die Gesimse aus Tannenholz, die Statuen aus Gips, der Marmor gemalt, die Mauern aus Leinwand. Und in diesem Raume der Vorläufigkeit schuf Frankreich Ewiges.

Als der Konvent in den Saal der Reitschule einzog, waren die Wände noch mit den Plakaten bedeckt, die in der Zeit der Rückkehr von Varennes Paris übersät hatten. Darauf stand: ›Der König kommt zurück. Wer ihm zujubelt, erhält Prügel, wer ihn beschimpft, wird gehängt.‹ – Oder: ›Ruhe! Hut aufbehalten. Er wird seinen Richtern vorgeführt werden.‹ – ›Der König hat auf die Nation angelegt, es hat lange gedauert, jetzt hat die Nation zu schießen.‹ – ›Das Gesetz! Das Gesetz! Das Gesetz!‹ – Zwischen diesen Wänden saß der Konvent über Ludwig XVI. zu Gericht.

In die Tuilerien übersiedelte die Versammlung am 10. Mai 1793. Der Sitzungssaal in dem nunmehr Palais-National genannten Bau nahm den ganzen Raum zwischen dem Pavillon de l'Horloge, genannt Pavillon-Unité, und dem Pavillon Marsan, genannt Pavillon-Liberté, ein. Für den Pavillon de Flore wurde der Name Pavillon-Égalité gewählt. Die große Treppe von Jean Bullant führte zum Sitzungssaal im ersten Stock. Das Erdgeschoß darunter bildete eine einzige lange Wachstube voller Gewehrpyramiden und Feldbetten für Truppen aller Waffengattungen, die den Konvent beschützten. Außerdem hatte man noch eine Ehrenwache zur Verfügung, die ›Grenadiere des Konvents‹.

Ein dreifarbiges Band trennte das Schloß, worin die Versammlung tagte, von dem Garten, in dem das Volk umherging.

3

Geben wir noch eine genaue Beschreibung des Sitzungssaals, denn an einer so furchtbaren Stätte ist jede Einzelheit bemerkenswert.

Beim Eintritt fiel zuerst ein hohes Standbild der Freiheit zwischen zwei breiten Fenstern auf.

Zweiundvierzig Meter lang, zehn Meter breit und elf Meter hoch war dieser Raum, der als Theater des Königs gedient hatte und zum Schauplatz der Revolution umgewandelt wurde. Der elegante, von Vigarani für den Hof erbaute Prunksaal verschwand nun unter dem massigen Gerüst, das im Jahre 1793 die Last des Volkes zu tragen hatte. Dieses Gerüst, das die übereinandergetürmten Tribünen für die Zuschauer trug, ruhte, es ist wert, bemerkt zu werden, auf einem einzigen hölzernen Pfosten aus einem Stück von zehn Metern Länge. Wenige Karyatiden haben so schwere Arbeit geleistet wie dieser Pfosten, der jahrelang den wuchtigen Anprall der Revolution aushielt. Er ertrug Beifall, Begeisterung, Wutgeschrei, Geschimpf und Gestampf, das Chaos ungebändigter Ausbrüche, den Aufstand: Er bog sich nicht. Nach dem Konvent erlebte er den Rat der Ältesten, erst am 18. Brumaire wurde er abgelöst. Percier ersetzte den hölzernen Pfeiler durch Marmorsäulen, die nicht so lange stehenblieben.

Die Architekten haben manchmal sonderbare Schwärmereien. Der Erbauer der Rue de Rivoli dachte bei der Anlage dieser Straße an die Schußbahn einer Kanonenkugel, der Erbauer von Karlsruhe an einen Fächer. Dem Architekten des Saales, Sitz des Konvents am 10. Mai 1793, schien eine riesige Kommodenschublade vorzuschweben, ein langer, hoher, schmaler Kasten. An der einen Langseite lag einem gewaltigen Halbkreis gleich das breite Amphitheater der Abgeordnetenbänke, ohne Tische oder Pulte. Garan-Coulon, der häufig schrieb, mußte das auf seinen Knien tun. Den Bänken gegenüber stand die Rednertribüne, dahinter der Präsidentensessel, davor die Büste von Lepelletier-Saint-Fargeau, der sich mit dem Kopf ein wenig über den Rand der Tribüne erhob und deshalb später entfernt wurde.

Das Amphitheater bestand aus neunzehn Bänken im Halbkreis, eine Reihe auf einer höheren Stufe hinter der anderen; kleine Hocker verlängerten sie auf beiden Seiten. Unten im Hufeisen vor der Rednertribüne hielten sich die Diener auf.

An der einen Seite der Tribüne hing in schwarzem Holzrahmen eine neun Fuß hohe Tafel, die durch eine Art Zepter in zwei Spalten geteilt wurde: darauf stand die Erklärung der Menschenrechte. Die andere Seite war noch leer und wurde später ebenfalls mit einem ähnlichen Rahmen versehen. Dorthin kam die Verfassung des Jahres II. Auch hier waren zwei Spalten, aber getrennt durch ein Schwert. Über der Tribüne und über dem Kopf des Redners entfalteten sich aus einer tiefen zweiteiligen, mit Zuschauern angefüllten Loge drei mächtige Trikoloren, fast waagerecht hängend. Sie berührten einen Altar, auf dem nur die Inschrift stand: ›Das Gesetz‹. Dahinter ragte als Schildwache des freien Wortes hoch wie eine Säule ein gewaltiges römisches Rutenbündel. Riesige Standbilder waren an der Wand den Abgeordneten gegenüber aufgestellt, zur Rechten des Präsidenten Lykurg, zu seiner Linken Solon, über der Bergpartei Platon.

Einfache Würfel bildeten ihre Sockel, ruhend auf dem langen Gesims, das rings um den Saal lief und das Volk von der Versammlung trennte. Die Zuschauer lehnten sich auf diese Brüstung.

Der schwarze Holzrahmen der Tafel mit den Menschenrechten reichte noch etwas darüber hinauf und unterbrach die gerade Baulinie. »Das ist häßlich«, äußerte deshalb Chabot zu Vadier.

Auf den Köpfen der Statuen wechselten Kränze von Eichenlaub und Lorbeerblättern ab. Grüne Draperien, auf denen in dunklerem Grün die gleichen Kränze gemalt waren, hingen in großen steifen Falten vom Gesims und bedeckten den ganzen Unterteil der Wände des Versammlungssaales.

Über diesen Tüchern ragte die Mauer weiß und kalt. Dort waren scharf wie mit dem Locheisen zwei Stockwerke öffentlicher Galerien ohne Gesims und Rankenwerk eingeschnitten, viereckige Tribünen unten, runde oben, ganz nach den Regeln der Baukunst, denn Vitruv war damals noch nicht entthront. Die Bogenverzierungen befanden sich über den Säulenquerbalken. Zehn Tribünen lagen an jeder Langseite des Saales und an den beiden Breitseiten je zwei ungeheuer große Logen, im ganzen also vierundzwanzig, die von Zuschauern wimmelten. Auf den unteren Galerien drängten sie sich derartig, daß sie auch die Brüstungen und jeden Vorsprung besetzten. Eine lange, fest in der Höhe der Arme eingelassene Eisenstange diente den oberen Galerien als Gitter zum Schutz der Sitzenden gegen das Nachdrücken der über die Treppen Heraufstürmenden. Dennoch wurde einmal ein Mann in die Versammlung hinuntergestoßen und fiel dort mit einem Teil des Körpers auf Massieu, Bischof von Beauvais, wurde dadurch gerettet und äußerte: »Seht an! Zu etwas ist ein Bischof doch gut.«

Der Saal des Konvents konnte zweitausend Menschen fassen, an großen Tagen der Aufstände sogar dreitausend.

Es fanden stets zwei Sitzungen statt, eine am Tage, eine am Abend. Der runde Lehnstuhl des Präsidenten war mit vergoldeten Nägeln beschlagen. Die Platte seines Tisches lag auf vier geflügelten einfüßigen Tierungeheuern. Sie waren wie aus der Apokalypse aufgestiegen, um der Revolution beizuwohnen; wie ausgespannt vom Wagen des Ezechiel, um den Henkerkarren Sansons zu ziehen.

Auf dem Tisch des Präsidenten stand eine große Klingel, fast eine Glocke, ein breites Messingtintenfaß und ein pergamentener Foliant, die Sammlung der Sitzungsprotokolle. Blut von abgeschlagenen, auf Piken steckenden Köpfen war auf diesen Tisch herabgetropft.

Zur Rednertribüne führten neun hohe steile unbequeme Stufen. Gensonné war dort einmal gestolpert: »Das ist ja eine

Schafott-Treppe!« sagte er, und Carrier erwiderte: »Übe dich nur ein.«

Da, wo die Wand zu kahl erschien, in den Saalecken, hatte der Baumeister Liktorenbündel als Schmuck angebracht, die Beile nach außen gekehrt.

Zu beiden Seiten der Tribüne standen auf Sockeln je zwei Kandelaber von zwölf Fuß Höhe mit vier Paar Öllampen, ein gleicher Kandelaber stand in jedem Zuschauerraum. In die Sockel waren Ringe geschnitzt, die beim Volk ›Guillotinenhalsbänder‹ hießen.

Die Bänke der Versammlung stiegen fast bis zum Kranzgesims der Tribünen hinauf, so daß die Abgeordneten und das Volk miteinander reden konnten.

Die Türen der Galerien öffneten sich in ein Labyrinth von Gängen, darin oft wildes Getöse herrschte. Der Konvent überfüllte den Palast und strömte bis in die umliegenden Hotels, Hotel de Longueville, Hotel de Coigny. In dieses schaffte man am 10. August (schenkt man einem Brief des Lord Bradford Glauben) das königliche Mobiliar hinüber. Zwei Monate brauchte man, die Tuilerien auszuräumen.

Die Ausschüsse waren in der Nähe des Saals untergebracht: Gesetzgebung, Ackerbau und Handel im Pavillon-Égalité, Marine, Kolonien, Finanzen, Assignaten, öffentliche Wohlfahrt im Pavillon-Liberté, Krieg im Pavillon-Unité.

Der Sicherheitsausschuß war mit dem Wohlfahrtsausschuß unmittelbar durch einen dunklen Gang verbunden, in dem Tag und Nacht eine Laterne brannte. Dort gingen die Spione aller Parteien auf und ab. Es wurde nur leise gesprochen.

Die Schranken des Konvents sind mehrmals umgestellt worden. Gewöhnlich standen sie rechts vom Vorsitzenden.

An beiden Enden des Saales lagen zwischen den senkrechten Abschlüssen der Bänke und der Saalwand zwei enge, tiefe Flure, durch deren düstere viereckige Türen man aus und ein ging.

Die Abgeordneten gelangten unmittelbar von der Terrasse der Feuillants herein.

Am Tage empfing der Saal durch die kümmerlichen Fenster wenig Licht und wurde, wenn die Dämmerung kam, nur spärlich durch fahle Lichter erhellt. Etwas Nächtiges lag stets über ihm. Diese halbe Beleuchtung ergänzte nur die Schatten des Abends, und die Sitzungen bei Lampenschein waren schauerlich. Man konnte sich nicht sehen. Von einem Ende des Saals zum anderen, von rechts nach links warfen Gruppen verschwimmender Gesichter einander Schmähungen zu. Man traf sich, ohne sich zu erkennen. Einmal stieß Laignelot, als er zur Tribüne rannte, jemanden, der ihm entgegen kam, an: »Verzeihung, Robespierre«, sagte er.

»Für wen hältst du mich!« antwortete eine rauhe Stimme.

»Verzeihung, Marat«, sagte Laignelot.

Unten lagen zwei reservierte Tribünen rechts und links vom Präsidenten, denn merkwürdigerweise gab es im Konvent bevorzugte Zuschauer. Diese Logen hatten als einzige einen Vorhang, aufgebauscht um zwei Goldquasten in der Mitte des Architravs. Die Tribünen für das Volk waren kahl.

Das Ganze machte einen gewaltigen, wilden und dennoch regelmäßigen Eindruck. Korrektheit in der Wildheit kennzeichnet ein wenig die gesamte Revolution. Der Konventsaal liefert das vollkommenste Beispiel für die von den Künstlern seither sogenannte ›Bauart Messidors‹. Es ist ein plumper und karger Stil, die Baumeister dieser Zeit hielten Symmetrie für Schönheit. Unter Ludwig XV. hatte die Renaissance ihr letztes Wort gesprochen, und ein Rückschlag war eingetreten. Man hatte es vom Edlen bis zum Läppischen, vom stilistisch Reinen bis zum Langweiligen gebracht. Auch in der Architektur gibt es Prüderie. Nach dem achtzehnten Jahrhundert mit den blendenden Orgien der Form und der Farbe setzte sich die Kunst auf Diät und erlaubte sich nur noch die gerade Linie. Ein solcher Fortschritt endet bei der Häßlichkeit, die Kunst wird auf ihr Skelett zurückgeführt, der Stil wird mager. Dahin kommt es durch solche Art von Weisheit und Enthaltsamkeit.

Auch abgesehen von aller politischen Spannung stieg allein

aus dieser Architektur der Schrecken auf. Man erinnerte sich vage an das frühere Theater: Logen mit Girlanden, azurene und purpurne Decke, geschliffene Kronleuchter, funkelnde Gehänge von Diamanten, taubengraue Tapeten, unzählige Amoretten und Nymphen auf Vorhängen und Behängen, das ganze galante, gemalte, geschnitzte, vergoldete königliche Idyll, das mit seinem Lächeln den strengen Ort erfüllt hatte, – während der Blick jetzt ringsum auf rechte Winkel traf, kalt und scharf wie von Eisen. Es war, als sei hier Boucher von David guillotiniert worden.

4

Doch über der Versammlung vergaß man den Saal, über dem Drama dachte man nicht mehr an das Theater. Nichts kann formloser und erhabener sein als eine Schar von Helden und eine Herde von Feiglingen. Raubtiere auf dem Berg, Schlangen im Sumpf. Das wimmelnde, stoßende, herausfordernde, drohende, ringende Leben all der Kämpfer, die jetzt nur noch Schatten sind. Titanisches Gewühl.

Auf der Rechten die Gironde, Legion von Denkern, auf der Linken der Berg, Trupp von Athleten. Dort Brissot, der die Schlüssel der Bastille in Empfang genommen hatte; Barbaroux, dem sich die Marseiller unterstellten; Kervélégan, dem das Brester Bataillon im Quartier der Vorstadt Saint-Marceau ergeben war; Gensonné, der die Obergewalt der Abgeordneten über die Generale durchgesetzt hatte; der unheimliche Guadet, dem die Königin eines Nachts in den Tuilerien den eingeschlafenen Kronprinzen gezeigt hatte; er küßte das Kind auf die Stirn und ließ dem Vater den Kopf abschlagen; Salles, der das Märchen über ein Einverständnis zwischen Bergpartei und Österreich aufbrachte; Sillery, der Hinkende der Rechten, wie Couthon der Beinlose der Linken war; Lause-Duperret, der von einem Journalisten ›Schandkerl‹ beschimpft wurde und den Beleidiger mit der Bemerkung zu Tisch lud: »Ich weiß, ›Schandkerl‹ nennen wir einen andersdenkenden Menschen«; Rabaut-Saint-Étienne, dessen Almanach von 1790 mit den Worten begann: ›Die Revolution ist zu Ende‹; Quinette, einer von denen, die Ludwig XVI. eigentlich stürzten; der Jansenist Camus, der die bürgerliche Verfassung der Geistlichkeit entwarf, der an die Wunder des Diakonus Pâris glaubte und sich allnächtlich vor einem sieben Fuß hohen, an seine Zimmerwand genagelten Christus niederwarf; der Priester Fauchet, der mit Camille Desmoulins den 14. Juli gemacht hatte; ferner Isnard, der das Verbrechen beging, den Ausspruch zu tun: »Paris wird zerstört werden!« zu einer Zeit, da der Herzog von Braunschweig drohte: »Paris soll verbrannt werden«; Jacob Dupont, der als erster bekannte: »Ich bin Atheist!« worauf Robespierre antwortete: »Atheismus ist aristokratisch«; der harte, scharfsinnige Lanjuinais, ein wacher bretonischer Kopf; Duco, der Busenfreund von Boyer-Fonfrède; Rebecqui, der heldenhafte Freund von Barbaroux, der sein Mandat niederlegte, weil man Robespierre noch nicht guillotiniert hatte; Richaud, der das Recht der Sektionen auf Dauersitzung bekämpfte; La Source, der das mörderische Wort prägte: »Wehe den dankbaren Nationen!« und der am Fuße des Schafotts der Bergpartei das stolze Wort entgegenwarf: »Wir sterben, weil das Volk schläft, ihr werdet sterben, weil es erwachen wird.« Dann Biroteau: er beantragte die Abschaffung der Unverletzlichkeit eines Abgeordneten und wurde dadurch ahnungslos der Schmied des Fallbeils und errichtete sich selbst das Schafott; Charles Vilette: er schützte sein Gewissen durch den Protest: »Ich will nicht unter dem Fallbeil abstimmen«; Louvet, der Verfasser des ›Faublas‹; er machte später mit Lodoiska als Kassierer eine Buchhandlung im Palais-Royal auf; Mercier, Verfasser des ›Tableau de Paris‹, der ausrief: »Den 21. Januar haben alle Könige an ihrem Nacken gespürt«; Marec, dessen Hauptsorge die ›Partei der früheren Beschränkungen‹ war; der Journalist Carra, der am Fuße des Schafotts dem Scharfrichter sagte: »Es stört mich, daß ich sterbe, ich hätte gern gesehen, wie das weiter geht«; Vigée, mit dem selbstverliehenen Titel eines Grenadiers im zweiten Bataillon von Mayenne-et-Loire: »Ich verlange«, sagte er, als die Zuhörer ihn bedrohten, »daß beim ersten Murren der Tribünen wir alle ausziehen und den Säbel in der Hand nach Versailles marschieren!«; Buzot, zum Hungertode bestimmt; Valazé, für den eigenen Dolch ausersehen; Condorcet, später ermordet zu Bourg-la-Reine, umgenannt in Bourg-Égalité, verraten durch den Horaz in seiner Tasche; Pétion, 1792 von der Menge vergöttert und von den Wölfen verschlungen 1794; und noch zwanzig andere mit ihnen, Pontécoulant, Marbos, Lidon, Saint-Martin, Dussaulx, Übersetzer von Juvenal, der den Feldzug von Hannover mitgemacht hatte, Boilleau, Bertrand, Lesterp-Beauvais, Lesage, Gomaire, Gardien, Mainvielle, Duplantier, Lacaze, Antiboul und an der Spitze ein Schwankender mit Namen Vergniaud.

Auf der Linken aber die bleiche Antoine-Louis-Léon Florelle de Saint-Just mit der niedrigen Stirn, dem geraden Profil und der tiefen Trauer im geheimnisvollen Auge, dreiundzwanzig Jahre alt; Merlin aus Thionville, den die Deutschen Feuerteufel nannten; Merlin aus Douai, der Schuldige am Gesetz gegen die Verdächtigen; Soubrany, vom Pariser Volk am ersten Prairial zum General vorgeschlagen; der ehemalige Pfarrer Lebon, einen Säbel in der Hand, mit der er früher Weihwasser gespendet hatte; Billaud-Varennes, der die Rechtsprechung der Zukunft erahnte: Schiedsrichter statt der Prozeßrichter; Fabre d'Eglantine, der einen wunderschönen Einfall hatte, den republikanischen Kalender, wie Rouget de Lisle die große Eingebung der Marseillaise, und jeder kam nur auf dies eine; der Prokurator der Kommune Manuel sagte: »Ein toter König ist kein Mensch weniger«; Goujon, der in Tripstadt, Neustadt und Speyer einzog und das preußische Heer fliehen sah; Lacroix, ein zum General umgesattelter Advokat, der sechs Tage vor dem 10. August Ritter des Sankt-Ludwigs-Kreuzes wurde; Fréron-Thersite, Sohn des Fréron-

Zoïle; Ruhl, der rücksichtslose Durchstöberer des eisernen Schrankes, vorbestimmt für den großen republikanischen Selbstmord, tötete sich am Tage, als die Republik starb; Fouché, mit der dämonischen Seele und dem leichenhaften Gesicht; Camboulas, der Freund des Père Duchêne, der zu Guillotin sagte: »Du gehörst ja zum Klub der Feuillants, deine Tochter aber zum Jakobinerklub«; Jagot, der den Beschwerdeführern wegen der jämmerlichen Kleidung der Gefangenen antwortete: »Das Gefängnis ist ein steinernes Kleid«; Javogues, der furchtbare Schänder der Gräber von Saint-Denis; Osselin, der Verfolger, der eine Verfolgte bei sich verbarg, Madame Charry; Bentabolle, der als Vorsitzender den Tribünen das Zeichen zum Beifall oder zur Entrüstung gab; der Journalist Robert, dessen Gattin, Mademoiselle Kéralio, geschrieben hatte: ›Mich besucht weder Robespierre noch Marat, doch Robespierre kann kommen, wenn er will, Marat nie!‹ Garan-Coulon: als der spanische Hof sich im Prozeß Ludwigs XVI. für diesen verwendete, verlangte er in stolzer Haltung, daß die Versammlung sich nicht herablassen sollte, den Brief eines Königs für einen König anzuhören; der Bischof Grégoire, zuerst der Kirche würdig, doch unter dem Kaiserreich bestrebt, den Republikaner durch den Grafen Grégoire auszulöschen; Amar: »Die ganze Welt verurteilt Ludwig XVI. Wo sollte da Berufung eingelegt werden? Bei den Sternen?«; Rouyer, der sich am 21. Januar dem Abfeuern eines Kanonenschusses vom Pont-Neuf aus widersetzt hatte, denn: ›Der Kopf eines Königs macht im Fallen nicht mehr Lärm als der eines anderen‹; Chénier, Bruder des Dichters André Chénier; Vadier, der wie andere eine Pistole aufs Rednerpult vor sich hinlegte; Tanis, der zu Momoro sagte: »Ich wünsche, daß Marat und Robespierre sich an meinem Tisch umarmen.« – »Wo wohnst du?« – »In Charenton.« – »Dann wundert es mich nicht.« Ferner Legendre, der Fleischer der Französischen Revolution, wie Pride einstmals der Fleischer der englischen war. »Komm her, dich bringe ich um!« schrie er Lanjuinais an, und dieser erwiderte: »Erst laß den Beschluß ergehen, daß ich ein Ochse sei.« Collot d'Herbois, dieser finstere Komödiant, auf dessen Gesicht die antike Maske mit den zwei Mündern lag, die ja und nein sprachen, so daß er zugleich billigen und verwerfen konnte: Er brandmarkte Carriers Verhalten in Nantes und forderte Châliers in Lyon heraus, er schickte Robespierre aufs Schafott und Marat ins Panthéon; Genissieux: Er beantragte die Todesstrafe gegen jeden, der die Denkmünze mit der Inschrift ›Ludwig XVI., Märtyrer‹ bei sich trüge; der Schulmeister Léonard Bourdon, der sein Haus dem Greis aus Mont-Jura angeboten hatte, der Seemann Topsent, der Advokat Goupilleau, der Kaufmann Laurent Le Cointre, der Arzt Duhem, der Bildhauer Sergent, der Maler David, der Prinz Joseph Égalité, ferner Lecointe-Puiraveau, welcher beantragte, daß Marat durch Beschluß für ›unzurechnungsfähig‹ erklärt werde; Robert Lindet, der bedrohliche Schöpfer jener Krake, deren Kopf der Sicherheitsausschuß war und die mit einundzwanzigtausend Armen, revolutionäre Ausschüsse genannt, Frankreich umklammerte; Leboeuf, auf den Girey-Dupré in seinem ›Weihnachten der falschen Patrioten‹ den Vers gemacht hatte: ›Leboeuf vit Legendre et beugla‹ [Der Ochse sah den Schwiegersohn und brüllte]; der milde Thomas Paine, ein Amerikaner; Anacharsis Cloots, ein deutscher Baron, Millionär, Atheist, Hébertist und treuherzig dazu; der untadelige Lebas, Freund der Familie Duplay; Rovère, einer der seltenen Menschen, die böse aus Bösartigkeit sind, denn das ›L'art pour l'art‹ läßt sich mehr, als man denkt, auch auf anderen Gebieten abwandeln; Charlier, der die Aristokraten mit ›Sie‹ angeredet haben wollte; der elegische und unbändige Tallien, der den 9. Thermidor aus Liebe machen wird; Cambacérès, früher Anwalt, später Fürst; Carrier, früher Anwalt, später Tiger; Laplanche, mit dem Ausspruch: ›Ich verlange die Priorität für die Alarmkanone‹; Thuriot, der beantragte, daß die Geschworenen des Revolutionstribunals laut abstimmten; Bourdon aus der Oise, der Chambon zum Zweikampf forderte, Paine denunzierte und selbst von Hébert denunziert wurde; Fayou, mit seiner Forderung, daß in die Vendée ›ein mordbrennerisches Heer‹ entsandt würde; Tavaux, der am 13. April fast zum Vermittler zwischen Gironde und Berg wurde; Vernier mit seinem Antrag, die Führer der beiden Parteien sollten als einfache Soldaten verpflichtet werden; Rewbell, der sich in Mainz einschloß; Bourbotte, dem bei der Einnahme von Saumur das Pferd unter dem Leib getötet wurde; Guimberteau, der die Armee von Cherbourg befehligte; Jard-Panvillier, der die Armee von La Rochelle anführte; Le Carpentier, der dem Geschwader von Cancale vorstand; Roberjot, den die Falle von Rastadt erwartete; Prieur de la Marne, der im Feld seine alten Rittmeisterepauletten trug; Levasseur de la Sarthe, der mit einem einzigen Wort den Kommandanten des Bataillons Saint-Amand, Serrent, dazu brachte, sich töten zu lassen; Reverchon, Maure, Bernard de Saintes, Charles Richard, Lequinio und auf dem Gipfel dieser Gruppe ein einzelner, Robespierre.

5

Darunter beugte sich der Schrecken, der auch edel sein kann, und die niedrige Furcht. Zwischen Leidenschaft, Heldenmut, Aufopferung und Raserei der trübe Haufe der Namenlosen. Die unteren Schichten der Versammlung wurden die Ebene genannt. Da fand sich alles Schwankende zusammen; die Zweifelnden, die Zögernden, die Zurückweichenden, die Aufschiebenden, die Lauernden, immer irgend jemanden fürchtend. Der Berg und die Gironde waren Höhen, die Ebene, das war die Menge, die sich in der Person von Sieyès verkörperte.

Das war ein tief angelegter, doch hohl gewordener Mensch. Er hatte beim dritten Stande haltgemacht und schaffte es nicht, bis zum Volke hochzukommen. Gewisse Geister sind dazu geschaffen, auf halber Höhe stehenzubleiben. Sieyès nannte Robespierre den Tiger, und der nannte ihn Maulwurf. Dieser Metaphysiker hatte sich die Weisheit, aber nicht das

Wissen zu eigen gemacht. Er war Höfling, nicht Diener der Revolution. Er nahm eine Schaufel, um auf dem Marsfeld mit dem Volk zu arbeiten, vor denselben Karren gespannt wie Alexandre de Beauharnais. Er riet immer zur Energie und machte selbst davon keinen Gebrauch. Zu den Girondisten sagte er: »Nehmt die Kanonen für eure Partei.« Es gibt Denker, die zu Kämpfern werden, so stellte sich Condorcet zu Vergniaud oder Camille Desmoulins zu Danton; und es gibt Denker, die leben wollen, diese gesellten sich zu Sieyès.

Wie auch in den feinsten Kufen sich Bodensatz bildet, lag noch unter der Ebene der Sumpf, eine widerliche Fäule, die nur Selbstsucht durchschimmern ließ. Da schwappte die Stummheit der Zitternden, die schlimmste Verworfenheit empfand keine Scham; der versteckte Groll, die Auflehnung hinter der Unterwürfigkeit. Zynisches Bangen, die ganze Tapferkeit der Feigen: Sie waren für die Gironde und verbanden sich mit dem Berg. Der Ausschlag lag bei ihnen, sie drehten sich stets nach der Seite des Erfolgs. So lieferten sie Ludwig XVI. an Vergniaud aus, Vergniaud an Danton, Danton an Robespierre und Robespierre an Tallien. Sie schändeten den lebenden Marat und vergötterten den toten. Bis zu dem Tage, an dem sie alles umwarfen, unterstützten sie alles mit dem Instinkt für den entscheidenden Stoß, der alles Wankende erledigt. Da sie ihre Treue von der festen Stellung der anderen abhängig machten, galt deren Taumeln in ihren Augen als Verrat. Sie waren die Zahl, die Stärke, die Angst, daher die Verwegenheit zu ihren Schändlichkeiten, daher der 31. Mai, der 11. Germinal, der 9. Thermidor, Tragödien, von Riesen aufgebaut und abgeschlossen von Zwergen.

6

Neben den Leidenschaftlichen saßen noch die Träumer. Die Utopie war mit allen ihren Formen vertreten, von der kriegerischen Anschauung, die das Schafott billigte, bis zur sanftesten, die für die Abschaffung der Todesstrafe war. Wie ein Alp sollte ihr Traum auf den Königen liegen, wie ein Engel zur Seite der Völker stehen. Neben den streitbaren Geistern saßen die brütenden, jene forderten den Krieg, die anderen den Frieden, ein Kopf wie Carnot gebar vierzehn Armeen, während ein anderer, Jean Debry, eine demokratische Weltverbrüderung ersann. Fruchtbares Schweigen neben wilder Beredsamkeit, dazwischen donnernde und brüllende Stimmen. Lakanal entwarf in stummen Überlegungen die öffentliche Volksbildung, Lanthenas schuf stumm die Volksschulen, Revellière-Lepeaux saß in stummen Gedanken über die Erhebung der Philosophie zur Würde einer Religion. Andere beschäftigten sich mit kleineren Einzelfragen der Wirklichkeit: Guyton-de-Morveau erstrebte eine bessere Hygiene der Spitäler, Maire die Abschaffung der Frondienste, Jean-Bon-Saint-André die Beseitigung des Schuldgefängnisses und des Personalarrestes, Bomme den Vorschlag von Dubois, Chappe die Neuordnung der Archive, Coren-Fustier die Gründung des anatomischen Kabinetts und des naturwissenschaftlichen Museums, Guyomar die Regelung der Flußschiffahrt und die Stauung der Schelde. Die Kunst hatte gleichfalls ihre Fanatiker, deren Eifer bis zur Überspanntheit ging. Am 21. Januar, während auf dem Revolutionsplatz der Kopf der Monarchie fiel, besichtigte der Abgeordnete der Oise, Bézard, ein Gemälde von Rubens, entdeckt auf einem Dachboden der Rue Saint-Lazare. Künstler, Redner, Propheten, Menschenkolosse wie Danton, halbe Kinder wie Cloots, Gladiatoren und Philosophen, alle hatten das gleiche Ziel, den Fortschritt. Darin waren sie unbeirrbar. Die Größe des Konvents war, daß er aus allen sogenannten Unmöglichkeiten das darin enthaltene Maß an Wirklichkeit herausholte. Auf der einen äußersten Seite wandte Robespierre den Blick hin zum Recht, auf der anderen blickte Condorcet hin zur Pflicht.

Condorcet war verträumt, aber klar denkend, Robespierre der Mann der Ausführung; und manchmal in den Endkrisen überalterter Gesellschaften ist Ausführung gleichbedeutend mit Austilgung. An den beiden Hängen der Revolution, Aufstieg und Abstieg, sind alle Jahreszeiten ihrer Entwicklung vertreten, vom Eis bis zu den Blumen. Jede Zone bringt die Männer ihres Klimas hervor, die einen leben in der Sonne, die anderen im Sturm.

7

Man zeigte sich den Winkel des linken Durchgangs, wo Robespierre dem Garat, Clavières Freunden, die drohenden Worte zuflüsterte: »Clavière hat überall, wohin er geraten ist, konspiriert.« In derselben Ecke, zur Absonderung und halblauten Entrüstung sehr geeignet, wurde von Fabre d'Eglantine Romme der Vorwurf gemacht, er habe seinen Kalender durch die Änderung von ›Fervidor‹ in ›Thermidor‹ entstellt. Man zeigte sich die Ecke, wo eng beieinander die sieben Abgeordneten der Haute-Garonne saßen, die beim Urteil über Ludwig XVI. als erste aufgerufen wurden und der Reihe nach antworteten: »Todesstrafe«. Im ewigen Rückschlag durch die Geschichte und durch die Entwicklung der menschlichen Gerechtigkeit hindurch widerhallt so das Echo der Gruft von den Mauern des Gerichts. Man wies in dem Getümmel mit den Fingern auf jene Männer, von denen das Getöse dieses schicksalvollen Urteils ausging: Da war Paganel, der gesagt hatte: »Todesstrafe. Ein König ist nur durch sein Sterben nützlich.«; Millaud: »Todesstrafe. Wenn es den Tod nicht gäbe, müßte man ihn heute erfinden«; der alte Raffron du Trouillet: »Todesstrafe. Schleunigst den Tod«; Goupilleau: »Todesstrafe. Das Schafott, sofort. Langsamkeit verschärft den Tod«; Sieyès, mit der einen düsteren Zusammenfassung: »Tod«. Thuriot, der die von Buzot vorgeschlagene Berufung ans Volk verwarf: »Wie? Die Wahlversammlungen bemühen? Vierundvierzigtausend Gerichtshöfe? Prozeß ohne Ende! Ludwigs Kopf hätte Zeit, weiß zu werden, ehe er fiele.« Augustin-Bon

Robespierre sprach nach seinem Bruder: »Ich kenne keine Menschlichkeit, welche die Völker erwürgt und die Despoten begnadigt. Todesstrafe! Aufschub verlangen hieße nicht Aufruf ans Volk, sondern an die Tyrannen.« Foussedoire, der Stellvertreter Bernardins de Saint-Pierre: »Menschliches Blut zu vergießen ist mir ein Greuel, aber Königsblut ist nicht Menschenblut. Todesstrafe.« Jean-Bon-Saint André: »Kein freies Volk ohne toten Tyrannen.« Lavicomterie: »Wenn der Tyrann atmet, erstickt die Freiheit. Todesstrafe.« Chateauneuf-Randon: »Tod Ludwig dem Letzten!« Guyardin: »Hinrichtung bei umgestürzter Barriere!«, er meinte die Schranke des Throns. Tellier: »Gießt eine Kanone vom Kaliber des Kopfes Ludwigs und schießt damit auf den Feind.« Man zeigte sich auch die Nachsichtigeren. Gentil, welcher sprach: »Ich stimme für Gefängnis. Wenn wir einen neuen Karl I. machen, so machen wir einen Cromwell.« Bancal: »Verbannung. Ich will den ersten König der Welt dazu verurteilt sehen, daß er sein Leben durch ein Handwerk fristet.« Albouys: »Ächtung. Möge er als lebendiges Gespenst zwischen den Thronen umgehen.« Zangiacomi: »Gefängnis. Behalten wir Capet lebend als Vogelscheuche.« Chaillon: »Er lebe. Ich will den Toten nicht von Rom heiligsprechen lassen.«

Während solche Urteilssprüche von strengen Lippen fielen und einer nach dem anderen in die Geschichte eingingen, zählten auf den Tribünen geputzte Frauen in ausgeschnittenen Kleidern, eine Liste in der Hand, die Stimmen nach und durchstachen mit der Nadel jeden Namen.

Wo die Tragödie einmal Einzug gehalten hat, bleiben Furcht und Mitleid immer sitzen. Zu welcher Zeit man den Konvent betrachtet, es bleibt stets wieder der Eindruck dieser Abstimmung über den letzten Capet; die Legende vom 21. Januar blieb jeder seiner Handlungen beigemischt; die gewaltige Versammlung erbrauste von dem Sturmhauch, der die Fackel des Königtums, seit achtzehn Jahrhunderten brennend, verlöschte; denn die entscheidende Verurteilung aller Könige in diesem einen war gleichsam der Ausgangspunkt des großen Krieges gegen die Vergangenheit; in jede Sitzung fiel der Schatten vom Blutgerüst Ludwigs XVI.; dann erzählten sich die Zuschauer, wie Roland und wie Kersaint ihr Mandat niederlegten, wie Duchâtel, Abgeordneter von Deux-Sèvres sich auf seiner Krankenbahre hereintragen ließ und sterbend für Leben stimmte und wie Marat darüber lachte; man suchte nach jenem seither verschollenen Mitglied, das nach der siebenunddreißigstündigen Verhandlung erschöpft auf seiner Bank eingeschlafen war, vom Diener aufgeweckt mit halbgeöffneten Augen: »Todesstrafe!« sagte und wieder einschlief.

Als Ludwig XVI. verurteilt wurde, hatte Robespierre noch achtzehn Monate zu leben, Danton fünfzehn, Vergniaud neun, Marat fünf Monate und drei Wochen, Lepelletier-Saint-Fargeau einen Tag. Wie kurz und furchtbar ist der Atem dieser Menschenmünder.

8

Für das Volk öffnete sich immer ein Fenster auf den Konvent: die Zuschauertribüne. Genügte das nicht, so wurde die Tür aufgemacht, und die Straße trat in den Saal ein. Dies Eindringen der Menge ins Parlament gehört zu den überraschenden Erscheinungen in der Geschichte. Diese Fluten waren meist wohlwollend. Die Straße verbrüderte sich mit dem kurulischen Stuhl, aber unheimlich war dennoch diese Herzlichkeit eines Volkes, das eines Tages binnen dreier Stunden die Kanonen des Invalidendoms und vierzigtausend Gewehre an sich genommen hatte. Unablässig unterbrachen Abordnungen die Sitzungen, die man mit ihren Eingaben, Huldigungen und sonstigen Darbietungen an die Schranken ließ. Da wandelte die Ehrenpike der Vorstadt Saint-Antoine herein, von Weibern getragen. Engländer widmeten zwanzigtausend Schuhe den Barfüßigen im Heer. Der Bürger Arnoux, Pfarrer von Aubignan und Kommandant des Bataillons der Drôme, verlangte unter Vorbehalt seines Amtes, an die Grenze zu marschieren (nach dem Moniteur). Die Bezirksvertreter brachten auf Tragbahren Schüsseln, Hostienteller, Kelche, Monstranzen, ganze Haufen Gold und Silber, das die zerlumpte Menge dem Vaterlande darbot, gegen die einzige Belohnung, dem Konvent die Carmagnole vortanzen zu dürfen. Chenard, Narbonne und Vallière sangen Lieder zu Ehren der Bergpartei. Der Bezirk Mont-Blanc schenkte die Büste von Lepelletier, und eine Frau setzte dem Präsidenten eine rote Mütze auf, der sie dafür umarmte; die Bürgerinnen des Bezirks Le Mail streuten ›den Gesetzgebern‹ Blumen; die ›Schüler des Vaterlandes‹ erschienen mit Musik und dankten dem Konvent ›für die Begründung der Wohlfahrt des Jahrhunderts‹; Rosen wurden von den Frauen des Bezirks Gardes-Françaises, Eichenlaubkränze von denen des Bezirks Champs-Elysées gebracht; die Frauen vom Temple leisteten vor den Schranken einen Eid, ›sich nur mit echten Republikanern verbinden zu wollen‹; der Bezirk Molière spendete eine Franklinsche Denkmünze, die auf Beschluß an den Kranz der Freiheitsstatue gehängt wurde; die Findlinge, zu Kindern der Republik erklärt, zogen in der nationalen Uniform vorbei; die Jungfrauen des Bezirks Zweiundneunzig erschienen in langen weißen Gewändern, und am nächsten Tage stand im Moniteur: ›Der Präsident empfängt einen Blumenstrauß aus den unschuldigen Händen einer jungen Schönheit.‹ Die Redner grüßten die Massen; schmeichelten ihnen manchmal: »Menge, du bist unfehlbar, du bist untadelig, du bist erhaben.« Das Volk in seinem kindlichen Wesen liebt Süßigkeiten. Manchmal auch drang der Aufruhr in die Versammlung tobend herein und zog beschwichtigt von dannen. So fließt die Rhône durch den Genfer See, trübe bei der Einmündung und himmelblau beim Austritt.

Manchmal lief es weniger friedlich ab, und Henriot ließ vor das Tor der Tuilerien Roste schaffen, um darauf Brandkugeln zum Glühen zu bringen.

Gleichzeitig mit der Entfesselung der Revolution schuf diese Versammlung auch Zivilisation. Ein Glutofen, doch eine Schmiede. In diesem Kessel, wo der Schrecken brodelte, gärte der Fortschritt. Aus dem Chaos fliehender Schatten und Wolken fuhren gewaltige Lichtstrahlen gleich ewigen Gesetzen hernieder. Der Horizont bewahrte sie auf, sie blieben sichtbar im Himmel der Völker: Gerechtigkeit, Duldsamkeit, Güte, Vernunft, Wahrhaftigkeit, Menschenliebe. Der Konvent stellte den großen Grundsatz auf: ›Die Freiheit eines Bürgers endet dort, wo die Freiheit eines anderen Bürgers beginnt.‹ In diesen zwei Zeilen waren die Bedingungen des gesellschaftlichen Lebens zusammengefaßt. Der Konvent sprach die Bedürftigkeit und die Gebrechlichkeit heilig im Blinden und im Taubstummen als Schützlinge des Staates; die Mutterschaft heilig in der ledigen Frau, die er tröstete und aufrichtete; die Kindheit heilig in der Waise, vom Vaterlande an Kindesstatt angenommen; die Unschuld heilig in dem Freigesprochenen, den der Staat entschädigte. Der Konvent brandmarkte den Negerhandel und beseitigte die Sklaverei. Er verkündete die Solidarität der Bürger untereinander. Er führte den unentgeltlichen Unterricht ein, die nationale Erziehung in der Pariser École normale, in der École centrale an jedem Hauptort und in der École primaire in jeder Gemeinde. Er gründete Musikakademien und Museen, brachte Einheit in die Gesetzgebung, in die Maße und Gewichte und in das Rechnungswesen durch das Dezimalsystem. Er ordnete die Finanzen Frankreichs und gründete auf den langen Bankrott unter dem Königtum den öffentlichen Kredit unter der Republik. Den allgemeinen Verkehr förderte er durch telegraphische Einrichtungen, dem Alter schenkte er Heime, der Krankheit reinliche Spitäler, dem Bildungswesen die polytechnische Hochschule, der Wissenschaft die geographische Messungsanstalt, dem menschlichen Geist das Institut. Wie er national war, konnte er zugleich kosmopolitisch sein. Von den elftausendzweihundertzehn Verordnungen des Konvents verfolgte nur ein Drittel politische, alles übrige allgemein menschliche Zwecke. Die Weltmoral wurde zur Grundlage der Gesellschaft, das Weltgewissen zur Grundlage der Gesetzgebung erklärt, und alles dies, wie ferner die Abschaffung des Frondienstes, allgemeine Verbrüderung, Schutz der Menschheit, Läuterung des allgemeinen Gewissens, Verwandlung des Gesetzes über die Arbeit in ein Recht auf Arbeit und der Ausbeutung in hilfreiche Leistung, Befestigung des Volksvermögens, Aufklärung und Stützung der Jugend, Förderung der Künste und Wissenschaften, Beistand für jedes Elend, Ausrufung jedes hohen Prinzips, Licht auf allen Gipfeln, alles dies schuf der Konvent mit der Hydra der Vendée am Herzen und im Nacken eine Schar Tiger, die feindlichen Könige.

10

Ein Raum ohne Grenzen: Alle Menschen, Unmenschen und Übermenschen waren da, in gehäuftem epischem Widerstreit. Guillotin ging David aus dem Weg, Bazire beschimpfte Chabot, Guadet verspottete Saint-Just, Vergniaud verachtete Danton, Louvet befehdete Robespierre, Buzot denunzierte Égalité, Chambon geißelte Pache, alle verabscheuten Marat. Und wieviel Namen müßte man noch verzeichnen! Armonville, genannt Bonnet-Rouge, weil er auf seiner Bank nur mit der phrygischen Mütze erschien, Freund Robespierres und gewillt, dem Gleichgewicht zuliebe ›nach Ludwig XVI. den Robespierre guillotinieren zu lassen‹; Massieu, Kollege und Vertrauter des guten Bischofs Lamourette, nach dessen Namen man mit Recht eine Art zu küssen nennt. Lehardy aus dem Morbihan, der die bretonischen Priester der Ächtung preisgab; Barère, der Mann der Mehrheiten, der dem Gericht über Ludwig XVI. vorsaß und zur Pamela in den gleichen Beziehungen stand wie Louvet zur Lodoïska. Daunou vom Oratorium mit dem ständigen Ausspruch: ›Nur Zeit gewinnen‹. Dubois de Crancé, mit dem Marat oft flüsterte; der Graf von

Chateauneuf, Laclos, Hérault de Séchelles, der vor Henriot zurückwich mit dem Rufe: »Kanoniere, an die Geschütze!« Julien, der den Berg mit den Thermopylen verglich; Gamon, der einen besonderen Zuschauerraum für die Frauen verlangte; Laloy, der die parlamentarischen Ehrungen dem Bischof Gobel zuerkannte, als dieser in den Konvent kam, die Mitra ablegte und die rote Mütze aufsetzte; Lecomte, der dazu äußerte: »Jetzt will sich jeder entpriestern!«; Féraud, dessen abgeschlagener Kopf von Boissy-d'Anglas gegrüßt wurde, wodurch die geschichtliche Frage entstand: ›Hat er den Kopf, also das Opfer, oder die Pike, also die Mörder, gegrüßt?‹ Die beiden Brüder Duprat, einer zur Bergpartei, der andere zur Gironde gehörig, die einander haßten wie die beiden Chéniers.

Auf dieser Rednertribüne erklangen manchmal schwindelerregende Worte, deren revolutionäre Schicksalswirkung der Sprechende selbst kaum ahnte. Ihre Wirkung scheint, den tatsächlichen Ereignissen plötzlich irgendeine leidenschaftliche Unzufriedenheit verursacht zu haben, als hätten sie das Gehörte übel genommen. Was geschieht, geschieht dann gleichsam aus Zorn über jene Rede, und Katastrophen treten ein, wütend und wie außer sich geraten durch die Worte der Menschen. Im Gebirge genügt ein Schrei, um die Lawine ins Rollen zu bringen: Ein Wort zuviel kann einen Einsturz hervorrufen, der ohne die Bewegung der Zunge ausgeblieben wäre. Jähzorn spricht manchmal aus den Ereignissen.

So fiel, weil die Äußerung eines Redners mißverstanden wurde, das Haupt der Madame Elisabeth.

Im Konvent genoß die Maßlosigkeit der Sprache Bürgerrecht.

Durch die Debatte flogen und kreuzten sich die Drohungen wie Funken in der Feuersbrunst. – Pétion: »Robespierre, kommen Sie zur Sache!« – Robespierre: »Die Sache sind Sie, Pétion. Ich werde noch darauf kommen. Und das werden Sie sehen.« – Eine Stimme: »Todesstrafe für Marat!« – Marat: »An dem Tage, an dem Marat sterben wird, gibt es kein Paris mehr, und gibt es kein Paris, lebt die Republik nicht mehr.« – Billaud-Varennes steht auf: »Wir wollen ...« Barère unterbricht ihn: »Du sprichst wie ein König.« – Eines anderen Tages Philippeaux: »Ein Mitglied hat den Degen gegen mich gezogen.« – Audouin: »Präsident, rufen Sie den Mörder zur Ordnung.« – Der Präsident: »Ruhe.« Panis: »Ich rufe jetzt Sie zur Ordnung, Präsident.« – Oft wurde kräftig gelacht. Lecointre: »Der Pfarrer von Chant-de-Bout beschwert sich über Fauchet, seinen Bischof, der ihn nicht heiraten lassen will.« – Ein Zwischenrufer: »Ich sehe nicht ein, warum Fauchet Mätressen haben darf, wenn er anderen nicht Ehefrauen gönnt.« – Ein zweiter: »Priester, nimm dir eine Frau!« – Die Tribünen mischten sich in die Debatte. Sie duzten die Abgeordneten. Eines Tages stieg Ruamps, dessen eine Hüfte gewölbter war als die andere, auf die Tribüne. Daher rief ein Zuschauer auf ihn herab: »Dreh dich doch nach rechts mit deiner Davids-Backe!« Solche Freiheiten konnte sich das Volk mit dem Konvent nehmen. Einmal aber, beim Tumult vom 11. April 1793, ließ der Präsident einen der Zwischenrufer verhaften.

In einer vom alten Buonarotti beschriebenen Sitzung ergreift Robespierre das Wort und spricht zwei Stunden, den Blick auf Danton gerichtet, bald ihn durchbohrend, was schon schlimm genug war, bald von der Seite auf ihn schielend, was noch unangenehmer wirkte. Aus unmittelbarer Nähe beschießt er ihn und schließt düster mit einem Ausbruch unheimlicher Entrüstung: »Man kennt die Intriganten, man kennt die Bestecher und die Bestochenen, man kennt die Verräter, sie sitzen in dieser Versammlung. Sie hören uns zu, wir sehen sie und lassen die Augen nicht von ihnen. Sie sollen hinaufschauen! Da wird das Schwert des Gesetzes sie anblitzen. Sie sollen in ihr Gewissen schauen! Da wird ihre Verworfenheit ihnen entgegendunkeln. Hütet euch!« – Als Robespierre endet, ist Dantons Gesicht zur Decke gewandt, und mit halbgeschlossenen Augen, einen Arm über die Bank gestreckt, trällert er zurückgelehnt das Liedchen:

»Reden hält Kadett Roussel,
Dauern sie nicht lange, so geht es schnell!«

Alle Flüche platzen aufeinander: »Verschwörer! – Mörder! – Schuft! – Verräter! – Gemäßigter!« Man verklagte sich gegenseitig bei der Büste des Brutus, die vor der Versammlung stand, verwünschte, verleugnete, verachtete sich, rasende Blicke von allen Seiten, geballte Fäuste, aufblinkende Pistolen, halbgezückte Dolche, Feuersbrunst um die Tribüne. Manche sprachen, als lehnten sie sich ans Blutgerüst. Schaudernd und schaurig wogten die Köpfe hin und her, Girondisten, Bergpartei, Feuillants, Gemäßigte, Terroristen, Jakobiner, Cordeliers, achtzehn den König zum Tode verdammende Priester, so viele Männer, wie nach allen Richtungen stiebende Rauchwolken.

11

Vom Winde getriebene Geister. Doch dieser Wind war Hauch des Wunders.

Auch die Größten im Konvent waren nur Wellen in einem Ozean, die Kraft der Gedankenanstöße kam von oben. Ein Gesamtwille herrschte über ihnen, ein überpersönlicher Gedanke, unzähmbar, unmeßbar, brausend aus den Schatten der Himmelshöhen. Dies nennen wir Revolution. Stürmte eine solche Idee durch die Welt, so warf sie den einen zu Boden und hob den anderen empor; zersprengte manchen zu Schaum und schmetterte manchen gegen die Riffe. Sie wußte, wohin sie ging, sie trieb den Abgrund vor sich her. Gibt man die Revolution für Menschenwerk aus, so würden Ebbe und Flut vom Wasser geschaffen!

Revolution ist die Tat des Unbekannten. Nennt sie gut oder schlecht, je nachdem ihr Zukunft oder Vergangenheit liebt, aber verwischt nicht ihren Ursprung. Sie scheint wohl aus dem Zusammenwirken großer Ereignisse und großer Persönlichkeiten entstanden zu sein, tatsächlich aber ist sie das Ergebnis der Ereignisse. Diese machen die Ausgaben, und die Menschen zahlen. Die Menschen unterzeichnen, was die Ereignisse diktieren. Desmoulins unterschreibt den 14. Juli, Danton den 10. August, Marat den 2. September, Grégoire den 21. September, und der 21. Januar ist von Robespierre unterschrieben. Aber diese alle handhaben nur die Feder. Der mächtige und unheilvolle Redakteur dieser großen Seiten trägt den Namen Gott und die Maske Schicksal. Robespierre glaubte an Gott. Freilich!

Die Revolution ist eine Erscheinungsform der uns innewohnenden Notwendigkeit, die uns von allen Seiten bedrängt. Vor dieser geheimnisvollen Verstrickung von Wohltaten und Leiden erhebt sich das große Warum? der Geschichte.

Weil! Diese Antwort des Nichtwissenden ist zugleich die des Allwissenden!

Angesichts solcher klimatischen Umwälzungen, die die Zivilisation verwüsten und beleben, zögert man mit dem Urteil über das einzelne. Wegen des Ergebnisses die Menschen zu tadeln oder zu loben ist gerade so, als lobte oder tadelte man die Zahlen ihrer Summe wegen. Was herankommen muß, kommt heran, was hinstürmen muß, stürmt hin. Die heitere Ewigkeit wird von solchen Nordwinden nicht berührt. Über den Revolutionen bleiben Wahrheit und Gerechtigkeit stehen wie der Sternenhimmel über dem Sturm.

12

Das war der maßlose Konvent, verschanztes Lager der Menschheit, von allen Seiten der Nacht zugleich angegriffen, Wachfeuer eines belagerten Heeres von Gedanken, breites Biwak von Geistern am Rande des Abgrunds. Keine Versammlung der Geschichte ist mit dieser vergleichbar, die zugleich Senat und Pöbel war, ein Konklave und ein Auflauf aller Richtungen, ein Areopag und ein Marktplatz, ein Gerichtshof und eine Anklagebank.

Der Konvent hat sich im Wind gebogen, aber dieser Hauch wehte aus dem Munde des Volkes und war der Atem Gottes.

Wenn heute, nach achtzig Jahren, in der Vorstellung irgendeines Menschen, Geschichtsschreibers oder Philosophen, der Konvent auftaucht, wird dieser Mensch stehenbleiben und nachsinnen. Unmöglich wäre es, nicht gefangen zu sein von diesem großen Zug der Schatten.

II
Marat hinter den Kulissen

Am Tage nach der Zusammenkunft in der Rue du Paon ging Marat, wie er der Simonne Évrard angekündigt hatte, in den Konvent.

Dort gab es einen maratistischen Marquis, Louis de Montaut, der dem Konvent später eine Dezimaluhr mit Marats Büste schenkte. Als Marat eintrat, war Chabot auf Montaut zugegangen und redete ihn an: »Vormaliger ...«

Montaut sah auf: »Warum nennst du mich ›Vormaliger‹?«

»Weil du es bist.«

»Ich? Wieso?«

»Du warst Marquis.«

»Niemals.«

»Ach!«

»Mein Vater war Soldat, mein Großvater Weber.«

»Montaut, was willst du mir vormachen!«

»Ich heiße nicht Montaut.«

»Wie sonst?«

»Ich heiße Maribon.«

»Es kann mir eigentlich gleich sein«, brummte Chabot. »Man reißt sich jetzt darum, nicht Marquis zu sein.«

Marat war im Gange zur Linken stehengeblieben und sah zu Montaut und Chabot hin.

Sein Eintreten rief stets ein Murmeln hervor, doch nur bei den ferner Stehenden. In seiner Nähe wurde geschwiegen. Marat bemerkte das nicht, er verachtete das ›Quaken des Sumpfes‹.

Aus dem Halbschatten der unteren Bänke hoben Coupé de l'Oise, Prunelle, Villars, ein Bischof, der später Mitglied der französischen Akademie wurde, Boutrole, Petit, Plaichard, Bonet, Thibaudeau und Valdruche den Finger auf ihn:

»Seht, Marat!«

»Er ist also nicht krank?«

»Doch, er hat ja den Schlafrock an.«

»Schlafrock?«

»Tatsächlich!«

»Was er sich alles erlaubt!«

»So wagt er es, in den Konvent zu kommen!«

»Er ist einmal im Lorbeerkranz erschienen, warum nicht im Schlafrock!«

»Kupfergesicht mit Grünspanzähnen.«

»Der Schlafrock scheint übrigens neu zu sein.«

»Was für Stoff?«

»Rips. Gestreift.«

»Die Aufschläge!«

»Aus Pelz.«

»Tigerpelz.«

»Nein, Hermelin.«

»Aber aus falschem.«

»Und Strümpfe hat er an!«

»Sonderbar.«

»Und Schnallenschuhe.«

»Mit silbernen Schnallen!«

»Das werden ihm die Holzpantoffeln von Camboulas nicht verzeihen.«

Auf anderen Bänken wieder tat man, als sehe man Marat nicht. Man sprach von anderen Dingen.

»Wissen Sie schon, Dussaulx ...«, sagte Santhonax.

»Was denn?«

»Der ehemalige Comte de Brienne ...«

»Der mit dem ehemaligen Duc de Villeroy in La Force eingesperrt war?«

»Ganz richtig.«

»Ich kannte beide.«

»Nun?«

»Sie hatten derartige Angst, daß sie jede rote Mütze der Gefangenenwärter grüßten und einmal auf eine Partie Piquet verzichteten, weil man ihnen ein Kartenspiel mit Königen und Damen gegeben hatte.«

»Was wissen Sie von Ihnen?«

»Gestern sind sie guillotiniert worden.«

»Alle beide?«

»Beide.«

»Und wie haben sie sich im Kerker benommen?«

»Feige.«

»Auf dem Schafott auch?«

»Nein, unerschrocken.«

»Sterben ist leichter als leben«, äußerte Dussaulx.

Barère verlas gerade einen Bericht. Er betraf die Vendée: Neunhundert Mann aus dem Morbihan waren mit Geschützen der Stadt Nantes zu Hilfe gerückt; die Bauern bedrohten Redon und griffen Painboeuf bereits an. Vor Maindrin kreuzte ein Geschwader, um Landungen zu verhüten. Das ganze linke Ufer der Loire von Ingrande bis Maure starrte von Batterien der Königlichen. Dreitausend Bauern standen in Pornic, sie ließen die Engländer hochleben. Ein Brief von Santerre an den Konvent schloß mit den Worten: ›Siebentausend Bauern haben Vannes berannt, wir schlugen sie zurück und nahmen ihnen vier Geschütze ab ...‹

»Und wieviel Gefangene?« rief jemand dazwischen.

Barère fuhr fort: »Nachtrag des Briefes: ›Gefangene haben wir nicht, weil wir keine Gefangenen mehr machen‹ (Moniteur).«

Marat, immer noch regungslos, hörte nicht zu. Er schien von einer ernsten Sorge erfüllt. Zwischen seinen Fingern zerknitterte er ein Blatt Papier. Wer es entfaltet hätte, würde darauf in Momoros Schrift folgende Zeilen gelesen haben, wohl eine Antwort auf eine Frage Marats:

›Gegen die Allmacht der abgeordneten Kommissare ist nicht anzukommen, besonders gegen die vom Wohlfahrtsausschuß nicht. Auch wenn Genissieu in der Sitzung vom 6. Mai gesagt hat „Jeder Kommissar ist mehr als ein König", macht das nichts. Sie entscheiden über Leben und Tod. Massade in Angers, Trullard in Saint-Amand, Nyon beim General Marcé, Parein in der Armee von Sables, Millières in der Armee von Niort sind allmächtig. Der Jakobinerklub ist so weit gegangen, Parein zum Brigadegeneral zu ernennen. Die Umstände sollen alles rechtfertigen. Ein Delegierter des Wohlfahrtsausschusses hält einen kommandierenden General in Schach.‹

Marat ballte das Papier zusammen, steckte es in die Tasche und näherte sich langsam Montaut und Chabot, die seinen Eintritt nicht bemerkt hatten und weitersprachen.

»Maribon oder Montaut«, sagte Chabot zu dem anderen, »paß gut auf: Ich komme gerade aus dem Wohlfahrtsausschuß.«

»Was machen sie dort?«

»Sie geben einem Adligen einen Priester zum Aufpasser bei.«

»So?«

»Bei einem Adligen wie du! ...«

»Ich bin kein Adliger«, sagte Montaut.

»Als Aufpasser einen Priester ...«

»Wie du einer bist.«

»Ich bin kein Priester«, antwortete Chabot.

Sie mußten beide lachen.

»Erzähle Näheres«, sagte Montaut.

»Es verhält sich so. Ein Priester Cimourdain ist mit unbeschränkter Vollmacht einem Vicomte Gauvain beigeordnet worden. Der Vicomte befehligt die Streifenabteilung des Küstenheeres. Es soll verhindert werden, daß der Adlige falsch spielt und daß der Priester Verrat begeht.«

»Ganz einfach, man muß nur den Tod dazu stellen.«

»Eben deshalb komme ich her«, sagte Marat.

Sie sahen auf. »Guten Tag, Marat, du erscheinst selten in unseren Sitzungen«, sagte Chabot.

»Mein Arzt verordnet mir Bäder.«

»Den Bädern ist nicht zu trauen. Seneca starb in einem Bad.«

Marat lächelte: »Hier ist kein Nero.«

»Aber du bist hier«, sagte eine derbe Stimme. Es war Danton, der gerade zu seinem Platz ging.

Marat wandte sich nicht um. Er neigte den Kopf zwischen die beiden Gesichter Montauts und Chabots. »Hört zu, ich komme wegen einer ernsten Sache. Einer von uns dreien muß heute einen Konventsbeschluß beantragen.«

»Ich nicht«, sagte Montaut. »Man hört nicht auf mich, ich bin ein Marquis.«

»Auf mich hört man nicht«, sagte Chabot, »ich bin ein Kapuziner.«

»Und auf mich«, sagte Marat, »hört man nicht, ich bin Marat.«

Alle drei schwiegen. Marat anzureden, wenn er nachdachte, war nicht ratsam.

Trotz allem erlaubte sich Montaut eine Frage: »Welchen Antrag wünschst du, Marat?«

»Daß jeden Befehlshaber, der einen gefangenen Rebellen freiläßt, die Todesstrafe trifft.«

»Einen solchen Beschluß gibt es schon, Ende April wurde er angenommen«, warf Chabot ein.

»Dann ist es so, als gäbe es ihn nicht. In der ganzen Vendée legt man es darauf an, die Gefangenen in Freiheit zu setzen, und die Gewährung von Zuflucht bleibt straflos.«

»Weil die Verordnung in Vergessenheit geraten ist, Marat.«

»Man muß ihr wieder zur Wirksamkeit verhelfen, Chabot.«

»Allerdings.«

»Und man muß im Konvent dafür sprechen.«

»Marat, der Konvent ist nicht nötig, es genügt der Wohlfahrtsausschuß.«

»Der Zweck ist schon erreicht«, fügte Montaut hinzu, »wenn der Ausschuß die Verordnung in allen Gemeinden der Vendée anschlagen läßt und zwei oder drei abschreckende Beispiele aufstellt.«

»Mit wichtigen Köpfen. Mit Generalen.«

»Das wird tatsächlich ausreichen«, brummte Marat.

»Marat, gehe selbst und sage das dem Wohlfahrtsausschuß.«

Marat sah ihm zwischen die Augen, was durchaus nicht angenehm war, nicht einmal für Chabot: »Chabot, der Ausschuß heißt soviel wie Robespierre. Zu Robespierre gehe ich nicht.«

»So will ich es tun«, sagte Montaut.

»Gut«, sagte Marat.

Am folgenden Tage erließ der Wohlfahrtsausschuß eine Verordnung an sämtliche Behörden, wonach in allen Städten und Dörfern der Vendée der Beschluß anzuschlagen und aufs genaueste auszuführen sei, daß auf die Mitschuld am Entweichen gefangener Räuber und Rebellen die Todesstrafe stehe.

Dies war nur ein erster Schritt, der Konvent ging weiter. Einige Monate danach, am 11. Brumaire des II. Jahres (November 1793), wurde bestimmt, daß jede den Rebellen Zuflucht gewährende Stadt völlig zerstört werden solle. Der Anlaß war, daß Laval den flüchtigen Vendéern die Tore geöffnet hatte.

Ihrerseits hatten die Fürsten Europas ein Manifest erlassen, verkündet vom Herzog von Braunschweig, angeregt durch die Emigranten, entworfen vom Haushofmeister des Herzogs von Orléans, Marquis de Linnon: Danach war jeder mit den Waffen in der Hand ergriffene Franzose zu erschießen, und wenn ein Haar auf dem Haupte des Königs gekrümmt würde, sollte Paris der Erde gleichgemacht werden. Wildheit gegen Barbarei.

Dritter Teil

In der Vendée

Erstes Buch
Die Vendée

I
Die Wälder

Es gab damals in der Bretagne sieben ungeheure Wälder. Die Vendée, das ist der alte Aufruhr der Priester. Diesem Priesteraufruhr hat der Wald Hilfe geleistet. Die Dunkelheiten verbinden sich miteinander.

Die sieben ›Schwarzen Wälder‹ der Bretagne waren: der von Fougères, der den Weg zwischen Dol und Avranches unterbricht; der von Princé, mit einem Umfang von acht Meilen; der von Paimpont, voller Schluchten und Bäche, von Baignon her fast unerreichbar und Deckung für einen leichten Rückzug auf den königlich gesinnten Ort Concornet; der Wald von Rennes, wo man das Sturmläuten der republikanischen Gemeinden hören konnte, die sich immer zahlreich in der Nähe der Städte befanden, dort verlor Puisaye Focard; der Wald von Machecoul, in dem das wilde Tier Charette hauste; der von La Garnache, der den Familien La Trémoille, Gauvain und Rohan gehörte; und der Wald von Brocéliande, Eigentum der Feen.

Ein bretonischer Adliger hatte den Titel ›Herr der sieben Wälder‹; das war der Vicomte de Fontenay, bretonischer Fürst. Denn es gab bretonische Fürsten, die sich von den französischen unterschieden. Die Rohans waren bretonische Fürsten. So bezeichnet Garnier de Saintes in seinem Bericht vom 15. Nivôse II an den Konvent den Duc de Talmont als den ›König der Wegelagerer, Regent von Maine und Normandie‹.

Die Geschichte der Wälder in der Bretagne von 1792 bis 1800 könnte gesondert geschrieben werden und würde sich den gewaltigen Ereignissen in der Vendée wie eine Legende angliedern.

Gleich der Geschichte hat die Legende ihre Wahrheit, die sie von der geschichtlichen unterscheidet, da die Wahrheit einer Legende von einer Erfindung ausgeht, um doch gleichfalls bei der Wirklichkeit anzukommen. Legende und Geschichte sind einig in dem Ziel, im Menschen einer Zeit den ewigen Menschen darzustellen. Die Vendée ist nur vollständig zu erklären, wenn die Legende die Geschichte vervollständigt; die Geschichte ist für das Gesamte und die Legende für das einzelne notwendig.

Die Vendée ist es wert, das müssen wir betonen. Die Vendée ist etwas Wunderbares. Ihr Krieg von Unwissenden, so dumm und glanzvoll, so scheußlich und großartig, hat Frankreich mit Trauer überzogen und zugleich stolz gemacht. Die Vendée ist eine Wunde, die gleichzeitig eine Glorie ist.

Zu gewissen Zeiten gibt die menschliche Gesellschaft Rätsel auf, die sich für die Erkennenden in Licht, für die anderen in Finsternis, Gewalttätigkeit und Barbarei auflösen. Der Philosoph zögert mit der Anklage. Er zieht die Verwirrung in Betracht, die gefährliche Wirkung der Probleme. Gleich den Wolken müssen die Probleme im Vorüberziehen einen Schatten niederwerfen. Zum Verständnis der Vendée muß man den großen Gegensatz zwischen der Französischen Revolution und dem bretonischen Bauern beachten. Man betrachte jene unvergleichlichen Ereignisse, mächtige Bedrohung mit allen Wohltaten zugleich, plötzlichen Wutanfall der Zivilisation, maßlosen Fortschritt und unbegreifliche Besserungsgier, und stelle demgegenüber diesen ernsten eigenbrötlerischen Bretonen, einen Menschen mit hellem Auge und langem Haar, von Milch und Kastanien lebend, beschränkt auf seine Strohhütte mit Zaun und Graben, den Bauern, der jedes Nachbardorf am Klang der Glocke erkennt, Wasser nur zum Trinken benutzt, bekleidet mit einem Lederwams voll seidener Arabesken, roh bestickt, die Kleider tätowiert, wie seine keltischen Vorfahren sich die Gesichter bemalten; respektiert in seinem Henker noch seinen Herrn, spricht eine ausgestorbene Sprache, läßt die Gedanken also in einem Grabe wohnen; er stachelt seine Ochsen, wetzt die Sense, lockert sein Getreidefeld, knetet Buchweizenfladen, verehrt am meisten seinen Pflug und danach seine Großmutter, glaubt an die Heilige Jungfrau und an die weiße Dame, bückt sich vor dem Altar und auch vor dem geheimnisvollen, aus der Heide ragenden hohen Stein. Er ist Ackerbauer in der Ebene, Fischer an der Küste, Wilderer im Dickicht, liebt seine Könige, seine Schloßherren, seine Priester und seine Läuse und steht oft stundenlang, regungslos sinnend, am langen verlassenen Strande, düsterer Lauscher auf das Meer.

Danach frage man sich, ob dieser Blinde jene Helligkeit aufnehmen konnte.

II
Die Menschen

Der Landmann hat an zwei Dingen seinen Halt: am Felde, das ihn ernährt, am Walde, der ihn verbirgt.

Nur schwer können wir uns bretonische Wälder vorstellen. Es waren Städte. Nichts war so dumpf, stumm und wild wie diese unentwirrbaren Verstrickungen von Dornen und Baumästen, diese weiten, buschigen Lagerstätten waren Nester des regungslosen Schweigens; keine Einöde erscheint so tot, grabähnlich. Hätte man aber mit Blitzstrahlen die Bäume niederlegen können, so wäre plötzlich aus der Finsternis ein Menschengewimmel sichtbar geworden.

Enge runde Schächte, von außen mit Steinen und Zweigen bedeckt, erst senkrecht, dann waagerecht unter der Erde langsam sich trichterförmig erweiternd bis zu lichtlosen Kammern;

das fand Kambyses in Ägypten und Westermann in der Bretagne. Jener fand es in der Wüste, dieser im Walde, in den ägyptischen Höhlen lagen Tote, in den bretonischen waren Lebende. Eine der Lichtungen in der wildesten Mitte des Dikkichts von Misdon, ganz durchbrochen von Stollen und Kammern, wo ein geheimnisvolles Volk kam und ging, hieß ›Große Stadt‹. Eine andere Lichtung, über der Erde, ebenso verlassen und drunter ebenso dicht bewohnt, hieß ›Der Königsplatz‹.

Seit Menschengedenken gab es dies unterirdische Leben in der Bretagne. Dort mußte von jeher der Mensch vor dem Menschen flüchten, daher die Schlangenlöcher unter den Baumwurzeln. Das ging bis zu den Druiden zurück, manche dieser Krypten sind so alt wie die Dolmen. Die Gespenster der Legende und die Monster der Geschichte waren über das dunkle Land hingegangen, Teutates, Caesar, Hoël, Neomenes, Gottfried von England, Alain mit dem eisernen Handschuh, Pierre Mauclerc, das französische Geschlecht der Blois, das englische Geschlecht der Montforts, Könige, Herzoge, die neun bretonischen Barone, die Richter der großen Gerichtstage, die Grafen von Nantes in Fehde mit den Grafen von Rennes, die Räuberbanden und entlassenen Soldaten von René II., Vicomte von Rohan, die königlichen Statthalter, der ›gute Herzog von Chaulnes‹, der unter den Fenstern der Madame de Sévigné die Bauern henken ließ, im 15. Jahrhundert die Metzeleien der Schloßherren, im 16. und 17. die Religionskriege, im 18. die dreißigtausend auf Menschen abgerichteten Bluthunde; so furchtbar zertrampelt, hatte dies Volk zu verschwinden beschlossen. Nacheinander verkrochen sich die Troglodyten vor den Kelten, die Kelten vor den Römern, die Bretonen vor den Normannen, die Hugenotten vor den Katholiken, die Schmuggler vor den Zöllnern, zuerst in den Wäldern, dann unter der Erde, wie die Tiere. Denn soweit bringt die Tyrannei das Volk. Seit zweitausend Jahren peinigte die Bedrückung unter allen ihren Gestalten, Eroberung, Feudalwesen, Fanatismus, Steuerdruck, diese arme verzweifelte Bretagne; das unerbittliche Treiben hörte in der einen Form nur auf, um in einer anderen fortzufahren. Da gruben die Menschen sich ein.

Der Schrecken, eine Art des Zornes, lag in den Seelen, und die Verstecke lagen in den Wäldern, als die Französische Republik ausgerufen wurde. Die Bretagne hielt diese aufgezwungene Freiheit wieder für Bedrückung und empörte sich. Es ist der gewohnte Irrtum der Sklaven.

III
Einvernehmen der Menschen und der Wälder

So übernahmen die tragischen bretonischen Wälder ihre alte Rolle und spielten bei diesem Aufstand wie in allen früheren die Diener und Komplizen. Der Boden unter diesem Walde war eine Art Riffkoralle, nach allen Richtungen ausgehöhlt und durchquert von einem unsichtbaren Netz von Schächten, Zellen und Gängen. Jede dieser schwarzen Kammern nahm fünf bis sechs Männer auf. Das schlimmste war, daß man kaum atmen konnte.

Aus zuverlässigen erstaunlichen Zahlen erkennt man die mächtige Organisation des großen Bauernaufstandes. Im Wald von Pertre, in der Ille-et-Vilaine, Zuflucht des Duc de Talmont, war kein Atemzug zu vernehmen, keine menschliche Spur zu entdecken; und doch hatte Focard sechstausend Mann dort. Im Walde von Meulac, in Morbihan, war niemand zu sehen: dort lagen achttausend Mann. Diese beiden Wälder, Le Pertre und Meulac, gehörten nicht einmal zu den großen bretonischen Wäldern.

Weh dem, der über diesen Boden ging. Die trügerischen Dickichte voller Kämpfer im unterirdischen Labyrinth glichen riesigen dunklen Schwämmen, aus denen unter dem gigantischen Fuß der Revolution der Bürgerkrieg hervorquoll.

Unsichtbare Bataillone, ungeahnte Heere schlängelten sich lauernd unter den Sohlen der republikanischen Armeen, fuhren aus der Erde und wieder hinein, stürmten in Unzahl hervor und verschwanden, allgegenwärtig und nirgends, erst Lawine, dann Staub, Ungetüme, die sich in ein Nichts wandeln konnten, Riesen für die Schlacht, für die Flucht Zwerge, Jaguare mit den Lebensgewohnheiten der Maulwürfe.

Und außer den Wäldern gab es noch die Gehölze. Wie unter den Städten die Dörfer liegen, lag unter den Wäldern das Gestrüpp. Die Wälder waren untereinander durch einen Irrgarten von Gehölzen verbunden. Die alten Schlösser als Festungen, die Weiler als Feldlager, die Gehöfte als Hinterhalte, die Meiereien mit den Gräben und Palisaden ihrer Bäume bildeten die Maschen des Netzes, in dem die republikanischen Heere sich verstrickten. Das Ganze nannte man Bocage. Dort lag das Gehölz von Misdon mit einem Teich in der Mitte, Besitz von Jean Chouan; das Gehölz von Gennes, Besitz von Taillefer; das Gehölz von Huisserie, Besitz von Gouge-le-Bruant; das Gehölz von Charnie, Besitz von Courtillé-le-Bâtard, genannt Apostel Paulus, Chef des Lagers von Vache-Noire; das Gehölz von Burgault, Besitz des rätselhaften Monsieur Jacques, den ein mysteriöser Tod im Untergrund von Juvardeil ereilen sollte; das Gehölz von Charreau, wo Pimousse und Petit-Prince, von der Garnison Châteauneuf angegriffen, es wagten, mit bloßen Händen aus den republikanischen Reihen Grenadiere gefangenzunehmen; das Gehölz von der Heureuserie, Zeuge der Niederlage der Stellung von Longue-Faye; das Gehölz von L'Aulne, von wo man die Straße von Rennes nach Laval überwachen konnte; das Gehölz von Gravelle, das ein Fürst von Trémoille beim Boulespiel gewonnen hatte; das Gehölz von Lorges, im Bezirk Côtes-du-Nord, das von Charles de Boishardy nach Bernard de Villeneuve beherrscht wurde; das Gehölz von Bagnard, in der Nähe von Fontenay, wo Lescure Chalbos den Kampf ansagte, der ihn auch annahm, nachdem er hörte, daß es fünf gegen einen waren; das Gehölz von der Durondais, einstmals Zankapfel zwischen Alain le Redru und Hérispoux, Sohn Karl des Kahlen; das Gehölz von Croqueloup, wo Coquereau auf dem Rain dieser Heide die Gefangenen glattrasierte; das Gehölz von Croix-Bataille, das Zeuge der homerischen Beschimpfungen Monères durch Jambe-d'Argents und Jambe-d'Argents durch Monère wurde; das Gehölz von La Saudraie, das wir von einem Pariser Bataillon durchstreift sahen; und zahllose andere.

In manchen der Wälder und Forsten lagen rings um die Höhle des Anführers nicht nur jene unterirdischen Dörfer, sondern auch ganze Ortschaften von wirklichen Hütten, niedrig unter den Bäumen versteckt, so zahlreich manchmal, daß der ganze Wald davon wimmelte. Oft wurden sie durch ihren Rauch verraten. Zwei von ihnen im Gehölz von Misdon sind berühmt geblieben: Lorrière am Teich und in der Nähe von Saint-Ouen-les-Toits die Schuppen, die man La Rue-de-Bau nannte.

Die Frauen lebten in ihren Hütten, die Männer in den Höhlen. Sie benutzten für diesen Krieg die Feengänge und die alten keltischen Verstecke. Den eingegrabenen Männern wurde das Essen gebracht, manche, an die man nicht dachte, starben vor Hunger. Das waren übrigens Ungeschickte, die ihre Löcher nicht wieder aufbekamen. Da aber der Deckel gewöhnlich aus Moos und Zweigen — sehr künstlerisch geflochten — bestand, war er von innen leicht aufzumachen und zu schließen, obwohl von außen schwierig zu erkennen. Mit Sorgfalt wurden die Verstecke ausgehöhlt, die ausgeworfene Erde im nächsten Weiher versenkt. Boden und Wände waren mit Farnen und Moos tapeziert. Solch ein Loch hieß die ›Loge‹, und abgesehen vom mangelnden Licht, Feuer, Brot und der nötigsten Luft war man darin gut aufgehoben.

Ohne besondere Vorsicht unter die Lebenden zurückzusteigen, zur Unzeit aufzuerstehen, war gefahrvoll. Man konnte oben zwischen die Beine eines marschierenden Heeres geraten.

So bildeten die furchterregenden Wälder doppelte Fallen: Die Blauen wagten sich nicht hinein, die Weißen wagten sich nicht heraus.

IV
Ihr Leben unter der Erde

Die Menschen in diesen Tierhöhlen langweilten sich. Nachts stiegen sie jeder Gefahr trotzend hinaus, um auf der Heide zu tanzen. Oder sie schlugen die Zeit mit Beten tot. ›Den ganzen Tag lang ließ Jean Chouan uns Rosenkranz beten‹, berichtet Bourdoiseau.

Kam das Garbenfest, so war es fast unmöglich, die Leute der Bas-Maine vom Ausbrechen abzuhalten. Manche hatten besondere Einfälle. So legte Denys, genannt Tranche-Montagne, Frauenkleider an und ging nach Laval ins Theater, dann kehrte er in sein Loch zurück. Jäh mußten manche den Kerker mit dem Grabe vertauschen, in der Schlacht gefallen. Sie hoben ab und zu den Deckel auf und lauschten, ob in der Ferne nicht gekämpft würde, sie folgten dem Gefecht mit dem Ohr. Das Feuer der Republikaner war regelmäßig, das der Königlichen zerstreut; danach richteten sich ihre Berechnungen. Endete plötzlich das Pelotonfeuer, so waren die Königlichen unterlegen, rückten die abgehackten Schüsse immer weiter in die Ferne, so waren sie selbst im Vorteil. Denn die Weißen betreiben immer die Verfolgung, die Blauen, die das ganze Land gegen sich hatten, nie.

Wunderbar unterrichtet waren diese unterirdischen Krieger. Nichts Schnelleres und Geheimnisvolleres als ihre Erkundungen. Alle Brücken waren zerstört, alle Fuhrwerke unbrauchbar gemacht, man fand Mittel, sich jede Nachricht und jede Warnung zukommen zu lassen. Kundschafterposten standen von Wald zu Wald, von Dorf zu Dorf, von Meierei zu Meierei, von Hütte zu Hütte, von Busch zu Busch. Irgendein stumpfsinnig aussehender Bauer trug Botschaften in seinem hohlen Stock.

Boétidoux, früheres Mitglied der Verfassunggebenden Versammlung, versorgte sie mit republikanischen Pässen neuester Art, unausgefüllt, für die gesamte Bretagne gültig; ganze Bündel davon hatte der Verräter. Hinter diese dichte Verschwörung zu kommen, war unmöglich. »Geheimnisse, die mehr als vierhunderttausend Menschen besaßen, blieben wie ein Heiligtum gewahrt«, sagt Puisaye.

Das große Viereck der Verschwörung, im Süden durch eine Linie von Les Sables bis Thouars, im Osten durch die Linie von Thouars bis Saumur und dem Fluß Thoué, im Norden durch die Loire und im Westen durch den Ozean geschlossen, schien ein Nervennetz zu haben, das bei jedem Zucken einer einzelnen Stelle diese Berührung dem ganzen System mitteilte. In einem Augenblick wußte man alles von Noirmoutier bis Luçon, und das Lager von La Loué wußte über das von La Croix-Morineau Bescheid, als hätten die Vögel damit zu tun. ›Man könnte meinen, sie hatten Telegraphen‹, schrieb Hoche am 7. Messidor des 3. Jahres der Republik. ›Sie bildeten Clans, wie die Schotten, jede Gemeinde hatte ihren Anführer. Mein Vater hat diesen Krieg mitgemacht, ich kann davon erzählen.‹

V
Ihr Leben im Krieg

Viele hatten nur Piken, aber es gab auch eine Menge guter Jagdflinten. Die Wilderer des Bocage und die Schmuggler des Loroux waren unübertreffliche Schützen, seltsame, entsetzliche, verwegene Kämpfer. Der Aufruf von dreihunderttausend Mann hatte sogleich in sechshundert Dörfern die Sturmglokken in Bewegung gesetzt. An allen Stellen zugleich flammte die Feuersbrunst auf, Poitou und Anjou explodierten am selben Tage. Man muß sagen, ein erstes Grollen war schon am 8. Juli des Jahres 1792, einen Monat vor dem 19. August auf der Heide von Kerbader zu hören. Damals wurde der heute vergessene Alain Redeler Vorläufer von La Rochejaquelein und Jean Chouan.

Bei Todesstrafe zwangen die Königlichen alle wehrfähigen Männer zum Ausmarsch. Sie beschlagnahmten die Fuhrwerke, die Gespanne, die Lebensmittel. Gleich zu Anfang hatte Sapinaud dreitausend, Cathelineau zehntausend, Stofflet zwanzigtausend Kämpfer, und Charette war Herr von Noirmoutier. Der Vicomte de Scépeaux zog Haut-Anjou in die Bewegung, der Chevalier de Dieuzie das Gebiet zwischen Vilaine-et-Loire, Tristan-l'Hermite den Bas-Maine, der Barbier Gaston die Stadt Guéménée und der Abt Bernier alles übrige. Wenig brauchte es, um diese Menge aufzuwiegeln. Man setzte ins Tabernakel eines vereidigten Priesters (im Volksmund ›Prêtre jureur‹) eine große schwarze Katze, die plötzlich während der Messe heraussprang. »Das ist der Teufel!« schrien die Bauern, und die ganze Umgegend kam in Aufruhr. Ein Feuerhauch kam aus den Beichtstühlen. Um über die Gräben zu setzen, zum Angriff gegen die Blauen, führten sie ihre fünfzehn Fuß lange Ferte mit, den Stock für Kampf und Flucht. Wenn sie im Getümmel, beim Ansturm gegen die republikanischen Karrees, auf dem Schlachtfeld ein Kreuz oder eine Kapelle sahen, fielen alle auf die Knie und sprachen ihr Gebet im Kartätschenfeuer. War der Rosenkranz zu Ende, so standen die Überlebenden auf und stürzten sich auf den Feind. Ach, es waren Riesen! Im Laufen luden sie ihr Gewehr, das konnten sie. Ansonsten konnte man sie glauben machen, was man wollte. Ihre Priester zeigten ihnen andere Geistliche, um deren Hals mittels einer herumgelegten Schnur ein roter Strich gezogen war: Das seien auferstandene Märtyrer der Guillotine. Sie hatten auch ihre Anwandlungen von Ritterlichkeit. Einem republikanischen Fähnrich, Fesque, der sich, seine Fahne festhaltend, niedersäbeln ließ, erwiesen sie alle Ehre. Auch Humor hatten diese Bauern: Sie nannten die verheirateten republikanischen Priester ohne ihre Käppchen ›Sans-calottes devenus Sans-culottes‹. [Sans-calotten wurden Sans-culotten]. Zuerst fürchteten sie sich vor den Kanonen, dann sprangen sie mit ihren Stöcken darauf und eroberten manches Stück, zum Beispiel ein schönes Bronzegeschütz, das sie den Missionar tauften, und eine aus den Religionskriegen mit einem Bild der Mutter Gottes und Richelieus Wappen graviert, welches sie Marie-Jeanne nannten. Beim Fall von Fontenay verloren sie auch Marie-Jeanne, um welche herum sechshundert Bauern gleichmütig ihr Leben ließen. Dann nahmen sie Fontenay wieder, um Marie-Jeanne zurückzubekommen, und führten sie mit Blumen bekränzt unter der Lilienfahne heim, und alle Frauen am Wege mußten sie küssen.

Aber zwei Kanonen, das war wenig. Stofflet hatte Marie-Jeanne erobert, Cathelineau, darauf eifersüchtig, zog von Pin-en-Mauge aus und eroberte im Sturm ein drittes Geschütz, Forest bei der Einnahme von Saint-Florent ein viertes. Zwei andere Hauptmänner, Chouppes und Saint-Pol, machten es noch schöner: Sie stellten Kanonen aus Baumstämmen und Kanoniere aus Puppen her, und mit dieser Artillerie, über die sie herzhaft lachten, trieben sie die Blauen nach Mareuil zurück. Das war ihre große Zeit. Als später La Marsonnière von Chalbos aufgerieben wurde, ließen die Bauern auf dem Felde ihrer Niederlage zweiunddreißig englische Kanonen zurück. England besoldete damals die französischen Fürsten und schickte, wie Nantiat am 10. Mai 1794 schrieb, ›Gelder an Monseigneur, weil man Monsieur Pitt gesagt hatte, dies sei so schicklich‹. Mellinet sagt in einem Bericht vom 31. März: ›Das Kriegsgeschrei der Rebellen ist: Hoch die Engländer!‹ Die Bauern hielten sich oft mit Plünderungen auf; diese Frommen waren Diebe, die Wilden haben auch ihre Laster, und an diesen packt sie später die Zivilisation. Puisaye sagt im 2. Band S. 187: ›Ich habe den Ort Plélan mehrmals vor Plünderung bewahrt.‹ Und weiter S. 434 verzichtet er darauf, in Montfort einzudringen: ›Ich machte einen Umweg, damit meine Leute nicht die Jakobinerhäuser plünderten.‹ Sie plünderten Cholet und Challans aus; nach einem Mißerfolg gegen Granville auch Ville-Dieu. Die Landleute, die sich den Blauen angeschlossen hatten, wurden von ihnen Jakobinerpack genannt und bevorzugt niedergemacht. Wie Soldaten liebten sie das Gemetzel und wie Räuber das Massaker. Mit Wollust erschossen sie ›die Tolpatsche‹, das heißt die Bourgeois, und nannten dies: ›Sich fürs lange Fasten entschädigen‹. In Fontenay schlug einer ihrer Geistlichen, der Priester Barbotin, einen Greis mit einem Säbelhieb nieder. In Saint-Germain-sur-Ille erschoß einer ihrer Führer, ein Edelmann, einen Gemeindevorsteher und nahm dessen Uhr an sich. In Machecoul erledigten sie die Republikaner nach einer regelmäßigen Einteilung, täglich dreißig Mann, fünf Wochen lang. Immer eine Gruppe von dreißig Personen nannten sie ›einen Rosenkranz‹. Man stellte eine solche Kette vor einer offenen Grube auf und schoß; die Hinabgefallenen lebten noch manchmal in dem Loch und wurden trotzdem darin begraben. Solche Sitten haben wir auch später wiedergesehen. Dem Bezirkspräsidenten Joubert sägte man die Fäuste ab. Den gefangenen Blauen legte man schneidende Handschellen an, die extra dafür geschmiedet wurden. Wenn sie auf offenen Plätzen niedergemacht wurden, blies man das Halali dazu. Charette, dessen Unterschrift lautete: ›In Brüderlichkeit der Chevalier Charette‹ und der sich wie Marat ein Tuch über den Brauen um die Stirn schlang, verbrannte die Stadt Pornic und deren Bewohner in ihren Häusern. Zur gleichen Zeit hauste Carrier entsetzlich im Lande, Greuel antwortete auf Greuel. Der bretonische Aufrührer hatte fast das Gesicht eines griechischen Freiheitskämpfers, kurze Jacke, umgehängte Flinte, Gamaschen und weite, der Fustanella ähnliche Beinkleider. Der Bauernbursche erinnerte an den Klephten. Henri de La Rochejaquelein, einundzwanzig Jahre alt, zog mit dem Stock und ein Paar Pistolen in den Krieg. Die Armee der Vendéer zählte hundertvierundfünfzig Divisionen.

Sie schritten zu regelrechten Belagerungen und hielten Bressuire drei Tage lang eingeschlossen. An einem Karfreitag beschossen zehntausend Bauern die Stadt Les Sables mit Brandkugeln. Sie zerstörten an einem einzigen Tag vierzehn republikanische Quartiere von Montigné bis Courbeveilles. Auf der großen Mauer von Thouars vernahm man folgendes prächtige Zwiegespräch zwischen La Rochejaquelein und einem Bauernburschen: »Carle!« — »Da bin ich.« — »Deine Schultern, ich will draufsteigen.« — »Na los!« — »Deine Flinte.« — »Hier.« — Er sprang in die Stadt hinüber und eroberte ohne Leitern diese Türme, die Duguesclin lange belagern mußte.

Die Bauernsoldaten schätzten eine Patrone höher als ein Goldstück. Sie weinten, wenn sie ihren Kirchturm aus den Augen verloren. Flucht war für sie eine ganz einfache Angelegenheit; dann riefen die Führer ihnen zu: »Werft eure Holzschuhe fort, behaltet eure Flinten!« Fehlte die Munition, so beteten sie einen Rosenkranz und holten sich das Pulver aus den Kästen der republikanischen Artillerie; später ließ sich D'Elbée von den Engländern damit versorgen. Beim Anrükken des Feindes versteckten sie, falls vorhanden, ihre Verwundeten im hohen Korn oder in den frischen Farnkräutern und holten sie nach beendetem Kampf wieder ab. Ihre Kleider gingen in Fetzen, sie hatten keine Uniformen, Bauern und Edelleute hingen sich die erstbesten Fetzen um. Roger Mouliniers trug einen Turban und einen Dolman aus der Theatergarderobe von La Flèche, der Chevalier de Beauvilliers eine Staatsanwaltsrobe und einen Damenhut über einer wollenen Mütze. Alle aber umgürteten sich mit der weißen Schärpe; je nach der Schleife teilten sich die Grade ein. Stofflet hatte eine rote Schleife; La Rochejaquelein eine schwarze; Wimpfen, halb Girondist, der nie die Normandie verließ, hatte die Armbinde der ›Carabots‹ von Caen.

Auch Frauen kämpften in ihren Reihen, Madame de Lescure, die später Madame de La Rochejaquelein wurde, Thérèse de Mollien, Geliebte von La Rouarie, die das Verzeichnis der Gemeindevorsteher verbrannte; Madame de La Rochefoucault, schön, jung, mit dem Säbel in der Hand sammelte sie die Bauern nach einer Niederlage am Fuß des großen Schloßturms von Puy-Rousseau; und jene Antoinette Adams mit dem Beinamen der Ritter Adams, die so tapfer war, daß sie, vom Feinde gefangengenommen, aus Hochachtung aufrechtstehend erschossen wurde. Grausam war diese epische Zeit, rasend. Madame de Lescure trieb ihr Pferd absichtlich über die im Kampf gefallenen Republikaner hinweg; »Über die Toten«, sagte sie; aber vielleicht auch über die Verwundeten? Die Männer begingen manchmal Verrat, niemals die Frauen. Mademoiselle Fleury, vom Théâtre Français, ging zwar von La Rouarie zu Marat über, doch aus Liebe.

Die Anführer waren häufig so unwissend wie die Soldaten. Monsieur de Sapinaud kannte die Rechtschreibung nicht, er schrieb: ›Wir werden es auf unserer Saite schafen.‹ Die Offiziere haßten sich untereinander, die aus der Ebene riefen: »Nieder mit den Leuten vom Oberland!« Sie hatten wenig Reiterei und Schwierigkeiten, sie auszubilden. Puisaye schreibt: ›Mancher, der mir freudig seine beiden Söhne hergibt, wird starr, wenn ich eins von seinen Pferden verlange!‹ Springstangen, Heugabeln, Sicheln, alte und neue Flinten, Wildererdolche, Spieße, mit Eisen beschlagene Knüppel, das waren ihre Waffen. Einige trugen ein Kreuz aus zwei Menschenknochen vor der Brust. Mit großem Geschrei griffen sie an, stürzten plötzlich von allen Seiten hervor, aus dem Gehölz, aus dem Gebüsch, aus den Hohlwegen, von den Hügeln herab, rundeten sich zu einem Halbkreis, töteten, rotteten aus, schlugen ein und zerstoben. Beim Marsch durch einen republikanischen Ort hieben sie den Freiheitsbaum um, verbrannten ihn und tanzten um das Feuer. Ihr ganzes Treiben war aufs Dunkle gerichtet. Grundsatz des Vendéers: immer unerwartet auftreten. Fünfzehn Meilen marschierten sie schweigend, so leicht, daß sich kein Grashalm niederbog. Abends, nachdem unter den Führern und im Kriegsrat die Stelle bestimmt worden war, wo beim Morgengrauen die republikanischen Posten überfallen werden sollten, luden sie ihre Gewehre, murmelten ihr Gebet, zogen ihre Holzschuhe aus, schlichen in langen Reihen durch die Wälder, barfuß über Heidekraut und Moos, ohne zu sprechen, ohne zu atmen, wie Katzen durch die Schatten.

VI

Der Geist der Erde geht auf den Menschen über

Der Aufstand der Vendée muß auf mindestens fünfhunderttausend Männer, Frauen und Kinder geschätzt werden. Tuffin de La Rouarie gibt sogar die Kämpfer allein auf eine halbe Million an. Die Föderalisten halfen dabei, die Girondisten waren mitverschworen. Die Lozère entsandte dreißigtausend Mann in den Bocage; acht Kreise, fünf bretonische und drei normannische, schlossen einen Bund; Évreux, das mit Caen verbrüdert war, wurde durch Chaumont, den Bürgermeister, und durch Gardembas, einen bedeutenden Bürger, im Aufstand vertreten. Buzot, Gorsas und Barbaroux in Caen, Brissot in Moulins, Chassan in Lyon, Rabaut-Saint-Étienne in Nîmes, Meillant und Duchastel in der Bretagne, alle diese Münder bliesen in den Glutherd.

Es hat eine zweifache Vendée gegeben: die große führte den Krieg im Walde, die kleine im Busch. Das ist der gewisse Unterschied, der Charette von Jean Chouan trennt. Die kleine Vendée war naiv, die große korrupt: Die kleine war wertvoller. Charette wurde Marquis, Generalleutnant der königlichen Heere und Großritter des Ludwigskreuzes. Jean Chouan blieb Jean Chouan. Er kommt dem alten Paladin nahe, Charette den Banditen.

Die hochherzigen Führer, Bonchamp, Lescure, La Rochejaquelein, irrten sich. Die große katholische Armee bedeutete eine sinnlose Kraftanstrengung, das Unheil mußte ihr folgen. Kann man sich ein bäuerliches Gewitter, das gegen Paris losbricht, einen Bund von Dörfern, der das Pantheon belagert, eine Meute, die mit Kirchenliedern und Litaneien die Marseillaise umbellt, ein Getrappel von Holzschuhen gegen eine Legion von Geistern vorstellen? Dieser Wahnsinn rächt sich bei Le Mans und Savenay. Die Loire zu überschreiten, war der Vendée unmöglich. Alles vermochte sie, nur nicht diesen übermenschlichen Schritt. Denn im Bürgerkrieg ist kein Platz für Eroberung. Die Überquerung des Rheins vollendet Caesars Ruhm und steigert den Ruhm Napoleons, die Überquerung der Loire tötet La Rochejaquelein.

Nur bei sich zu Hause ist die Vendée wirklich sie selbst. Da ist sie mehr als unverwundbar, sie ist unantastbar. Der Vendéer in der Heimat ist Schmuggler, Ackerbauer, Soldat, Schäfer, Wilddieb, Freischärler, Ziegenhirt, Glöckner, Landwirt, Spion, Mörder, Meßner, Waldtier. La Rochejaquelein ist nur ein Achilles, Jean Chouan ein Proteus.

Die Vendée war eine Fehlgeburt. Andere Aufstände hatten Erfolg, die Schweizer zum Beispiel. Zwischen einem Bergrebellen wie dem Schweizer und einem Waldrebellen wie dem Vendéer gibt es fast immer diesen Unterschied – unseliger Einfluß des Milieus –, einer schlägt sich für sein Ideal, der andere für Vorurteile, der eine steigt, der andere kriecht. Einer schlägt sich für die Menschheit, der andere für die Einsamkeit. Einer will die Freiheit, der andere die Isolation. Einer verteidigt die Gemeinde, der andere den Kirchsprengel. Kommune! Kommune! riefen die Helden von Marat. Einer gehört zu den Menschen des Abgrunds, der andere zu denen des Sumpfes, einer zu denen des schäumenden Sturzbaches, der andere zu denen des stehenden Fieberschlamms. Einer hat den blauen Himmel über sich, der andere das Gestrüpp. Der eine ist hoch auf den Bergen, der andere unten im Schatten. Die Erziehung, die man in den Gipfeln oder in den Niederungen erhält, ist nicht die gleiche.

Das Gebirge ist eine Festung, das Gehölz ein Hinterhalt, jenes erregt die Kühnheit, dieses die Tücke. Darum setzte das Altertum die Götter auf den Gipfel, die Satyre ins Dickicht. Der Satyr ist das wilde Geschöpf, halb Mensch, halb Tier. Die freien Länder haben ihre Gebirge, Apenninen, Alpen, Pyrenäen, Olymp. Der Parnaß ist ein Berg; der Montblanc war der riesige Bundesgenosse Wilhelm Tells, und im Hintergrunde des großen Kampfes zwischen dem Geist und der Finsternis in den indischen Dichtungen erhebt sich der Himalaja. Griechenland, Spanien, Italien, die Schweiz haben im Wappen einen Berg, Kimmerien, Deutschland und die Bretagne einen Wald. Der ist barbarisch.

Die Gestalt des Bodens treibt den Menschen zu mancherlei Taten, sie ist mehr Komplizin als man denkt. Im Angesicht gewisser wilder Landschaften möchte man den Menschen sogar entschuldigen und die Schöpfung anklagen, man fühlt eine dumpfe Herausforderung durch die Natur. Die Einöde ist wohl ungesund für das Gewissen, besonders für das wenig bewußte. Das Gewissen kann riesenhaft sein, dann ist es Sokrates und Jesus, oder zwerghaft, Atreus und Judas. Das kleine Gewissen wird schnell eine Schlange. Die dämmernden Dickichte, die Dornen, die Sümpfe unter Zweigen sind ein verhängnisvoller Umgang für das Gewissen, sie durchtränken den Menschen unmerklich mit niedrigen Empfindungen. Optische Täuschungen, unerklärliche Luftspiegelungen, Verwischung von Raum und Zeit erregen im Menschen eine Art halb religiöses, halb tierisches Grauen, das in gewöhnlichen Epochen den Aberglauben, während der Umwälzungen die Roheit erzeugt. Die Trugbilder halten die Fackel auf dem Wege zur Greueltat. Im Briganten ist Fieber. In der wundersamen Natur steckt ein Doppelsinn, der große Geister erleuchtet und grobe blendet. Wenn der Mensch unwissend und die Einöde geheimnisvoll ist, fügt sich das Dunkel der Einsamkeit zum Dunkel der Intelligenz; und Abgründe öffnen sich in der Seele. Manche Felsen, Schluchten, Spalten, Lichtungen, durch die der Abend in den Wald dringt, stoßen den Menschen in wahnsinnige, scheußliche Taten. Man könnte fast behaupten, daß es verruchte Landschaften gibt. Welche furchtbaren Dinge hat der düstre Hügel zwischen Baignon und Plélan gesehen.

Weite Horizonte leiten die Seele zu großem Gedankengut, begrenzte zur Einengung. Das hat manche große Herzen dazu verdammt, kleine Geister zu sein, wie Jean Chouan.

Der Haß der eingeengten Ideen gegen das große Gedankengut, das ist der eigentliche Kampf des Fortschritts.

Heimat und Vaterland, diese zwei Worte fassen den ganzen Krieg der Vendée zusammen; Streit des örtlichen mit dem Weltgedanken, der Bauern gegen den Patrioten.

VII
Die Vendée hat die Bretagne abgetan

Eine alte Rebellin ist die Bretagne. Zweitausend Jahre lang war sie jedesmal im Recht, wenn sie sich auflehnte, nur das letzte Mal nicht. Und trotzdem, im Grunde genommen, ob sie gegen die Revolution oder gegen das Königtum kämpfte, gegen die Konventskommissare oder die aristokratischen Statthalter, ob gegen die Herzöge oder gegen die Pairs, gegen die Assignatenpresse oder die Salzsteuer – und wer die Kämpfer auch sein mochten: Nicolas Rapin, François de La Noue, Hauptmann Pluviant und die Herrin von La Garnache oder Stofflet, Coquereau und Lechandelier de Pierreville, unter Monsieur de Rohan gegen den König und unter Monsieur de La Rochejaquelein für den König; immer führte die Bretagne denselben Krieg; des lokalen Geistes gegen den zentralen.

Diese antiken Provinzen waren wie ein Teich, dessen schlafendes Wasser nicht strömen wollte. Blies der Wind hinein, so belebte er es nicht, er reizte es auf. Finistère; dort endete Frankreich, dort endete der Freiraum des Menschen, und der

Marsch der Generationen blieb stehen. Halt! rief dort der Ozean der Erde und die Barbarei der Kultur entgegen. Wenn vom Mittelpunkt Paris ein Anstoß ausgeht, republikanisch oder königlich, in der Richtung Tyrannei oder Freiheit, ist es doch immer etwas Neues, und die Bretagne igelt sich ein und sagt: ›Laßt mir meine Ruhe, was wollt ihr von mir?‹ Und der Marais greift zur Heugabel, der Bocage zum Stutzen. Alle unsere Versuche, unsere Initiative, in Gesetzgebung und Erziehung, unsere Enzyklopädien, Philosophien, unsere genialen und ruhmvollen Männer, alles scheitert am Houroux. Die Sturmglocke von Bazougers bedroht die Französische Revolution, die Heide von Faou erhebt sich gegen unsere stürmischen öffentlichen Plätze, der Kirchturm von Le Haut-des-Prés erklärt dem Turm des Louvre den Krieg.

Entsetzliche Taubheit. Ein grausiges Mißverständnis ist die Erhebung der Vendée.

Kolossaler Zusammenstoß, Machenschaften von Titanen, maßlose Rebellion, gedacht, in der Geschichte nur ein dunkelglänzendes Wort zurückzulassen: Vendée; ein Selbstmord zugunsten der Abwesenden, eine Hingebung zugunsten der Selbstsucht, ein Opfer schönster Tapferkeit zugunsten der Feigheit, ohne Berechnung, ohne Plan, ohne Strategie und Taktik, ohne Ziel, ohne Verantwortung, ohne Führer; ein Beispiel, bis zu welchem Grade der Ohnmacht die Willenskraft gelangen kann; edel und wild, Geilheit des Absurden, einen Schutzwall dunkler Gefühle gegen das Licht aufwerfend, Unwissenheit, die einen unendlich dummen und herrlichen Widerstand leistet gegen Wahrheit, Gerechtigkeit, Recht, Vernunft und Befreiung; acht Jahre dauerndes Entsetzen, Verheerung von vierzehn Bezirken, verwüstete Äcker, zerstampfte Ernten, verbrannte Dörfer, zerstörte Städte, ausgeraubte Häuser, hingeschlachtete Frauen und Kinder, Brandfackeln an die Getreidefelder, Schwerter in die Herzen, Entsetzen der Zivilisation, Hoffnung auf Herrn Pitt: das war dieser Krieg, ein unbewußter Vatermord.

Dennoch hat auch die Vendée dem Fortschritt genützt, denn sie zeigte endgültig die Notwendigkeit, das alte bretonische Dunkel und Dickicht mit allen Lichtpfeilen auf einmal zu durchbohren. Auf düstere Art ordnen die Katastrophen die Dinge.

Zweites Buch

Die drei Kinder

I

Plus quam civilia bella

Der Sommer des Jahres 1792 war sehr regnerisch gewesen, der des Jahres 1793 wurde sehr heiß. Infolge des Bürgerkrieges gab es in der Bretagne sozusagen keine Wege mehr. Aber man reiste doch, der schöne Sommer machte es möglich; kein besseres Fortkommen als auf trockenem Boden.

Am Ende eines klaren Julitages, etwa eine Stunde nach Sonnenuntergang, hielt ein Reiter, der aus der Richtung von Avranches herkam, vor dem kleinen Wirtshaus La Croix-Branchard am Eingang von Pontorson. Auf dem Schilde war noch vor einigen Jahren zu lesen: ›Hier wird guter Apfelwein verzapft.‹ Es war sehr heiß gewesen, jetzt erhob sich der Abendwind vom Meere kommend.

Der Reisende, in einen weiten Mantel gehüllt, der die Kruppe des Pferdes bedeckte, trug einen breiten Hut mit der dreifarbigen Kokarde, recht kühn in diesem Lande der Hekken- und Flintenschüsse, wo eine Kokarde eine Zielscheibe war. Der um den Hals geschlossene Mantel weitete sich und ließ die Arme frei, so daß man darunter in der dreifarbigen Schärpe zwei Pistolenkolben stecken sah, während unten am Saum ein Säbel hervorragte.

Beim Lärm des anhaltenden Pferdes öffnete sich die Tür, und der Wirt erschien mit einer Laterne. Es dämmerte, auf der Straße war es noch hell, dunkel im Hause drinnen.

Der Wirt betrachtete die Kokarde. »Bürger«, sagte er, »steigen Sie hier ab?«

»Nein.«

»Wohin wollen Sie?«

»Nach Dol.«

»Kehren Sie lieber nach Avranches um, oder bleiben Sie in Pontorson.«

»Weshalb?«

»Weil in Dol gekämpft wird.«

»So!« sagte der Reiter. Dann: »Geben Sie dem Pferde Hafer.«

Der Wirt brachte die Krippe, schüttete einen Sack Hafer hinein und zäumte das Pferd ab, das schnaubend zu fressen begann. Das Gespräch ging indessen weiter:

»Ist das ein beschlagnahmtes Pferd, Bürger?«

»Nein.«

»Es gehört Ihnen?«

»Ja! Ich habe es gekauft und bezahlt.«

»Woher kommen Sie?«

»Aus Paris.«

»Aber nicht unmittelbar?«

»Nein.«

»Das glaube ich. Die Straßen sind versperrt, aber die Post fährt noch.«

»Bis Alençon. Dort bin ich ausgestiegen.«

»Ach, bald wird es in Frankreich keine Post mehr geben. Es sind keine Pferde mehr zu haben. Für ein Pferd von dreihundert Franken werden jetzt sechshundert bezahlt, und das Futter hat überhaupt keinen Preis mehr. Ich bin Postmeister gewesen, jetzt sehen Sie mich als Gastwirt. Von dreizehnhundertdreizehn Postmeistern haben zweihundert ihren Posten aufgegeben. Sind Sie nach dem neuen Tarif gereist, Bürger?«

»Ja, nach dem vom 1. Mai.«

»Zwanzig Sous im Hauptwagen, zwölf im Beiwagen, fünf im Packwagen. Haben Sie das Pferd in Alençon gekauft?«

»Jawohl.«

»Und sind heute den ganzen Tag geritten?«

»Seit Sonnenaufgang.«

»Und gestern auch?«

»Auch vorgestern.«

»Jetzt weiß ich Bescheid. Sie kommen über Domfront und Mortain.«

»Und Avranches.«

»Hören Sie auf mich, Bürger, ruhen Sie hier aus. Sie müssen müde sein, Ihr Pferd gewiß.«

»Die Pferde dürfen müde werden, die Menschen nicht.«

Der Wirt betrachtete den Reisenden von neuem, sein ernstes, ruhiges und strenges, von grauen Haaren umrahmtes Gesicht. Dann warf er einen Blick auf die weithin verödete Landstraße und sagte:

»Und Sie reisen so allein?«

»Ich habe Begleitung.«

»Wo denn?«

»Meinen Säbel und meine Pistolen.«

Der Wirt holte einen Eimer Wasser, gab dem Pferde zu trinken und dachte sich, immer die Augen auf den Reisenden gerichtet: ›Sei es, wie es sei! Er sieht wie ein Priester aus.‹

Der andere fragte: »Sie sagen, man kämpft in Dol?«

»Genau in diesem Augenblick soll es dort losgehen.«

»Wer schlägt sich denn?«

»Zwei frühere Adlige.«

»Sie meinen —?«

»Ein vormaliger Adliger, der zur Republik hält, kämpft gegen einen vormaligen Adligen, der für den König ist.«

»Es gibt doch keinen König mehr.«

»Den Kleinen gibt es noch. Merkwürdig ist nur, daß die beiden Adligen sogar miteinander verwandt sind.« Da der Reisende aufmerksam zuhörte, fuhr der Wirt fort: »Der eine ist jung, der andere alt, Großonkel ficht gegen Großneffen. Dieser ist Patriot, befehligt die Blauen; der Onkel befehligt die

Weißen, ist königlich gesinnt. Oh, die geben einander kein Pardon, passen Sie auf, das geht auf Leben und Tod.«

»Wahrhaftig?«

»Ja, Bürger. Wollen Sie sehen, was für Höflichkeiten sie sich an den Kopf werfen? Hier ist ein Anschlag, den der Alte überall anbringen läßt, ich weiß nicht, wie er das macht, an allen Häusern, an allen Bäumen, sogar an meiner Haustür.«

Der Wirt hielt seine Laterne vor ein viereckiges Blatt Papier, das an einem der Torflügel klebte. Es war so groß gedruckt, daß der Fremde es von seinem Pferd herab lesen konnte:

›Der Marquis de Lantenac beehrt sich, seinem Großneffen, dem Herrn Vicomte Gauvain, zur Kenntnis zu bringen, daß, wenn der Herr Marquis das Glück haben sollte, sich der Person des Herrn Vicomte zu bemächtigen, er ihn in aller Form durch Armbrust erschießen lassen wird.‹

»Hier ist die Antwort.« Der Wirt drehte sich um, brachte seine Laterne vor ein anderes Plakat, das in gleicher Höhe am zweiten Torflügel hing. Der Reiter las:

›Gauvain benachrichtigt Lantenac, daß er ihn, wenn er ihn gefangennimmt, erschießen läßt.‹

»Gestern ist der erste Zettel hier angeschlagen worden, heute früh der zweite; schnelle Antwort.«

Der Fremde sprach halblaut ein paar Worte, als spreche er zu sich selbst, die der Wirt hörte, ohne sie recht zu verstehen: »Ja, dies ist mehr als Bürgerkrieg, dies ist Verwandtenkrieg. Er ist nötig und darum gut. Große Volksverjüngungen müssen so teuer bezahlt werden.«

Den Blick noch auf das zweite Plakat gerichtet, hob der Fremde die Hand an den Hut und grüßte dorthin. Der Wirt redete weiter:

»Wissen Sie, Bürger, die Sache liegt so. In den Städten und größeren Ortschaften sind wir für die Revolution, auf dem Lande sind sie dagegen. Mit anderen Worten, in den Städten ist man Franzose, in den Dörfern Bretone. Es ist ein Krieg zwischen Bürgern und Bauern. Sie nennen uns lahme Tölpel, wir nennen sie Bauernflegel. Die Adligen und die Geistlichen machen sie scharf.«

»Nicht alle«, unterbrach der Fremde.

»Sicher, denn hier steht ja ein Vicomte gegen einen Marquis‹, erwiderte der Wirt, und er dachte: ›Außerdem spreche ich wohl mit einem Geistlichen.‹

»Wer ist im Vorteil?« fragte der Reiter.

»Bisher der Vicomte, aber er muß sich anstrengen, der Alte ist hart. Diese Leute gehören zur Familie der Gauvains, hiesige Adlige. Es ist eine Familie mit zwei Zweigen. Der Marquis de Lantenac ist das Oberhaupt des Hauptzweiges und der Vicomte Gauvain des Nebenzweiges. Jetzt schlagen die beiden Zweige aufeinander los. Bei den Bäumen gibt es so etwas nicht, aber bei den Menschen. Dieser Marquis de Lantenac ist in der Bretagne allmächtig, den Bauern gilt er als ein Fürst. Am Tage seiner Landung hatte er sofort achttausend Mann um sich, innerhalb einer Woche waren dreihundert Gemeinden im Aufstand. Hätte er nur irgendeinen Zipfel der Küste besetzen können, so wären die Engländer gelandet. Glücklicherweise stand dieser Gauvain, sein Großneffe, da, und hat es, welch Zufall des Schicksals, seinem Großonkel gegeben. Das Glück wollte es, daß dieser Lantenac bei seiner Ankunft, als er eine Masse Gefangener massakrieren, auch zwei Frauen erschießen ließ; die eine hatte drei Kinder, die von einem Pariser Bataillon adoptiert worden waren. Jetzt wurde dieses Bataillon rasend; Bonnet-Rouge heißt es. Es sind zwar nicht viele Pariser davon übriggeblieben, aber sie haben den Teufel in ihren Bajonetten. Man schloß sie der Abteilung Gauvains an: Nichts hält vor ihnen stand, sie wollen die Frauen rächen und die Kinder wiederhaben. Was der Alte mit den Kleinen angefangen hat, weiß man nicht; das macht die Pariser Grenadiere immer wilder. Wären diese Kinder nicht hineingekommen, dann sähe dieser Krieg anders aus. Der Vicomte ist ein guter junger Mann, der Alte ist ein scheußlicher Marquis. Die Bauern aber nennen das den Krieg des heiligen Michaels gegen den Beelzebub. Sie wissen wohl, daß der heilige Michael ein Engel unseres Landes ist, er hat einen eigenen Berg mitten im Meer, in der Bucht. Es heißt, er habe den Teufel niedergeworfen und ihn unter einem anderen Berg hier in der Nähe begraben, der Tombelaine genannt wird.«

»Ja«, murmelte der Reiter, »Tumba Beleni, das Grab des Belenus oder Belus, Beel, Belial, Beelzebub.«

»Sie wissen Bescheid, wie ich merke.« Der Wirt dachte wieder: ›Das ist ein Priester, ganz entschieden, er versteht Latein.‹ Er sagte weiter: »Also, Bürger, in den Augen der Bauern ist es nur der Krieg des Engels, der von neuem beginnt. Der heilige Michael ist selbstverständlich für sie kein anderer als der königliche General und Beelzebub der Befehlshaber der Patrioten. Wenn aber hier einer Satan ist, dann Lantenac, und der Engel ist Gauvain. Bürger, nehmen Sie nichts zu sich?«

»Ich habe meine Feldflasche und ein Stück Brot, Sie sagten mir noch nicht, was in Dol geschieht.«

»Folgendes: Gauvain befehligt das Küstenheer. Lantenacs Ziel war es, alles weit und breit aufzuwiegeln, die untere Bretagne mit der unteren Normandie in Verbindung zu bringen, Mister Pitt die Tür aufzumachen und mit zwanzigtausend Engländern und zweihunderttausend Bauern die große Vendéer Armee umzuwerfen. Gauvain hat diesen Plan durchkreuzt. Er steht am Meer und treibt Lantenac ins Innere, die Engländer auf die hohe See zurück. Lantenac war hier, und er ist hinausgeworfen worden. Gauvain hat ihm Pont-au-Beau abgenommen, hat ihn aus Avranches gejagt, ebenso aus Ville-Dieu, hat ihn daran gehindert, nach Granville zu kommen und versuchte, ihn in den Wald von Fougères zu treiben, um ihn dort einzuzingeln. Alles ging gut, gestern war Gauvain mit seiner Armee noch hier, da gibt es plötzlich Alarm. Der geschickte Alte hat einen Vorstoß gemacht, er rückt auf Dol zu. Nimmt er die Stadt und pflanzt auf dem Mont-Dol eine Batterie auf, denn Geschütze hat er ja, so beherrscht er von dort eine Stelle der Küste, wo die Engländer landen könnten, und alles ist verloren. Da keine Minute mehr zu verlieren war und da Gauvain seinen eigenen Kopf hat, holte er nur bei sich selbst Rat ein und wollte Befehl weder verlangen noch abwarten. Er hat zum Aufbruch blasen lassen, seine Geschütze bespannt, seine Mannschaft zusammengezogen, den Säbel gezückt, und während Lantenac über Dol herfällt, fällt Gauvain über Lantenac her. Dort werden die beiden bretonischen Fronten aufeinanderprallen, das gibt einen gehörigen Stoß. Sie sind jetzt alle dort.«

»Wie lange braucht man bis Dol?«

»Eine Abteilung mit Treck mindestens drei Stunden. Aber sie sind schon dort.«

Der Fremde lauschte: »Tatsächlich, ich höre schon Geschützfeuer.«

Auch der Wirt horchte hin:

»Jawohl, Bürger, auch Gewehrfeuer, man ist mitten im Kampf. Sie sollten lieber die Nacht über hierbleiben. Dort erwartet Sie nichts Gutes.«

»Ich muß meinen Weg fortsetzen.«

»Sehr unrecht. Ich weiß zwar nicht, was Sie vorhaben, aber die Gefahr ist nicht gering, und wenn es sich nicht um Ihr Teuerstes auf der Welt handelt ...«

»Darum handelt es sich allerdings«, antwortete der Reiter.

»So etwas wie Ihr Sohn ...«

»Ungefähr.«

Der Wirt sah zu ihm hinauf und dachte: ›Aber dieser Bürger sieht mir doch wie ein Priester aus. Na, ein Preister hat auch manchmal Kinder.‹

»Legen Sie das Zaumzeug wieder an. Was bin ich Ihnen schuldig?« Der Fremde zahlte.

Der Wirt stellte Krippe und Eimer an die Mauer und trat wieder zu ihm: »Wenn Sie durchaus hinreiten wollen, hören Sie wenigstens einen Rat. Ihr Ziel ist offenbar Saint-Malo.

Nehmen Sie nicht den Weg über Dol, es gibt noch einen anderen am Meer entlang, der ebenso kurz ist. Der Weg am Meer entlang führt über Saint-Georges-de-Brehaigne, Cherrueix und Mirel-le-Vivier. Sie lassen Dol im Süden und Cancale im Norden, Bürger. Am Ende dieser Straße treffen Sie auf die Kreuzung dieser beiden Straßen, die nach Dol geht nach links, die nach Saint-Georges-de-Brehaigne ist rechts. Hören Sie auf mich, wenn Sie über Dol gehen, kommen Sie ins Gemetzel, deshalb gehen Sie nach rechts.«

»Danke«, antwortete der Fremde und trieb sein Pferd an. Es war dunkel geworden, und er entschwand in der Nacht. Der Wirt verlor ihn aus dem Blick. Als er an die Kreuzung kam, hörte er noch eine Stimme von ferne rufen:

»Nach rechts reiten!«

Er ritt nach links.

II
Dol

Eine spanische Stadt Frankreichs in der Bretagne, so wird Dol in den Urkundenbüchern bezeichnet. Es ist kaum eine Stadt, sondern eine Straße, eine einzige lange alte gotische Straße, sehr breit, mit unregelmäßig vor- und zurückspringenden, von Pfeilern getragenen Häusern. Der Rest der Stadt ist nur ein Netz kleiner Gassen, die in die Straße wie Bäche in einen Fluß münden. Ohne Tore und Mauern, offen, vom Mont-Dol überragt, konnte die kleine Stadt keine Belagerung aushalten; wohl aber die Straße. Die vorspringenden Häuser, die noch vor fünfzig Jahren standen, und die beiden auf Pfeilern ruhenden Galerien, die die Straßen zu beiden Seiten säumten, machten sie zu einem sehr starken und widerstandsfähigen Kampfplatz. So viele Häuser, so viele Festungen; sie mußten eine nach der anderen genommen werden. In der Mitte der Straße stand die alte Markthalle.

Der Wirt der Croix-Branchard hatte recht gehabt, im Augenblick jenes Gesprächs fand schon ein rasendes Handgemenge in Dol statt. Ein nächtlicher Zweikampf zwischen den morgens eingetroffenen Weißen und den abends anstürmenden Blauen war plötzlich in der Stadt entbrannt. Die Kräfte waren ungleich, denn die Weißen zählten sechstausend, die Blauen nur fünfzehnhundert Mann, gleich aber schien die Erbitterung. Bemerkenswert dabei war, daß die fünfzehnhundert die Angreifer gegen die sechstausend waren.

Auf der einen Seite ein Gewühl, auf der anderen eine Phalanx. Dort sechstausend Bauern mit Jesusherzen auf den Lederjacken, weißen Bändern an den runden Hüten, christlichen Denksprüchen auf den Armbinden, Rosenkränzen am Gürtel, mit mehr Heugabeln als Säbeln, Stutzen ohne Bajonette, ihre Kanonen selbst an Stricken hinter sich herziehend, schlecht gekleidet, schlecht bewaffnet, undiszipliniert, aber voll rasenden Eifers. Hier fünfzehnhundert Soldaten mit dreifarbigen Kokarden am Dreispitz, in Röcken mit langen Schößen und breiten Aufschlägen mit gekreuztem Wehrgehänge, Pistole mit Messingkolben und einem Gewehr mit langem Bajonett, geschult, in Reih und Glied, gehorsam und feurig, die folgten, da sie auch führen konnten; Freiwillige auch sie, aber Freiwillige für das Vaterland, im übrigen zerlumpt und ohne Schuhe. Auf seiten des Königtums paladinenhafte Bauern, auf seiten der Revolution barfüßige Helden. Jede der beiden Scharen ganz von ihrem Führer beseelt, die Königlichen von einem Greis, von einem Jüngling die Republikaner. Auf der einen Seite Lantenac, auf der anderen Gauvain.

Die Revolution hat neben ihren gigantischen auch ihre idealen jungen Gestalten, neben Danton, Saint-Just und Robespierre einen Hoche und Marceau. Diesen verwandt war Gauvain.

Er war dreißig Jahre alt, hatte die Schultern eines Herkules, den ernsten Blick eines Propheten und das Lachen eines Kindes. Er rauchte nicht, trank nicht, fluchte nicht, mitten im

Krieg führte er ein Toilettenkästchen mit sich und pflegte sorgfältig Nägel und Zähne und das prachtvolle braune Haar. Machte er halt, so schüttelte er seinen staubigen, von Kugeln durchlöcherten Hauptmannsrock selbst aus. Obwohl er sich tollkühn ins Handgemenge stürzte, war er niemals verwundet worden. Seine sehr sanfte Stimme konnte auch jäh zu gebieterischem Ton anwachsen. Er ging mit dem Beispiel voran, schlief bei Nordwind, Regen und Schnee, in seinen Mantel gewickelt, auf der Erde, den anmutigen Kopf auf einen Stein gelegt. Er war eine heldenhafte und unschuldige Seele, der Säbel in der Hand verklärte ihn, er hatte den weiblichen Ausdruck, der in der Schlacht gewaltig wird. Dabei war er ein Denker und Philosoph, ein junger Weiser, und so hielt ihn für Alkibiades, wer ihn sah, und für Sokrates, wer ihm zuhörte.

In der unermeßlichen Stegreifschöpfung der Französischen Revolution war der Jüngling sofort ein Soldatenführer geworden. Seine Abteilung, sein eigenstes Werk, bildete wie die römische Legion eine vollständige Armee im kleinen mit Fußvolk und Reiterei, mit Aufklärern, Pionieren, Schanzgräbern und Brückenbauern. Statt der Katapulte der römischen Legion hatten sie Kanonen. Drei wohlbespannte Geschütze machten sie stark und ließen sie doch beweglich.

Auch Lantenac war ein Kriegsführer, gefährlicher noch, weil er zugleich bedachtsamer und verwegener war. Ein echter alter Held ist kühler als ein junger, denn er hat den Morgen schon länger hinter sich, und zügelloser, denn der Tod steht näher vor ihm. Er hat nur wenig zu verlieren, daher die tollkühne und geschickte Kriegführung Lantenacs. Dennoch blieb in dem hartnäckigen Ringen zwischen dem Jungen und dem Alten meistens Gauvain im Vorteil. Es war wohl eine Sache des Glücks. Jedes Glück, selbst das Glück im Fürchterlichen, gehört der Jugend. Der Sieg ist ein bißchen weibisch.

Lantenac war außer sich über Gauvain, erstens, weil dieser ihn schlug, dann, weil er sein Verwandter war. Wie durfte er sich erlauben, Jakobiner zu sein, dieser Bengel, der einzige

Erbe des Marquis, sein Großneffe, fast sein Enkel! Oh! dachte der Fast-Großvater, kommt er mir vor die Finger, ich erschieße ihn wie einen Hund!

Die Republik hatte im übrigen recht, über diesen Marquis in Aufregung zu geraten. Kaum gelandet, verbreitete er schon Schrecken, wie ein Feuer lief sein Name durch die Vendéer Erhebung, und er wurde sofort ihr Mittelpunkt. In einem solchen Aufruhr, wo jeder auf den anderen eifersüchtig war und jeder seinen eigenen Hohlweg oder Strauch besitzt, schart der hinzutretende Höhere die uneinigen Unterführer mühelos um seine Person. So hatten sich fast alle Waldhauptmänner Lantenac angeschlossen und gehorchten ihm von nah und fern.

Nur einer hatte ihn verlassen, das war der erste, der zu ihm gehalten hatte: Gavard. Weshalb? Weil er ein Mann des vollkommenen Vertrauens war. Gavard hatte allen Geheimnissen und Plänen der früheren Kriegführung angehangen, die Lantenac nun beseitigte und durch andere ersetzte. Vertrauen erbt man nicht, und da Lantenac nicht wie La Rouarie kämpfen wollte, ging Gavard und vereinigte sich mit Bonchamp.

Lantenac war ein Soldat aus der Schule Friedrichs II. Er dachte an eine Verbindung des großen Krieges mit dem kleinen, denn er schätzte weder die ›ungeteilte Masse‹ in der Art der großen königlich katholischen Armee, die der Zermalmung mit einem Schlage ausgesetzt war, noch die Verzettelung in Wäldern und Dickichten, die den Feind zwar beunruhigte, ihn aber nicht besiegen konnte. Der Guerillakrieg bringt es zu keinem oder einem jämmerlichen Abschluß, man beginnt mit dem Angriff auf eine Republik und endet mit der Plünderung eines Postwagens. Lantenac lehnte diesen bretonischen Krieg ab: den im offenen Feld, nach La Rochejaquelein, wie den im Busch, nach Jean Chouan. Er wollte nicht ›Vendée noch Chouanerie‹, sondern den echten Krieg, sich zwar des Bauern bedienend, doch gestützt auf den Soldaten. Er wollte Banden für die Strategie, Regimenter für die Taktik. Daß diese plötzlich zusammengerufenen, plötzlich wieder zerstiebenden

Dorfheere für Hinterhalt und Überfall ausgezeichnet zu verwerten waren, erkannte er, aber sie erschienen ihm zu flüssig, in den Händen zerrinnend wie Wasser. In diesem wogenden und diffusen Krieg mußte ein Kern geschaffen werden. Dem wilden Buschheer wollte er eine reguläre Truppe als Angelpunkt der bäuerlichen Aktionen beigeben. Wäre dieser gründliche und furchtbare Gedanke ausgeführt worden, die Vendée hätte sich unbesiegbar gemacht.

Woher aber sollte er die reguläre Truppe nehmen, woher Soldaten, Regimenter, ein schlagfertiges Heer? Aus England. So wurde die Landung der Engländer zu Lantenacs unverrückbarem Gedanken, so kapitulierte das Gewissen der Partei, die weiße Kokarde verdeckte den roten Rock. Lantenac hatte nur noch ein Trachten, sich einer Stelle der Küste zu bemächtigen und sie Pitt auszuliefern. Er warf sich auf Dol, da er es unverteidigt sah, er wollte durch Dol den Mont-Dol und durch diesen Berg die Küste beherrschen.

Es war ein gut gewählter Ort. Das Geschütz auf dem Mont-Dol könnte die Küste nach allen Seiten beschießen, kontrollieren; von der einen Seite Le Fresnois, von der anderen Saint-Brelade, könnte das Kreuzergeschwader aus Cancale fern halten und eine breite Strecke für die Landung von Raz-sur-Couesnon bis Saint-Mêloir-des-Ondes decken.

Zu diesem entscheidenden Schlag hatte Lantenac etwas mehr als sechstausend der besten Leute aus seinen Banden zusammengezogen, dazu seine gesamte Artillerie, zehn sechzehnkalibrige Feldschlangen, eine achtkalibrige Schiffskanone und ein vierkalibriges Regimentsgeschütz. Damit wollte er eine starke Batterie auf dem Berge aufbauen, nach dem Grundsatz, daß tausend Schüsse aus zehn Kanonen wirkungsvoller seien als fünfzehnhundert aus fünf.

Der Erfolg schien gewiß. Man war sechstausend Mann stark. Außer Gauvain mit seinen fünfzehnhundert Mann bei Avranche, hatte man freilich gegen Dinan zu noch Léchelle zu fürchten. Aber seine Fünfundzwanzigtausend standen zwanzig

Meilen entfernt, und Lantenac fühlte sich gesichert; was Léchelle anbelangt, die große Anzahl durch die große Entfernung und was Gauvain anging, die kleine Entfernung durch die kleine Anzahl. Außerdem war Léchelle ein Dummkopf, durch seine Schuld wurden später in der Heide von Croix-Bataille seine fünfundzwanzigtausend Männer vernichtet, und er beging dafür Selbstmord.

Lantenac fühlte sich also vollkommen sicher. Rasch und rücksichtslos war er in Dol eingedrungen. Vor seinem Ruf der Mitleidlosigkeit hatte man auf jeden Widerstand verzichtet. Die entsetzten Bewohner schlossen sich in ihren Häusern ein. In bäuerlicher Unordnung, fast wie bei einem Jahrmarkt, ließen sich die sechstausend Vendéer in der Stadt nieder. Ohne Quartiermeister, ohne festes Logis lagerten sie sich nach Belieben, kochten unter freiem Himmel, zerstreuten sich in die Kirchen, nahmen die Rosenkränze statt der Flinten zur Hand. Lantenac besichtigte mit einigen Artillerieoffizieren sogleich den Mont-Dol, indem er den Befehl Gouge-le-Bruant übergab, den er zu seinem kommandierenden Unteroffizier ernannte.

Dieser Gouge-le-Bruant hat in der Geschichte trübe Spuren zurückgelassen. Er hatte zwei Beinamen: ›Brise-Bleu‹, wegen seines Wütens gegen die Patrioten, und ›der Imânus‹, weil ein unaussprechliches Grauen von ihm ausging. Imânus, vom alten ›imanis‹ abgeleitet, bezeichnet im niedernormannischen Dialekt die übermenschliche und beinah göttliche Häßlichkeit im Entsetzen, den Oger, den Satyr, den Dämonen selbst. In einer alten Handschrift steht: ›D'mes daeux iers j'vis l'imânus‹ [Mit meinen zwei Augen sah ich den Imânus]. Die alten Leute aus dem Bocage wissen heute nicht mehr, wer Gouge-le-Bruant war und was Brise-Bleu bedeutet, aber vom Imânus haben sie noch eine dunkle Vorstellung. Er hat sich in den örtlichen Aberglauben verflochten, man spricht von ihm noch in Trémorel und in Plumaugat, zwei Dörfern, wo sein scheußlicher Fuß sich eindrückte. Die anderen in der Vendée waren ›Wilde‹, er war der Barbar, wie eine Kazike mit Kruzifixen und Lilien tätowiert. Auf seinem Gesicht lag der übernatürlich häßliche Schein einer Seele, die keiner menschlichen Seele mehr glich. Er war höllisch tapfer im Kampf und danach höllisch grausam. Sein Herz barg verschlungene Irrgänge und war fähig zu jeder Aufopferung, geneigt zu jeder Ungeheuerlichkeit. Konnte er denken? Ja, wie die Schlangen kriechen, in Windungen. Er ging vom Heldentum aus und endete beim Mord. Unmöglich konnte man erraten, woher seine Entschlüsse kamen, deren ungeheure Abscheulichkeit bisweilen etwas Großartiges an sich hatte. Er war zu aller unerwarteten Entsetzlichkeit fähig, denn er trug in sich epische Grausamkeit. Daher sein mißgestalteter Beiname, der Imânus.

Auf seine Grausamkeit vertraute Lantenac mit Recht, der Imânus war ein Meister darin. Weniger überlegen war er in der Strategie und Taktik, und der Marquis machte vielleicht einen Fehler, ihn zum befehlenden Unteroffizier zu ernennen. Jedenfalls ließ er ihn mit allen Vollmachten zurück.

Gouge-le-Bruant, mehr Kriegsknecht als Militär, verstand es zwar besser, einen Stamm abzuwürgen als eine Stadt zu bewachen, trotzdem stellte er Wachposten auf.

Am Abend aber, als Lantenac von der Besichtigung des Ortes, wo die Batterie aufgestellt werden sollte, nach Dol zurückkehrte, hörte er plötzlich unterwegs Kanonenschüsse. Er sah hin, eine rote Rauchwolke stieg aus der Hauptstraße. In der Stadt wurde gekämpft.

Er war verblüfft, ganz gegen seine Natur, er war auf derartiges nicht gefaßt. Wer konnte das sein? Gauvain war es sicher nicht! Einer greift nicht vier an! Hatte Léchelle einen solchen Gewaltmarsch fertiggebracht? Léchelle war unwahrscheinlich, Gauvain unmöglich.

Lantenac spornte sein Pferd an. Er traf auf fliehende Städter und befragte sie. Sie waren verrückt vor Entsetzen und schrien: »Die Blauen! Die Blauen!«

Als er anlangte, stand es schlimm.

Folgendes war geschehen:

III
Kleine Heere und große Schlachten

Beim Eintreffen in Dol verteilten sich die Bauern, wie man gesehen hat, je nach Laune in der Stadt, wie es üblich ist, wenn man der ›Freundschaft gehorcht‹, wie die Vendéer sagen; einen Gehorsam, aus dem zwar Helden, aber nicht Soldaten hervorgehen. Artillerie und Gepäck wurden unter den Wölbungen der alten Markthalle untergebracht; und müde geworden, lagerten sie trinkend, essend, auch ›rosenkränzelnd‹ auf der Hauptstraße durcheinander, mehr Hindernisse als Wachen. Bei anbrechender Nacht schliefen die meisten ein, den Kopf auf den Proviantbeutel gelegt. Mancher hatte auch seine Frau an der Seite, denn oft folgten die Bäuerinnen dem Heere; die schwangeren Frauen taten in der Vendée Kundschafterdienste. Es war eine milde Juninacht, die Sternbilder funkelten am tiefen blauschwarzen Himmel. Die ganze Truppe, eher einer rastenden Karawane als einem lagernden Heere gleich, schlummerte friedlich. Nur die wenigen, die noch nicht die Augen geschlossen hatten, sahen plötzlich im letzten Lichtschein am Eingang der Straße drei Kanonen gegen sich gerichtet.

Gauvain war es, er hatte die Wachen überrumpelt, er stand in der Stadt und hielt mit seiner Kolonne den Straßenzugang. Ein Bauer erhob sich, schrie: Wer da? und schoß seine Flinte ab. Ein Kanonenschuß antwortete. Rasendes Gewehrfeuer folgte. Die lagernde Menge sprang auf, mit wildem Ruck – unter den Sternen eingeschlummert und erwacht unter den Kartätschen. Ein starkes Stück.

Der erste Augenblick war entsetzlich. Nichts ist tragischer als eine Menschenmenge, die vom Blitz getroffen wird. Alle stürzten heulend, stolpernd zu den Waffen. Die angegriffenen Leute wußten nicht mehr, was sie taten und schossen aufeinander, dazwischen liefen verwirrte Einwohner aus den Häusern heraus und wieder hinein und wieder heraus, wie wahnsinnig im Tumult umherirrend. Familien riefen sich. Quer durch den düsteren Kampf schrien Frauen und Kinder nacheinander, pfeifende Kugeln durchstrichen das Dunkel, aus allen schwarzen Winkeln kamen Schüsse, ein rauchender Wirrwarr zwischen Packwagen und Munitionskarren. Die Pferde schlugen aus, die Menschen trampelten über die Verwundeten hin, vom Boden ertönte Gebrüll; einerseits Entsetzen, andererseits Erstarrung. Soldaten und Offiziere suchten sich, dazwischen lag starre Gleichgültigkeit. An einer Mauer lehnte eine Frau, die ihren Säugling stillte, während ihr Mann, an dessen zerschmettertem Bein das Blut floß, ruhig den Stutzen lud und irgendwohin in die Finsternis den Tod sandte. Auf dem Bauch liegende Leute schossen durch die Karrenräder hindurch, zuweilen ein allgemeiner riesiger Aufschrei, wieder überbrüllt von der Stimme der Kanonen. Es war entsetzlich. Wüst wie gefällte Bäume fielen Menschen über Menschen. Aus seinem Hinterhalt schoß Gauvain mit sicherem Feuer und fast ohne Verluste.

Dennoch ging die mutige Unordnung der Bauern allmählich in eine gewisse Verteidigung über. Sie zogen sich unter den dunklen Wald steinerner Pfeiler, unter die große Halle zurück. Dort faßten sie sich, denn alles, was einem Dickicht ähnelte, flößte ihnen Ruhe ein. Der Imânus suchte nach Kräften den abwesenden Lantenac zu ersetzen. Sie hatten Kanonen, aber zu Gauvains Verwunderung benutzten sie sie nicht; denn die Artillerieoffiziere hatten den Marquis begleitet, und die Bauernburschen wußten mit den Feldschlangen und Mörsern nichts zu beginnen. Auf das Kartätschenfeuer antworteten sie mit Flintenfeuer, und jetzt waren sie besser als die Gegner gedeckt. Alle in der Markthalle vorhandenen Karren, das Gepäck, Säcke und ausrangierte Fässer türmten sie zu einer Barrikade mit Schießscharten auf und unterhielten durch alle Löcher ein mörderisches Feuer. Alles geschah sehr schnell. In einer Viertelstunde war die Halle ein uneinnehmbares Bollwerk.

Die Lage wurde ernst für Gauvain. Diese Halle plötzlich in eine Festung verwandelt, das kam unerwartet. Die Bauern standen fest und stark da. Gauvain war die Überraschung gelungen, nicht aber die Zerschlagung. Er war vom Pferde gestiegen, und aufgerichtet, den Degen zwischen den gekreuzten Armen, durchspähte er die Finsternis beim Schein der Fackel, die seine Batterie beleuchtete.

Sein hoher Wuchs machte ihn den Leuten hinter der Barrikade sichtbar. Er war Zielscheibe, doch daran dachte er nicht und ließ ganz in Gedanken die Kugeln rings um sich einschlagen. Aber gegen all diese Gewehre hatte er das Geschütz. Die Kanone behält am Ende immer das letzte Wort. Wer Artillerie besitzt, hat den Sieg. Seine Batterie, wohlbedient, gab ihm die Oberhand.

Plötzlich fuhr ein Blitz aus der schwarzen Halle, und dröhnend schmetterte eine Kanonenkugel in ein Haus über Gauvains Kopf.

Die Barrikade setzte dem Geschütz Geschütz entgegen. Etwas Neues hatte sich ereignet, die Artillerie stand nicht mehr allein auf einer Seite. Eine zweite Kanonenkugel folgte und schlug nahe Gauvain in die Mauer ein, eine dritte riß ihm den Hut vom Kopfe. Die Kugeln waren von schwerem Kaliber. Es war eine sechzehnkalibrige Kanone, die da schoß.

»Die zielen auf Sie, Kommandant!« schrien die Kanoniere und löschten ihre Fackeln. In Gedanken versunken hob Gauvain seinen Hut auf. In der Tat zielte jemand auf Gauvain: Lantenac.

Er hatte die Barrikade von der entgegengesetzten Seite erreicht. Der Imânus war auf ihn zugestürzt.

»Herr, wir sind überrascht worden.«

»Von wem?«

»Ich weiß es nicht.«

»Ist der Weg nach Dinan frei?«

»Ich glaube.«

»Dann müssen wir den Rückzug antreten.«

»Er ist im Gange. Viele sind schon entkommen.«

»Es handelt sich nicht darum, zu entkommen, sondern sich zurückzuziehen. Warum nehmen Sie nicht die Artillerie hinzu?«

»Wir waren verwirrt und hatten die Offiziere nicht hier.«

»Ich kümmere mich darum.«

»Herr, ich habe so viel Gepäck wie möglich, die Frauen und alles Überflüssige nach Fougères weggeschickt. Was soll mit den drei kleinen Gefangenen geschehen?«

»Mit den Kindern? Wir behalten sie als Geiseln. Laß sie nach La Tourgue bringen.«

Darauf ging der Marquis zur Barrikade. Die Ankunft des Führers verwandelte alles. Die Barrikade war auf Artillerie nicht eingerichtet, nur zwei Kanonen hatten Platz. Der Marquis ließ zwei Sechzehnkalibrige heranbringen und größere Öffnungen für sie brechen. Wie er sich über das Geschütz beugte, um die feindliche Batterie zu beobachten, erblickte er Gauvain.

»Er ist es!« rief er und griff nach Wischer und Kolben, lud selbst das Geschütz, richtete das Visier, zielte. Dreimal feuerte er auf Gauvain und verfehlte ihn. Beim dritten Mal schaffte er es nur, ihm den Kopf zu entblößen.

»Ungeschickt! Etwas tiefer und ich hatte den Kopf.« Dann erlosch drüben die Fackel, er hatte nur noch die Nacht vor sich. »Schön!« und sich zu den bäuerlichen Kanonieren drehend, schrie er: — »Jetzt Kartätschen gegen sie!«

Auf der anderen Seite war Gauvain nicht weniger tätig. Seine Lage hatte sich verschlechtert, eine neue Phase des Kampfes zeichnete sich ab. Wer konnte wissen, ob die kanonierende Barrikade nicht bald von der Verteidigung zum Angriff übergehen würde? Die Toten und Flüchtigen abgerechnet hatte er noch mindestens fünftausend Mann vor sich, er selbst besaß nur noch zwölfhundert kampffähige Leute. Was wurde aus den Republikanern, wenn man ihre kleine Zahl entdeckte? Die Rollen würden sogleich vertauscht werden.

Man war Angreifer, würde aber Angegriffener werden. Ein Ausfall der Barrikade konnte alles verderben.

Was tun? Sie von vorn anzugreifen war unmöglich; jede Gewaltsamkeit ein Wahnsinn, zwölfhundert Mann können nicht fünftausend in die Flucht jagen. Doch abwarten war ebenso unheilvoll wie überstürzen, es mußte ein Ende gemacht werden. Wie?

Gauvain stammte aus der Gegend, er kannte die Stadt und wußte, daß die alte Markthalle hinten an ein Gewirr enger winkliger Gassen stieß.

Er wandte sich zu seinem Unterführer, dem tapferen Hauptmann Guéchamp, der sich später berühmt machte, denn er säuberte den Wald von Concise, Jean Chouans Heimat, und verhinderte die Einnahme von Bourgneuf durch die Sperrung der Straße am See von La Chaîne.

»Guéchamp, ich übertrage Ihnen den Befehl. Sie schießen, soviel Sie können, zerfetzen die Barrikade, beschäftigen die da drüben.«

»Verstanden«, antwortete der andere.

»Lassen Sie die ganze Abteilung dicht zusammenrücken, die Gewehre laden, und halten Sie sich zum Sturm bereit.« Er sagte ihm noch ein paar Worte ins Ohr.

»Abgemacht«, versetzte Guéchamp.

»Sind alle unsere Trommler auf den Beinen?« fragte Gauvain.

»Ja.«

»Wir haben neun. Zwei behalten Sie, ich nehme sieben mit.«

Die sieben Trommler kamen stumm daher und stellten sich vor Gauvain auf. Dieser rief:

»Das Bataillon Bonnet-Rouge antreten!«

Zwölf Mann, darunter ein Unteroffizier, traten aus der Truppe heraus.

»Ich befahl das ganze Bataillon«, sagte Gauvain.

»Hier«, antwortete der Unteroffizier.

»Ihr seid Zwölf!«

»Zwölf sind übrig.«

»Gut.«

Der Unteroffizier war jener gutmütige und derbe Soldat Radoub, der im Walde von La Saudraie die drei Kinder im Namen des Bataillons angenommen hatte. Die Hälfte der Leute war in Herbe-en-Pail niedergemacht worden, Radoub war davongekommen.

In der Nähe stand ein Futterwagen, Gauvain deutete mit dem Finger darauf hin: »Unteroffizier, lassen Sie Ihre Leute Strohgeflecht machen und sie um die Gewehre legen, damit es beim Aneinanderstoßen kein Geräusch gibt.«

»Geschehen«, sagte der Unteroffizier nach einer stummen dunklen Minute.

»Soldaten, zieht die Schuhe aus.«

»Wir haben keine.«

Mit den sieben Trommlern waren es neunzehn Mann; Gauvain war der zwanzigste. »In einer einzigen Reihe hinter mir her. Zuerst die Trommler, danach das Bataillon. Sie führen das Bataillon, Unteroffizier.«

Er stellte sich an die Spitze des Zuges, und während auf beiden Seiten das Geschützfeuer anhielt, glitten diese zwanzig Männer wie Schatten in die ausgestorbenen Gassen hinein. Sie schlängelten sich an den Häusern entlang. Totenstille lag in der Stadt, die Einwohner versteckten sich in den Kellern, jede Tür war verrammelt, jeder Fensterladen geschlossen, nirgends Licht.

Die Hauptstraße verursachte einen schrecklichen Lärm in dieser Stille. Der Kanonenkampf ging weiter. Die republikanische Batterie und die königliche Barrikade spien mit allen ihren Kugeln wütend aufeinander.

Nach einem gewundenen Marsch von zwanzig Minuten gelangte Gauvain, sicher führend, zum Ende einer Gasse, die wieder in die Hauptstraße mündete, aber auf der anderen Seite der Markthalle. Die Stellung war umgangen. Dank der ewigen Unvorsichtigkeit aller Barrikadenbauer war die Halle nach dieser Seite nicht verschanzt worden. Man konnte ohne weiteres zwischen die Pfeiler treten, wo einige abfahrtbereite Gepäckwagen standen. Gauvain mit seinen neunzehn Mann hatte fünftausend Vendéer vor sich, aber mit dem Rücken.

Er flüsterte dem Unteroffizier etwas zu, die Strohbündel wurden von den Gewehren entfernt, und die zwölf Grenadiere stellten sich an der Biegung des Gäßchens in Schlachtordnung auf, während die sieben Trommler mit erhobenen Schlegeln warteten.

Dann, in einer der unregelmäßigen Pausen zwischen den Geschützsalven, schwang Gauvain den Degen, und mit schmetternder Stimme, gleich einem Trompetenstoß in der Stille, rief er: »Zweihundert Mann rechts vor, zweihundert Mann links vor, die übrigen in der Mitte!«

Die zwölf Gewehre schossen, die sieben Trommler schlugen zum Angriff, Gauvain stieß den furchterregenden Sturmruf der Blauen aus: »Mit aufgepflanzten Gewehren, vorwärts!«

Die Wirkung war ungeheuer. Die ganze Masse der Bauern meinte sich von hinten angegriffen, durch ein zweites Heer im Rücken. Gleichzeitig brach, ebenfalls unter Trommelwirbel, die Abteilung Guéchamps am Eingang der Hauptstraße los und stürmte im Laufschritt gegen die Barrikade. Da sahen sich die Bauern zwischen zwei Feuern. Panik ist ein Anwachsen des Gefürchteten, ein Pistolenschuß in der Panik verursacht den Lärm des Kanonendonners, jeder Schrei wird gespenstisch groß, das Bellen eines Hundes gleicht dem Gebrüll des Löwen. Der Bauer gerät ohnedies auf gleiche Art in Furcht wie ein Strohdach in Feuer, und wie das brennende Strohdach zur Feuersbrunst wird, wird die Furcht des Bauern zur jähen Flucht. Es war eine unbeschreibliche Flucht. In wenigen Augenblicken war die Halle leer, die entsetzten Menschen stoben auseinander. Die Offiziere waren da ohnmächtig. Vergeblich schoß der Imânus zwei oder drei Fliehende nieder. Man hörte nur den Ruf: »Rette sich, wer kann!«, und das ganze

Heer verlief sich durch die Gassen der Stadt wie durch Sieblöcher und verschwand im freien Feld mit der Geschwindigkeit einer sturmgepeitschten Wolke.

Die einen flohen nach Châteauneuf, die anderen nach Plerguer und der Rest nach Antrain.

Der Marquis de Lantenac sah diese Auflösung. Mit eigener Hand vernagelte er noch die Geschütze, dann entfernte er sich langsam und kaltblütig als letzter mit den Worten:

»Wahrhaftig, die Bauern halten nicht durch. Wir brauchen die Engländer.«

IV
Zum zweiten Mal

Es war ein vollständiger Sieg.

Gauvain wandte sich zu den Leuten vom Bataillon Bonnet-Rouge und sagte ihnen:

»Ihr seid zwölf, aber tausend seid ihr wert.« Solch ein Ausspruch des Führers bedeutete damals soviel wie ein Ehrenkreuz.

Guéchamp, von Gauvain aus der Stadt nachgeschickt, verfolgte die Fliehenden und nahm eine große Anzahl gefangen.

Zugleich wurde bei Fackelschein die Stadt durchsucht. Viele konnten nicht mehr entkommen und ergaben sich. Pechfackeln beleuchteten die Hauptstraße, sie lag voller Toter und Verwundeter. Das Ende jedes Kampfes geht immer mit Gewalt vor sich; hier und dort leisteten ein paar verzweifelte Trupps Widerstand, bis sie umzingelt die Waffen streckten.

Im zügellosen Getümmel der Flucht hatte Gauvain einen unerschrockenen Mann bemerkt, eine kräftige und bewegliche Faunsgestalt. Dieser Bauer deckte die Flucht der anderen, ohne selbst zu fliehen. So meisterhaft handhabte er seinen Stutzen, dessen Feuer und Kolben ihm so lange diente, bis die Waffe zerbrochen war. Jetzt hielt er eine Pistole in einer

Hand, in der anderen einen Säbel, und keiner wagte sich heran. Plötzlich sah Gauvain ihn wanken und sich an einen Pfeiler lehnend, verwundet. Noch immer umklammerte er seinen Säbel und seine Pistole. Gauvain nahm seinen Säbel unter den Arm und ging zu ihm hin:

»Ergib dich.«

Der Mensch stierte ihn an. Das Blut floß aus seiner Wunde durch die Kleider und bildete am Boden eine Lache.

»Du bist mein Gefangener.« Der andere blieb stumm. »Wie heißt du?«

»Danse-à-l'Ombre.«

»Du bist tapfer.« Gauvain streckte ihm die Hand hin.

»Es lebe der König!« antwortete der Mann, und mit letzter Kraft erhob er beide Arme zugleich, schoß auf das Herz Gauvains und führte einen Säbelhieb nach seinem Kopf.

Das tat er mit der Raschheit des Tigers. Aber ein anderer war noch rascher, ein Reiter, der unbeachtet seit kurzer Zeit daneben stand. Dieser warf sich, als der Vendéer Säbel und Pistole hob, zwischen ihn und Gauvain: Ohne diesen Mann wäre Gauvain tot. Das Pferd empfing den Schuß, der Mann den Hieb, und beide stürzten zu Boden. Alles geschah so schnell, wie man einen Schrei ausstößt. Auch der Vendéer war auf das Pflaster gefallen.

Der Säbelhieb hatte den Mann mitten ins Gesicht getroffen, er lag bewußtlos. Das Pferd war tot.

»Wer ist dieser Mann?« fragte Gauvain und betrachtete ihn. Wie eine rote Maske bedeckte das Blut den Verwundeten. Sein Gesicht war nicht zu erkennen, man sah nur, daß er graue Haare hatte.

»Dieser Mann hat mir das Leben gerettet, kennt ihn jemand?«

»Er kam eben erst zur Stadt herein, ich sah ihn kommen von der Straße von Pontorson«, antwortete ein Soldat.

Der Militärarzt eilte mit Verbandzeug herbei und untersuchte den Ohnmächtigen: »Nur eine Fleischwunde; leicht wieder zusammengenäht. In acht Tagen wird er wieder auf den Beinen sein mit einem schönen Säbelschmiß.«

Der Verwundete hatte einen Mantel, eine dreifarbige Schärpe, Pistolen und einen Säbel. Man legte ihn auf eine Trage und entkleidete ihn. Aus einem Eimer frischen Wassers wusch der Arzt die Wunde, das Antlitz wurde sichtbar. Mit großer Aufmerksamkeit sah Gauvain hin und fragte:

»Hat er Papiere bei sich?«

Der Arzt tastete die Seitentasche ab und zog eine Brieftasche hervor, die er Gauvain reichte. Inzwischen brachte das kühle Wasser den Verwundeten zur Besinnung, seine Lider zuckten leise.

Gauvain aber hatte in der Brieftasche ein Blatt gefunden, das er entfaltete. Er las:

›Wohlfahrtsausschuß. Der Bürger Cimourdain ...‹

Er schrie auf: »Cimourdain!« Dieser Schrei ließ den Verwundeten die Augen öffnen. Gauvain rief bestürzt: »Sie sind es, Cimourdain! Zum zweitenmal retten Sie mir das Leben.«

Cimourdain sah ihn an. Freude leuchtete aus dem blutenden Gesicht, während Gauvain vor ihm niedersank:

»Mein Lehrer!«

»Dein Vater«, sagte Cimourdain.

V
Der Tropfen kalten Wassers

Seit Jahren hatten sie sich nicht gesehen, aber ihre Herzen hatten sich nicht getrennt. Als sei der Abschied gestern gewesen, waren sie einander sogleich wieder ganz nahe.

Im Rathaus von Dol wurde schnell ein Lazarett eingerichtet, und man trug Cimourdain auf ein Bett neben dem großen Saal. Der Chirurg, der die Wunde genäht hatte, ordnete an, daß Cimourdain schlafen müsse, und beendete so die Herzensergüsse der beiden. Im übrigen hatte Gauvain sich mit tausend Dingen zu beschäftigen, Pflichten und Sorgen des Sieges. Cimourdain blieb allein, doch er schlief nicht, heiß von zwei Fiebern, seiner Wunde und seiner Freude.

Er schlief nicht, und doch glaubte er kaum, daß er wachte. War es möglich, sein Traum Wirklichkeit? Cimourdain gehörte zu denen, die sich keinen Treffer im Leben zutrauen, und nun hatte er ihn doch! Er fand Gauvain wieder; nicht das Kind, das er verlassen hatte, doch den Mann, und groß, gewaltig, siegreich! und siegreich für das Volk! Die Stütze der Revolution in der Vendée! Cimourdain aber hatte der Republik diese Säule errichtet, dieser Sieger war sein Schüler. Was er aus diesem jungen, vielleicht für das republikanische Pantheon bestimmte Gesicht strahlen sah, war Cimourdains eigner Gedanke. Sein Zögling, das Kind seines Geistes, war jetzt ein Held, bald würde er mit Ruhm bedeckt sein. Cimourdain meinte, seine eigene zum Genie erhobene Seele gespiegelt zu sehen; wie Gauvain Krieg führte, hatte er mit eigenen Augen gesehen. So war Chiron Zuschauer beim Kampf des Achilles; eine geheimnisvolle Übereinstimmung liegt zwischen Priester und Zentaur, denn der Priester ist nur zur Hälfte ein Mensch.

Alle Zufälle dieser Abenteuer, mit den Schmerzen der Wunde vermischt, warfen ihn in eine Art geheimnisvoller Verzückung. Ein junges Schicksal stieg herrlich empor, und, was seine tief empfundene Freude vervollständigte, er hatte über dieses Schicksal zu bestimmen. Noch ein solcher Erfolg, und auf Cimourdains Meldung würde die Republik Gauvain ein Heer anvertrauen. Nichts blendet so wie das Staunen über konstante Erfolge. Zu dieser Zeit hatte jeder seinen militärischen Traum, jeder wollte einen General durchbringen, Danton den Westermann, Marat Rossignol, Hébert Ronsin. Robespierre wollte alle vernichten.

›Warum nicht Gauvain?‹ dachte Cimourdain. In unermeßliche Zukunft führte ihn sein Traum, von einer Möglichkeit zur anderen, alle Hindernisse verschwanden, denn wer einmal auf diese Leiter den Fuß gesetzt hat, hält nicht mehr inne. Es ist ein grenzenloser Aufstieg, beginnend beim Menschen, endend bei den Sternen. Ein großer General ist nur der Führer von Heeren, ein großer Kriegsheld ist zugleich ein Führer von Gedanken. So sah er Gauvain als großen Hauptmann, und mit den brausenden Schritten des Traumes vertrieb er schon die Engländer über das Meer, züchtigte die Könige des Nordens am Rhein, warf die Spanier über die Pyrenäen zurück und winkte von den Alpen nach Rom, daß es sich erhebe.

Und die beiden Menschen in Cimourdain, der zärtliche und der düstere, waren beide zufrieden; da sein Ideal das Unerbittliche war, so sah er Gauvain zugleich strahlend und furchtbar. Cimourdain dachte an all das, was man vor dem Aufbau zerstören mußte, und wußte die Stunde der Rührung noch nicht gekommen. Einmal aber würde Gauvain ›auf der Höhe sein‹, nach dem Lieblingswort der Zeit. Er sah ihn mit Licht gepanzert, einen Stern im Antlitz würde er mit dem Fuß die Schatten zertreten, ausbreiten die großen Geistesflügel der Gerechtigkeit, der Vernunft, des Fortschritts, das Schwert in der Hand, ein Engel zwar, doch Würgeengel.

Auf dem Gipfel dieser Träumerei, die fast Ekstase war, hörte Cimourdain durch die angelehnte Tür im Nebensaal, dem großen Krankensaal, sprechen und erkannte Gauvains Stimme, deren Klang trotz der Jahre der Abwesenheit immer in seinem Ohr geblieben war. Er lauschte; die Stimme des Kindes ist in der des Mannes wiederzufinden. Auch Schritte hörte er, und Stimmen von Soldaten sagten:

»Kommandant! Hier ist der Mann, der auf Sie geschossen hat. Als man nicht mehr auf ihn achtete, schleppte er sich in einen Keller. Wir haben ihn gefunden.«

Und er hörte folgendes Gespräch zwischen Gauvain und dem Manne:

»Du bist verwundet?«

»Ich fühle mich wohl genug, erschossen zu werden.«

»Legt den Mann in ein Bett. Er wird verbunden, gepflegt und geheilt.«

»Sterben will ich.«

»Du wirst leben. Im Namen des Königs wolltest du mich töten, ich begnadige dich im Namen der Republik.«

Ein Schatten lief über Cimourdains Stirn. Ihm war, als schrecke er jetzt aus dem Schlafe auf, und betrübt dachte er: ›Tatsächlich, er ist mild!‹

VI
Geheilte Brust, blutendes Herz

Eine Fleischwunde heilt rasch; aber irgendwo gab es jemanden, der schwerer verwundet war als Cimourdain. Es war die Frau, die der Bettler Tellmarch in der großen Blutlache in der Meierei von Herbe-en-Pail aufgefunden hatte.

Michelle Fléchard war schwerer verletzt, als Tellmarch geglaubt hatte; zu dem Einschuß über der Brust gehörte noch die Austrittsstelle am Schulterblatt; gleichzeitig hatte ihr eine Kugel das Schlüsselbein gebrochen und eine andere die Schulter durchschlagen. Aber da die Lunge nicht getroffen worden war, konnte sie geheilt werden.

Tellmarch war ein ›Philosoph‹, was bei den Bauern etwas Arzt, etwas Chirurg und etwas Zauberer bedeutete. Er behandelte die Verwundete in seiner Tiergrotte, auf dem Seegraslager, mit seinen geheimnisvollen Kräutern. Dank seiner Pflege überlebte sie.

Das Schlüsselbein heilte, die Löcher in Brust und Schulterblatt schlossen sich, und nach einigen Wochen war die Verwundete genesen.

Eines Morgens konnte sie, auf Tellmarch gestützt, die Höhle verlassen und setzte sich unter den Bäumen in die Sonne. Der Bettler wußte noch wenig von ihr; Wunden in der Brust gebieten Schweigen; und auch während ihres Kampfes mit dem Tode hatte sie kaum gesprochen. Wollte sie sprechen, bedeutete ihr Tellmarch zu schweigen. Aber daß hartnäckige Gedanken sie verfolgten, sah Tellmarch an ihren Augen, in denen ein dunkles Kommen und Gehen der Pein war. An diesem Morgen war sie schon ganz kräftig, sie konnte allein gehen, und Tellmarch war glücklich, der gute alte Mann lächelte, denn eine gelungene Kur ist eine Vaterschaft.

»Jetzt sind wir wieder auf den Beinen«, sagte er, »wir haben gar keine Wunde mehr.«

»Nur im Herzen«, antwortete sie, und weiter: »Sie wissen also gar nicht, wo sie sind?«

»Wer?«

»Meine Kinder.«

Ihr ›also‹ hatte eine ganze Welt von Gedanken ausgedrückt. Es bedeutete: Da Sie nicht von ihnen sprechen, da Sie so viele Tage schon um mich sind, ohne davon zu sprechen, und mich zum Schweigen bringen, sooft ich diese Stille unterbrechen will, da Sie zu fürchten scheinen, daß ich Fragen stelle, wissen Sie offenbar nicht Bescheid.

Oftmals hatte sie im Fieber, in der Verwirrung, im Delirium ihre Kinder gerufen und hatte gleichwohl – denn auch im Delirium kann man Beobachtungen machen – bemerkt, daß der alte Mann ihr nicht antwortete.

In der Tat, Tellmarch wußte keine Antwort.

Es ist freilich nicht leicht, zu einer Mutter von ihren verschwundenen Kindern zu sprechen. Er wußte ja auch nichts, als daß er eine niedergeschossene Mutter am Boden aufgefunden hatte, fast eine Leiche, und daß diese Leiche drei Kinder besaß, die der Marquis de Lantenac nach der Hinrichtung der Mutter mitgenommen hatte. Da endeten alle seine Kenntnisse. Was war aus den Kindern geworden? Waren sie noch am Leben? Er wußte, da er sich erkundigt hatte, daß es zwei Jungen und ein kleines Mädchen, kaum der Mutterbrust entwöhnt, waren, nichts mehr. Er stellte sich eine unzählige Menge von Fragen über die Unglücklichen, aber er fand keine Antworten. Die Landleute schüttelten den Kopf, von Monsieur de Lantenac redete man nicht gern.

Man redete nicht gern von Lantenac und auch nicht gern mit Tellmarch. Die Bauern haben ihre eigene Art von Argwohn, sie mochten Tellmarch nicht. Der Caimand war ihnen unheimlich. Was starrte er immer zum Himmel hinauf? Was tat und dachte er, wenn er stundenlang unbeweglich dastand? Sicher, er war ihnen fremd. In diesem Lande, wo Krieg, Brand, Verheerung herrschte, wo alle Menschen nur ein Geschäft und eine Arbeit hatten, Verwüstung und Tötung, wo man wetteiferte, Häuser niederzubrennen, Familien abzuschlachten, Wachposten zu erschießen, Dörfer zu zerstören, wo jeder auf einen Hinterhalt, auf eine Falle, auf gegenseitige Austilgung sann, hatte er, einsam, ganz versunken in die Natur, untergetaucht in den unendlichen Frieden der Dinge, Gräser und Kräuter pflückend, hingebungsvoll beschäftigt mit Blumen, Vögeln und Sternen, entschieden etwas Gefährliches an sich. Es war klar, er hatte seinen Verstand nicht mehr. Er verbarg sich hinter keinem Busch, er schoß auf niemanden — daher verbreitete er Furcht. »Dieser Mann ist verrückt«, sagten die Vorübergehenden.

Er war mehr als einsam, er war gemieden. Man stellte keine Fragen an ihn, man gab ihm kaum Antwort. Daher konnte er auch in dieser Sache nichts weiter erfahren. Der Krieg hatte sich anderswohin verzogen, Lantenac war am Horizont verschwunden, und ein Mensch wie Tellmarch mußte schon den Fuß im Nacken fühlen, sollte er den Krieg bemerken.

Nach diesem Wort ›Meine Kinder‹ hatte er zu lächeln aufgehört, und die Mutter versank in Gedanken. Was geschah in dieser Seele? Sie war fort, wie auf dem Boden eines Abgrunds. Plötzlich aber sah sie auf und schrie von neuem, beinahe zornig:

»Meine Kinder!«

Tellmarch senkte den Kopf wie schuldig. Er dachte an diesen Marquis de Lantenac, der sicherlich nicht an ihn dachte und wahrscheinlich nicht mehr wußte, daß er überhaupt existierte. Er war sich darüber klar und sagte sich: ›Ein vornehmer Herr, der in Gefahr ist, der kennt einen, nachher ist es aus mit der Bekanntschaft.‹ — ›Weshalb nur habe ich den gerettet?‹ fragte er sich und fand die Antwort: ›Weil er ein Mensch ist.‹

Er verweilte bei dem Gedanken, und dann dachte er: ›Bin ich mir dessen auch sicher?‹ — Er endete mit seinen bitteren Worten von damals: ›Hätte ich das gewußt!‹

Das ganze Abenteuer drückte ihn nieder, denn in allem, was er getan hatte, steckte ein Rätsel, dem er mit Schmerzen nachsann. Eine gute Handlung konnte also auch eine schlechte sein. Wer einen Wolf rettet, tötet die Lämmer, wer den Flügel des Geiers heilt, wird verantwortlich für seine Krallen. Ja, er fühlte sich schuldig, der unbewußte Zorn der Mutter hatte recht. Nur daß er sie gerettet hatte, tröstete ihn ein wenig über die Rettung des Marquis.

Aber die Kinder?

Die Gedanken der Frau hielten weiter Schritt mit den seinen. Die beiden Gedankengänge gingen nebeneinander her und trafen sich vielleicht unbewußt im Dunkeln des Denkens. Dann richtete sich der Blick der Frau, auf dessen Grunde es Nacht war, wieder auf Tellmarch.

»Das kann doch nicht so bleiben«, flüsterte sie.

»Pss!« machte Tellmarch und legte den Finger auf den Mund.

Sie fügte hinzu: »Sie hätten mich nicht retten dürfen, ich zürne Ihnen. Lieber wäre ich tot. Wäre ich tot, so wüßte ich, wo die Kinder sind: sie würden mich nicht sehen, aber ich wäre bei ihnen. Eine Tote muß doch die Möglichkeit haben, sie zu schützen.«

Er fühlte ihren Puls: »Reden Sie sich nicht wieder ins Fieber zurück.«

»Wann kann ich gehen?« fragte sie fast hart.

»Sie wollen fort?«

»Ja. Fort.«

»Wenn Sie nicht vernünftig sind, stehen Sie niemals mehr auf; wenn Sie vernünftig sind, schon morgen.«

»Was nennen Sie vernünftig?«

»Auf Gott vertrauend.«

»Was hat Gott mit meinen Kindern getan?« Sie war wie verloren. Dann wurde ihre Stimme plötzlich ganz weich: »Sie müssen verstehen«, sagte sie, »so kann ich nicht leben. Sie hatten keine Kinder, ich hatte welche. Das ist der Unterschied. Man kann nicht über Dinge sprechen, die man nicht kennt. Sie hatten doch keine Kinder, nicht wahr?«

»Nein«, antwortete Tellmarch.

»Ich, ich hatte nichts als die Kinder. Was bin ich ohne meine Kinder? Ich möchte, daß man mir erklärt, warum ich meine Kinder nicht mehr habe. Aber weil ich das nicht begreife, fühle ich, es geht etwas vor. Man hat meinen Mann umgebracht, man hat mich fast erschossen, und trotzdem verstehe ich nichts.«

»Da ist das Fieber wieder! Sie dürfen nicht sprechen.«

Sie sah ihm in die Augen und verstummte. Sie wurde gehorsamer, als der Bettler es wünschte. Stundenlang hockte sie an dem alten Baume, brütete und schwieg. Das Schweigen ist die Höhle der einfachen Gemüter, die ein finsterer Schmerz verfolgt. Sie gab es wohl auf, diesen zu begreifen. Ab einer bestimmten Grenze ist die Verzweiflung für den Verzweifelten nicht mehr erfaßbar.

Gerührt beobachtete Tellmarch die Arme. Der alte Mann verfiel beim Anblick dieses Leidens in die Denkweise einer Frau: ›O ja, ihre Lippen reden nicht, aber die Augen. Ich sehe schon, was ihr fehlt, sie hat nur die eine Empfindung, daß sie Mutter war und nicht mehr ist, daß sie gestillt hat und es nicht mehr tut. Darüber kommt sie nicht hinweg und denkt an das Kleine, das noch vor kurzem an ihrer Brust lag. Nur daran, immer und immer wieder, und es muß auch sehr köstlich sein, wenn ein kleiner rosiger Mund uns die Seele aus dem Leibe trinkt und mit unserem Leben sich ein eigenes schafft.‹

Auch er verstummte, er erkannte die Ohnmacht der Sprache vor einer solchen Verzweiflung. Das Schweigen in einer solchen tiefen Empfindung ist furchtbar. Wie soll man die Empfindung zur Vernunft bringen? Mütterlichkeit ist unteilbar. Mit ihr streitet man nicht. Auch das Tierhafte in der Mutter ist göttlich. Sie ist nicht mehr Weib, sie ist Weibchen. Die Kinder sind ihre Jungen.

Daher ist in der Mutter etwas, was unterhalb und oberhalb des Denkens liegt. Die Mutter hat eine Ahnung. Der unendliche, dunkle Wille der Schöpfung ist in ihr und leitet sie, blind und hellsehend.

Tellmarch wollte jetzt diese Unglückliche zum Sprechen bringen; es gelang ihm nicht. Einmal begann er doch wieder: »Es ist ein Unglück, daß ich alt bin und nicht mehr gehen kann. Das Ende meiner Kraft kommt stets schneller als das Ende des Weges, schon nach einer Viertelstunde bin ich erschöpft, sonst würde ich Sie begleiten. Vielleicht brächte ich Ihnen aber mehr Gefahr als Nutzen. Hier duldet man mich; aber den Blauen bin ich verdächtig als Bauer und den Bauern als Zauberer.«

Er wartete auf eine Antwort, sie hob nicht einmal die Augen. Ein fixer Gedanke führt zum Wahnsinn oder zum Heldentum. Zu welchem Heldentum ist eine arme Bäuerin fähig? Zu keinem. Sie kann Mutter sein, weiter nichts. So versank sie täglich tiefer in die Erinnerungen. Tellmarch beobachtete sie. Er versuchte, sie zu beschäftigen.

Er brachte ihr Nadeln, Faden und Fingerhut. Zu seiner Freude fing sie wirklich zu nähen an. Sie dachte, aber sie arbeitete, ein Zeichen der Gesundung, und ihre Kraft nahm bei der Beschäftigung zu. Sie flickte ihre Wäsche, Kleider und Schuhe, ihre Augen freilich blieben glasig starr, sie sang verworrene Lieder vor sich hin, murmelte Namen, wahrscheinlich Kindernamen, nicht deutlich genug, daß Tellmarch sie verstehen konnte, unterbrach sich und lauschte auf die Vögel, als ob sie Nachrichten brächten, sah nach dem Wetter und bewegte die Lippen, sie sprach leise mit sich selbst. Dann nähte sie einen Sack und füllte ihn mit Eßkastanien, und eines Morgens machte sie sich auf den Weg, den Blick irgendwohin in die Tiefe des Waldes gerichtet.

Tellmarch fragte sie: »Wohin gehen Sie?«

»Ich will sie suchen«, antwortete sie. Er versuchte nicht, sie zurückzuhalten.

VII
Die beiden Pole des Wahren

Nach einigen Wochen voller Wechselfälle des Bürgerkriegs wurde in der Gegend von Fougères nur noch von zwei Männern gesprochen, die trotz ihrer Verschiedenheit ein Ziel verfolgten: einander die große revolutionäre Schlacht zu liefern.

Der wilde Vendéer Zweikampf dauerte an, aber die Vendée verlor an Boden. Im Departement Ille-et-Vilaine zumal hatte der junge Kommandant, der in Dol die Kühnheit der sechstausend Königstreuen mit der Kühnheit seiner fünfzehnhundert Patrioten übertrumpfte, den Aufstand, wenn nicht erstickt, so zumindestens sehr geschwächt und eingeschränkt. Durch neue glückliche Streiche war eine andere Lage geschaffen worden.

Die Dinge hatten ihr Antlitz verändert, aber auch eine neue Verwicklung mit sich gebracht.

Daß in diesem Teile der Vendée die Republik im Vorteil war, ließ sich nicht bezweifeln. Aber was für eine Republik? In den Umrissen des Triumphes wurden zwei Formen der Republik sichtbar: die Republik des Schreckens und die der Milde. Die eine wollte durch Strenge, die andere durch Großmut siegen. Welcher würde es gelingen? Diese zwei Formen, die Unversöhnliche und die Verträgliche, wurden durch zwei Männer von Einfluß und Ansehen vertreten, der eine Soldatenführer, der andere Zivilbevollmächtigter. Dieser stützte sich auf beängstigende Machtfaktoren, er besaß den drohenden Befehl der Pariser Kommune für die Santerre-Bataillone ›Keine Gnade, keine Schonung!‹; seine Gewalt ruhte auf der Verordnung des Konvents, die die ›Todesstrafe für denjenigen, der einem gefangenen Rebellenchef die Freiheit gibt oder ihm die Freiheit ermöglicht‹ ankündigt, und auf Vollmachten des Wohlfahrtsausschusses, auf einen Befehl, ihm als Delegierten zu gehorchen, mit Unterschriften von Robespierre, Danton und Marat.

Der andere, der Soldat, hatte nur die eine Gewalt für sich, die Barmherzigkeit; nur seinen Arm, der die Feinde schlug, und sein Herz, das sie begnadigte. Als Sieger glaubte er an sein Recht, die Besiegten zu schonen.

Daher ein heimlicher, aber tiefer Konflikt zwischen diesen beiden Männern. Beide bekämpften den Aufstand; von zwei verschiedenen Wolken herab schleuderte jeder seinen Blitz in den Kampf: der eine den Sieg, der andere den Schrecken. Im ganzen Bocage war nur von ihnen die Rede, und die Unruhe und Spannung mußte nur noch größer sein, weil die beiden verschieden gearteten Führer zugleich innig miteinander verbunden waren. Zwei Gegner, zwei Freunde. Nie fühlten sich Herzen mächtiger zueinander hingezogen; der Strenge war der Lebensretter des Weichen, er trug noch die Narbe auf der Stirn. Diese beiden verkörperten einerseits den Tod und andererseits das Leben; der eine war das Prinzip des Schreckens, der andere das des Friedens; und sie liebten sich. Ein eigenartiges Problem. Man stelle sich Orest barmherzig und Pylades unerbittlich, Ahriman und Ormazd als Brüder vor. Dazu muß man hinzufügen, daß derjenige, den man den Schrecklichen nannte, gleichzeitig der aufopferungsbereiteste Mensch war, der die Verwundeten verband, die Kranken pflegte, Tag und Nacht in den Lazaretten wachte und beim Anblick barfüßiger Kinder gerührt war, nichts besaß und den Armen alles gab. Er marschierte an der Spitze des Heeres, er stand im dichtesten Kampfgewühl; bewaffnet, denn er hatte einen Säbel und zwei Pistolen im Gürtel, und wehrlos, denn noch nie hatte man ihn den Säbel und die Pistolen anrühren sehen. Er trotzte den Hieben, ohne sie zu erwidern. Man sagte, daß er Priester gewesen sei.

Der eine dieser Männer war Gauvain, der andere Cimourdain. Freundschaft war zwischen den beiden Männern, doch Haß zwischen ihren Prinzipien. Es war, als sei eine Seele in zwei geteilt; Gauvain hatte die milde Hälfte Cimourdains empfangen, den hellen Strahl, und jener hatte den dunklen behalten. Daher der innere Zwiespalt. Dieser dumpfe Krieg mußte zum Ausbruch kommen, und eines Morgens begann der Kampf.

Cimourdain fragte: »Wie weit sind wir nun?«

Gauvain erwiderte: »Sie wissen es wie ich selbst. Ich habe Lantenacs Banden zerstreut. Mit den wenigen Leuten, die er noch bei sich hat, ist er im Walde von Fougères eingekeilt. In acht Tagen haben wir ihn ganz umstellt.«

»Und in vierzehn Tagen?«

»Gefangen.«

»Und dann?«

»Haben Sie mein Plakat nicht gelesen?«

»Ja. Also dann?«

»Wird er erschossen.«

»Stets diese Milde. Er muß guillotiniert werden.«

»Ich bin für den Soldatentod«, sagte Gauvain.

»Und ich für den revolutionären.«

Er sah Gauvain ins Gesicht: »Warum hast du die Klosterfrauen von Saint-Marc-le-Blanc in Freiheit gesetzt?«

»Ich führe keinen Krieg gegen Frauen.«

»Aber diese Frauen hassen das Volk, und der Haß einer Frau zählt für zehn. Warum hast du dich geweigert, den Trupp fanatischer alter Priester, die wir in Louvigné festnahmen, dem Revolutionstribunal zu überantworten?«

»Ich führe keinen Krieg gegen Greise.«

»Ein alter Priester ist schlimmer als ein junger. Der mit weißem Haar gepredigte Aufruhr ist gefährlicher, Runzeln überzeugen. Kein falsches Mitleid, Gauvain, die Königsmörder sind die Befreier. Laß den Turm des Temple niemals aus dem Auge.«

»Der Turm des Temple! Ich würde den Dauphin herauslassen. Ich führe keinen Krieg gegen Kinder.«

»Wisse, Gauvain, man muß Krieg gegen eine Frau führen, wenn es sich um Marie-Antoinette handelt, gegen einen Greis, wenn er Pius der Sechste und Papst ist, und gegen ein Kind, wenn es Louis Capet heißt.«

»Mein lieber Lehrer, ich bin kein Politiker.«

»Sieh zu, daß du kein Schädling wirst. Als beim Angriff auf Cossé der Rebell Jean Treton, verzweifelt in die Enge getrieben und verloren, den Säbel in der Faust, allein gegen deine ganze Mannschaft vorstürzte, warum hast du da gerufen: ›Öffnet die Reihen, laßt ihn hindurch!‹ «

»Weil man sich nicht zu fünfzehnhundert zusammenschließt, um einen einzelnen niederzumachen.«

»Als deine Leute ein andermal in Cailleterie d'Astillé dabei waren, den verwundet sich hinschleppenden Vendéer Joseph Bézier zu töten, warum hast du da gerufen: ›Vorwärts marsch! Das ist meine Sache!‹ und hast in die Luft geschossen?«

»Weil man keinen tötet, der am Boden liegt.«

»Und es war doch unrecht, denn jeder der beiden führt jetzt eine Bande: Joseph Bézier ist Moustache, und Jean Treton ist Jambe-d'Argent. Durch die Erhaltung dieser Männer hast du der Republik zwei Feinde mehr gemacht.«

»Ich möchte ihr Freunde machen.«

»Warum hast du nach deinem Sieg bei Landéan die dreihundert gefangenen Bauern nicht erschießen lassen?«

»Da Bonchamp auch gefangene Republikaner geschont hat, wollte ich, daß man sagt: ›Die Republik schont gefangene Königstreue.‹ «

»So würdest du auch Lantenac begnadigen, wenn du ihn gefangennähmst?«

»Nein.«

»Warum? Du hast doch auch diese dreihundert Bauern geschont.«

»Die Bauern lassen sich blind gebrauchen, Lantenac weiß, was er tut.«

»Aber er ist mit dir verwandt.«

»Verwandt bin ich mit Frankreich.«

»Er ist ein Greis.«

»Er ist ein Fremder, er hat kein Alter, er ruft die Engländer herein, er ist die Invasion, er ist ein Feind des Vaterlands. Der Zweikampf zwischen ihm und mir kann nur mit dem Tode eines von uns enden.«

»Gauvain, diese Worte behalte im Gedächtnis.«

»Sie sind gesprochen.«

In dem folgenden Schweigen sahen sich beide an, und Gauvain fuhr fort:

»Blutrot ist die Zahl dieses unseres Jahres 93.«

»Nimm dich in acht!« rief Cimourdain. »Die furchtbaren Pflichten sind Wirklichkeiten. Klage nicht an, was nicht anklagbar ist. Seit wann ist der Arzt schuldig an der Krankheit? Freilich hat dies gewaltige Jahr das Wesen der Unerbittlichkeit. Es ist das große revolutionäre Jahr und verkörpert die Revolution, die nur einen Feind hat, die alte Welt. Gegen diese ist sie erbarmungslos, wie der Chirurg erbarmungslos gegen den Wundbrand ist. Die Revolution rottet mit dem König das Königtum, mit den Adligen die Aristokratie, mit dem Söldner den Despotismus, mit dem Priester den Aberglauben, mit dem Richter die Barbarei, mit einem Wort, sie rottet mit allen Tyrannen jegliche Tyrannei aus. Fürchterlich ist die Operation, sie wird von der Revolution mit sicherer Hand ausgeführt. Was aber das gesunde Fleisch anlangt, das mitgeopfert wird, frage Boerhaave, was er darüber denkt. Welches herauszuschneidende Geschwür bringt nicht Blutverlust mit sich? Welche Feuersbrunst verlangt nicht, daß man ringsherum niederbrennen läßt, was nicht mehr zu retten ist? Gerade diese furchtbaren Notwendigkeiten sind die Bedingungen des Erfolgs. Ein Chirurg gleicht einem Fleischer, der Arzt kann wie ein Scharfrichter wirken. Darum widmet sich die Revolution willig ihrem Schicksalswerk. Sie verstümmelt, um zu retten. Ihr aber ruft um Gnade für den Virus! Ihr wollt die Revolution gnädig sehen gegen das Gift! Sie hört nicht auf euch, sie packt die Vergangenheit, macht mit ihr ein Ende, schneidet tief hinein in die Zivilisation, damit die Gesundheit des Menschengeschlechts wieder blühe. Ihr leidet darunter? Gewiß; aber wie lange? Bis der Eingriff überstanden ist. Danach werdet ihr alle leben. Die Revolution amputiert die Welt, daher dieser Blutsturz, das Jahr 93.«

»Ein Chirurg ist ruhig«, sagte Gauvain, »aber die Menschen um uns rasen.«

»Die Revolution braucht wilde Mitarbeiter. Zitternde Hände weist sie zurück, sie vertraut nur den Unerbittlichen. Danton ist der Schreckliche, Robespierre der Unbarmherzige, Saint-Just der Unbeugsame, Marat der Unversöhnliche. Hüte dich, Gauvain. Diese Namen sind Notwendigkeiten, sie gelten uns wie Heere, sie werden Europa in Schrecken setzen.«

»Auch die Nachwelt vielleicht«, sagte Gauvain. Nach einem Augenblick fuhr er fort: »Sie irren sich übrigens, mein Lehrer, ich klage niemanden an. Für mich läßt sich die Revolution nur vom Standpunkt allgemeiner Unverantwortlichkeit beurteilen. Niemand ist schuldlos, niemand ist schuldig. Ludwig XVI. ist ein Lamm im Löwenkäfig, will fliehen, sich retten, möchte sich verteidigen, würde beißen, wenn er nur könnte. Aber man ist noch kein Löwe, wenn man es zu sein wünscht, und doch gilt ein tatloser Wille schon für ein Verbrechen. Das zornige Lamm zeigt die Zähne. Verräter! brüllen die Löwen und fressen es. Danach stürzen sie sich aufeinander.«

»Ein Lamm ist ein Tier.«

»Und was ist ein Löwe?«

»Jene Löwen sind Gewissen«, antwortete Cimourdain nach einem Augenblick des Bedenkens. »Jene Löwen sind Gedanken, Prinzipien.«

»Sie führen die Zeit des Schreckens herbei.«

»Eines Tages wird die Revolution Rechtfertigung des Schreckens sein.«

»Hütet euch davor, daß der Schrecken zur Verleumdung der Revolution wird«, erwiderte Gauvain und fuhr fort: »Freiheit, Gleichheit, Brüderlichkeit sind doch Grundsätze des Friedens und des Einklangs. Warum ihnen ein wildes Gesicht geben? Was wollen wir? Die Völker für die Weltrepublik gewinnen. Erschrecken wir sie also nicht. Warum die Einschüchterung? Auch die Völker meiden wie die Vögel die Vogelscheuche. Man soll nicht um des Guten willen Böses tun, den Thron nicht stürzen, um das Schafott stehenzulassen. Tod den Königen und Leben den Nationen! Schlagen wir die Kronen herunter und lassen die Köpfe oben! Die Revolution, das ist die Eintracht und nicht die Furcht. Zur Verwirklichung der Eintracht sind schonungslose Männer freilich wenig geeignet, und doch ist Begnadigung für mich das schönste Wort der menschlichen Sprache. Blut will ich nur vergießen, wo ich das meine darangebe, zumal da ich als Soldat nur zu kämpfen verstehe. Wenn aber nicht mehr verziehen werden darf, lohnt sich auch der Sieg kaum. Seien wir während der Schlacht die Feinde unserer Feinde und nach ihrer Niederlage ihre Brüder.«

»Hüte dich!« sagte Cimourdain zum drittenmal. »Gauvain, du bist mir mehr als ein Sohn, darum warne ich dich. In unserer Zeit kann das Mitleid eine Form des Verrates sein«, fügte er sinnend hinzu.

Das Gespräch der beiden hatte sich wie ein Dialog des Degens mit der Axt angehört.

VIII
Dolorosa

Unterdessen wanderte die Mutter und suchte ihre Kleinen. Immer weiter zog sie. Wovon lebte sie? Unmöglich, es zu sagen. Sie wußte es selbst nicht, ging Tag und Nacht, bettelte, aß Gräser, schlief auf der Erde, zwischen Sträuchern, unter den Sternen, manchmal unter Regen und Wind.

Von Dorf zu Dorf, von Hof zu Hof fragte sie sich weiter, sie erkundigte sich an jeder Schwelle, manchmal ging man auf sie ein, manchmal jagte man sie davon. Ihre Kleider waren zerrissen. Wenn sie die Häuser nicht betreten durfte, ging sie in die Wälder. Sie kannte die Gegend nicht mehr, sie kannte überhaupt nichts außer Siscoignard und die Gemeinde von Azé. Planlos hinirrend, oft im Kreise gehend, legte sie viele Wege doppelt zurück, auf gepflastertem Boden oder an Wagenspuren entlang oder auf Waldpfaden. Während dieses planlosen Umherirrens hatte sie ihre elenden Kleider verbraucht. Sie lief zuerst mit Schuhen, dann barfuß und schließlich mit blutenden Füßen. Sie lief mitten durch den Krieg, zwischen Flintenschüssen, ohne zu hören, ohne zu sehen, ohne auszuweichen, auf der Suche nach ihren Kleinen. Alles war in Aufruhr, es gab keine Gendarmen oder Bürgermeister oder andere Behörden mehr. Sie hatte nur mit den Vorübergehenden zu tun und sprach sie an:

»Habt ihr irgendwo drei kleine Kinder gesehen?« fragte sie.

Die Leute sahen auf.

»Zwei Knaben und ein Mädchen. René-Jean, Gros-Alain, Georgette. Wißt ihr nichts von ihnen? Der älteste ist viereinhalb Jahre alt, die Kleine zwanzig Monate. Wißt ihr nicht, wo sie sind? Sie wurden mir weggenommen.«

Man starrte sie an, das war alles. Da sie sich nicht verstanden sah, erklärte sie noch: »Es sind meine Kinder. Deshalb.«

Die Leute gingen weiter. Sie blieb stehen und schwieg und zerriß sich die Brust mit den Nägeln. Einmal aber hörte ihr ein Bauer zu. Er schien sich auf etwas zu besinnen.

»Warten Sie«, sagte er, »drei Kinder?«

»Ja, ja!«

»Zwei Knaben?«

»Und ein Mädchen.«

»Die suchen Sie? Ja, ich habe von einem adligen Herrn gehört, der drei Kinder mitgenommen hat.«

»Wo ist dieser Mann? Wo sind sie?« schrie die Frau.

»Gehen Sie nach La Tourgue. Vielleicht sind sie dort.«

»Finde ich dort meine Kinder?«

»Vielleicht sind sie dort!«

»Sie sagen …?«

»La Tourgue.«

»Was ist das, La Tourgue?«

»Das ist ein Ort.«

»Ist das ein Dorf, ein Schloß, ein Gehöft?«

»Ich bin noch nicht dort gewesen.«

»Ist es weit?«

»Nah ist es nicht.«

»Nach welcher Seite muß ich gehen?«

»Nach Fougères zu.«

»Wie kommt man dorthin?«

»Sie sind hier in Vantortes«, sagte der Bauer, »Sie lassen Ernée links und Coxelles rechts liegen, Sie kommen über Lorchamp und durchqueren den Leroux.« Der Bauer hob die Hand und zeigte nach Westen. »Immer geradeaus, dorthin, wo die Sonne untergeht.«

Noch bevor der Bauer seinen Arm wieder gesenkt hatte, war sie schon weitergegangen. Der Bauer rief hinterher: »Aber seien Sie vorsichtig, in der Gegend wird gekämpft.«

Sie drehte sich nicht einmal zum Antworten um, sondern marschierte weiter.

IX
Eine Bastille der Provinz

1
La Tourgue

Der Reisende, der vor vierzig Jahren in den Wald von Fougères von Laignelet aus ein- und nach Parigné hinaustrat, traf, aus dem Dickicht dieses Waldes kommend, auf etwas Düsteres. Er hatte plötzlich La Tourgue vor sich.

Es war freilich nicht mehr die lebendige Gestalt von La Tourgue, sondern die geborstene, durchlöcherte, verstümmelte Leiche. Die Ruine eines Gebäudes gleicht dem Gespenst eines Menschen. Kein unheimlicherer Anblick als La Tourgue. Das, was man erblickte, war der hohe runde Turm, ganz für sich am Waldsaume, einsam wie ein Verbrecher. Auf einem Felsen, gerade und fest wie ein römischer Bau aufragend, schien die gewaltige Masse zugleich Macht und Verfall darzustellen. Römisch war er in der Form, romanisch, im neunten Jahrhundert begonnen und im zwölften nach dem dritten Kreuzzug vollendet. Auf sein Alter wiesen noch die vorspringenden Widerlagersteine an den Öffnungen hin. Trat man heran, kletterte hinauf und wagte sich durch eine Bresche ins Innere, so fand man es ganz leer. Es glich dem Innern einer steinernen, auf den Boden gestellten Trompete. Von unten bis oben war keinerlei Scheidewand geblieben, weder Dach noch Decken noch Fußböden, nur Sockel für Gewölbe und Kamine, Lücken für das Gebälk in verschiedener Höhe, granitene Gesimse und einige Holzstümpfe des Dielenwerks, die die Etagen markierten, von Nachtvögeln verunreinigt. Rings stand die ungeheure Mauer, unten fünfzehn Fuß dick, nach oben zwölf, mit breiten Rissen und Löchern, wo einst Türen waren, und man sah hinter den Öffnungen undeutlich die in der Mauer aufsteigenden dunklen Treppen. Wer am Abend bis hierher vordrang, hörte das Geschrei der Käuzchen, Nachtraben, Baumeulen und Ziegenmelker, er sah

Dorngestrüpp, Steine und Schlangen und über sich zwischen der schwarzen Rundung des Turms wie im Mund eines riesigen Brunnens die Sterne.

Man sagte in der Gegend von alters her, daß in den oberen Stockwerken des Turms geheime Türen seien, mächtige Steinplatten, die sich gleich den Grabpforten der jüdischen Könige um einen Zapfen aufdrehten und wieder in der Mauer verschwanden, wenn man sie schloß; diese Erfindung war mit dem Spitzbogen während der Kreuzzüge nach Europa gebracht worden. Waren diese Türen geschlossen, war es unmöglich, sie auszumachen, so gut waren sie eins mit den übrigen Steinen des Mauerwerks. Solche Türen gibt es noch in den geheimnisvollen Städten des Antilibanon, die beim Erdbeben der zwölf Städte unter Tiberius verschont geblieben sind.

2
Die Bresche

Die Bresche, durch die man in die Ruine eintreten konnte, rührte von einer Mine her, die einem mit Errard, Sadi und Pagnan vertrauten Kenner gefallen hätte. Die Pulverkammer, in Form einer Priestermütze, stand in dem richtigen Verhältnis zur Stärke des Turms, der gesprengt werden sollte; mindestens zwei Zentner Pulver mußte sie enthalten haben. Sie lag am Ende eines geschlängelten Ganges, was besser ist als ein gerader Kanal, und die Sprengung hatte im zerrissenen Gemäuer die Pulverbahn vom vorausberechneten Durchmesser eines Hühnereis bloßgelegt. Eine tiefe Wunde war entstanden, wodurch die Belagerer hatten eindringen können. Viele im Alter verschiedene Verletzungen und Narben bewiesen, daß der Turm zu allen Zeiten regelrechte Belagerungen aushalten mußte, jedes Geschoß drückt auf seine Art sein eigenes Siegel auf, von den steinernen Kugeln des vierzehnten bis zu den eisernen des achtzehnten Jahrhunderts. Die Bresche gewährte

Eintritt in das, was einstmals das Untergeschoß gewesen war. Ihr gegenüber führte eine kleine Tür zu der in den Felsen gehauenen Krypta hinunter, die unterhalb des Turmes bis unter den Saal des Erdgeschosses reichte. Diese Krypta, zu drei Vierteln verschüttet, wurde im Jahre 1835 durch den Antiquitätenhändler von Barnay, Monsieur Auguste Le Prévost, entdeckt.

3
Das Burgverlies

Diese Krypta war das in jedem Hauptturm zu findende Verlies, zweistöckig wie viele Kerker der Zeit. Das erste Stockwerk, in das man durch die kleine Tür eintrat, war ein Gewölbe, recht groß, auf gleicher Höhe wie das Erdgeschoß. An den Seitenwänden dieses Raumes sah man zwei parallele und vertikale Rillen, die von einer Wand zur anderen über das Gewölbe hinweg, wo sie tief eingegraben waren, reichten und wie zwei Radspuren aussahen. Tatsächlich waren diese Rillen durch zwei Räder eingegraben worden. Denn zur Feudalzeit wurde in dieser Kammer die Vierteilung vollzogen, und zwar durch ein einfacheres Verfahren als durch vier Pferde: Zwei Räder, so stark und groß, daß sie an Wand und Decke anstießen, waren dort aufgestellt, an jedes von ihnen wurde ein Arm und ein Bein des armen Sünders gebunden. Dann drehte man die beiden Räder in entgegengesetzter Richtung, und der Mensch wurde zerrissen. Da mit großer Kraft gedreht werden mußte, hatten sich die Räder beim Streifen der Wand in diese eingeschnitten. (Heute noch kann man eine solche Kammer in Vianden sehen.)

Unter dieser Kammer lag das eigentliche Verlies, wohin keine Tür, nur ein Loch führte. Der Gefangene, entkleidet, wurde an einem unter den Achseln befestigten Strick durch ein in der Mitte des Steinfußbodens der oberen Kammer eingelassenes Kellerloch hinabgelassen. Wenn er hartnäckig weiterleben wollte, warf man ihm durch dieses Loch Nahrung zu. (In Bouillon kann man heute noch ein ähnliches Loch sehen.)

Durch die Öffnung kam Luft. Das untere Verlies unter dem Saal des Erdgeschosses war eher ein Brunnen als ein Gemach. Es reichte bis zum Wasser und wurde von einem eisigen Hauch durchweht. Dieser Wind, der den Gefangenen unten tötete, erhielt dem Gefangenen oben das Leben. Denn nur durch ihn konnte der im Gewölbe Umhertastende atmen.

Wer in das Verlies gebracht wurde oder wer hinabfiel, kam nicht mehr heraus. Der Gefangene von oben mußte sich im Dunkeln in acht nehmen, ein falscher Tritt machte ihn zum Gefangenen von unten. Das war seine Sache. Wollte er am Leben bleiben, so war das Loch für ihn die Gefahr; hatte er seine Leiden satt, so wurde ihm das Loch zur Erlösung. Das obere Stockwerk war der Kerker, das untere das Grab, eine Abstufung, vergleichbar der damaligen Gesellschaft.

Man nannte diese Einrichtung ›Cul de basse-fosse‹. Da die Sache selbst verschwunden ist, hat das Wort keinen Sinn mehr, und dank der Revolution können wir es mit Gleichmut aussprechen.

Außerhalb des Turmes, über der Bresche, die vor vierzig Jahren der einzige Zugang war, bemerkte man eine Fensteröffnung, die breiter war als die übrigen Schießscharten und an der ein eisernes Gitter hing, beschädigt und nicht mehr richtig verankert.

4
Die Brücke

An diesen Turm, von der Gegenseite der Bresche, schloß sich eine Steinbrücke mit drei kaum beschädigten Brückenbögen an. Auf der Brücke befanden sich noch einige Reste eines früheren Wohngebäudes. Das Gebäude, dessen Brandmale noch sichtbar waren, bestand nur aus schwarzen Balken, eine Art Knochengerüst, das das Tageslicht hindurchließ; es stand neben dem Turm wie ein Skelett neben einem Phantom.

Diese Ruine ist heute vollständig zerstört, und es blieb nichts von ihr übrig. Einem Bauern gelingt es, an einem Tage das zu zerstören, was Jahrhunderte und viele Könige errichtet hatten.

Der Name La Tourgue ist die ländliche Abkürzung für La Tour-Gauvain, so wie La Jupelle La Jupellière und Pinson-le-Tort, der Name eines buckligen Bandenchefs, Pinson-le-Tortu bedeutet. La Tourgue, vor vierzig Jahren Ruine, heute nur noch ihr Schatten, war im Jahre 1793 eine Festung, die alte Bastille der Wächter Gauvains, am westlichen Eingang des Waldes von Fougères, der jetzt kaum noch ein Gehölz ist. Die Zitadelle stand auf einem der mächtigen Schieferblöcke, die zwischen Mayenne und Dinan auf den Heiden und in den Dickichten liegen, als hätten Titanen sie gegeneinander geschleudert.

Der Turm war die ganze Festung, darunter lag der Felsen und an dessen Fuß ein Bach, im Januar brausend, im Juni versiegend.

So einfach gebaut, war die Burg während des Mittelalters fast uneinnehmbar gewesen. Jetzt wurde sie durch die Brücke geschwächt. Unter den gotischen Gauvains hatte man die Burg ohne Brücke gebaut. Man ging auf einem schwankenden Steg hinüber, der sich mit einem Axthieb beseitigen ließ. Solange die Gauvains noch Vicomtes waren, gefiel ihnen das so ganz gut, als sie Marquis wurden und die Höhle mit dem Hof vertauschten, ließen sie drei Pfeiler in den Bach einrammen, die Festung wurde von der Ebene her zugänglich gemacht, wie man selbst nach dem König hin zugänglich geworden war. Die Marquis des siebzehnten und die Marquisen des achtzehnten Jahrhunderts legten keinen Wert mehr auf Uneinnehmbarkeit, statt den Ahnen zu folgen, äfften sie Versailles nach.

Auf der Westseite gegenüber dem Turm befand sich eine Hochebene, die bis zur Ebene abstieg. Dieses Plateau berührte fast den Turm, nur getrennt durch eine sehr tiefe Schlucht, durchflossen von einem Nebenflüßchen des Couesnon. Die Brücke zwischen der Festung und dem Plateau trug auf ihren drei Pfeilern ein Gebäude wie in Chenonceaux im Stil von Mansart, wohnlicher als der Turm. Da aber die Lebensweise noch grob war, blieben die Burgherren lieber in den kerkerähnlichen Kammern des Turms.

Das kleine Schloß auf der Brücke hatte einen langen Gang, der als Eingang diente und als Wachstube benutzt wurde. Über dieser Wachstube, als Art Zwischengeschoß, errichtete man die Bibliothek, darüber eine Dachkammer. Lange Fenster mit kleinen Scheiben aus böhmischem Glas, dazwischen Pilaster und steinerne Medaillons; drei Stockwerke, im untersten Stockwerk Lanzen und Musketen, im mittleren Bücher, im obersten Säcke voll Hafer; das alles war etwas roh und sehr vornehm.

Der Turm daneben war nur grob; und seine unheimliche Höhe beherrschte den koketten Anbau, von seiner Plattform aus konnte man die Brücke zerschmettern.

Die beiden Gebäude, das steile und das höfische, stießen eher gegen- als aneinander. Ihre Formen widersprachen sich: zwei Halbkreise, scheinbar identisch, aber nichts ähnelt einem romanischen Rundbogen weniger als eine klassische Schwibbogenform. So gab dieser des Dickichts würdige Turm eine seltsame Nachbarschaft für die nach Versailles gehörige Brücke ab. Man stelle sich Alain Barbe-Torte und Ludwig XIV. Arm in Arm vor. Diese Gemeinsamkeit war entsetzlich. Die zwei Majestäten zusammen ergaben etwas Gräßliches.

Militärisch gesprochen: Die Brücke lieferte den Turm an den Feind aus. Sie schmückte und entwaffnete ihn, er gewann Reiz und verlor Kraft. Von der Waldseite her blieb er uneinnehmbar, die Hochebene aber, die er beherrscht hatte, beherrschte nun den Turm. Ein Feind war, dort angelangt, sehr schnell Herr der Brücke. Die Bibliothek und der Dachboden wurden Verbündete des Belagerers. Beide haben dies miteinander gemein, daß Bücher wie Stroh brennbar sind. Dem Belagerer, der sich der Feuersbrunst bedienen will, ist es wohl gleichgültig, ob er Homer oder ein Heubündel ansteckt, wenn es nur brennt. Die Franzosen haben es in Heidelberg den Deutschen bewiesen, indem sie die Bibliothek anzündeten, und die Deutschen den Franzosen, indem sie in Straßburg das gleiche taten. Diese Brücke, angebaut an La Tourgue, war strategisch also ein Fehler; im siebzehnten Jahrhundert, unter Colbert und Louvois, ließen sich die Fürsten Gauvain genausowenig wie die Fürsten von Rohan und La Trémoille träumen, man würde sie jetzt noch belagern. Trotz allem hatten die Erbauer der Brücke auch einige Vorsichtsmaßregeln getroffen. Als erstes hatten sie eine Feuersbrunst in Rechnung gezogen; unter den drei zum Tal gewandten Fenstern hatten sie quer eine schwere Rettungsleiter an Haken, die man vor einem halben Jahrhundert noch sehen konnte, befestigt. Die Leiter reichte über zwei Etagen des Baues, eine Höhe, die drei normale Etagen überstieg.

Als zweites hatten sie einem Überfall vorgebeugt; sie hatten den Turm von der Brücke durch eine schwere und niedrige Eisentür getrennt. Sie war bogenförmig, verschlossen mit einem großen Schlüssel, dessen Versteck nur dem Schloßherr allein bekannt war. Einmal geschlossen, konnte diese Tür dem Sturmbock standhalten und fast den Kanonenkugeln widerstehen.

Es gab keinen anderen Zutritt zum Turm als über die Brücke und durch die eiserne Tür.

5

Die eiserne Tür

Die zweite Etage des Brückengebäudes, wegen der Brückenpfeiler etwas erhöht, befand sich in Höhe der zweiten Etage des Turms; aus Sicherheitsgründen war die eiserne Tür in dieser Höhe eingelassen worden. Sie führte seitens der Brücke zur Bibliothek und seitens des Turmes in einen großen gewölbten Saal mit Steinsäulen in der Mitte. Dieser Saal war, wie soeben gesagt, die zweite Etage des Burgfrieds.

Er war rund wie der Turm; durch lange Schießscharten, die einen Ausblick auf das Land gaben, wurde er erhellt. Das Mauerwerk war roh, völlig nackt, und nichts verdeckte die Steine, die übrigens ganz symmetrisch angepaßt waren. Zu diesem Saal gelangte man über eine im Mauerwerk eingelassene Wendeltreppe; eine einfache Sache, wenn die Wände fünfzehn Fuß breit sind.

Im Mittelalter nahm man eine Stadt Straße für Straße, eine Straße Haus für Haus, ein Haus Zimmer für Zimmer ein; eine Festung eroberte man Etage für Etage.

Von diesem Standpunkt her war La Tourgue wissenschaftlich gut durchdacht, sehr abweisend und schwer einzunehmen. Man stieg über eine schwer begehbare Wendeltreppe von einer Etage zur anderen; die Türen waren schräg und kleiner als ein Mann; so mußte man den Kopf neigen, um hindurchzukommen; ein gebeugter Kopf ist ein abgeschlagener Kopf, denn hinter jeder Tür wartete der Angegriffene auf den Angreifer.

Unter dem runden Säulensaal befanden sich zwei gleiche Zimmer, die Erdgeschoß und erste Etage bildeten; darüber lagen noch drei Zimmer. Über diesen sechs übereinanderliegenden Räumen wurde der Turm von einem Steindeckel geschlossen, der die Plattform bildete, die man über ein enges Schildhäuschen erreichte.

Das fünfzehn Fuß dicke Mauerwerk, das man hatte durchbrechen müssen, um die eiserne Tür in der Mitte einzulassen und zu verankern, umfaßte diese in einer langen Wölbung, so daß die geschlossene Tür sich sowohl vom Turm als auch von der Brücke her unter einer Art Torbogen von sechs bis sieben Fuß Tiefe befand. Im geöffneten Zustand vereinten sich beide Torbögen zu einem gewölbten Eingangstunnel.

Unter dem Torbogen wurde auf der Brückenseite in der Dicke der Mauer das niedrige Eingangsloch einer Saint-Gilles-

Treppe sichtbar, die in den Gang der ersten Etage unter die Bibliothek führte; noch eine zusätzliche Schwierigkeit für den Angreifenden. Die Außenseite des Brückengebäudes bildete nach der Hochebene zu eine Steilwand und schnitt damit die Brücke ab. Es war mit der Hochebene durch eine an einer niedrigen Tür befestigten Zugbrücke verbunden, die auf Grund der Höhe des Plateaus nur in einer schrägen Ebene heruntergelassen werden konnte und die in einem langen Gang, genannt Wachstube, endete. Hatte sich der Angreifende des Ganges bemächtigt, so wurde er gezwungen, um zur eisernen Tür zu gelangen, mit ganzer Kraft die Saint-Gilles-Wendeltreppe, die zur zweiten Etage führte, einzunehmen.

6
Die Bibliothek

Die Bibliothek war ein länglicher Saal mit Länge und Breite der Brücke und einer einzigen Tür – der eisernen Tür. Eine schwingende Scheintür, mit grünem Tuch tapeziert, versteckte nach innen die Eintrittswölbung des Turmes. Die Wände der Bibliothek waren von der Decke bis zum Fußboden mit Glasschränken in der sehr schönen Schreinerkunst des 17. Jahrhunderts ausgestattet. Erhellt wurde der Saal durch sechs große Fenster, drei auf jeder Seite, jeweils eins über jedem Brückenbogen. Durch diese Fenster konnte man von außen und vom Plateau in das Innere des Raumes blicken. Zwischen den Fenstern standen auf geschnitzten eichenen Sockeln sechs Marmorbüsten von Hermolaos von Byzanz, Athenaeus, Grammatiker aus Nankratis, Suidas, Casaubon, Chlodwig, König von Frankreich, und seinem Kanzler Anachalus, der genausowenig Kanzler wie Chlodwig König gewesen war.

In dieser Bibliothek gab es die verschiedensten Bücher. Eins ist berühmt geblieben. Das war ein alter illustrierter Band in Quartformat, dessen Titel in großen Buchstaben den Namen SANKT-BARTHOLOMÄUS und als Untertitel: ›Evangelium nach Sankt-Bartholomäus‹ trug. Vorangesetzt war eine Dissertation von Pantœnus, ein christlicher Philosoph, über die Frage, ob dieses Evangelium als apokryph angesehen werden soll und ob Sankt-Bartholomäus mit Nathanael identisch ist. Dieses Buch, als Unikat klassifiziert, befand sich auf einem Pult in der Mitte der Bibliothek. Im vorigen Jahrhundert kam man, um dieses Kuriosum zu besichtigen.

7
Die Dachkammer

Die Dachkammer, die wie die Bibliothek die längliche Form der Brücke hatte, war ganz einfach die untere Seite des Dachgebälkes. Sie bildete eine große, durch Stroh und Heu versperrte Halle, die durch sechs Bodenfenster erhellt wurde. Es gab keinen anderen Schmuck in diesem Raum als ein in die Tür eingeschnitztes Bild von Saint-Barnabus und darunter folgenden Vers:

Barnabus sanctus falcem jubet ire per herbam

Ein hoher und breiter Turm von sechs Etagen, da und dort von einigen Schießscharten durchbrochen, hatte als einzigen Ein- und Ausgang eine eiserne Tür, die auf ein Brückengebäude führte, welches durch eine Zugbrücke geschlossen wurde; hinter diesem Turm der Wald; vor ihm eine Heide als Hochebene, höher als die Brücke, niedriger als der Turm; unter der Brücke zwischen Turm und Hochebene eine tiefe Schlucht; eng, voll Gestrüpp, reißender Bach im Winter, Wasserlauf im Frühjahr, steiniger Graben im Sommer; das war La Tour-Gauvain, genannt ›La Tourgue‹.

X
Die Geiseln

Juli war verstrichen, August war da, ein heroischer Sturmhauch durchlief ganz Frankreich. Zwei Schatten verschwanden am Horizont, Marat, ein Messer in der Brust, und Charlotte Corday, enthauptet. Furchtbar wurde die Zeit. Die Vendée, geschlagen im großen Krieg, half sich wieder mit einem kleinen, noch furchtbareren, der eine einzige, in den Wäldern zerrissene Schlacht war; der Zusammenbruch der großen königlich-katholischen Armee begann, das Heer von Mainz wurde vom Konvent in die Vendée entsandt, achttausend Vendéer waren bei Ancenis gefallen; die Rebellen wurden bei Nantes zurückgeschlagen, vertrieben aus Montaigu, verjagt aus Thouars und Noirnoutier, überrumpelt in Cholet, Mortagne und Saumur; sie verließen Parthenay und Clisson, zogen sich aus Châtillon zurück, verloren eine Fahne in Saint-Hilaire, wurden geschlagen in Pornic, in Les Sables, in Fontenay, in Doué, in Le Château-d'Eau und Ponts-de-Cé; sie scheiterten in Luçon, traten in La Châtaigneraye den Rückzug an und lösten sich schließlich in La-Roche-sur-Yon auf. Aber andererseits bedrohten sie La Rochelle, und bei Guernesey wartete eine englische Flotte unter Craig auf ein Zeichen Lantenacs, um mehrere britische Regimenter mit einer Anzahl der besten französischen Marineoffiziere auszuschiffen. Diese Landung konnte dem Aufstand der Königstreuen wieder zum Siege verhelfen.

Pitt war im übrigen ein Staatsmissetäter. In der Politik ist der Verrat das, was in einer Waffensammlung der Dolch ist. Pitt erdolchte unser Land und verriet das seine; das Vaterland entehren heißt es verraten. Unter ihm und durch ihn führte England eine Art Punischen Krieg, spionierte, log und betrog. Wilddieberei und Falschmünzerei, nichts war England zu niedrig für die Kleinlichkeit seines Hasses. Sie ließen den Talg aufkaufen, der fünf Franken das Pfund kostete. In Lille fand man bei einem Engländer einen Brief von Pitts Agenten in der Vendée: ›Ich bitte Sie, mit Geld nicht sparsam umzugehen, aber Vorsicht bei der Beseitigung gewisser Persönlichkeiten. Für diese Operationen am geeignetsten sind verkappte Priester und Frauen.‹

Dieser Brief wurde im Konvent von Barère am 1. August vorgelesen.

Die Antwort auf solche Untaten waren die Roheiten Parreins und später die Greueltaten Carriers. Die Republikaner von Metz und aus dem Süden verlangten den Ausmarsch gegen die Rebellen, der Konvent verordnete die Aufstellung von vierundzwanzig Pionierabteilungen, welche im Bocage die Hecken und Einfassungen anzuzünden hatten. Noch nicht dagewesene Krise. An keiner Stelle hörte der Krieg auf, wenn er nicht dafür an einer anderen beginnen konnte. Keine Schonung, keine Gefangenen! war der gemeinsame Ruf beider Parteien. Finsternis war die Geschichte dieses Jahres.

In diesem Monat August wurde La Tourgue belagert.

Eines Abends, als die Sterne aufgingen und in der noch erhitzten Dämmerung kein Blatt sich regte, fuhr durch Schatten und Stille ein Hornstoß vom Turm herab.

Ein Trompetenstoß von unten antwortete.

Oben stand ein Bewaffneter. Am Fuße des Turms breitete sich ein Feldlager in der Dunkelheit aus, schwarzes Gewimmel ging um die Mauer von La Tourgue, Wachfeuer flammten hier und da zwischen dem Heidekraut der Hochebene und erzeugten Lichterpunkte in der Dunkelheit, als wollte auch die Erde sich besternen. Dunkel sind die Sterne des Krieges. Das Feldlager dehnte sich von seiten der Hochebene bis zur Heide aus, und von seiten des Waldes verlor es sich im Unterholz. La Tourgue war blockiert. Die Ausdehnung des Lagers deutete auf große Truppenmassen hin. Es hielt die Festung so eng umschlossen, daß es auf der Turmseite bis an den Felsen, auf der Brückenseite bis an die Schlucht reichte.

Zum zweitenmal fragte das Horn und erwiderte die Trompete. Der Turm blies: ›Kann man euch sprechen?‹ Das Lager schmetterte: ›Ja.‹

Die Vendéer wurden zu dieser Zeit vom Konvent nicht als Kriegführende angesehen. Da es gesetzlich verboten war, mit den ›Banditen‹ durch Parlamentäre zu verhandeln, suchte man dauernd nach Ersatz für die Mittel, die das Völkerrecht im Völkerkriege erlaubt, doch im Bürgerkrieg untersagt. Hier erreichten bäuerliches Horn und militärische Trompete ein gewisses Einverständnis zwischen sich. Der erste Ruf war nur die Einführung, der zweite stellte die Frage: ›Wollt ihr hören?‹ Schwieg die Trompete nach dem zweiten Ruf, so bedeutete dies die Ablehnung; antwortete sie aber, so war das das Einverständnis, und es folgte eine Kampfeinstellung für einige Augenblicke. Da beim zweiten Ruf die Trompete geantwortet hatte, begann der Mann auf dem Turm in die Tiefe zu reden:

»Ihr Leute dort unten, ich bin Gouge-le-Bruant, genannt Brise-Bleu, weil ich schon viele der Euren vertilgt habe, genannt auch der Imânus, weil ich noch mehr von euch umbringen werde. Ein Säbelhieb bei Granville hat mir einen Finger am Flintenlauf angeschlagen, in Laval habt ihr meinen Vater und meine Mutter guillotinieren lassen und dazu meine Schwester Jacqueline, die achtzehn Jahre alt war. Der bin ich also.

Jetzt rede ich mit euch im Namen des Herrn Marquis Gauvain de Lantenac, Vicomte de Fontenay, Fürst der Bretagne, Herr der sieben Wälder, mein Gebieter. Wißt zunächst, daß der Herr Marquis vor dem Einzug in diesen Turm, wo ihr ihn blockiert, seine Macht unter sechs Stellvertretern aufgeteilt hat, so daß mit der Einnahme dieser Festung die Sache durchaus nicht zu Ende ist. Er hat Delière das Land zwischen der Straße von Brest und Ernée, Treton das Land zwischen Roë und Laval, Jacquet, genannt Taillefer, das Grenzgebiet von Haut-Maine, Gaulier, genannt Grand-Pierre, Château-Gontier und Lecomte Craon gegeben; Monsieur Dubois-Guy bekam Fougères und Monsieur de Rochambeau die gesamte Mayenne, so daß selbst, wenn der Herr Marquis sterben sollte, Gottes und des Königs Vendée nicht stirbt. Ihr begreift, daß ich euch dies nur sage, um euch zu warnen. Mein gnädiger Herr steht hier, an meiner Seite, ich bin der Mund, aus dem seine Worte gehen. Darum hört schweigend zu, ihr Leute, die ihr uns belagert. Hier also das Wichtigste:

Vergeßt vor allem nicht, daß euer Krieg ungerecht ist. Wir wohnen hier in unserer Heimat, kämpfen ehrlich, leben einfach und lauter unter Gottes Wille wie das Gras unter dem Tau. Die Republik hat uns angegriffen, hat den Frieden unserer Dörfer gestört, Ernten und Häuser niedergebrannt, die Meiereien beschossen, unsere Weiber und Kinder barfüßig in die Wälder gejagt, als noch die winterliche Grasmücke sang.

Ihr dort unten, die ihr mich anhört, habt uns in die Wildnis gehetzt und umschließt uns im Turm. Unsere Bundesgenossen habt ihr zersprengt oder getötet. Ihr besitzt Kanonen, habt zu euren Kolonnen die Garnisonen und die Posten von Mortain, von Barenton, von Teilleul, von Landivy, von Evran, von Tinténiac und von Vitré hinzugezogen und zieht mit viertausendfünfhundert Mann gegen uns neunzehn Verteidiger. Wir haben Lebensmittel und Munition.

Es ist euch gelungen, eine Mine zu legen und aus unserem Felsen und unserer Mauer ein Stück herauszusprengen. So ist ein Loch, eine Bresche am Fuße des Turmes da, durch die ihr eindringen könnt, obwohl sie nicht unter freiem Himmel liegt und der Turm immer noch fest und aufrecht das Loch überwölbt. Jetzt aber bereitet ihr euch zum Sturm vor, und wir, zuerst der Herr Marquis, Fürst der Bretagne und weltlicher Prior der Abtei von Sainte-Marie de Lantenac, in der die Königin Jeanne eine tägliche Messe stiftete, sowie die übrigen Verteidiger des Turms, unter ihnen der Abbé Turmeau, genannt Grand-Francœur, mein Kamerad Guinoiseau, Hauptmann des Camp-Vert, mein Freund Chante-en-Hiver, Hauptmann des Camp-de-l'Avoine, mein Kamerad Musette, Hauptmann des Camp-des-Fourmis, und ich, ein Bauer aus der Gegend Daon, durch die der Bach Moriandre fließt, wir alle haben auch noch etwas zu sagen.

Hört, ihr Leute am Fuße des Turmes. Wir haben in unseren Händen drei Gefangene, es sind drei Kinder. Eins eurer Bataillone hat sie angenommen, und so gehören sie euch. Wir bieten euch die Rückgabe dieser drei Kinder an. Unter einer Bedingung: Ihr gewährt uns freien Abzug.

Weist ihr dies zurück, so paßt gut auf: Ihr könnt uns nur auf zweierlei Art angreifen, vom Wald her durch die Bresche oder über die Brücke von der Ebene her. Das Gebäude auf der Brücke hat drei Stockwerke: In das unterste habe ich, der Imânus, der mit euch spricht, sechs Tonnen Teer und hundert Bündel trockenes Heidekraut bringen lassen. Das oberste Stockwerk ist mit Stroh gefüllt, in dem mittleren liegen Bücher und Papier. Das eiserne Tor auf der Brücke ist geschlossen, mein gnädiger Herr hat den Schlüssel in der Tasche. Unter der Tür habe ich ein Loch gemacht und eine geschwefelte Lunte hindurchgesteckt, die mit dem einen Ende in eins der Teerfässer hängt, mit dem anderen dicht vor mir im Turme liegt. Ich kann sie, wenn es mir paßt, sofort hier anzünden. Verweigert ihr uns den Abzug, so werden die drei Kinder in das zweite Stockwerk des Brückengebäudes gesetzt, zwischen der Etage mit den Teerfässern, wo die geschwefelte Schnur ankommt, und der mit den Strohbündeln; und die eiserne Tür ist hinter ihnen zu. Stürmt ihr von der Brücke her, so legt ihr das Feuer ans Haus, stürmt ihr durch die Bresche, so tun wir es; stürmt ihr auf beiden Seiten zugleich, so wird das Feuer durch euch und uns angezündet, und in jedem Falle kommen die drei Kinder um.

Nunmehr sagt nein oder ja. Nehmt ihr an, so können wir gehen. Lehnt ihr ab, so sterben die Kinder. Ich habe gesprochen.«

Der Mann auf dem Turme schwieg. Eine Stimme von unten schrie hinauf:

»Wir sagen nein.«

Die Stimme klang hart und scharf. Eine andere, weniger strenge, dennoch feste Stimme fügte hinzu:

»Wir lassen euch vierundzwanzig Stunden Bedenkzeit, euch nach Belieben zu ergeben.« Und nach einer Pause: »Wenn ihr euch morgen zu dieser Stunde nicht ergebt, stürmen wir.«

Die erste Stimme schloß: »Und dann ohne Pardon.«

Diesem schneidenden Ruf antwortete ein anderer von der Höhe des Turmes. Zwischen zwei Zinnen sah man eine große Gestalt sich herabneigen und erkannte beim Sternenlicht das furchterregende Antlitz Lantenacs. Sein Blick fuhr durch die Finsternis und suchte jemanden, und er rief:

»Sieh mal an, du bist es, Pfaffe!«

»Ja, ich bin's, Verräter!« sagte die rauhe Stimme von unten.

XI
Furchtbar wie die Antike

Diese unversöhnliche Stimme war in der Tat die Stimme von Cimourdain; die jüngere und nicht so herrische gehörte Gauvain. Der Marquis de Lantenac hatte sich nicht geirrt, als er den Geistlichen Cimourdain erkannte.

In wenigen Wochen war Cimourdain in diesem Lande, das vom Bürgerkrieg mit Blut überzogen wurde, berühmt geworden; kein Ruf war finsterer als der seine; man sagte: ›Marat in Paris, Châlier in Lyon, Cimourdain in der Vendée.‹ Die ganze Hochachtung, die man ihm früher entgegengebracht hatte, wurde nun in Schändung seiner Person verwandelt. Desgleichen geschieht, wenn ein Priester seine Fahne dreht. Cimourdain verbreitete Entsetzen.

Unglücklich sind die Strengen. Wer sie handeln sieht, verdammt sie, wer in ihr Gewissen schauen könnte, würde sie vielleicht freisprechen. Ein Lykurg, der nicht verstanden wird, gleicht einem Tiberius. Die beiden Männer Marquis de Lantenac und Abbé Cimourdain wogen gleich für den Haß, für die Verwünschungen der Königlichen und die Flüche der Republikaner. Jeder galt dem feindlichen Lager als Ungeheuer, so sehr, daß Prieur in Granville einen Preis auf Lantenacs Kopf setzte und Charette in Noirnoutier das gleiche gegen Cimourdain verfügte. Tatsächlich waren der Marquis und der Priester in gewisser Weise ein und derselbe Mensch. Der Bürgerkrieg mit dem bronzenen Doppelantlitz wandte die eine Seite der Vergangenheit, die andere der Zukunft zu: Lantenac hieß jenes, dieses hieß Cimourdain; eine Seite so tragisch wie die andere; schwarze Schatten lagen um Lantenacs bitteren Mund, auf der schicksalsvollen Stirn Cimourdains glänzte ein rötlicher Morgen.

Das belagerte Schloß hatte eine kurze Ruhezeit vor sich.

Dank Gauvain war eine Art Waffenstillstand auf vierundzwanzig Stunden eingetreten. Übrigens wußte der Imânus genau Bescheid. Durch die von Cimourdain betriebene Soldateneintreibung hatte Gauvain jetzt viertausendfünfhundert aus Nationalgardisten und Linienkampftruppen bestehende Soldaten unter Befehl, mit denen er Lantenac in La Tourgue eingeschlossen hielt. Es gelang ihm, zwölf gegen die Festung gerichtete Kanonen aufzustellen, sechs auf seiten des Turmes, eingegraben am Waldesrand, und sechs auf der Seite der Brücke, auf dem Plateau.

Durch die Mine hatte er am Fuße des Turmes die Bresche geöffnet. So würde nach vierundzwanzig Stunden des Waffenstillstandes der Kampf unter folgendem Kräfteverhältnis wieder aufgenommen werden: viertausendfünfhundert Mann auf dem Plateau und im Wald, neunzehn Mann im Turm. Die Namen dieser neunzehn Eingeschlossenen kann die Geschichte in den Anschlägen für die als vogelfrei Erklärten finden. Vielleicht werden wir ihnen wieder begegnen.

Cimourdain wollte Gauvain als Befehlshaber dieses kleinen Heeres von viertausendfünfhundert Mann zum Generaladjutanten aufrücken lassen. Gauvain hatte abgelehnt und gesagt:

»Erst wenn Lantenac gefangen ist, werden wir sehen. Bis jetzt habe ich keine Verdienste.« Es war ja überhaupt republikanische Gewohnheit, eine wichtige Führerstelle nur mit bescheidenem Grad und Titel zu verbinden. So war später Bonaparte als Artilleriehauptmann Oberbefehlshaber der italienischen Armee.

Das seltene Geschick, daß ein Gauvain den Turm Gauvain angriff, der von einem Gauvain verteidigt wurde, brachte eine gewisse Zurückhaltung in den Angriff, doch nicht in die Verteidigung, denn Lantenac war ein schonungsloser Charakter, zudem hatte er meist in Versailles gewohnt und hegte für das ihm kaum bekannte Schloß La Tourgue keinerlei Gefühle. Nur als letzte Zuflucht hatte er es gewählt, er hätte es ohne Skrupel zerstören lassen. Respektvoller empfand Gauvain.

Der Schwachpunkt der Festung war die Brücke. Die Bibliothek auf der Brücke enthielt die Archive der Familie. Wurde der Angriff an diesem Punkt der Festung angesetzt, so würde die Niederbrennung der Brücke mit den Archiven unvermeidlich. Würde das Archiv verbrannt, so schien es Gauvain, hätte er seine Vorfahren angegriffen.

La Tourgue war der Herrensitz der Gauvains; von hier wurden alle Lehngüter der Bretagne verwaltet, wie vom Louvre alle Lehngüter Frankreichs. Die gesamten Familienerinnerungen der Gauvains hatten dort ihren Ursprung, er selbst wurde da geboren; sollte er so ruchlos sein, dieses Heim in Schutt und Asche legen, vielleicht noch seine eigene Wiege verbrennen, die in einem Winkel des Bodens stehen mochte? Manche Begriffe sind Quellen ewiger Erregung. Gauvain fühlte sich durch das alte Familienhaus berührt. Deshalb hatte er die Brücke geschont, er beschränkte sich darauf, jeden Ausfall von dieser Seite her zu hemmen, die Brücke durch Kanonen in Schach zu halten, und hatte für den Angriff die gegenüberliegende Seite gewählt. Deshalb ließ er auch die Mine drüben am Fuße des Turmes graben.

Cimourdain mischte sich nicht ein, aber er tadelte sich

selbst deswegen. Spröde runzelte er die Stirn vor all dem mittelalterlichen Kram, er hatte nicht die Absicht, mit Gebäuden rücksichtsvoller zu verfahren als mit Menschen. Schonung eines Schlosses war schon ein Anfang der Milde, Gauvains schwacher Seite. Cimourdain überwachte ihn mehr als je und hemmte den gefährlichen Hang. Freilich mußte er sich voll Zorn gestehen, daß auch er La Tourgue nicht ohne ein geheimes Erbeben wiedergesehen hatte. Er fühlte sich gerührt beim Anblick des Studierzimmers, enthaltend jene ersten Bücher, die Gauvain mit ihm gelesen hatte. Er war Geistlicher im Nachbardorf Parigné; er wohnte im Dachgeschoß des Brükkengebäudes; in der Bibliothek hielt er den buchstabierenden Knaben auf dem Schoß; zwischen den alten vier Mauern hatte er seinen vielgeliebten Schüler, Sohn seiner Seele, heranwachsen und reifen sehen. Sollte er den mit all seinen Segenswünschen angefüllten Bau in Schutt und Asche legen? Er war auf Gnade gestimmt, sein Gewissen war rege.

So ließ er zu, daß Gauvain den Angriff auf der rauhen Seite des Schlosses, am Turm, statt auf der kultivierten Seite, bei der Bibliothek, ansetzte und daß er dort die Bresche schlug.

In Wahrheit aber wurde hier mitten in der Revolution eine Fehde ausgefochten wie zur Feudalzeit, eine Fehde zwischen Verwandten wie im Mittelalter üblich. Gestalten gleich Eteokles und Polyneikes sind nicht nur griechisch, sondern auch mittelalterlich, und Hamlet tut in Helsingör, was Orestes in Argos getan hat.

XII
Die Rettung deutet sich an

Auf beiden Seiten verbrachte man die Nacht mit Vorbereitungen. Nach jener dumpfen Unterhandlung rief Gauvain seinen Unterführer zu sich.

Guéchamp, um ihn vorzustellen, war nicht ein Mensch der

ersten Reihe, doch unerschrocken und ehrenhaft, mittelmäßig, mehr Soldat als Führer, intelligent bis zu dem Punkt, wo man aufhören muß zu verstehen, ein unrührbarer und unbestechlicher Mann, der weder Käuflichkeit in sein Gewissen noch Mitleid in den Gerechtigkeitssinn einbrechen ließ. Seele und Herz deckte er durch Zucht und Gehorsam ab, wie ein Pferd Scheuklappen trägt. Er schritt vor sich hin, durch den Raum, der ihm frei blieb. Sein Gang war schnurgerade, sein Weg war eng; zuverlässig sein Wesen, starr im Befehl, genau im Gehorsam.

»Guéchamp«, sagte Gauvain in nachdrücklichem Ton, »eine Leiter.«

»Wir haben keine, Kommandant.«

»Wir brauchen eine Leiter.«

»Zum Sturm?«

»Nein, zur Rettung.«

Guéchamp dachte nach: »Ich verstehe. Aber zu Ihrem Zweck muß sie sehr hoch sein.«

»Mindestens für drei Stockwerke; eher noch länger, damit der Erfolg sicher ist. Wie kommt's, daß ihr keine Leiter habt?«

»Kommandant, da Sie nicht von der Hochebene her angreifen, sondern nur von dieser Seite blockieren, da Sie nicht von der Brücke, sondern vom Turm attackieren wollten, hat man sich nur mit der Mine am Turm beschäftigt und für die Ersteigung der Brücke nichts vorbereitet. Darum haben wir keine Leiter.«

»Lassen Sie sofort eine Leiter anfertigen.«

»Eine Leiter von drei Etagen kann man nicht improvisieren.«

»Schlimmstenfalls können mehrere kürzere aneinandergebunden werden.«

»Man muß aber erst welche haben.«

»Finden Sie welche!«

»Überall zerstören die Bauern ihre Leitern, wie die Wagen und Brücken.«

»Die Republik soll lahmgelegt werden.«

»Sie wollen, daß wir auf diese Weise kein Fuhrwerk benutzen, noch einen Fluß überschreiten, noch eine Mauer erklettern können.«

»Aber eine Leiter brauche ich. Keine Minute ist zu verlieren.«

»Ich überlege schon. In Javené, in der Nähe von Fougères, ist ein großer Zimmerhof. Dort kann man eine haben. Wann muß sie hier sein?«

»Morgen, spätestens um diese Zeit.«

»Ich schicke einen Reiter mit dem Requisitionsbefehl im Galopp hin. In Javené gibt es einen Kavallerieposten, der die Beschaffung vornehmen wird, und vor Sonnenuntergang haben wir die Leiter hier.«

»Das genügt! Machen Sie schnell! Gehen Sie!« sagte Gauvain.

Zehn Minuten später kam Guéchamp und meldete: »Kommandant, der Eilkurier ist nach Javené abgegangen.«

Nach der Meldung stieg Gauvain auf die Hochebene und betrachtete lange das Brückenschlößchen über der Schlucht. Der Giebel hatte keine andere Öffnung als den niedrigen, mit der Zugbrücke geschlossenen Eingang, dem Abhang der Schlucht gegenüber. Um von hier an die Brückenpfeiler zu gelangen, mußte man längs der Böschung von Strauch zu Strauch hinabsteigen, was nicht unmöglich war. Unten im Graben war man freilich allen aus drei Stockwerken regnenden Geschossen ausgesetzt.

Gauvain überzeugte sich endgültig, daß nach dem jetzigen Stand der Belagerung der Angriff durch die Turmbresche erfolgen mußte. Er zog die Maschen seiner Mannschaft noch enger, so daß unmöglich irgend jemand entfliehen konnte. Er vervollständigte die enge Blockade von La Tourgue. Dann teilten Gauvain und Cimourdain sich in die Belagerung; Gauvain behielt die Waldseite, Cimourdain übernahm die Seite von der Hochebene. Es wurde ausgemacht, daß Gauvain von Guéchamp unterstützt den Sturm durch die Bresche leiten und Cimourdain bei brennenden Batterielunten Brücke und Schlucht überwachen sollte.

XIII
Tätigkeit des Marquis

Inzwischen wurde drinnen alles für den Widerstand aufgeboten. Nicht ohne Grund nennt man einen Turm auch ein Faß. Wie man in ein Faß ein Zapfloch einrammt, so wurde La Tourgue an seiner dicksten Stelle von einer zwei bis drei Zentner schweren Sprengladung regelrecht durchstoßen. Ein ungestaltes Loch wölbte sich vom Fuße des Turmes bis ins Erdgeschoß der Festung. Durch Geschützfeuer hatten die Belagerer die Lücke von außen noch erweitert und für den Sturm passend gemacht. Das Loch mündete in einen großen runden kahlen Saal, dessen Decke mit dem Schlußstein auf einem Mittelpfeiler ruhte. Dieser Saal, der größte des ganzen Burgfrieds, maß nicht weniger als vierzig Fuß Durchmesser. In jeder Etage des Turms befand sich ein ähnliches Zimmer, nur kleiner, mit winzigen Nischen hinter den Schießscharten. Der Saal im Erdgeschoß hatte weder Schießscharten noch Kellerfenster noch Luken, gerade soviel Tageslicht und Luft wie in einem Grabe.

Die Verliestür, mehr aus Eisen als aus Holz, war im Erdgeschoß. Eine zweite Tür ging auf eine nach oben führende Treppe. Alle Treppen waren im Mauerwerk eingearbeitet. In diesen Saal würden wahrscheinlich die Angreifer durch die Bresche, die sie geschlagen hatten, hereingelangen. Nach Einnahme dieses Saales blieb aber noch der ganze Turm.

Niemals hatte man in diesem unteren Raum atmen, noch vierundzwanzig Stunden, ohne zu ersticken, darin verbringen können. Jetzt konnte man dank der Bresche darin leben, und so füllten die Belagerten die Bresche nicht aus. Wozu auch? Die Kanonen hätten sie sofort wieder geöffnet. Aber man brachte eine Fackel an der Mauer an, und der Saal erhellte sich.

Wie sollte man sich darin verteidigen? Das Loch schließen wäre unsinnig. Man beschloß das Anlegen einer zurückgebogenen Verschanzung, einer Barrikade mit Sparrenwerk, aus der die Anstürmenden ins Kreuzfeuer zu nehmen waren. So blieb die Bresche offen und wurde doch von innen verschlossen. An Material fehlte es nicht. Sie bauten ein Sparrenwerk mit Auslassungen für die Gewehrläufe. Der einspringende Winkel wurde von der Mitte aus gezogen, die beiden Flügel stießen an die Mauern. An geeigneten Stellen wurden Flatterminen angelegt.

Alles leitete der Marquis, Eingeber, Befehlshaber, Führer und Schöpfer, ein gefährlicher Geist. Lantenac gehörte zum Geschlecht der Kriegshelden des achtzehnten Jahrhunderts, die noch mit achtzig Jahren Städte zu retten vermochten. Er ähnelte diesem Grafen d'Alberg, der, fast hundertjährig, den König von Polen aus Riga herausjagte.

»Mut, Freunde!« sprach er. »Karl der Zwölfte hat 1713 in einem Hause zu Bender mit dreihundert Schweden zwanzigtausend Türken abgewehrt.«

Die beiden nächsten Stockwerke wurden ebenfalls befestigt, die Alkoven mit Zinnen versehen, die Türen mit gewaltsam eingelassenen Balken, stützend wie Strebepfeiler. Nur die Wendeltreppe mußte für den Verkehr frei bleiben; verrammelte man sie für die Belagerer, so wurde sie für die Belagerten unzugänglich. Hier liegt einer der wesentlichen Gründe für die Schwäche aller Verteidigungen.

Unermüdlich und kraftvoll wie ein Jüngling hob Lantenac Balken, trug Steine, legte überall Hand an, befahl und half brüderlich und herrisch zugleich, lachend mit seinem wilden Haufen, vertraulich, elegant und undurchsichtig. Da gab es keinen Widerspruch. »Wenn sich die Hälfte von euch auflehnte, würde ich sie durch die andere Hälfte erschießen lassen und mit den übrigen den Platz halten.« Ein Führer, der so spricht, wird von den Untergebenen vergöttert.

XIV
Tätigkeit des Imânus

Während sich Lantenac mit dem Turm und der Bresche abgab, war der Imânus mit der Brücke beschäftigt. Zu Beginn der Belagerung wurde die Rettungsleiter, die sonst quer und unterhalb der Fenster der zweiten Etage festgemacht war, auf Befehl des Marquis abgenommen und durch den Imânus in die Bibliothek gebracht. Wahrscheinlich wollte Gauvain diese Leiter ersetzen.

Die Fenster der ersten Etage, des Zwischengeschosses, genannt Wachstube, waren durch ein dreifaches Eisengitter, das im Stein verankert war, geschützt; man konnte auf diesem Weg weder hinein- noch herauskommen.

Nur die der Bibliothek waren unvergittert, aber dies Stockwerk lag sehr hoch. Der Imânus nahm sich drei Männer, die wie er zu allem fähig und bereit waren. Diese Männer waren Hoisnard, genannt Branche-d'Or, und die beiden Brüder Pique-en-Bois. Er selbst nahm eine Blendlaterne, öffnete die Eisentür und machte sich daran, die drei Stockwerke des Brückenschlößchens aufs genaueste zu untersuchen. Hoisnard Branche-d'Or war wie der Imânus unversöhnlich, da ihm die Republikaner einen Bruder getötet hatten.

Imânus besichtigte den Dachboden, der von Stroh und Heu strotzte, ließ in das untere Stockwerk noch Pechkränze bringen und an die Teerfässer legen, schichtete dicht daneben Bündel von Heidekraut auf, prüfte die geschwefelte Lunte von der Brücke zum Turm und umgoß die Fässer und Bündel mit einer Teerlache, in die er das Ende der Lunte tauchen ließ. Dann ließ er in die Bibliothek zwischen dem geteerten Erdgeschoß und dem mit Stroh gefüllten Speicher die drei Wiegen tragen. René-Jean, Gros-Alain und Georgette lagen darin in tiefem Schlummer. Man war vorsichtig beim Tragen, um sie nicht aufzuwecken. Die Wiegen bestanden aus einfachem Korbflechtwerk, wie auf dem Lande üblich, sie berührten den

Boden, so daß das Kind ohne Hilfe hinaussteigen kann. Neben jede ließ der Imânus eine Schüssel voll Suppe mit einem hölzernen Löffel hinstellen.

Die abgenommene Rettungsleiter lag unten an der Wand, gegenüber standen in einer Reihe die Wiegen. Da er einigen Luftzug für recht zweckdienlich hielt, machte er die sechs großen Fenster der Bibliothek weit auf. Laue warme Sommernacht. Auch in den anderen Stockwerken ließ er die Fenster öffnen. Er hatte bemerkt, daß an der Ostseite alter vertrockneter Efeu die Brücke von oben bis unten überrankte und die drei Fenster umrahmte. Auch der Efeu konnte als Brennstoff nicht schaden, dachte er und prüfte noch alles mit einem letzten Blick. Die vier Männer verließen das Brückengebäude und traten in den Burgfried zurück. Dann schloß er das schwere Tor doppelt ab, betrachtete sorgfältig das breite furchtbare Schloß und überprüfte mit einem zufriedenen Kopfnicken nochmals die geschwefelte Lunte, die durch das von ihm geschaffene Loch hindurchging. Sie allein verband jetzt Turm und Brücke miteinander, vom runden Saal lief sie unter der Eisentür hindurch und unter der Wölbung innen weiter, schlängelte sich über die Treppenstufen und kroch über den Fußboden des Flurs hinein in die Teerlache an den Reisighaufen. Sie mußte, nach Imânus' Berechnung im Innern des Turms angezündet, etwa nach einer Viertelstunde das Feuer in den Teerstoff unter der Bibliothek tragen. Jetzt überreichte der Imânus den Schlüssel dem Marquis, der ihn in die Tasche steckte, stieg dann zur Plattform hinauf, und sein Hirtenhorn im Gürtel, beobachtete er die Bewegungen des Feindes. In den Wald spähend und zugleich zur Ebene hin, eine Pulverflasche vor sich auf dem Sims der Luke, daneben einen leinenen Sack mit Kugeln, drehte er aus alten Zeitungen, die er zerriß, Patronen.

Als die Sonne wieder aufging, beschien sie im Wald acht Bataillone, den Säbel an der Seite, Patronengürtel umgeschnallt, Bajonett aufgepflanzt, bereit zum Sturm, auf der

Ebene eine Batterie mit vollen Munitionswagen, Patronenhülsen und Kartätschenhaufen; in der Festung neunzehn Männer, welche Mauerbüchsen, Musketen, Jagdstutzen und Pistolen luden; und in den Wiegen drei schlafende Kinder.

Drittes Buch

Die Neue Bartholomäusnacht

I

Die Kinder wachten auf, zuerst das kleine Mädchen. Das Erwachen eines Kindes gleicht dem Aufgehen einer Blume, es duftet aus solcher frischen Seele. Georgette, zwanzig Monate alt, die Letztgeborene von den dreien, die im Mai noch gestillt wurde, setzte sich auf und fing zu plaudern an, wobei sie ihre Füße besah. Schwer zu sagen, was rosiger war, der Glanz des Morgens, der mit einem Strahl auf der Wiege lag, oder Georgettes kleiner Fuß.

Die beiden anderen schliefen noch, Männer sind schwerfälliger. Georgette plapperte zufrieden vor sich hin.

Sie war blond, René-Jean dunkel und Gros-Alain kastanienbraun. Die Farben, die später wechseln können, entsprechen in der Kindheit irgendwie den Jahren. Als ein kleiner Herakles, die Fäuste in die Augen gestemmt, lag René-Jean auf dem Bauch, Gros-Alain ließ die Beine über den Rand hängen.

Alle drei waren zerlumpt, denn die Kleider vom Bataillon Bonnet-Rouge hielten nicht mehr. Die beiden Jungen waren fast nackt, Georgette steckte in einem Lappen, das Röckchen war zu einem Leibchen geworden. Wer kümmerte sich schon um diese Kinder! Die wilden Bauernsoldaten, die sie von Wald zu Wald mit sich schleppten, teilten ihnen statt einer Mutter den ihnen zustehenden Anteil Suppe zu. Das war alles, die Kinder zogen sich, wie sie konnten, aus der Geschichte. Jeder war Herr über sie und niemand Vater. Aber selbst aus den Kleiderlumpen von Kindern leuchtet es. Sie waren entzükkend.

Was ein Vogel singt, plappert ein Kind, es ist dasselbe Lied, unbestimmt, gelallt und tief. Ein Kind hat über den Vogel hinaus das dunkle Schicksal des Menschen vor sich. Darum mischt sich die Traurigkeit der Zuhörer in die Heiterkeit eines singenden Kindes. Das Stammeln der menschlichen Seele auf kindlichen Lippen ist der erhabenste Hymnus der Erde. Dies verworrene Säuseln des Gedankens enthält einen unbewußten Anruf der ewigen Gerechtigkeit. Vielleicht ist es ein Protest, auf der Schwelle, vor dem Hinaustreten, ein demütiger und anklagender Protest; diese dem Unendlichen entgegenlächelnde Unschuld kompromittiert die ganze Schöpfung in dem künftigen Los eines schwachen und wehrlosen Wesens. Das Unglück, wenn es kommt, ist ein Mißbrauch des ursprünglichen Vertrauens.

Das Lispeln eines Kindes ist mehr und weniger als ein Reden. Es besteht nicht aus Noten und ist doch Gesang; nicht aus Silben und ist doch Sprache. Es hat einen Anfang im Himmel und wird auf der Erde sein Ende nicht finden, es hat vor der Geburt begonnen und setzt sich hier fort. Dies Stammeln enthält die Laute, die das Kind als Engel sang, verschmolzen mit denen, die es als Mensch äußern wird. Die Wiege hat ein Gestern wie das Grab ein Morgen; und dies doppelte Unbekannte verbindet sich miteinander in dem geheimnisvollen Zwitschern. Nichts aber erweist Gott, Ewigkeit, Verantwortlichkeit und Schicksalswiderspruch so tief wie der grausige Schatten in der heiteren Seele.

Was Georgette jetzt summte, machte sie nicht traurig, ihr zartes Gesicht war ein einziges Lächeln; Mund, Augen und Wangengrübchen lächelten. Dies Lächeln nahm, geheimnisvoll grüßend, den Morgen in Empfang, die Seele vertraute dem Glanz, dem blauen, warmen und schönen Himmel. Ohne zu wissen, ohne zu erkennen, ohne zu begreifen, auf gedankenlosen Träumen schwimmend, fühlte sich das zerbrechliche Geschöpf geborgen in der Natur, zwischen den ehrlichen Bäumen, in dem treuherzigen Grün der reinen friedlichen Landschaft, im Lärm aus den Nestern und Quellen, im Treiben der Fliegen und der Blätter, darüber die gewaltige Unschuld der Sonne leuchtete.

Dann erwachte zuerst René-Jean, vier Jahre alt; setzte sich auf, sprang mannhaft aus der Wiege, erblickte wie selbstverständlich seine Schüssel und begann, auf dem Boden sitzend, die Suppe zu essen.

Gros-Alain, von Georgettes Geplauder nicht geweckt, fuhr beim Geräusch des Löffels auf und blickte hin; er war drei Jahre alt. Auch er sah seine Schüssel, brauchte nur den Arm auszustrecken und nahm sie ins Bett. Den Löffel in der Faust, machte er sich darüber her, die Schüssel zwischen den Knien.

Georgette hörte die beiden nicht, sie lullte sich mit der eigenen Stimme wieder in Traum und sah dabei mit weitgeöffneten himmlischen Augen in die Höhe. Ob ein Kind zur Decke sieht oder zu welchem Gewölbe sonst, in seinen Augen spiegelt sich der Himmel.

Als René-Jean fertig war, kratzte er mit dem Löffel herum, seufzte und äußerte würdevoll: »Ich habe die Suppe gegessen.« Dies riß auch Georgette aus ihrem Sinnen: »Pappen!« sagte sie. Da sie sah, daß René-Jean gegessen hatte und Gros-Alain dabei war zu essen, nahm sie die neben ihr stehende Suppenschüssel und begann zu essen, freilich mit größeren Schwierigkeiten, denn sie brachte den Löffel öfter ans Ohr als an den Mund. Manchmal wandte sie sich ganz von der Zivilisation ab und aß mit den Fingern.

Gros-Alain, als er wie sein Bruder den Boden der Suppenschüssel ausgekratzt hatte, rannte diesem hinterher.

II

Plötzlich ertönte von unten vom Wald her ein Trompetenstoß, gebieterische und strenge Fanfare. Vom Turm herab antwortete das Horn.

Diesmal rief die Trompete an, und das Horn gab Antwort. Es gab einen zweiten Trompetenstoß, gefolgt vom Horn. Dann erhob sich am Waldesrand, fern, doch klar vernehmlich, eine Stimme.

»Banditen, Aufforderung! Ergebt euch bei Sonnenuntergang bedingungslos, oder wir stürmen.«

»Stürmt!« schrie es dröhnend vom Turm zurück.

»Ein Kanonenschuß wird euch zum letztenmal warnen, eine halbe Stunde vor dem Sturm.«

»Stürmt!« wiederholte die Stimme von oben.

Die Stimmen drangen nicht bis zu den Kindern, Horn und Trompete aber trugen höher und weiter. Beim ersten Trompetenschall richtete sich Georgette auf und aß nicht mehr, bei der Antwort des Horns legte sie den Löffel in die Schüssel, beim zweiten Trompetenstoß hob sie den Zeigefinger und bewegte ihn im Takt der Fanfare auf und nieder, bis zu der Fortsetzung der Musik durch das Horn; als die Signale schwiegen, flüsterte sie, den Finger noch in der Luft: »Misik.« Sicherlich wollte sie Musik sagen.

Die Knaben René-Jean und Gros-Alain hatten nicht auf Trompete und Horn geachtet, sie waren von etwas anderem in Anspruch genommen, von einer Assel, die über den Fußboden der Bibliothek lief. Gros-Alain schrie: »Ein Tier!« Der andere kam gerannt: »Es sticht!«

»Tu ihm nichts«, sagte René-Jean. Beide betrachteten es. Währenddessen hatte Georgette ihre Suppe aufgegessen und suchte mit den Augen ihre Brüder. Diese hockten mit ernster Miene in einer Fensternische über der Assel, Stirn an Stirn, so daß sich ihre Haare vermengten. Atemlos starrten sie das Tier an, das, über ihre Bewunderung nicht erfreut, sich tot stellte.

Georgette, die ihre Brüder so versunken sah, wollte wissen, was es gab. Es war nicht leicht, zu den Brüdern zu gelangen, sie versuchte dennoch die Reise, von unzähligen Hindernissen aufgehalten. Am Boden lag vielerlei umher, umgeworfene Sessel, Haufen Papier, aufgeschlagene leere Kisten und Truhen, ein Archipel von Klippen, die umfahren werden mußten. Georgette wagte sich daran, sie drang aus der Wiege hinaus, erste Arbeit, fuhr in die Klippen ein, wand sich durch die Zwischenwände, rückte einen Schemel fort, kroch und rollte sich zwischen zwei Truhen hindurch und über ein Aktenbündel hinweg, bis sie, immer ganz achtlos auf ihre arme kleine Nacktheit, hinausgelangte auf das, was ein Matrose die hohe See nennen würde, nämlich auf eine ausgedehnte Fläche des Fußbodens, wo kein Hindernis und keine Gefahr mehr drohte. Auf allen vieren schoß sie mit der Geschwindigkeit einer Katze über den ganzen Saal hin bis ans Fenster. Dort erwartete sie eine furchtbare Schwierigkeit: Die große Leiter schob sich an der Mauer entlang vor die Nische und bildete zwischen Georgette und den Brüdern eine Art Vorgebirge. Sie hielt an, überlegte, und als sie mit dem inneren Selbstgespräch fertig war, führte sie ihren Entschluß aus. Mit den rosigen Fingern faßte sie resolut eine der senkrechten Sprossen an, versuchte, sich auf die Füße zu stellen und fiel zurück, fing wieder an; zweimal scheiterte sie, beim dritten Mal gelang es; dann, aufrecht und gerade, marschierte sie von Sprosse zu Sprosse an der liegenden Leiter entlang; am Ende angekommen, hatte sie keinen Halt mehr, stolperte; aber mit ihren kleinen Händen ergriff sie das gewaltige Ende des Holmes und stand gerade, umging die Klippe, sah ihre Brüder an und lachte.

III

In diesem Moment hob René-Jean, zufrieden mit dem Resultat seiner Untersuchung an der Assel, den Kopf und sagte: »Es ist ein Weibchen.«

Das Lachen von Georgette ließ René-Jean und Gros-Alain gleichfalls lachen.

Während die Kinder sich im Kreise auf den Fußboden setzten, verschwand die Assel. Sie hatte das Lachen von Georgette ausgenutzt und sich in einem Loch verkrochen.

Andere Ereignisse folgten, Schwalben kamen, wohl aus Nestern unter dem Dachvorsprung, und flogen, vom Anblick der Kinder beunruhigt, mit sanftem Frühlingsgezwitscher in weiten Kreisen durch die Luft.

Die Kinder schauten zu, die Assel war vergessen.

Georgette richtete den Finger auf die Schwalben und schrie: »Put, put.« René-Jean verbesserte sie: »Mademoiselle, man sagt nicht put, put, man sagt piep, piep.«

»Piep, piep«, wiederholte Georgette, und alle drei schauten nach den Schwalben. Eine Biene kam herein. Nichts gleicht der Seele so sehr wie eine Biene, schwebend von Blume zu Blume wie eine Seele von Stern zu Stern, Honig sammelnd wie die Seele Licht.

Beim Hineinfliegen veranstaltete sie großen Lärm; sie summte laut und schien zu sagen: ›Jetzt komme ich; soeben habe ich die Rosen besichtigt, jetzt will ich die Kinder sehen. Was ist hier los?‹ Eine Biene ist eine Hausfrau, und sie brummt beim Singen.

Solange die Biene sich im Raum aufhielt, folgten ihr die Kinder mit den Augen. Diese untersuchte die ganze Bibliothek, schnuffelte in allen Ecken, als sei sie in ihrem Bienenkorb, flog melodisch durch die Bibliothek von Schrank zu Schrank und starrte wie ein Geist durch die Scheiben auf die Titel der Bücher. Nach ihrem Besuch flog sie weg.

»Sie geht nach Haus«, sagte René-Jean.

»Es ist ein Tier«, antwortete Gros-Alain.

»Nein, eine Fliege.«

»Liege«, sagte Georgette. Gros-Alain, der soeben auf dem Fußboden ein Stück Leine, an deren einem Ende ein Knoten war, gefunden hatte, nahm das andere Ende zwischen Daumen und Zeigefinger und machte daraus eine Art Wirbel; er betrachtete es aufmerksam. Georgette ihrerseits, erneut auf allen vieren, hatte ihren spielerischen Lauf auf dem Fußboden wieder aufgenommen. Sie hatte einen ehrwürdigen, bestickten, wurmigen Sessel entdeckt, der seine Füllung aus mehreren Löchern verlor. Sie war vor diesem Sessel stehengeblieben und vergrößerte die Löcher, indem sie andächtig das Werg herauszupfte. Plötzlich hob sie den Finger, wie um zu sagen: Horch!

Die beiden anderen drehten sich um. Von weitem kam dumpfes Getöse. Die Belagerer vollführten wahrscheinlich irgendeine Bewegung im Wald. Pferde wieherten, Trommeln wirbelten, Karren rollten, Ketten klirrten, Trompetensignale antworteten einander. Entzückt hörten die Kinder dem wilden, irgendwie zum Einklang verschmelzenden Getöse zu.

»Das ist der liebe Gott, der macht das«, sagte René-Jean.

IV

Der Lärm hörte auf. René-Jean träumte weiter. Wie verketten und lösen sich die Gedanken im kindlichen Hirn, wie vollziehen sich die geheimnisvollen Bewegungen des dämmernden und noch so kurzen Gedächtnisses? In dem sanften nachdenklichen Kopf entstand eine Mischung von lieber Gott, von Gebet, von gefalteten Händen, von zärtlichem Lächeln, das man einstmals um sich hatte und das nun nicht mehr da ist, und er flüsterte: »Mama.«

Die beiden anderen wiederholten sein leises Wort. Dann fing René-Jean an herumzuspringen, der jüngere machte jede

Gebärde des Bruders nach. Georgette weniger, ein Dreijähriger ahmt einen Vierjährigen nach; aber mit zwanzig Monaten bewahrt man seine Unabhängigkeit.

Sie blieb sitzen, ab und an sagte sie ein Wort. Sie sprach nicht in Sätzen; sie war eine Denkerin; sie sprach in Kernsprüchen; sie war einsilbig.

Trotz allem, nach einiger Zeit siegte das Beispiel der Brüder, und am Ende versuchte sie, diesem Beispiel zu folgen. Die sechs nackten kleinen Füße tanzten und stolperten über die staubigen polierten Eichendielen, unter den feierlichen Blicken der Marmorbüsten, zu denen Georgette manchmal furchtsam hinsah und murmelte: »Mommen!« In Georgettes Sprache war ein Mommen das, was wie ein Mensch aussah, aber keiner war. Menschliche Wesen erscheinen Kindern oft zugleich als Phantome. Georgette, die mehr schwankte als lief, folgte ihren Brüdern, am liebsten aber auf allen vieren.

Am Fenster streckte René-Jean den Kopf in die Höhe, duckte sich aber sogleich und versteckte sich in der Nische des Fensters. Er hatte jemanden gesehen, der ihn anstarrte. Es war ein blauer Soldat aus dem Lager der Hochebene, der bei Ausnutzung und vielleicht Übertretung des Waffenstillstandes bis zur Böschung der Schlucht vorgedrungen war, von wo man in die Bibliothek hinüberblicken konnte. Da René-Jean sich versteckte, versteckten sich Gros-Alain und Georgette an seiner Seite. Die Kinder saßen eine Weile ruhig, unbeweglich, und Georgette legte den Finger auf den Mund, dann schielte René-Jean wieder hinaus. Der Soldat war noch immer da, und René-Jean zog sofort den Kopf wieder ein. Die drei wagten kaum zu atmen; das dauerte eine ganze Weile, schließlich begann die Angst Georgette zu langweilen; sie nahm sich ein Herz und schaute hinaus. Der Mann war fort, und ihr Rennen und Spielen begann von neuem. Gros-Alain, zwar Nachahmer und Bewunderer von René-Jean, hatte eine besondere Gabe, das Finden von Gegenständen. Sein Bruder und seine Schwester sahen ihn plötzlich ganz aufgeregt herumtänzeln, hinter sich einen kleinen vierrädrigen Wagen ziehend, den er, wer weiß woher, genommen hatte.

Dieser kleine Puppenwagen befand sich seit Jahren in guter Nachbarschaft mit den Büchern von Genies und den Büsten von Weisen im Staube vergessen. Er war vielleicht eines der Spielzeuge, mit denen Gauvain als Kind gespielt hatte. Gros-Alain hatte aus seinem Strick eine Peitsche gemacht, mit der er knallen konnte; er war sehr stolz darauf. So sind Erfinder. Wenn man nicht Amerika entdecken kann, so wenigstens einen kleinen Wagen. Aber man mußte teilen, René-Jean wollte sich vor den Wagen spannen, und Georgette wollte hineinsteigen.

Sie versuchte sich hineinzusetzen. René-Jean wurde Pferd, Gros-Alain Kutscher. Aber der Kutscher beherrschte seinen Beruf nicht ordentlich, und das Pferd mußte ihn ihm beibringen. René-Jean rief Gros-Alain zu: »Sag Hü!« – »Hü«, wiederholte Gros-Alain.

Der Wagen kippte um. Georgette rollte heraus. Engel können schreien, Georgette schrie. Sie wollte gerade zu weinen beginnen, da sagte René-Jean:

»Mademoiselle, Sie sind zu groß.«

»Ich groß«, sagte Georgette. Und ihre Größe tröstete sie über ihren Fall.

Auf den breiten Mauerkranz vor den Fenstern war eine Schicht von Heidegrund heraufgeweht worden, den der Regen zu Erde verdichtet hatte. Der Wind hatte Samen hinzugetragen, und ein Brombeersamen hatte dies ausgenutzt, um hier zu wachsen. Dieser Brombeerzweig gehörte zu einem Dauergewächs, genannt Fuchsbrombeere. Es war August; der Strauch war mit Brombeeren übersät, eine Ranke hing durch das Fenster herein bis auf den Boden.

Nachdem Gros-Alain den Strick und den Wagen entdeckt hatte, entdeckte er nun den Zweig, lief hin, pflückte eine Beere und aß sie.

»Ich habe Hunger«, sagte sein Bruder, und Georgette galoppierte auf Händen und Knien herbei. Sie pflückten die Ranke leer, schluckten alle Beeren, schwelgten, beschmierten sich mit dem Saft, so daß aus den drei kleinen Engeln kleine Faune wurden, die Dante geärgert und Virgil entzückt hätten. Sie lachten schallend und stachen sich ab und zu mit den Dornen in die Finger. Nichts umsonst. Georgette zeigte René-Jean ihren Finger, aus dem ein kleiner Tropfen Blut perlte, und sagte, auf den Strauch zeigend: »Piek.« Gros-Alain, ebenfalls gestochen, starrte den Dornzweig mißtrauisch an und sagte: »Es ist ein Tier.«

»Nein, ein Stock«, antwortete René-Jean.

»Ein Stock ist böse«, erwiderte Gros-Alain.

Jetzt wollte Georgette wieder weinen, aber sie lachte doch.

V

Inzwischen hatte René-Jean, vielleicht eifersüchtig auf die Entdeckungen des Jüngeren, einen großen Plan entworfen. Während er Beeren pflückte, wandte er die Augen schon beharrlich nach dem großen Pult hinüber, das auf seinem Drehfuß einsam wie ein Denkmal inmitten der Bibliothek stand. Dort lag aufgeschlagen die berühmte Ausgabe des heiligen Bartholomäus.

Es war ein prachtvoller und denkwürdiger Quartband, in Köln erschienen, bei dem berühmten Verleger der Bibel von 1682, Blœuv oder lateinisch Cœsius. Das Buch war mit der Kastenpresse und Rindersehnen gedruckt, nicht auf holländischem Papier, sondern auf dem schönen, von Édrisi bewunderten arabischen, das aus Seide und Baumwolle hergestellt wird und immer weiß bleibt. Der Einband war aus vergoldetem Leder, mit silbernen Schließhaken als Deckblatt aus jenem Pergament, das die Pariser Pergamenthändler nach eidlicher Verpflichtung im Saal Saint-Mathurin ›und nirgends sonst‹ kaufen mußten. Das Werk enthielt viele Holzschnitte,

Kupferstiche und mannigfache geographische Abbildungen. Es wurde eingeleitet mit einem Protest der Drucker, Papierfabrikanten und Buchhändler gegen das Edikt von 1635, welches eine Steuer auf ›Lederwaren, Biere, Seefische und Papier‹ legte. Auf der Rückseite des Titelblattes stand eine Widmung an die Familie Gryphe, die in Lyon dasselbe bedeutet wie die Elzeviers in Amsterdam. Es war ein nicht weniger kostbares Exemplar als etwa der Moskauer ›Apostol‹.

Wegen seiner Schönheit erregte das Buch auch René-Jeans Aufmerksamkeit. Vielleicht zu viel. Es war gerade auf der Seite eines großen Kupferstiches geöffnet, der den heiligen Bartholomäus darstellte, wie er seine Haut über dem Arm trägt. Diesen Kupferstich konnte man von unten sehen. Als alle Brombeeren aufgegessen waren, betrachtete René-Jean den Kupferstich mit einem erschreckenden Liebesblick, und Georgette, die mit den Augen der Blickrichtung ihres Bruders gefolgt war, sah den Kupferstich und sagte: »Bid.«

Es schien, als würde dieses Wort René-Jean noch anstacheln; und zum großen Entsetzen von Gros-Alain machte er etwas Außergewöhnliches.

In einer Ecke der Bibliothek stand ein großer eichener Stuhl; René-Jean packte ihn und schleppte ihn ganz allein bis zum Pult. Als der Stuhl das Pult berührte, stieg er darauf und stemmte seine beiden Fäuste auf das Buch. An solchem Gipfel angelangt, empfand er das Bedürfnis nach einer großartigen Tat. Er faßte das Bild an der oberen Ecke und riß es ab, sehr sorgfältig, aber der Riß ging doch mitten durch Bartholomäus hindurch. Er ließ die linke Seite nebst einem Auge und einem Stück des Heiligenscheins im Buch zurück, die andere Hälfte des alten apokryphen Evangelisten mit seiner ganzen Haut reichte er Georgette hinunter. Georgette empfing den Heiligen und sagte: »Mommen.« – »Ich auch«, schrie Gros-Alain.

Mit einer ersten zerfetzten Seite ist es wie mit dem ersten vergossenen Blut: Da läßt sich das Gemetzel nicht mehr halten. René-Jean wendete die Seite. Hinter dem Heiligen befand sich der Kommentator, Pantœnus; René-Jean überreichte ihn großzügig Gros-Alain.

Das kleine Mädchen machte zunächst aus ihrem großen Stück zwei Teile und aus den zweien vier. So kann die Geschichte berichten, daß der heilige Bartholomäus, nachdem man ihn in Armenien enthäutet hat, in der Bretagne gevierteilt wurde.

VI

Als die Vierteilung beendet war, streckte Georgette die Hand aus und sagte: »Mehr.« Hinter dem Heiligen und dem Kommentator kamen die barschblickenden Glossatoren, voran Gavantus. Der Junge riß ihn heraus und schenkte den Gavantus seiner Schwester. So ging es allen Glossatoren des heiligen Bartholomäus. Da Schenken Überlegenheit ausdrückt, behielt René-Jean nichts für sich, ihm genügte, daß die beiden anderen ihn bewundernd anstarrten.

Unerschöpflich in solcher Selbstverleugnung bot er dem Bruder den Fabricio Pignatelli an, der Schwester den Pater Stilting, er überlieferte dem Bruder den Alfonse Tostat, der Schwester Cornelius a Lapide, Gros-Alain Henri Hammond, Georgette den Pater Roberti, vermehrt um eine Ansicht der Stadt Douai, wo der Genannte 1619 geboren wurde. Gros-Alain erhielt ferner den Protest der Papierfabrikanten, Georgette die Widmung an die Familie Gryphe. Die Landkarten wurden gleichfalls verteilt, Äthiopien kam an Gros-Alain, an Georgette Lykaonien. Danach packte er das Buch, um es auf den Boden zu werfen.

Das war ein furchtbarer Augenblick. Mit bebendem Entzücken sahen die beiden, wie René-Jean die Stirn runzelte, die Fäuste zusammenkrampfte, die Oberschenkel anspannte und den gewichtigen Quartband dem Rande des Pultes zuschob. Tragisch ist ein majestätischer alter Band, der das Gleichgewicht verliert. Jetzt schwebte dieser schwere Band ohne Halt einen Moment an der Kante, zögerte, schaukelte, und berstend, aus dem Einband springend, mit platzenden Schließhaken, zerbrochen, zerknittert und zerfetzt, stürzte er platt auf den Fußboden nieder.

Er fiel zum Glück nicht auf die Kinder, die geblendet hinschauten. Nicht alle Heldentaten der Eroberer enden so gut.

Wie jeder Sieg wirbelte dieser Staub auf und machte viel Lärm. Da er das Buch zu Fall gebracht hatte, stieg René-Jean vom Stuhl herunter. Es gab einen Augenblick der Stille und des Schreckens; auch der Sieg hat seine Schrecken. Die drei Kinder faßten sich bei den Händen, gingen ein Stück zurück und betrachteten das große zerstörte Buch. Dann, nach einem Moment des Träumens, kam Gros-Alain energisch näher und stieß mit dem Fuß nach dem Buch.

Das war das Ende. Die Freude an der Zerstörung gibt es wirklich. René-Jean und Georgette gaben nun ihrerseits dem Buch einen Fußtritt, wodurch Georgette zu Fall kam und sitzend auf dem Fußboden landete. Sie nutzte die Gelegenheit, um sich auf den heiligen Bartholomäus zu werfen; jeder Zauber war verschwunden; René-Jean und Gros-Alain stürzten hinzu, und fröhlich, ausgelassen, triumphierend, mitleidlos fielen die drei Raubengel über den wehrlosen Evangelisten her, zerrissen die Kupferstiche, zerfetzten die Seiten, rissen die Buchzeichen heraus, zerkratzten den Einband, zogen das vergoldete Leder ab, zogen die Nägel aus den silbernen Ecken, zerfledderten das Pergament und wüteten mit Füßen, mit Händen, mit Nägeln, mit Zähnen, lachend, erregt und schrecklich gegen den ehrwürdigen Text. So zerstörten sie Armenien, Judäa, Benevent, wo die Reliquien des Heiligen liegen, sie mordeten den Nathanael, der vielleicht mit Bartholomäus identisch ist, den Papst Gelasius, welcher das Evangelium des Bartholomäus-Nathanael für unecht erklärte. Sie rotteten jedes Bild und jede Karte aus, und die schonungslose Hinrichtung des alten Werkes nahm sie so ganz in Anspruch, daß eine Maus, von ihnen unbemerkt, vorbeilief.

Das war eine Vernichtung. Eine geschichtliche Epoche, Legende, Forschung, wahre und falsche Wunder, Kirchenlatein, Aberglauben, Fanatismus, Mysterien, eine ganze Religion von oben bis unten entzweizureißen ist für drei Riesen ein Stück Arbeit und sogar für drei Kinder. Stunden gingen darüber hin, aber der Zweck wurde vollkommen erreicht, nichts blieb übrig vom heiligen Bartholomäus.

Als dann die letzte Seite herausgezerrt war, der letzte Kupferstich unten lag und nur noch Trümmer von Text und Bildern im Einbandgerippe hingen, richtete sich René-Jean hoch auf, betrachtete den mit Papier übersäten Boden und klatschte in die Hände. Georgette hob ein Blatt vom Boden auf, stand auf, lehnte sich ans Fenster, das ihr bis ans Kinn reichte und begann die große Seite stückchenweise aus dem Fenster zu werfen. Gros-Alain und René-Jean machten es ihr nach. Sie ließen die Blätter nacheinander zerfetzt zum Fenster hinausfliegen, sie hoben auf, zerfetzten und ließen fliegen, bis fast das ganze alte Buch zerbröckelt durch die kleinen hartnäckigen Finger im Winde davonzog. Georgette sah nachdenklich diesen Schwärmen von kleinen weißen Papierfetzen, die durch den Windhauch angetrieben auseinanderflogen, hinterher und sagte: »Schmetterlinge.« Das Massaker verflüchtigte sich im Azur.

VII

Und so starb der heilige Bartholomäus, der schon im Jahre 49 nach Christus zum Märtyrer geworden war, zum zweiten Male.

Der Abend kam, es wurde schwüler, es wurde Zeit zu schlafen, Georgette bekam kleine Augen, René-Jean holte seinen Strohsack ans Fenster und streckte sich aus: »Jetzt wollen wir schlafen.« Gros-Alain legte seinen Kopf auf ihn, das Mädchen den ihren wieder auf Gros-Alain, und die drei Missetäter schlummerten ein.

Laue Luft wehte durch die offenen Fenster, Geruch wilder Blumen von den Hügeln und Schluchten, vermischt mit dem

Hauch des Abends. Gnadenreiche Ruhe lag im Raume, alles strahlte, alles wurde still, alles liebte alles, die Sonne liebkoste die Schöpfung mit Licht. Durch alle Poren floß Harmonie ein, die ungeheure Sanftmut der Natur, die Mütterlichkeit des Unendlichen, das unerschöpfliche Wunder der Welt vollendete ihre gewaltige Größe durch Güte. Jetzt war die geheimnisvoll schützende Macht zu spüren, die im Kampf der Lebewesen alle Schwachen gegen alle Starken verteidigt. Zugleich glich die Schönheit der Großherzigkeit. Über der brütenden Landschaft flimmerte entzückender Wechsel von Licht und Schatten, längs der Bäche und Wiesen. Rauchschwaden flogen zu den Wolken empor wie Träume zu Visionen. Rings um La Tourgue kreisten Schwärme von Vögeln, und die Schwalben blickten jetzt ruhig zu den schlummernden Kindern hinein, die regungslos, halb nackt in puttenhafter, anmutiger Gruppe dalagen. Sie waren anbetungswürdig und rein, sie zählten zu dritt nicht einmal neun Jahre. Aus ihren paradiesischen Träumen tauchte ein Lächeln durch die Lippen auf, Gott selbst flüsterte ihnen vielleicht ins Ohr. Sie waren ja Wesen, die in jeder menschlichen Sprache die Schwachen und die Gesegneten heißen, sie waren die verehrungswürdige Unschuld. Alles verhielt sich schweigend, als sei der Hauch ihrer zarten Brust eine Offenbarung des Weltalls, der alle Schöpfung zu lauschen hätte. Die Blätter rauschten nicht, die Gräser zischelten nicht, die gestirnte Natur schien den Atem um die engelhaften Schläfer anzuhalten, nichts war überwältigender als die unendliche Achtung der Natur vor dieser Kleinheit.

Die untergehende Sonne berührte fast den Horizont. Aus dem tiefen Frieden fuhr plötzlich ein Blitz, wüster Donner folgte aus dem Walde, ein Kanonenschuß. Die Echos rissen den Schall an sich, daß er von Hügel zu Hügel mit gräßlichem Brüllen wuchs. Georgette wachte auf. Sie hob den Kopf und streckte den Finger, hörte und sagte: »Bum!«

Der Lärm sank, die Stille kehrte zurück. Das kleine Mädchen legte den Kopf auf Gros-Alain und schlief wieder ein.

Viertes Buch

Die Mutter

I
Der Tod geht vorbei

Auch während dieses Tages war die Mutter, die man hatte fast ziellos marschieren sehen, unterwegs gewesen. Das war ja die Geschichte aller ihrer Tage: weiterzugehen, niemals haltzumachen. Wenn sie in irgendeinem Winkel niedersank, so war dieser Schlaf der Erschöpfung keine Rast; wenn sie hier und da irgend etwas aß, wie Vögel picken, so war es keine Nahrung. Sie aß und schlief gerade soviel, wie nötig war, um nicht tot hinzufallen.

In einer verlassenen Scheune hatte sie sich die letzte Nacht aufgehalten. Sie fand auf einem öden Feld vier Wände, wie der Bürgerkrieg sie stehenläßt; eine offene Tür und unter dem Dachrest etwas Stroh. Darauf und unter diesem Dach hatte sie sich hingelegt und hörte daneben das Rascheln der Ratten und sah durch die Löcher des Dachs die Sterne steigen. Nach einigen Stunden war sie mitten in der Nacht aufgestanden, um noch vor der großen Hitze so weit wie möglich zu kommen. Im Sommer ist Mitternacht für den Wanderer barmherziger als Mittag.

So gut es ging, verfolgte sie den Weg, den ihr der Bauer aus Vantortes angedeutet hatte; stets gegen Sonnenuntergang hin, unentwegt das Wort ›La Tourgue‹ vor sich hinmurmelnd. Außer den Namen ihrer drei Kinder wußte sie kaum noch ein anderes Wort als dieses.

Beim Gehen überlegte sie. Sie dachte an all das, was sie erlebt und gelitten hatte, an all das, was sie freiwillig sich hatte bieten lassen müssen; an Begegnungen; an all die Niederträchtigkeiten; an die angebotenen Bedingungen und Händel, die sie ertragen mußte, für ein Obdach, für ein Stück Brot, und manchmal auch nur für eine Auskunft über den einzuschlagenden Weg. Denn eine hilflose Frau ist unglücklicher als ein hilfloser Mann, sie ist das Werkzeug des Vergnügens. Grauenhafter Irrgang! Doch ihr selbst war alles gleich, wenn sie nur ihre Kinder wiederfand.

An diesem Tage kam sie als erstes in ein Dorf; die Morgendämmerung war kaum angebrochen, noch lagen Nachtschatten auf der Erde; trotzdem war eine Anzahl Türen der Hauptstraße schon halb offen, neugierige Gesichter lagen in den Fenstern. Rings summte es wie in einem unruhigen Bienenkorb. Denn die Bewohner waren durch Räderrasseln und Eisenklirren aus dem Schlaf gescheucht worden.

Auf dem Platz vor der Kirche stand eine Gruppe verwunderter Leute und starrte hinauf zum Hügel, von wo ein Karren sich dem Dorfe näherte. Das vierrädrige Fahrzeug wurde von fünf Pferden an Ketten gezogen, und man sah undeutlich eine Anhäufung von Tragebalken, in deren Mitte etwas Unförmiges stand; das Ganze war mit einer großen Plane bedeckt, wie mit einem Leichentuch. Voran und hinterher ritten je zehn Männer mit dreieckigen Hüten, über ihren Schultern ragte etwas spitz hervor wie gezogene Säbel. Langsam bewegte sich der Zug den Weg entlang, wie eine tiefschwarze Silhouette am Horizont. Wagen, Bespannung, Reiter, alles schien schwarz, dahinter erhob sich die fahle Morgendämmerung.

Im Dorfe angelangt, wandte es sich dem Platze zu. Der aufsteigende Morgen machte diesen schweigenden Schattenzug deutlicher. Die Reiter waren Gendarmen mit gezogenen Säbeln neben der schwarzen Plane. Die unglückliche, umherirrende Mutter betrat ihrerseits das Dorf und näherte sich der Bauernansammlung in dem Augenblick, als der Karren mit den Gendarmen auf dem Platz ankam. In der Gruppe der Bauern zischelte es hin und her, Frage und Antwort:

»Was ist das?«

»Die Guillotine fährt vorbei.«

»Woher kommt sie?«

»Von Fougères.«

»Wohin geht sie?«

»Ich weiß nicht. Nach einem Schloß bei Parigné, heißt es.«

»Sie soll gehen, wohin sie will, wenn sie nur hier nicht hält.«

Dieser große Karren mit seiner durch eine Art Leichentuch verhüllten Ladung, dieses Pferdegespann, diese Gendarmen, das Klirren der Ketten, das Schweigen der Männer, die Dämmerung, das Ganze wirkte gespenstisch.

Sie zogen über den Platz und verließen das Dorf. Da es zwischen zwei Hügeln lag, erschien die düstere Prozession den wie versteinert wartenden Bauern auf der westlichen Anhöhe noch einmal. Die schweren Räder wackelten in den Geleisen des Weges, die Ketten klapperten im Morgenwind, die Säbel blinkten in der aufgehenden Sonne. Jetzt drehte sich der Weg, und alles verschwand.

Das war der Augenblick, wo Georgette in der Bibliothek an der Seite ihrer noch schlafenden Brüder erwachte und ihren rosigen Füßen guten Morgen sagte.

II
Der Tod spricht

Während die Mutter jenes dunkle Ding vorbeifahren sah, das sie nicht begriff und kaum zu begreifen versuchte, hatte sie eine ganz andere Erscheinung vor Augen: ihre Kinder, verloren irgendwo im Dunkeln. Sie nahm denselben Weg wie der Zug, in einiger Entfernung hinter den Gendarmen. Plötzlich fiel ihr das Wort ›Guillotine‹ ein. ›Guillotine‹, dachte sie. Michelle Fléchard, diese Wilde, wußte nicht, was das war, aber der Instinkt warnte sie; ohne zu wissen weshalb, überlief sie ein Schauder, es schien ihr schrecklich, hinterherzugehen. Sie bog links von der Straße ab, unter die Bäume, die zum Walde von Fougères gehörten.

Nach einer Weile sah sie einen Kirchturm und die Dächer eines Dorfes. Sie ging darauf zu, es hungerte sie. Der Ort war, wie andere am Waldsaum, von den Republikanern mit einem Wachposten besetzt. Während sie sich dem Platze näherte, merkte sie, wie auch dieses Dorf voller Angst und Aufregung war. Ein Haufe von Leuten drängte gegen die Stufen des Gemeindehauses. Oben stand ein Mann zwischen Soldaten, in der Hand ein großes entfaltetes Blatt Papier, rechts von ihm ein Trommler, links ein Ankleber mit Topf und Pinsel. Auf dem Balkon über der Türe zeigte sich, die dreifarbige Schärpe um den Bauernkittel geschlungen, der Bürgermeister.

Der öffentliche Ausrufer trug ein Gurtzeug, daran eine kleine Ledertasche; er wanderte offenbar von Dorf zu Dorf und hatte dem ganzen Lande etwas bekanntzugeben.

Als Michelle herantrat, hatte er die Ankündigung ausgerollt und begann mit lauter Stimme vorzulesen:

»Französische Republik, eins und unteilbar.«

Der Trommler schlug einen Wirbel, und die Menge wogte hin und her. Manche nahmen die Mütze ab, andere drückten den Hut tiefer in die Stirn. Hier konnte man die Gesinnung fast sicher an der Kopfbedeckung erkennen. Die Hüte waren königlich, die Mützen republikanisch. Dann legte sich das verworrene Murmeln, und der Ausrufer fuhr fort:

»Gemäß den uns vom Wohlfahrtsausschuß erteilten Befehlen und Vollmachten ...« neuer Trommelwirbel, »... und in Vollziehung des Beschlusses, wonach der Nationalkonvent die mit den Waffen in der Hand ergriffenen Rebellen für vogelfrei erklärt und die Todesstrafe über jeden verhängt, der ihnen Zuflucht oder Fluchthilfe gewährt ...«

»Was heißt das, Begünstigung?« fragte ein Bauer leise den Nachbarn. Dieser antwortete: »Ich weiß es nicht.«

Der Ausrufer hob das Papier höher: »... insbesondere auf Grund von Artikel siebzehn des Gesetzes vom 30. April, der den Kommissaren und Unterkommissaren gegen die Rebellen unbeschränkte Vollmacht verleiht: werden hiermit als vogelfrei erklärt: ...« Pause. »... die mit den folgenden Namen und Beinamen bezeichneten Individuen ...« Die Versammlung lauschte angestrengt. Die Stimme wuchs dröhnend.

»Lantenac, Bandit ...«

»Das ist doch der gnädige Herr«, flüsterte ein Bauer, und durch die ganze Menge ging ein Murmeln: »Der gnädige Herr.« Der Ausrufer wiederholte:

»... Der vormalige Marquis Lantenac, Bandit. Der Imânus, Bandit ...«

Zwei Bauern sahen sich von der Seite an: »Es ist Gouge-le-Bruant.« – »Ja, Brise-Bleu.« Während der Ausrufer in seiner Liste fortfuhr:

»Grand-Francœur, Bandit ...«

»Ein Priester«, murmelte es. »Ja, der Herr Abbé Turmeau. Irgendwo beim Wald von La Chapelle ist er Pfarrer.« – »Und Räuber«, setzte ein Mann mit Mütze hinzu.

Der Ausrufer verlas:

»Boisnouveau, Bandit! Die zwei Brüder Pique-en-Bois, Banditen! Houzard, Bandit ...«

»Das ist Monsieur de Quélen«, sagte ein Bauer.

»Panier, Bandit! ...«

»Das ist Monsieur Sepher.«

»Place-Nette, Bandit! ...«

»Das ist Monsieur Jamois.«

Der Ausrufer fuhr, ohne auf diese Kommentare zu achten, fort: »Guinoiseau, Bandit! Châtenay, Robi genannt, Bandit! ...«

Ein Bauer raunte: »Guinoiseau, das ist Blond, Châtenay ist aus Saint-Ouen.«

»Hoisnard, Bandit«, las der Ausrufer weiter. Und in der Menge hörte man: »Er ist aus Ruillé.«

»Ja, das ist Branche-d'Or.«

»Sein Bruder wurde beim Angriff auf Pontorson getötet.«

»Ja, Hoisnard-Malonnière.«

»Ein hübscher junger Mann von neunzehn Jahren.«

»Aufgepaßt«, rief der Ausrufer, »hier das Ende der Liste: Belle-Vigne, Bandit! Musette, Bandit! Sabre-tout, Bandit! Brin-d'Amour, Bandit!« Ein Junge stieß ein Mädchen an; das Mädchen lachte.

Der Ausrufer fuhr fort: »Chante-en-Hiver, Bandit! Le Chat, Bandit! ...«

»Das ist Gauffre.«

»Sie sind zwei, die Gauffres«, ergänzte eine Frau.

»Alles gute Leute«, brummte ein Bursche.

Der Ausrufer schüttelte sein Papier, und der Trommler schlug einen Wirbel.

»Die Obengenannten sind, wo immer sie ergriffen werden, nach Feststellung ihrer Identität unverzüglich hinzurichten.« Große Bewegung. »Wer ihnen Asyl gewährt oder ihre Flucht begünstigt, wird einem Kriegsgericht übergeben und gleichfalls hingerichtet. Gezeichnet ...« Die Stille wurde vollkommen. »Gezeichnet: Der Kommissar des Wohlfahrtsausschusses, Cimourdain.«

»Auch ein Priester«, sagte ein Bauer, und ein anderer, ein Bürger: »Der ehemalige Pfarrer von Parigné. Turmeau und Cimourdain, ein weißer und ein blauer Priester.« Ein zweiter Bürger ergänzte: »Und alle beide schwarz.«

Da entblößte der Gemeindevorsteher auf dem Balkon seinen Kopf und rief: »Es lebe die Republik!«

Ein Trommelwirbel zeigte, daß noch nicht alles verkündet sei. Der Ausrufer winkte mit der Hand:

»Achtung! Jetzt kommen noch die vier letzten Zeilen der amtlichen Verordnung. Sie sind gezeichnet vom Führer der Streifabteilung in den Côtes-du-Nord, vom Kommandanten Gauvain.«

»Paßt auf!« rief es aus der Menge.

»Bei Todesstrafe ...« Alles verstummte. »... ist es daher verboten, Hilfe und Vorschub zu leisten den genannten neunzehn Rebellen, die gegenwärtig umzingelt und belagert sind im Schloß La Tourgue.«

»Ach!« schrie eine weibliche Stimme, es war die Mutter.

III
Bauernbrummen

Michelle Fléchard stand mitten im Gedränge, sie hatte nicht hingehört, aber wenn man nicht hinhört, vernimmt man doch. So war sie bei dem letzten Wort – La Tourgue – aufgefahren:

»Ach! La Tourgue?«

Die Leute sahen sie an. Sie sah verwirrt aus und war in Lumpen gekleidet. »Die sieht aus wie eine Banditenfrau«, murmelten Stimmen.

Eine Bäuerin mit einem Korb voll Buchweizenfladen flüsterte ihr zu: »Still doch!«

Bestürzt sah Michelle Fléchard auf die Bäuerin, sie verstand schon wieder nichts. Wie ein Blitz hatte jener Name sie durchzuckt, und nun kehrte das Dunkel zurück. Hatte sie nicht das Recht zu fragen? Warum starrte man sie so an?

Indessen schlug der Trommler zum letzten Mal, der Ankleber brachte die Bekanntmachung an, der Bürgermeister trat in das Gemeindehaus zurück, der Ausrufer machte sich auf den Weg zu einem anderen Dorf, und die Versammlung zerstreute sich. Vor dem Plakat standen noch Leute, Michelle trat hinzu. Man unterhielt sich über die Geächteten. In der Gruppe befanden sich Bauern und Bürger, also Weiße und Blaue.

»Macht nichts«, bemerkte ein Bauer. »Dann haben sie immer noch nicht alle, neunzehn sind nur neunzehn. Dann haben sie immer noch nicht Priou und Benjamin Moulins und Goupil ...«

»Nicht Lorieu aus Monjean«, sagte ein anderer.
»Nicht Brice-Denys.«
»Nicht François Dudouet.«
»Ja, der aus Laval.«
»Nicht Huet aus Launey-Villiers.«
»Nicht Grégis.«
»Nicht Pilon.«
»Nicht Filleul.«
»Nicht Ménicent.«
»Nicht Guéharrée.«
»Nicht die drei Brüder Logerais.«
»Nicht Monsieur Lechandelier de Pierreville.«
»Dummköpfe«, sagte ein Weißhaariger mit hartem Gesicht. »Alle haben sie, wenn sie Lantenac haben.«
»Den haben sie aber auch noch nicht«, brummte einer von den jungen Leuten.
»Wird Lantenac gefangen, so ist unser Geist gefangen. Stirbt Lantenac, so ist die Vendée tot«, schloß der Alte.
»Was ist mit diesem Lantenac?« fragte ein Bürger.
»Vormaliger Marquis«, sagte einer. »Einer, der Frauen erschießen läßt«, erwiderte ein anderer.
»Das ist wahr«, sagte Michelle Fléchard, die zugehört hatte.
Alle wandten sich um. Sie sprach weiter:
»Ich selbst bin ja erschossen worden.«
Das klang sonderbar. Etwas schief betrachtete man diese Lebendige, die sich für tot ausgab. Ihr Anblick war auch wirklich beunruhigend. In jedem Augenblick zitterte sie, voll wilder Angst, in einer Verstörtheit, die selbst verstörte. Die Verzweiflung des Weibes enthält eine furchterregende Schwäche, man meint ein Wesen zu sehen, das am äußersten Ende des Schicksals schwebt. Aber die Bauern fassen die Sache derber auf.
Einer brummte:
»Das könnte eine Spionin sein!«
»Seien Sie doch ruhig und gehen Sie weg«, flüsterte ihr die gute Frau von vorhin zu.

»Ich tue nichts Böses, suche meine Kinder«, antwortete Michelle Fléchard.

Die Frau sah die Leute an, die Michelle ansahen, und legte zwinkernd den Finger an die Stirn: »Die ist nicht ganz beisammen.« Sie nahm Michelle beiseite und gab ihr einen ihrer Kuchen. Ohne zu danken, biß die Hungrige hinein.

»Ja«, sagten die Bauern, »sie frißt wie das Vieh, sie ist toll.«

Einer nach dem anderen entfernte sich langsam. Als Michelle fertig war, sagte sie zu der Bäuerin: »Also jetzt habe ich gegessen. Wo ist La Tourgue?«

»Da packt es sie wieder!« schrie die andere.

»Nach La Tourgue muß ich. Sagen Sie mir den Weg.«

»Auf keinen Fall! Damit Sie sich umbringen lassen, nicht wahr? Übrigens weiß ich den Weg gar nicht. Sie sind ja wirklich von Sinnen. Hören Sie, arme Frau, Sie sehen müde aus. Wollen Sie sich bei mir ausruhen?«

»Ich ruhe mich nicht aus«, sagte die Mutter.

»Sie hat ganz wunde Füße«, murmelte die Bäuerin; Michelle Fléchard fuhr fort: »Ich sagte Ihnen doch schon, daß sie meine Kinder gestohlen haben, ein kleines Mädchen und zwei Jungen. Ich komme aus der Höhle im Wald. Sie können sich bei Tellmarch über mich erkundigen und bei dem Mann, den ich unterwegs auf dem Felde traf. Der Caimand hat mich geheilt, es war wohl etwas an mir gebrochen, das sind alles Dinge, die mir zugestoßen sind. Dann ist noch der Unteroffizier Radoub, der wird ihnen auch manches sagen können, er hat uns im Gehölz gefunden. Drei. Es sind drei Kinder. Der älteste heißt René-Jean, ich kann das alles beweisen, die anderen heißen Gros-Alain und Georgette. Mein Mann ist tot, umgebracht, er war Pächter in Siscoignard. Ich glaube, Sie sind eine gute Frau, zeigen Sie mir doch den Weg. Ich bin keine Närrin, ich bin eine Mutter, meine Kinder habe ich verloren, jetzt suche ich sie, das ist alles. Ich weiß nur nicht genau, woher ich komme, diese Nacht habe ich in einer Scheune auf dem Stroh geschlafen. Nach La Tourgue will ich gehen. Ich bin ja keine Diebin, Sie merken doch, daß ich die Wahrheit sage. Man müßte mir helfen, meine Kinder wiederzufinden. Ich bin hier fremd, sie haben mich erschossen, aber ich weiß nicht recht, wo.«

Die Bäuerin schüttelte den Kopf: »Hören Sie, Fremde, in Revolutionszeiten muß man nicht Dinge sagen, die kein Mensch versteht. Sie können noch verhaftet werden.«

»Aber La Tourgue!« schrie die Mutter: »Liebe Frau, bei unserm Erlöser und bei der Heiligen Jungfrau im Himmel bitte ich Sie, liebe Frau, ich flehe Sie an, sagen Sie mir, wie ich nach La Tourgue komme!«

Die Bäuerin wurde zornig: »Ich weiß es nicht. Und wenn ich es wüßte, würde ich es nicht sagen. Das sind üble Orte, dahin geht man nicht.«

»Ich gehe doch hin«, sagte die Mutter und machte sich auf den Weg.

Die Bäuerin sah ihr nach und schimpfte vor sich hin: »Sie muß aber wenigstens essen.« Sie lief hinter ihr her und drückte Michelle einen Kuchen in die Hand: »Fürs Abendessen.«

Michelle hatte den Kuchen genommen, sie antwortete nicht, wandte nicht den Kopf, schritt weiter.

Sie verließ das Dorf. Bei den letzten Häusern traf sie drei kleine zerlumpte Kinder mit nackten Füßen. Sie ging heran und sagte:

»Das sind aber zwei Mädchen und ein Junge.«

Da die Kinder das Gebäck ansahen, schenkte sie es ihnen. Sie nahmen es furchtsam.

Die Frau ging in den Wald hinein.

IV
Ein Irrtum

Am selben Tage, noch bevor die Dämmerung fiel, hatte sich im verworrenen Walddunkel auf dem Stückchen Weg von Javené nach Lécousse folgendes zugetragen: Jeder Weg im Bocage ist ein Hohlweg, und die Straße von Javené nach Parigné über Lécousse ist besonders tief eingekesselt. Diese Straße, die aus Vitré kommt, hatte die Ehre, die Karosse der Madame de Sévigné hin- und herzuschütteln; sie gleicht eher einer heftig gewundenen Schlucht als einem Weg. Zu beiden Seiten ist sie noch mit Hecken wie zugemauert und also für einen Hinterhalt so geeignet wie möglich.

An dem Morgen, eine Stunde bevor Michelle Fléchard von einem anderen Punkt des Waldes in diesem Dorf ankam, wo sie den unheimlichen Karren mit dem Gendarmenzug gesehen hatte, gab es im Dickicht, das von der Straße von Javené überquert wird, am Ende der Brücke über den Couesnon ein dichtes Gewimmel unsichtbarer Männer. Die Zweige verdeckten alles. Diese Leute waren Bauern im ›Grigo‹, das ist jener Fellkittel, den im sechsten Jahrhundert die bretonischen Könige und im achtzehnten die Bauern trugen. Die Männer waren teils mit Flinten, teils mit Äxten bewaffnet. Die mit den Äxten hatten auf einer Lichtung aus trockenem Reisig und Holzklötzen eine Art Scheiterhaufen errichtet, der nur noch anzustecken war. Die mit den Flinten standen auf beiden Seiten der Straße und warteten. Wer durch das Laub hätte schauen können, hätte überall Finger an den Abzügen und angelegte Gewehrläufe bemerkt, die in den Verzweigungen der Äste postiert waren. Diese waren sämtlich lauernd auf die Straße gerichtet, wo bleiche Dämmerung lag. In dem Zwielicht flüsterten Stimmen:

»Weißt du es sicher?«

»Freilich, man sagt es doch.«

»Sie kommt wirklich hier vorüber?«

»Ich habe gehört, daß sie in der Gegend ist.«
»Sie soll nicht wieder herauskommen.«
»Sie muß verbrannt werden.«
»Dafür sind wir hier, drei ganze Dörfer.«
»Und die Begleiter?«
»Die werden niedergeschossen.«
»Kommt sie aber sicher auf diesem Weg?«
»Man sagt es.«
»Sie würde also aus Vitré kommen?«
»Warum nicht?«
»Aber man sagte doch, sie sollte von Fougères kommen.«
»Fougères oder Vitré, jedenfalls kommt sie aus der Hölle.«
»Ja.«
»Und dahin muß sie zurück.«
»Sie soll also nach Parigné fahren?«
»Es scheint so.«
»Das wird sie nicht! Nein!«
»Nein!«
»Achtung!«

Tatsächlich war Schweigen jetzt angebracht, denn der Tag wurde heller.

Plötzlich hielten die harrenden Leute den Atem an. Sie hatten das Geräusch von Rädern und Hufen gehört. Durch das Geäst erblickten sie im Hohlweg einen langen Karren mit undeutlicher Last, der von Reitern begleitet heranrollte.

»Da ist sie!« sagte einer, anscheinend der Anführer. »Ja, mit Begleitung.«

»Wieviel Mann Begleitung?«
»Zwölf.«
»Es sollten doch zwanzig sein.«
»Zwölf oder zwanzig, alle müssen getötet werden!«
»Abwarten, bis sie uns in den Schuß kommen.«

Jetzt bog der Karren um die letzte Ecke, die Begleitung erschien.

»Es lebe der König!« rief der Anführer der Bauern.

Hundert Flintenschüsse zugleich.

Als sich der Rauch verzog, waren auch die Reiter zerstoben. Sieben lagen unten, fünf waren geflohen. Die Bauern liefen hin.

»Seht an!« schrie der Anführer. »Es ist gar nicht die Guillotine! Es ist nur eine Leiter.«

Die ganze Ladung des Karrens bestand tatsächlich aus einer langen Leiter. Die beiden Pferde waren verwundet niedergefallen, den Fuhrmann hatten die Bauern aus Versehen mitgetötet.

»Es ist gleich«, meinte der Anführer, »eine Leiter unter solcher Begleitung ist verdächtig. Sie fuhren nach Parigné. Also war die Sache für La Tourgue bestimmt.«

»Wir verbrennen die Leiter!« brüllten die Bauern. Und die Leiter wurde verbrannt.

Der düstere Karren aber, den sie erwartet hatten, war auf einer anderen Straße schon zwei Meilen weiter in jenem Dorf angelangt, wo Michelle Fléchard ihn bei Sonnenaufgang vorbeifahren sah.

V
Vox in deserto

Als Michelle Fléchard die drei Kinder verlassen hatte, denen sie ihr Brot schenkte, streifte sie aufs Geratewohl durch den Wald. Man hatte ihr ja den Weg nicht sagen wollen, so mußte sie ihn selbst finden. Sie wanderte, sie setzte sich und erhob sich wieder und mußte sich bald von neuem setzen, beladen mit jener dumpfen Müdigkeit, die aus den Muskeln bis ins Mark der Knochen dringt. Es ist die Sklavenmüdigkeit, und Sklavin war sie wirklich, ihrer verlorenen Kinder, die sie suchen mußte. Jede verrinnende Minute konnte ewiger Verlust sein. Wer unter solcher Pflicht steht, hat kein Recht mehr. Atem zu schöpfen stand ihr nicht frei, und doch war sie sehr matt. Bei so tiefer Erschöpfung ist jeder neue Schritt eine schwere Aufgabe; so, als sei es immer wieder zweifelhaft, ob man ihn tun könne. Seit dem frühen Morgen wanderte sie nun, sie hatte kein Dorf, auch kein Haus mehr getroffen. Zuerst nahm sie wohl den richtigen Weg, dann den falschen, und schließlich fand sie sich mitten im dunklen Einerlei des Dikkichts. Näherte sie sich wenigstens dem Ziel ihrer Leiden? Dies war der Weg zum Kreuz, sie fühlte die Todesschwäche der letzten Station. Sie hatte das Gefühl, niederfallen und am Wege verscheiden zu müssen. Das Weitergehen schien ihr unmöglich. Die Sonne sank hinab, der Wald wurde dunkel, unter dem Grase verlor sich jeder Weg, und sie wußte nicht mehr, was nun werden sollte. Nur Gott war noch bei ihr. Sie rief, niemand antwortete.

Als sie nochmals um sich blickte, sah sie zwischen den Zweigen eine lichtere Stelle. Sie arbeitete sich dort hindurch und stand plötzlich im Freien.

Vor ihr lag ein enges Tal, das beinahe einem Laufgraben glich. Am Grunde floß ein klarer Wasserstreifen durchs Gestein. Sie fühlte ihren brennenden Durst, stieg hinab, kniete nieder und trank. Da sie auf den Knien war, schloß sie gleich ihr Gebet an.

Dann erhob sie sich, suchte sich zurechtzufinden, sprang über den Bach.

Hinter dem engen Talgrund dehnte sich, mit niedrigem Gesträuch bewachsen, eine grenzenlose Ebene, die von dem Quell aus langsam anstieg, in der ganzen Breite des Horizonts. Der Wald war die Einsamkeit gewesen, diese Ebene war die Wüste. Hinter jedem Busch im Wald konnte man einem Menschen begegnen. Hier aber sah man, soweit der Blick reichte, nichts Lebendiges. Nur ein paar Vögel flatterten wie auf der Flucht über das Heidekraut hin.

Aber im Angesicht dieser Verlassenheit, mit wankenden Knien, wie dem Irrsinn verfallen, schleuderte die verstörte Mutter den seltsamen Ruf in die Einöde:

»Ist jemand da?«

Sie wartete auf Antwort.

Eine Antwort kam.

Vom fernen Horizont hallte eine tiefe dumpfe Stimme. Von Echo zu Echo rollte sie weiter, wie ein Donnerschlag oder ein Kanonenschuß. Die Stimme schien auf die Frage der Mutter zu entgegnen:

»Ja.«

Dann wurde es wieder still.

Die Mutter richtete sich gestärkt auf, es war doch jemand in der Nähe, sie meinte, jetzt jemanden zu haben, mit dem sie sprechen konnte. Sie hatte getrunken und gebetet, mit neuer Kraft stieg sie weiter, der Stelle zu, woher die enorme Stimme gekommen war.

Mit einem Male erschien am Erdrande ein hoher Turm. Der Turm stand einsam in der wilden Landschaft, purpurn vom Glanz der untergehenden Sonne. Bis dorthin war es noch mehr als eine Meile. Hinter dem Bau schwamm in Nebeln eine dichte grüne Masse, der Wald von Fougères.

Ihr schien, als stünde der Turm genau an der Stelle des Horizonts, woher der donnernde Zuruf gekommen war. Also hatte der Turm ihn ausgestoßen?

Michelle Fléchard war auf dem höchsten Punkt der Steigung angelangt, jetzt lag nur flache Ebene vor ihr.

Sie schritt auf den Turm zu.

VI
Die Lage

Der Augenblick war da. Den Mitleidlosen hielt der Unerbittliche fest: Cimourdain hatte Lantenac in der Hand.

In seiner Höhle saß der alte königstreue Rebell und konnte nicht entfliehen. Cimourdain plante, den Marquis an Ort und Stelle, in seiner Heimat, auf seinem Boden, gewissermaßen an seinem Herde enthaupten zu lassen. Das Beispiel sollte unvergeßlich bleiben, die feudale Burg würde den Kopf des Feudalherren fallen sehen.

Darum war die Guillotine von Fougères bestellt worden. Wir haben sie gerade auf dem Weg gesehen. Lantenacs Hinrichtung war Hinrichtung der Vendée, Tötung der Vendée aber war Rettung Frankreichs. Cimourdain schwankte nicht, diesen Mann freute die Schärfe seiner Pflicht. Der Marquis schien verloren zu sein, das beruhigte Cimourdain einerseits, doch unruhig fühlte er sich nach einer anderen Seite hin. Fürchterlich mußte der Kampf werden, und Gauvain als Führer würde sich wohl mitten hineinwerfen, denn in dem jungen Befehlshaber war vor allem ein Soldat. Er war der Mann, der sich in dieses Gefecht stürzen würde. Wenn er fiel? Gauvain, sein Kind, seine einzige Liebe auf der Welt. Bis jetzt hatte er Glück gehabt, aber das Glück kann müde werden. Davor zitterte Cimourdain. Ein seltsames Geschick hatte ihn zwischen zwei Gauvains gestellt, und er gönnte dem einen den Tod, dem anderen das Leben.

Der Kanonenschuß, der Georgette in ihrer Wiege aufweckte und die Mutter aus ihrer Einsamkeit herbeirief, hatte noch mehr als dies getan. Der Zufall oder die Absicht des zielenden Soldaten hatte die Kugel nicht bloß zur Mahnung abgeschossen; sie traf das eiserne Gitterwerk, das die große Schießscharte im ersten Stock des Turmes schützte, und riß es halb auseinander. Zur Ausbesserung des Schadens blieb den Belagerten keine Zeit mehr.

Mit den Munitionsvorräten hatte man drinnen nur geprahlt, sie waren in Wirklichkeit gering. Die Sache der Eingeschlossenen stand sogar noch schlechter, als die Angreifer annahmen. Wäre ihnen genug Pulver geblieben, so hätten sie La Tourgue, sich selbst und den eingedrungenen Feind in die Luft gesprengt. Dies war ihr Traum, aber die Mittel fehlten. Kaum dreißig Schuß kamen auf den Mann, eine Menge Gewehre, Stutzen und Pistolen waren vorhanden, doch wenig Patronen.

Um ununterbrochen schießen zu können, hatten sie jede Waffe geladen, wie lange aber reichte dies Feuer, das zugleich genährt und gespart werden mußte? Da lag die Schwierigkeit. Zum Glück – ein grauenhaftes Glück! – würde der Kampf in erster Linie Mann gegen Mann gehen, mit blanker Waffe, Säbel und Dolch. Es würde mehr gerungen als geschossen werden, auf die wilde Zerfleischung setzten sie ihre Hoffnung.

Das Innere des Turms schien uneinnehmbar. Im unteren Saal stand die von Lantenac gut durchdachte Barrikade vor der Bresche, dahinter ein langer Tisch, bedeckt mit geladenen Flinten, Stutzen, Karabinern und Musketen, mit Säbeln, Äxten und Dolchmessern. Da das anstoßende Verlies in die Verteidigung nicht einbezogen wurde, hatte Lantenac die Tür zu dem Gewölbe verbaut. In der Kammer des ersten Stocks, wohin eine enge Wendeltreppe führte, stand gleichfalls ein Tisch mit schußbereiten Waffen, nach denen man die Hand nur auszustrecken hatte; sie wurde durch die große Schießscharte erhellt, deren Gitter soeben von einer Kugel zerstört worden war. Von hier stieg die Wendeltreppe zur runden Kammer des zweiten Stocks mit jener eisernen Tür zum Brükkenschlößchen. Dieser Raum hieß sowohl das Zimmer mit der eisernen Tür als auch das Spiegelzimmer, weil auf den nackten Steinwänden an verrosteten Nägeln zahllose kleine Spiegel hingen; merkwürdige Effekthascherei an solchem wilden Orte. Da sich die obersten Räume kaum verteidigen ließen, war das Spiegelzimmer eine der Stätten, welche die Autorität für Festungen, Manesson-Mallet, die ›letzte Stellung‹ nennt, ›wo den Belagerten nur Kapitulation übrigbleibt‹. Den Feind von hier fernzuhalten war die Aufgabe.

Obwohl die Schießscharten Licht hereinließen, hatte man auch hier eine Fackel angebracht, die in einem eisernen Halter steckte. Die Fackel im runden Zimmer aber war vom Imânus mit fürchterlicher Bedachtsamkeit dicht neben dem Ende der geschwefelten Lunte angezündet worden.

Im Hintergrunde des Saales auf einem Behelfstisch war wie

in einer homerischen Höhle für Nahrung gesorgt; große Schüsseln mit Reis, schwarzer Grütze, gehacktem Kalbfleisch, runde Kuchen, Mehlspeisen mit gedünstetem Obst, Krüge voll Apfelwein: Jeder konnte nach Belieben essen und trinken.

Der Kanonenschuß hatte alle in Spannung versetzt. Es blieb nur noch eine halbe Stunde.

Vom Turm herab beobachtete der Imânus die Annäherung der Feinde. Lantenac hatte befohlen, sie ohne Schuß herankommen zu lassen: »Es sind viertausendfünfhundert. Draußen eine Anzahl von ihnen zu töten ist sinnlos. Tötet sie drinnen, hier sind wir gleich und gleich.«

Lachend setzte er hinzu: »Gleichheit! Brüderlichkeit!«

Nach der Verabredung sollte der Imânus den Anmarsch des Feindes mit einem Hornstoß anzeigen.

Schweigend, hinter der Barrikade oder auf den Treppenstufen standen sie da und warteten, in der einen Hand das Gewehr, in der anderen den Rosenkranz.

Die Lage war jetzt ganz klar: Die Stürmenden hatten eine Bresche zu ersteigen, ein Verhau zu nehmen, drei Säle übereinander in hartem Kampf zu erobern, im Kugelregen zwei Treppen Stufe für Stufe an sich zu reißen; und die Belagerten hatten zu sterben.

VII
Vorbereitungen

Drüben ordnete auch Gauvain alles zum Angriff und setzte sich mit seinen beiden Gefährten noch einmal ins Einvernehmen: Cimourdain sollte ja ohne Beteiligung am Sturm die Hochebene überwachen, und Guéchamp hatte im Waldlager mit dem Kern der Truppen zu warten. Die Batterien unten am Waldsaum wie auf der Hochebene sollten nur bei Ausfall oder Fluchtversuch feuern. Gauvain übernahm die Führung an der Bresche, zum Leidwesen Cimourdains.

Soeben war die Sonne untergegangen. Ein Turm auf freiem Feld gleicht einem Schiff auf offener See und muß in gleicher Art angegriffen werden. Es ist eher ein Entern als ein Stürmen, kein Geschütz, nichts darf im Wege stehen, und was können auch Kanonen einer fünfzehn Fuß dicken Mauer schaden? Ein Loch an der Stückpforte, wo die einen hindurchdringen, die anderen sie abwehren, und Beile, Messer, Pistolen, Fäuste und Zähne, das ist das ganze Abenteuer.

Gauvain fühlte, daß es kein anderes Mittel gab, La Tourgue zu überwältigen, als im mörderischen Kampf, wo man einander ins Weiße der Augen sieht. In tiefen Gedanken stand er da. Er kannte aus seiner Kindheit das gewaltige Innere des Turms.

In seiner Nähe beobachtete Guéchamp mit einem Fernrohr den Horizont gegen Parigné zu und rief mit einem Mal: »Oh! Endlich!«

Der Ausruf brachte Gauvain zu sich: »Was gibt's, Guéchamp?«

»Kommandant, dort bringt man die Leiter.«

»Die Rettungsleiter?«

»Jawohl.«

»Wie? Sie ist noch nicht da?«

»Nein, und ich war schon besorgt. Denn mein Bote nach Javené ist längst zurück.« – »Ich weiß.« – »Er meldete, daß er auf dem Zimmerhofe dort eine Leiter in der erforderlichen Länge gefunden und beschlagnahmt hat. Er ließ sie auf einen Karren legen, und in Begleitung von zwölf Reitern sah er sie nach Parigné abfahren, wonach er im Galopp zurückritt.«

»So war seine Meldung, und nach seiner Ansicht mußte der kräftig bespannte Karren, der um zwei Uhr abgefahren ist, vor Sonnenuntergang eintreffen. Das weiß ich, und nun?«

»Und nun, Kommandant, ist die Sonne untergegangen, aber der Karren ist noch nicht da.«

»Wie kommt das? Wir müssen trotzdem angreifen, die Zeit ist vorbei. Wenn wir zögerten, würde man drüben glauben, daß wir zurückweichen.«

»Wir können angreifen, Kommandant.«

»Aber wir brauchen die Rettungsleiter!«

»Ohne Zweifel.«

»Und wir haben sie nicht.«

»Wir haben sie.«

»Wieso?«

»Darum sagte ich ja: Endlich! Weil der Karren nicht kam, beobachtete ich durch mein Fernrohr die Straße von Parigné hierher, und, Kommandant, ich bin beruhigt: Dort können Sie den Karren mit den Reitern die Anhöhe herabfahren sehen.«

Gauvain nahm das Glas: »Ja, da ist er. In der Dunkelheit läßt sich nicht alles mehr unterscheiden, aber man sieht die Reiter. Die Begleitung kommt mir allerdings stärker vor, als Sie sagten, Guéchamp.«

»Mir auch.«

»Ungefähr eine Viertelmeile liegt noch dazwischen.«

»In einer Viertelstunde ist die Rettungsleiter hier, Kommandant.«

»Wir können stürmen.«

Wohl war es ein Karren, der dort herangefahren kam, aber nicht der, den sie meinten.

Als Gauvain sich umwandte, sah er den Unteroffizier Radoub in straffer soldatischer Haltung mit gesenkten Augen vor sich stehen.

»Was gibt es, Unteroffizier Radoub?«

»Bürger Kommandant, wir, die Leute vom Bataillon Bonnet-Rouge, bitten Sie um eine Vergünstigung.«

»Um welche?«

»Uns im Kampf sterben zu lassen.«

»Ach so!« sagte Gauvain.

»Wollen Sie so gut sein?«

»Das … kommt darauf an.«

»Sie wissen es selbst, Kommandant, seit der Sache von Dol gehen Sie schonend mit uns um. Wir sind noch unser zwölf.«

»Und?«

»Das kränkt uns.«

»Ihr seid die Reserve.«

»Wir gehören lieber zum Vortrupp.«

»Ich brauche euch für die Entscheidung gegen Ende des Sturms. Ich bewahre euch auf.«

»Zu lange.«

»Es ist egal, ihr gehört doch zur Kolonne, ihr marschiert mit.«

»Hinterher. Paris hat das Recht, vorauszumarschieren.«

»Ich werde es mir überlegen, Unteroffizier Radoub.«

»Jetzt gleich, Kommandant, die Gelegenheit ist da. Heute gilt's, gehörige Prügel zu geben oder zu nehmen, es wird hart werden. Diejenigen, die versuchen werden, La Tourgue zu nehmen, werden sich die Finger verbrennen. Wir bitten um die Gunst, dabeizusein.«

Der Unteroffizier hielt inne und drehte den Schnurrbart, mit bewegter Stimme fuhr er fort: »Und dann, Kommandant, sind doch in dem Turm unsere Kerlchen, dort stecken doch die Kinder des Bataillons, unsere drei Kleinen. Und die schändliche Fratze von diesem Blödian Leck mich am A..., der gewisse Brise-bleu, sogenannter Imânus, dieser Gouge-le-Bruand oder Bouge-le-Gruand oder Fouge-le-Truand, jedenfalls dieser Herrgottssakramenter von einem Teufelsmenschen bedroht unsere Kinder. Unsere Kinderchen, unsere Knirpse, Kommandant! Ja, wenn auch alle Donnerwetter dazwischenfahren, es soll ihnen kein Leid geschehen. Verstanden, Vorgesetzter? Wir wollen es nicht. Vorhin habe ich die Waffenpause benutzt und bin auf die Hochebene gestiegen und habe die drei durchs Fenster gesehen. Tatsächlich, sie sind da, vom Schluchtrande kann man sie sehen, und ich habe sie gesehen und ihnen Furcht eingejagt, unseren Lieblingen, Kommandant, wenn ihnen nur ein Engelshärchen gekrümmt wird, so schwöre ich, kreuzmillionenschockschwerenot, ich, Unteroffizier Radoub, werde mich dafür an die alten Knochen des himmlischen Vaters halten, bei allem, was mir heilig ist. So spricht das Bataillon: Wir wollen unsere Kinderchen retten oder alle umgebracht werden. Das ist unser gutes Recht, verflucht noch mal, ja, oder alle draufgehn. Und jetzt – meine Achtung.«

Gauvain reichte ihm die Hand: »Ihr seid tapfere Männer und sollt mitstürmen. Ich will die Arbeit zwischen euch teilen. Sechs kommen an die Spitze, um vorwärtszuziehen, und sechs ans Ende, damit der Sturm nicht zurückgeht.«

»Habe ich wieder den Befehl über die zwölf?«

»Gewiß.«

»Dann schönen Dank, Kommandant. Dann bin ich vorn.«

Radoub machte die Ehrenbezeigung und trat in die Reihe zurück. Gauvain zog die Uhr, flüsterte Guéchamp etwas zu, und die Angriffsabteilung ordnete sich.

VIII
Rede und Gebrüll

Cimourdain, der seine Stellung auf der Hochebene noch nicht eingenommen hatte, trat von Gauvain hinweg zu einem Trompeter und befahl ihm zu blasen.

Die Trompete erklang, das Horn antwortete. Noch einmal flogen die beiden Signale hinauf und herab.

»Was soll das?« fragte Gauvain Guéchamp. »Was will Cimourdain?«

Dieser war mit einem weißen Tuch in der Hand an den Turm herangegangen. »Ihr Männer im Turm, kennt ihr mich?« rief er.

Eine Stimme, die des Imânus, antwortete vom Turm herab: »Jawohl.«

Jetzt begannen die beiden Stimmen Rede und Gegenrede, und die Zuhörer vernahmen dies:

»Ich bin der Abgesandte der Republik.«

»Du bist der frühere Pfarrer von Parigné.«

»Ich bin der Bevollmächtigte des Wohlfahrtsausschusses.«

»Du bist ein Priester.«

»Ich bin der Vertreter des Gesetzes.«

»Du bist ein Überläufer.«

»Ich bin der Kommissar der Revolution.«

»Du bist ein Abtrünniger.«

»Ich bin Cimourdain.«

»Du bist der Satan.«

»Ihr kennt mich?«

»Wir hassen dich.«

»Hättet ihr mich gern in eurer Gewalt?«

»Wir achtzehn gäben jeder unseren Kopf, wenn wir deinen bekämen.«

»Also! Ich bin bereit, mich euch zu überliefern.«

Vom Turm gellte Gelächter und der Schrei: »Komm!«

Unten im Lager herrschte ein Stillschweigen der äußersten Spannung. Cimourdain fuhr fort:

»Unter einer Bedingung.«

»Welche ist es?«

»Hört mich.«

»Sprich.«

»Ihr verabscheut mich?«

»Jawohl.«

»Ich liebe euch, ich bin euer Bruder.«

»Bruder Kain«, schrie die Stimme vom Turm.

Mit eigentümlichem Ton, der scharf und milde zugleich war, erwiderte Cimourdain:

»Schmäht mich, aber hört zu, ich komme als Vermittler. Ja, ihr seid meine Brüder, arme getäuschte Menschen seid ihr. Ich bin euer Freund und bin das Licht und spreche zur Unwissenheit. Das Helle birgt immer auch das Brüderliche, und haben wir nicht den gleichen Erzeuger, das Vaterland? Also hört. Später werdet ihr oder eure Kinder und Kindeskinder erfahren, daß alles, was in diesem Augenblick geschieht, eine Erfüllung höherer Gesetze bedeutet und daß in der Revolution Gott ist. Da nun die Stunde kommt, in der jede Seele, auch die eure, begreifen muß, in der jede Wut, selbst die eure, schwinden muß, – da nun diese große Morgenröte naht, sollte niemand sich eurer Finsternis erbarmen? Ich komme zu euch, ich biete euch meinen Kopf an; noch mehr, ich reiche euch die Hand. Ich bitte euch um die Gnade, mich zu vernichten, um euch zu retten. Ich habe alle Vollmachten und kann tun, was ich verspreche. So mache ich in diesem letzten Augenblick einen letzten Versuch. Ja, in dem Bürger, der zu euch spricht, ist ein Priester. Der Bürger bekämpft euch, doch der Priester darf euch beschwören. Hört mich. Viele von euch haben Frauen und Kinder. Ich übernehme die Verteidigung eurer Kinder und Frauen, ich schütze sie, auch gegen euch selbst. O meine Brüder ...«

»Ja, predige nur!« hohnlachte der Imânus.

»Meine Brüder, laßt die mörderische Stunde nicht schlagen. Hier soll ein Gemetzel beginnen, das vielen von uns die Sonne von morgen raubt, ja, viele unter uns werden sterben. Übt Barmherzigkeit an euch selbst. Wozu dies unnütze Blutvergießen, wozu soviel Menschen töten, wenn zwei genügen?«

»Zwei?« fragte der Imânus.

»Ja, zwei.«

»Wer?«

»Lantenac und ich.«

Und seine Stimme stieg an: »Zwei Männer sind hier zuviel, Lantenac für uns, ich für euch. So lautet mein Angebot, damit ihr alle das Leben behaltet: Gebt uns Lantenac und nehmt mich. Er wird guillotiniert werden, mit mir macht, was ihr wollt.«

»Priester!« brüllte der Imânus, »wenn wir dich hätten, würden wir dich langsam rösten!«

»Einverstanden«, antwortete Cimourdain, und er sprach weiter: »Ihr, die Verurteilten, dort im Turm, könnt euch binnen einer Stunde eurer Freiheit und eures Lebens erfreuen. Ich bringe euch die Rettung. Nehmt ihr an?«

Rasend brach der Imânus aus: »Du bist nicht bloß ein Schurke, du bist verrückt! Oder willst du uns verwirren? Wer hat dich gebeten, zu uns zu sprechen? Wir, unseren gnädigen Herrn ausliefern? Was willst du eigentlich?«

»Seinen Kopf, und ich biete euch ...«

»Deine Haut. Denn dich würden wir allerdings schinden wie einen Hund, Pfarrer Cimourdain. Aber deine Haut ist uns seinen Kopf nicht wert, also mach, daß du fortkommst.«

»Es wird gräßlich werden. Zum letztenmal, besinnt euch.«

Die Nacht war herniedergesunken während des düsteren Zwiegesprächs, dem man drinnen im Turm wie draußen zuhörte. Lantenac schwieg und ließ den anderen reden. Führer sind solche düsteren Egoisten, es gehört zu den Rechten ihrer Verantwortlichkeit.

Jetzt schleuderte der Imânus seinen Schrei über Cimourdain hinweg: »Männer, die ihr uns angreift, ihr habt unsern Vorschlag gehört, er ist gemacht und nicht mehr zu ändern. Nehmt an. Wenn nicht, wehe! Stimmt ihr zu? Wir geben euch die drei Kinder zurück, die hier sind, und ihr bewilligt Leben und freien Abzug uns allen.«

»Euch allen, ja«, erwiderte Cimourdain, »außer einem.«

»Wer ist das?«

»Lantenac. Wir müssen Lantenac haben.«

»Unseren Herren? Unseren Herren ausliefern? Niemals!«

»Nur unter dieser Bedingung verhandeln wir.«

»Dann fangt an.«

Schweigen trat wieder ein. Nach einem Hornstoß war der Imânus hinabgestiegen. Der Marquis zog den Degen, stumm verfügten sich die neunzehn Belagerten im unteren Saal an ihre Plätze und knieten hinter der Barrikade nieder. Sie hörten die Sturmabteilung in regelmäßigem Schritt durch die Dunkelheit heranmarschieren. Immer näher drang der Hall an den Turm, und plötzlich fühlten sie die anderen dicht vor ihrer Stellung an der Mündung der Bresche. Da legten sie durch die Schießscharten ihre Gewehre und Stutzen an, und einer von ihnen, Grand-Francœur, der Pfarrer Turmeau, erhob sich, und in der Rechten den blanken Säbel, in der Linken ein Kruzifix, sprach er mit feierlicher Stimme:

»Im Namen des Vaters, des Sohnes und des Heiligen Geistes!« Da feuerten alle zugleich, und der Kampf hob an.

IX
Titanen gegen Riesen

Es wurde wirklich gräßlich, dieses Handgemenge Mann gegen Mann übertraf auch das Grauen jeden Traumes. Um etwas Ähnliches zu finden, müßte man wohl bis zu den großen Äschyleischen Zweikämpfen oder zu den alten Gemetzeln der Feudalzeit zurückgehen. Da schlug man sich, noch bis ins siebzehnte Jahrhundert, ›auf kurze Waffen‹, wenn man in Festungen durch ein Hinterpförtchen eindrang, tragische Erstürmungen, von denen der alte Krieger der Provinz Alemtejo sagt: ›Wenn die Flammenwerfer ihre Wirkung getan haben, gehen die Belagerer mit blechbeschlagenen Brettern, Rundschilden und Sturmhauben bewaffnet und reichlich mit Granaten versehen vor, treiben den Feind aus den Verschanzungen und Abschnitten kräftig ins Innere und bemächtigen sich des Platzes.‹

Der Ort des Angriffs war grauenvoll, eine der Breschen, von den Fachleuten ›gewölbte Breschen‹ genannt, statt eines Durchbruchs unter freiem Himmel ein Riß durch die Mauer von einer Seite bis zur anderen. Das Pulver hatte wie ein Bohrer gearbeitet, die Mine war so stark, daß der Turm mehr als vierzig Fuß über der Minenkammer gesprengt worden war. Dennoch ergab dies nur einen Spalt, kaum wie von einem Beil gehauen, eher wie von einer Lanze gestochen, und dies Loch allein gewährte den Zutritt zum unteren Saal. Es war eine Punktierung an der Flanke des Turms, eine lange, einschneidende Bruchlinie, eine Art Bohrung an der Erde entlang, ein geschlängelter, nach oben gehender Gang, wie ein Darm durch ein Mauerwerk von fünfzehn Fuß Dicke; und die unförmige Höhlung strotzte von Hindernissen, Fallen, Schüssen, und überall stieß die Stirn an Granit, der Fuß an Schutt, das Auge an Finsternis.

Als die Angreifer hineinstarrten, erschien ihnen die schwarze Wölbung wie ein Schlund mit den steinernen Kiefern der oben und unten klaffenden Mauer. Ein Haifischrachen besitzt nicht so viele zackige Zähne. In das wüste Loch mußten sie eintreten und aus ihm wieder hinausgelangen. Drinnen hagelte es Kugeln, dahinter, das heißt in dem unteren Saal des Erdgeschosses, erhob sich die Barrikade.

Wenn in unterirdischen Galerien Mine und Gegenmine einander durchschneiden oder wenn in der Seeschlacht im Zwischendeck der sich bekämpfenden Schiffe die metzelnden Äxte wüten, dann geht es so fürchterlich zu wie hier. Ein Kampf auf dem Grund eines Grabes, das ist die letzte Stufe des Schreckens. Es ist entsetzlich, sich unter einem Dach umzubringen.

Im Augenblick, da die erste Welle der Angreifer eindrang, füllte sich die ganze Barrikade mit Blitzen, es war, als bräche ein Gewitter unter der Erde aus. Der anstürmende Donner antwortete dem eingeschlossenen Donner, dazwischen schmetterte Gauvains Ruf: »Hinein!« und Lantenacs: »Fest gegen den Feind!« Und der Schrei des Imânus: »Zu mir, Leute aus der Maine!« Dann das Klirren von Säbel an Säbel und Schlag auf Schlag mörderischer Salven, die alles umbrachten. Die Fackel in der Mauer warf ihr unsicheres Licht über diese Schrecken, die Männer sahen alles in rötlicher Schwärze verschwimmen, wer eindrang, wurde plötzlich blind und taub von Rauch und Getöse. Schon lagen die Verwundeten rings im Geröll, die Kämpfer traten auf Leichen, stampften in Wunden, zerquetschten gebrochene Körper, denen Geheul entfuhr, und Sterbende bissen die Schreitenden in die Füße. Noch gräßlicher als der Lärm war die Stille, die in Augenblikken aufkam. Man kämpfte Mann gegen Mann, hörte das angsteinflößende Atmen der Münder, das Knirschen der Zähne, das Röcheln und Fluchen, bis der Donner von neuem losschlug. Ein Blutbach floß aus dem Turm durch die Bresche hinaus und verbreitete sich rauchend im dunklen Grase.

Es schien, als blute der Turm selbst und der Riese sei verletzt.

Seltsam aber war, daß draußen von dem Getümmel kaum etwas zu vernehmen war. In der tiefen Nacht der Ebene und des Waldes lag rings um die angegriffene Festung ein schauererregender unheimlicher Frieden. Drinnen herrschte die Hölle, draußen das Grab. Der Anprall der Menschenmenge, die sich in der Finsternis umbrachten, das Gewehrfeuer, das Gebrüll, die Raserei, all das ging in der gewölbten Mauermasse unter, dem Schall fehlte die Luft, zum Gemetzel gesellte sich die Erstickung. Außerhalb des Turmes hörte man davon so wenig, daß die kleinen Kinder während all der Zeit weiterschliefen.

Da die Schanze sich gut hielt, wuchs die Erbitterung. Solche Anlage mit einspringendem Winkel ist besonders schwer zu nehmen; und der Vorteil der Stellung glich die kleine Anzahl der Verteidiger aus. Auf der anderen Seite erlitt man große Verluste. Am Fuß des Turms drang langsam die Sturmabteilung hinein und wurde wie eine ins Loch kriechende Schlange draußen immer kürzer.

Im dichtesten Gewühl des Saales bewegte sich mit der Tollkühnheit des jungen Führers, zugleich mit dem Selbstvertrauen des noch nie verwundeten Mannes Gauvain mitten im Kugelregen.

Als er sich umdrehte, zur Erteilung eines Befehls, beleuchtete die aufblitzende Salve ein Gesicht in seiner Nähe.

»Cimourdain!« schrie er, »was wollen Sie hier?«

Es war wirklich Cimourdain, und er antwortete: »Ich will bei dir sein.«

»Aber Sie kommen um!«

»Und du? – Was tust du?«

»Ich bin hier nötig, Sie nicht.«

»Da du hier bist, muß auch ich hier sein.«

»Nein, mein Lehrer.«

»Doch, mein Kind.«

Und Cimourdain blieb bei Gauvain.

Die Toten häuften sich auf dem Steinboden des Saals. Die Barrikade, obwohl noch immer nicht bezwungen, mußte wohl am Ende der Überzahl unterliegen. Wenn auch von den ungedeckten Angreifern zehn für einen der wohlgeborgenen Verteidiger fielen, nahmen diese doch immer ab, während jene sich ergänzten und vermehrten.

Die neunzehn Belagerten befanden sich alle hinter der Barrikade, als der Angriff begann. Es gab Tote und Verwundete. Von den Belagerten konnten im Höchstfall nur noch fünfzehn kämpfen. Einer ihrer Wildesten, Chante-en-hiver, war grausig verstümmelt, ein stämmiger Bretone mit krausem Haar, von kleiner lebhafter Natur. Er hatte ein Auge zerstochen, der Kiefer war ihm zerschmettert worden, aber er konnte noch gehen und schleppte sich die Wendeltreppe hinauf zum ersten Stock, hoffend, in der Kammer dort beten und sterben zu können.

Er lehnte sich an die Wand bei der Schießscharte und versuchte zu atmen. Unten wurde das Gemetzel vor der Barrikade immer entsetzlicher.

»Belagerte!« schrie Cimourdain in der Pause zwischen zwei Salven, »warum das Blut noch länger fließen lassen? Ihr seid verloren, ergebt euch! Denkt daran, daß wir viertausendfünfhundert gegen euch neunzehn sind, das heißt mehr als zweihundert gegen je einen von euch! Ergebt euch!«

»Schluß mit den schönen Reden«, entgegnete Lantenac, und zwanzig Kugeln begleiteten die Antwort.

Da die Barrikade nicht bis zur Decke reichte, konnten die Belagerten darüber hinwegschießen; so konnten aber auch die Belagerer hinüberklettern.

»Sturm auf die Barrikade!« rief Gauvain. »Meldet sich einer freiwillig, um hinaufzusteigen?«

»Ich«, sagte Unteroffizier Radoub.

X
Radoub

Jetzt aber erlebten die Belagerer eine große Überraschung: Radoub war durch die Bresche an der Spitze der Angreiferkolonne als sechster eingetreten, und von diesen sechs Männern des Pariser Bataillons waren vier schon gefallen.

Nachdem er soeben gerufen hatte: »Ich!« – da sah man ihn durchaus nicht vorgehen, sondern gebückt, geduckt, fast kriechend zwischen den Beinen der Soldaten zurückweichen und durch die Bresche hinauslaufen. War das eine Flucht? Dieser Mann floh? Was bedeutete das?

Draußen angekommen, vom Rauch noch blind, rieb er sich die Augen, um den Schrecken dieser Nacht abzuwischen. Darauf betrachtete er beim Schein der Sterne die Turmwand und nickte mit dem Kopf, um zu sagen, er habe sich nicht getäuscht.

Der Riß zog sich von der Bresche bis zu der Schießscharte hinauf, deren Vergitterung durch eine Kanonenkugel zerbrochen war. Zwischen den herabhängenden Stäben konnte ein Mann sich hindurchwinden.

Ein Mann konnte hindurch, aber wie kam er hinauf? Durch den Riß, wenn man eine Katze war.

Radoub aber gehörte zu den Kämpfern, welche Pindar ›die geschmeidigen Athleten‹ nennt. Man kann ein alter Soldat und ein junger Mensch sein. Radoub, der noch bei der Garde française gedient hatte, ein kaum Vierzigjähriger, war ein behender Herkules.

Er stellte die Muskete hin, zog Waffengurt, Waffenrock und Weste aus und behielt nur die beiden Pistolen, die er mit den

Kolben nach oben in den Hosengurt steckte, sowie den Säbel, den er nackt zwischen die Zähne nahm.

So erleichtert, begann er unter den Augen derjenigen Leute, die noch nicht in die Bresche eingedrungen waren, an den Steinen des Mauerrisses wie über Treppenstufen emporzuklettern. Es war gut, daß er keine Schuhe anhatte; der nackte Fuß klimmt am besten, die Zehen in jedes Loch hineingedrückt. Er zog sich mit den Fäusten hinauf und stemmte mit den Knien nach, es war ein hartes Steigen, wie an den Zähnen einer Säge entlang.

›Ein Glück‹, dachte er, ›daß niemand im Stockwerk ist, der ließe mich sonst nicht so hinaufkriechen.‹

Er hatte nicht weniger als vierzig Fuß emporzusteigen. Dabei hinderten ihn die hervorstehenden Kolben der Pistolen, außerdem wurde der Mauerriß, je höher er kam, immer enger, das Klettern immer schwieriger, und die Gefahr eines Sturzes wuchs zugleich mit der Tiefe des Abgrundes.

Endlich hatte er den Sims der Schießscharte erreicht. Er rückte das verbogene und gelockerte Gitter beiseite und hatte nun Raum genug, um hindurchzuschlüpfen. Mit gewaltiger Anstrengung schwang er sich empor, stemmte ein Knie auf den Fenstervorsprung, packte mit einer Hand je einen Stummel der Eisenstangen rechts und mit der anderen Hand links und bog, den Säbel zwischen den Zähnen, an beiden Fäusten über der Tiefe hängend, den Oberkörper bis zur Öffnung der Schießscharte. Er hatte nur noch einen Satz zu machen, um in dem Saal des ersten Stockwerks zu stehen.

Aber in der Schießscharte erschien plötzlich ein Gesicht, Radoub sah aus dem Dunkel etwas Grauenvolles auftauchen, eine leere Augenhöhle, eine zerschmetterte Kinnlade, eine blutige Maske.

Einäugig stierte sie ihn an, und sie hatte zwei Hände, die aus der Finsternis hervor nach Radoub langten. Die eine Hand zog ihm mit einem Griff beide Pistolen aus dem Gürtel, die andere riß ihm den Säbel aus dem Mund.

Radoubs Knie glitt auf der abschüssigen Brüstung zurück, seine beiden Hände konnten sich kaum noch um die Gitterstäbe krampfen, und hinter dem Wehrlosen klaffte eine vierzig Fuß tiefe Schlucht.

Chante-en-hiver war es, der dort am Fenster erschienen war. Durch den aufsteigenden Rauch fast erstickt, war es ihm gelungen, die Schießscharte zu erreichen. Die frische Nachtluft hatte ihn wieder belebt, das Blut seiner Wunden gestillt, seine Kraft etwas erneuert. Da sah er draußen den aufsteigenden Körper, und während Radoub nur die Wahl blieb, die Stangen loszulassen und hinabzustürzen oder sich festzuhalten und entwaffnet zu werden, hatte der andere ihm mit gräßlicher Ruhe die Waffen aus Gürtel und Zähnen gewissermaßen abgepflückt.

Dann begann der unerhörte Zweikampf zwischen dem Wehrlosen und dem Verwundeten. Der Sterbende mußte wohl Sieger bleiben, denn eine Kugel genügte, um Radoub in die Tiefe zu schleudern.

Zum Glück für ihn konnte Chante-en-hiver die Pistolen, die er beide in einer Hand hielt, nicht sofort abschießen. Er mußte zuerst den Säbel gebrauchen und führte damit einen Stoß gegen die Schulter des Feindes. Durch diesen Stoß wurde Radoub zugleich verwundet und gerettet. Waffenlos, doch im Besitz all seiner Kraft, schwang er sich, seine Wunde, die zum Glück den Knochen nicht verletzt hatte, mißachtend, vor, ließ das Gitter los und sprang in die Öffnung, dicht vor Chante-en-hiver hin; der hatte den Säbel weggeworfen und hielt jetzt eine Pistole in jeder Hand.

Auf den Knien aufgerichtet, zielte er aus nächster Nähe, konnte aber noch nicht abdrücken, da sein geschwächter Arm zitterte.

Radoubs Gelächter füllte die Pause aus: »Du Höllenfratze!« schrie er, »denkst du, ich falle um, weil deine Schnauze wie ein Schmorbraten aussieht? Verflucht, man hat dein Gesichtchen ja gehörig hergerichtet!«

Chante-en-hiver zielte noch immer. Radoub sprach noch immer. »Wir wollen nicht viel darüber reden, aber die Kugeln haben dir die Visage ganz schön zerknautscht. Mein lieber Junge, Bellonne hat dir die Physiognomie regelrecht zusammengehauen. Also jetzt spuck deine kleinen Pistolenschüsse endlich aus, mein Freundchen.«

Der Schuß fiel und ging so nah am Kopf Radoubs vorbei, daß er ihm das halbe Ohr fortriß. Chante-en-hiver erhob den anderen Arm mit der zweiten Pistole, aber Radoub ließ ihn nicht mehr zum Zielen kommen.

»An dem einen verlorenen Ohr habe ich genug! Du hast mich zweimal beschädigt. Jetzt bin ich dran!« und er fiel über den anderen her, schlug dessen Arm hoch, so daß der Schuß in die Luft ging, und schüttelte den Gegner an der zerbrochenen Kinnlade. Chante-en-hiver brüllte auf und sank in Ohnmacht.

Radoub schritt über ihn hinweg und ließ ihn an der Öffnung liegen.

»Jetzt kennst du mein Ultimatum«, sagte er. »Rühr dich nicht! Bleib da, Giftschlange. Du kannst dir wohl denken, daß ich mich augenblicklich nicht damit befassen kann, dich umzubringen. Robbe nach Belieben am Boden herum, Mitbürger meiner Latschen. Oder stirb, das ist auch etwas. Dann wirst du vielleicht sehen, daß dein Pfarrer dir Unsinn erzählt hat. Geh ins große Geheimnis ab, Bauer.«

Er sprang in den Saal hinein. »Man sieht nicht das geringste«, brummte er. Da er Chante-en-hiver im Todeskampf sich krampfhaft bewegen sah und brüllen hörte, drehte er sich abermals um: »Ruhe! Tu mir den einzigen Gefallen und sei still, ahnungsloser Bürger der Freiheit! Ich kümmere mich nicht mehr um deine Angelegenheiten, und dich zu erledigen verschmähe ich. Gib endlich Ruhe!«

Unruhig fuhr er sich mit der Hand durch die Haare, während er zu Chante-en-hiver hinsah: »Ja, was tue ich nun? Alles wäre gut, aber ich habe meine zwei Schüsse nicht mehr, dank dem Verschwender dort. Und noch dazu dieser Rauch, der mir die Augen zerbeißt!«

Er kam an sein zerfetztes Ohr. »Au!« Dann: »Dir hat es auch nicht viel genützt, daß du mein Ohr beschlagnahmt hast. Übrigens entbehre ich das noch lieber als etwas anderes. Es ist nur so ein Zierat. Daß du mir die Schulter geritzt hast, macht mir auch weiter nichts. Also gib ruhig deinen Geist auf, Landmann, ich verzeihe dir.«

Er lauschte. Der Krach im Saal war erschreckend. Der Kampf war wilder als je. »Da geht es gut zu. Sie heulen ›Es lebe der König!‹ Meinetwegen, sie krepieren mit Anstand.«

Sein Fuß stieß an den Säbel. Er hob ihn auf und sagte zu Chante-en-hiver, der sich nicht mehr rührte und vielleicht schon tot war: »Siehst du, Waldmensch, für meine Absichten ist mein Säbel höchst überflüssig, ich nehme ihn nur aus alter Freundschaft auf. Aber meine Pistolenschüsse, die fehlen mir. Hol dich der Teufel, Wilder! Ja, was fange ich jetzt an? So kann ich hier gar nichts ausrichten.«

Tastend bewegte er sich weiter und bemerkte plötzlich im Halbdunkel hinter dem Mittelpfeiler einen langen Tisch, auf dem etwas matt schimmerte. Er fuhr darüber hin: Es waren Stutzen, Pistolen, Karabiner, eine ganze Reihe ordentlich hingelegter Feuerwaffen, die nur auf die richtige Hand zu warten schienen, ein ganzes Arsenal, von den Belagerten für den zweiten Teil des Kampfes hergerichtet.

»Es ist angerichtet«, schrie Radoub und machte sich strahlend darüber her.

Jetzt wurde er fürchterlich.

Die Tür der Treppe zwischen den Stockwerken, neben dem Waffentisch, stand weit offen. Radoub warf den Säbel hin, nahm in jede Hand eine Pistole mit zwei Schüssen und entlud alles zugleich in die Wendeltreppe hinab. Er nahm einen Stutzen und schoß, er feuerte eine mit fünfzehn Rehposten geladene Büchse ab, wie einen Kartätschenschuß. Darauf holte er Atem und schrie mit Donnerstimme die Treppe hinab:

»Es lebe Paris!«

Er packte eine zweite, noch dickere Büchse, legte sie unter der gewundenen Treppenwölbung an und wartete.

Das Durcheinander unten war gewaltig. Solche Überraschungen zersetzen den Widerstand.

Zwei Kugeln aus Radoubs dreifacher Salve hatten getroffen. Die eine tötete den ältesten der Brüder Pique-en-bois, die andere Monsieur de Quélen, genannt Houzard.

»Sie sind oben!« rief der Marquis.

Dieser Schrei entschied den Rückzug von der Barrikade. Ein Schwarm Vögel stiebt nicht schneller davon, als jetzt alles der Treppe zustürzte. Lantenac drängte selbst zu dieser Flucht.

»Macht schnell! Mut heißt hier Entrinnen. Zum zweiten Stock hinauf! Dort fangen wir von neuem an.«

Er verließ die Verschanzung als letzter. Diese Tapferkeit aber rettete ihn.

Im Hinterhalt an der Spitze der Treppe, den Finger am Drücker seiner Büchse, lauerte Radoub den Flüchtenden auf. Die ersten, die an der Windung der Treppe erschienen, erhielten die Ladung mitten ins Gesicht und rollten hinab. Hätte der Marquis die Flucht geführt, so wäre er tot. Ehe jetzt Radoub eine neue Waffe ergreifen konnte, stürmten die anderen vorbei, Lantenac hinter ihnen und langsamer als sie. Sie glaubten, der erste Stock wimmele von Angreifern, und stürzten, ohne anzuhalten, weiter zum Spiegelsaal, wo die eiserne Tür, wo die geschwefelte Lunte sich befand und wo man sich ergeben oder sterben mußte.

Gauvain, von den Salven auf der Treppe gleichfalls überrascht, hatte nicht versucht, sich diese unerwartete Hilfe zu erklären, hatte sie sofort benutzt und war ohne langes Bedenken mit den Seinen über die Barrikade gesprungen. Er hatte den Fliehenden bis zum ersten Stock hart zugesetzt. Dort fand er Radoub, der mit militärischem Gruß meldete:

»Einen Augenblick, Kommandant! Das habe ich gemacht.

Ich erinnerte mich an Dol, hielt es wie Sie und nahm den Feind zwischen zwei Feuer.«

»Ein guter Schüler«, antwortete Gauvain lächelnd.

Wenn man eine Weile im Dunkeln zugebracht hat, sind die Augen darauf eingestellt wie bei Nachtvögeln. Gauvain sah erst jetzt, daß Radoub mit Blut bedeckt war.

»Du bist verwundet, Kamerad.«

»Unwichtig, Kommandant. Ein Ohr mehr oder weniger, kommt es darauf an? Ich pfeife auch auf den Säbelstich hier. Man schneidet sich immer, wenn man ein Fenster einschlägt. Übrigens ist das nicht nur mein eigenes Blut.«

Im ersten Stock, den Radoub erobert hatte, wurde zunächst haltgemacht. Man brachte eine Laterne herauf. Cimourdain kam und beriet sich mit Gauvain, wozu noch immer Anlaß war. Die Belagerer durchschauten die Belagerten noch nicht ganz. Sie kannten deren Mangel an Munition und Pulver nicht, und die Treppe zum zweiten Stock, der letzten Abwehrstellung, konnte unterminiert sein.

Nur dies war sicher, daß die Feinde ihnen nicht mehr entgehen konnten. Wer nicht gefallen war, saß oben wie im Gefängnis. Lantenac war in der Mausefalle.

Bei dieser Gewißheit konnte man sich wohl Zeit lassen, um nach der besten Lösung zu suchen. Da man schon viel Verluste hatte, sollte der letzte Angriff möglichst wenig Leute kosten.

Wahrscheinlich hatte man beim gefährlichen Endangriff zuerst ein scharfes Feuer zu erwarten.

Jetzt war der Kampf unterbrochen. Im Besitz des Erdgeschosses und des ersten Stockes warteten die Belagerer auf den neuen Befehl ihres Führers. Doch Gauvain und Cimourdain hielten noch immer Rat, schweigend stand Radoub dabei.

Endlich wagte er schüchtern mit militärischem Gruß eine neue Frage:

»Kommandant?«

»Radoub?«

»Verdiene ich eine kleine Belohnung?«

»Gewiß. Verlange, was du willst.«

»Ich wünsche mir, als erster hinaufzusteigen.«

Es konnte ihm nicht abgeschlagen werden. Er hätte es auch ohne Erlaubnis getan.

XI
Die Verzweifelten

Während man im ersten Stock beriet, verschanzte man sich im zweiten. Erfolg ist etwas wie Zorn, Niederlage ist Wut. Zwischen den beiden Etagen im Hause stand ein wahnsinniger Zusammenstoß bevor. An den Sieg zu rühren berauscht; unten wohnte die Hoffnung, von allen menschlichen Kräften die gewaltigste, wenn es nicht Verzweiflung gäbe.

Oben wohnte die Verzweiflung.

Es war eine dunkle, kalte, ruhige Verzweiflung.

Als die Flüchtenden in diesen Saal gelangt waren, hinter dem es für sie keinen Raum mehr gab, war ihre erste Sorge, den Zugang zu versperren. Statt einer nutzlosen Schließung der Tür wollten sie lieber die Treppe verstellen. Denn hier war ein Hindernis, hinter dem man sehen und kämpfen konnte, besser als eine zugemachte Tür.

Die Fackel, die der Imânus neben der Lunte in die Mauer gesteckt hatte, erleuchtete den Raum. Hier stand auch eine der breiten schweren Eichentruhen, in der, vor Erfindung der Möbel mit Schubladen, Kleider und Wäsche aufbewahrt wurden.

Man schleppte die Truhe zur Tür, stellte sie hochkantig auf und zwängte sie so fest hinein, daß nur oben an der Deckenwölbung eine schmale Stelle offen blieb, durch die höchstens ein Mann schlüpfen konnte. Ausgezeichnet gemacht, um die Angreifer einen nach dem anderen niederzumachen. Es war zweifelhaft, ob sie es riskieren würden, sich durchzuzwängen.

Danach gönnte man sich eine Rast, sie zählten, wieviel sie noch waren.

Von den neunzehn blieben nur noch sieben, Imânus inbegriffen. Außer dem Imânus und dem Marquis waren alle verwundet.

Aber auch diese zeigten sich noch sehr lebendig, denn in der Hitze des Kampfes läßt jede Wunde, die nicht tödlich ist, eine gewisse Bewegungsfreiheit. Es waren Châtenay, genannt Robi, Guinoiseau, Hoisnard Branche-d'Or, Brin-d'Amour und Grand-Francœur, alle anderen waren tot. Sie hatten keine Munition mehr. Die Patronentaschen waren leer. Sie zählten die Patronen. Wieviel Schüsse kamen auf die sieben? Vier.

So war also der Augenblick gekommen, da es nur zu sterben galt. Sie waren an den offenen und schrecklichen Rand des großen Abgrunds gedrängt. Sie konnten ihm kaum noch näher kommen.

Inzwischen hatte der Angriff wieder begonnen, langsam und nur um so sicherer. Sie hörten die Kolbenstöße draußen, die Stufe für Stufe prüften.

Keine Möglichkeit zu entrinnen. Die Bibliothek? Auf der Höhe draußen standen sechs Kanonen, unter glimmender Lunte. Die Kammern darüber? Wozu? Die führten zur Plattform, wo man sich nur noch vom Turm herabstürzen konnte.

Die sieben Überlebenden dieser epischen Schar sahen sich in der gewaltigen Mauer, die sie zugleich schützte und preisgab, unerbittlich eingeschlossen. Ohne gefangen zu sein, waren sie schon Gefangene. Der Marquis sprach:

»Freunde, es ist zu Ende.« Und nach einem Schweigen: »Grand-Francœur soll nun wieder der Abbé Turmeau werden.«

Sie knieten alle nieder, den Rosenkranz in der Hand. Die Stöße der Gewehrkolben näherten sich, Grand-Francœur, ganz blutig von einer Kugel, die ihm Kopfhaut und Haar vom Schädel gerissen hatte, erhob mit der Rechten sein Kruzifix. Auch der Marquis, skeptisch im Grunde, kniete nieder.

»Jeder bekenne nun laut seine Sünden«, sagte der Abbé. »Beginnen Sie, gnädiger Herr.«

Der Marquis antwortete: »Ich habe getötet.«

»Ich habe getötet«, sagte Hoisnard.

»Ich habe getötet«, sagte Guinoiseau.

»Ich habe getötet«, sagte Brin-d'Amour.

»Ich habe getötet«, sagte Châtenay.

»Ich habe getötet«, sagte der Imânus.

Und Grand-Francœur fuhr fort: »Im Namen der Heiligen Dreieinigkeit erteile ich euch die Absolution. Eure Seelen mögen in Frieden einkehren.«

»Amen«, erwiderten alle.

Der Marquis erhob sich: »Jetzt laßt uns sterben.«

»Und töten«, sagte der Imânus.

Die Kolbenschläge dröhnten schon gegen die Truhe in der Tür.

»Denkt nun an Gott«, rief der Priester. »Die Welt ist für euch nicht mehr da.«

»Ja«, setzte Lantenac hinzu, »wir sind im Grabe.«

Sie neigten die Stirn und schlugen sich an die Brust. Nur der Marquis und der Priester standen aufrecht. Alle hatten den Blick zu Boden gesenkt, der Abbé betete, die Bauern beteten, der Marquis dachte nach. Wie von Hämmern geschlagen erdröhnte die Truhe dumpf.

Plötzlich schallte hinter ihnen eine helle kräftige Stimme: »Ich hatte es Ihnen doch gesagt, gnädiger Herr!«

Erstaunt drehten sie sich um. In der Wand war eine Öffnung. Ein Stein, ganz dem anderen angepaßt, doch ohne Mörtel mit einer Angel oben und unten, hatte sich um sich selbst gedreht wie ein Drehkreuz, und beim Drehen war die Mauer aufgegangen. Da der Stein sich in seiner eigenen Achse gedreht hatte, war eine doppelte Öffnung entstanden, die links und rechts zwei enge Lücken freigab, durch die ein Mensch sich hindurchzwängen konnte. Hinter dieser unerwarteten Tür sah man die ersten Stufen einer Wendeltreppe. Ein Gesicht erschien in der Öffnung.

Der Marquis erkannte Halmalo.

XII
Ein Retter

»Du bist es, Halmalo?«

»Ich, gnädiger Herr. Jetzt sehen Sie doch, daß die Steine sich drehen und daß man aus dem Schloß hinausgehen kann! Ich komme gerade recht, aber beeilen Sie sich. In zehn Minuten sind Sie mitten im Walde.«

»Gott ist groß«, sagte der Priester.

»Retten Sie sich, gnädiger Herr«, schrien alle.

»Ihr alle zuerst«, antwortete Lantenac.

»Als erster Sie«, rief der Abbé.

»Ich als letzter.« Mit strenger Stimme fuhr der Marquis fort: »Keinen edlen Wettstreit, zur Großmut haben wir nicht genug Zeit. Ihr seid verwundet: Ich befehle euch zu leben, zu fliehen. Rasch, benutzt diesen Ausweg. Danke, Halmalo.«

»Herr Marquis«, sagte der Abbé, »sollen wir uns trennen?«

»Unten. Freilich. Man entkommt nur einzeln.«

»Bestimmt uns der gnädige Herr einen Sammelplatz?«

»Ja, die Waldlichtung La Pierre-Gauvaine. Kennt ihr den Ort?«

»Wir kennen ihn alle.«

»Morgen mittag bin ich dort. Wer noch gehen kann, finde sich ein.«

»Wir werden dort sein.«

»Dann beginnen wir den Krieg von neuem«, sagte der Marquis.

Inzwischen hatte Halmalo beim Druck auf den drehbaren Stein bemerkt, daß dieser sich nicht mehr rührte. Die Öffnung konnte nicht mehr geschlossen werden. »Wir müssen eilen, gnädiger Herr! Der Stein sitzt jetzt fest. Ich konnte den Durchgang öffnen, aber ich werde ihn nicht wieder schließen können.« Der Stein hatte sich in der Tat, da er lange nicht bewegt worden war, in seinen Scharnieren versteift. Unmöglich, von diesem Moment an, ihm eine Bewegung zu entlocken.

»Gnädiger Herr«, sagte Halmalo, »ich hatte gehofft, den Gang wieder verschließen zu können, daß die Blauen beim Eintritt niemanden vorfänden, nichts begreifen und annehmen würden, Sie seien in Rauch aufgegangen. Aber der Stein will nicht. Nun wird der Feind den Ausgang sehen und uns verfolgen können. Wenigstens dürfen wir keine Minute verlieren. Alle die Treppe hinunter!«

Der Imânus legte die Hand auf Halmalos Schulter: »Wie lange braucht man, Kamerad, um von hier bis zu einer sicheren Stelle im Wald zu gelangen?«

»Keiner ist schwer verwundet?« fragte Halmalo.

Sie antworteten: »Keiner.«

»Dann genügt eine Viertelstunde.«

»Wenn also der Feind erst in einer Viertelstunde hier eindringt ...«

»So kann er uns verfolgen, aber nicht mehr einholen.«

»Sie werden schon in fünf Minuten hier sein«, sagte der Marquis. »Lange stört sie das alte Möbel nicht, ein paar Kolbenstöße werden es erledigen. Eine Viertelstunde! Wer hält den Feind so lange auf?«

»Ich«, sagte der Imânus.

»Gouge-le-Bruant, du?«

»Ich, gnädiger Herr. Hören Sie zu. Von euch sechs Leuten sind fünf verwundet. Ich habe nicht den geringsten Kratzer.«

»Wie ich«, sagte Lantenac.

»Sie sind der Führer. Ich bin nur Soldat. Das ist zweierlei.«

»Gewiß. Jeder hat seine besondere Pflicht.«

»Nein, gnädiger Herr, Sie und ich haben die gleiche Pflicht, nämlich: Sie zu retten.« Er wandte sich den anderen zu: »Kameraden, es gilt, den Feind so lange wie möglich hinzuhalten. Ihr seht, ich besitze noch all meine Kraft, keinen Tropfen Blut habe ich verloren. Darum werde ich hier länger aushalten als ein anderer. Geht alle, laßt mir eure Waffen, ich will guten Gebrauch davon machen. Eine wohlgezählte halbe Stunde getraue ich mich den Feind aufzuhalten. Wieviel Pistolen sind noch geladen?«

»Vier.«

»Legt sie auf den Boden.« Man tat, was er wünschte. »So ist es recht. Ich bleibe, da werden sie jemanden finden, mit dem sie sprechen können. Und jetzt schnell, fort mit euch.«

In bestimmten Situationen fallen Formalitäten weg. Kaum nahm man sich die Zeit, ihm zum Dank die Hand zu drücken.

»Auf bald«, sagte der Marquis.

»Nein, gnädiger Herr, ich hoffe, nicht auf bald. Denn ich werde sterben.«

Einer nach dem anderen verschwand auf der engen Treppe. Während die Verwundeten zuerst hinabstiegen, zog der Marquis einen Bleistift aus seinem Taschenbuch und schrieb einige Worte auf den unbeweglichen Stein, den man nicht mehr drehen konnte und der den Gang weit offenließ.

»Kommen Sie, gnädiger Herr, nur Sie fehlen noch«, rief Halmalo und trat hinaus.

Lantenac folgte.

Der Imânus blieb allein zurück.

XIII
Ein Henker

Die vier geladenen Pistolen lagen auf den Steinplatten des Saales, dieser hatte keinen anderen Fußboden. Der Imânus nahm eine in jede Hand und ging schräg auf die von der Truhe versperrte Treppentür zu.

Offenbar befürchteten die Angreifer irgendeine Überraschung, einen der Verzweiflungsausbrüche, die am Ende auch den Sieger wie den Besiegten vernichten können. So stürmisch der erste Angriff gewesen war, so langsam und vorsichtig war der letzte. Die Truhe konnte oder wollte man nicht einschlagen; man hatte nur den Boden mit Kolbenstößen zerbrochen und mit Bajonettstichen den Deckel durchlöchert. Durch diese Löcher suchten sie in den Saal zu schauen, bevor sie sich hineinwagten.

Das Licht der Laternen schien von der Treppe her durch diese Löcher. Dahinter entdeckte der Imânus eins der hereinstarrenden Augen: Er stieß den Lauf der Pistole in die Öffnung und drückte ab. Der Schuß fiel, und zu seiner Befriedigung vernahm der Imânus einen Schrei. Die Kugel hatte Auge und Kopf durchbohrt, und der spähende Soldat war rücklings die Treppe hinabgestürzt.

In dem unteren Teil des Deckels hatten die Angreifer zwei Löcher wie Schießscharten eingeschnitten. In die eine fuhr der Imânus mit dem Arm und feuerte seine andere Pistole aufs Geratewohl in die Masse der Feinde ab. Vielleicht prallte die Kugel von der Wand zurück, denn man hörte mehrere Schreie, als seien drei oder vier Menschen getroffen, großer Lärm entstand auf der Treppe wie von Leuten, die einen Rückzug antreten.

Der Imânus warf die beiden abgeschossenen Pistolen fort, ergriff die beiden anderen, und die Waffen in den Fäusten, spähte er durch die Löcher.

Er stellte einen ersten Erfolg fest.

Tatsächlich waren die Angreifer hinabgestiegen, auf den drei oder vier sichtbaren Stufen der Wendeltreppe krümmten sich Sterbende.

Der Imânus wartete. ›Schon Zeit gewonnen‹, dachte er.

Da sah er einen Mann auf dem Bauche heraufkriechen, und gleichzeitig erschien weiter unten am Mittelpfeiler der Wendeltreppe der Kopf eines Soldaten. Der Imânus legte auf den Kopf an und schoß, mit einem Schrei fiel der Soldat hinunter. Sogleich nahm der Imânus die letzte geladene Waffe aus der linken Hand in die rechte.

Da fühlte er einen entsetzlichen Schmerz, an ihm war jetzt die Reihe aufzuheulen, ein Säbel wühlte in seinen Eingeweiden. Eine Faust, die Faust des herangekrochenen Mannes, war durch die zweite Öffnung unten hereingefahren und hatte ihm die Klinge in den Bauch gestoßen.

Die Wunde war furchtbar. Der Bauch war von einem Ende zum anderen aufgeschlitzt, und doch fiel der Imânus nicht; mit den Zähnen knirschend schrie er: »Auch recht!«

Dann schleppte er sich wankend bis zu der brennenden Fackel neben der Eisentür, legte die Pistole auf den Boden und nahm die Fackel herab. Mit der Linken hielt er die hervorquellenden Eingeweide zurück, mit der Rechten senkte er die Fackel und legte Feuer an die geschwefelte Lunte.

Sie flammte auf. Er ließ die Fackel los, sie brannte auf der Erde weiter. Dann griff er wieder nach der Pistole, und zu Boden sinkend, doch noch einmal sich aufraffend, fachte er die Glut der Lunte mit seinem sterbenden Atem an.

Die Flamme lief hin, unter der eisernen Tür hindurch, dem Brückenschlößchen zu.

Und da er nun das Gräßliche gelingen sah, zufriedener wohl mit seinem Verbrechen als mit seiner Opfertat, konnte dieser Mann, der vorhin noch ein Held und jetzt nur mehr ein Mörder und dem Tod verfallen war, lächeln:

»Sie werden mich im Gedächtnis behalten«, flüsterte er. »An ihren Kindern räche ich unser Kind, den kleinen König, der im Temple gefangensitzt.«

XIV
Auch der Imânus entrinnt

Ein gewaltiger Lärm erhob sich, die Truhe polterte hinweg, und mit dem Säbel in der Hand stürzte ein Mann in den Saal.

»Ich bin's, Radoub! Wer will noch etwas von mir? Ich warte nicht länger, ich wage mich dran, ganz gleich! Einen habe ich soeben aufgeschlitzt, jetzt mache ich mich an euch alle, mit oder ohne Hilfe, da bin ich! Wieviel seid ihr?«

Es war tatsächlich Radoub, und er war allein. Nach dem

Massaker, das der Imânus auf der Treppe angerichtet hatte, hatte Gauvain, der eine verdeckte Flattermine befürchtete, seine Leute zurückgezogen und beriet sich wieder mit Cimourdain.

Radoub aber, den Säbel erhoben, wiederholte seine Frage, in die Dunkelheit hinein, wo die Fackel kaum noch glomm:

»Ich bin einer, wieviel seid ihr?«

Als er nichts vernahm, ging er weiter vor. Ein helles Aufflackern, wie es zuweilen, ähnlich einem Schluchzen des Lichts, aus verlöschenden Bränden aufsteigt, stieg aus der Fakkel und erhellte den ganzen Saal.

Radoub sah die kleinen Spiegel an der Mauer, trat heran, betrachtete sein blutiges Gesicht und das hängende Ohr und meinte: »Scheußlich verschoben!«

Er drehte sich um, ganz erstaunt, den Raum leer zu finden. »Niemand da?« schrie er. »Mannschaftsstärke null!«

Dann bemerkte er den Stein, die Wandöffnung, die Treppe. »Oh! Jetzt verstehe ich. Ausgeflogen! Kommt nur herein, Kameraden, kommt alle, sie sind davon, ausgerückt, durchgebrannt, abgeschoben, verduftet. Dieser Krug von altem Turm hatte einen Riß. Durch das Loch hier sind sie entwischt, die Schweinehunde. Wie wollen wir mit Pitt und Koburg fertigwerden, mit solchen Witzen. Das ist der liebe Gott des Teufels, der ihnen zu Hilfe gekommen ist. Niemand mehr da!«

Ein Schuß knallte, eine Kugel streifte ihm den Ellbogen und schlug gegen die Wand.

»Oho, doch noch jemand! Wer ist wohl so liebenswürdig, mir diese Höflichkeit anzutun?«

»Ich«, erklang eine Stimme.

Mit vorgebeugtem Kopf erkannte Radoub im Halbdunkel etwas, was wohl der Imânus war. »Ah! Einen habe ich. Die anderen sind entwischt, dir soll es nicht gelingen.«

»Meinst du?« erwiderte der Imânus.

Radoub machte einen Schritt. »He, du da am Boden, wer bist du?«

»Ich bin einer, der am Boden liegt und die verhöhnt, die aufrecht stehen.«

»Was hast du in der rechten Hand?«

»Eine Pistole.«

»Und in der linken?«

»Meine Gedärme.«.

»Du bist mein Gefangener.«

»Du irrst.«

Und der Imânus, über die Lunte geneigt, hauchte seinen letzten Seufzer in die Glut und starb.

Gleich danach standen Gauvain, Cimourdain und alle anderen im Saale. Sie erblickten die Öffnung, sie durchstöberten jeden Winkel und die Treppe, die unten in die Schlucht mündete. So war der Feind wirklich entkommen. Man schüttelte den Imânus. Er war tot. Mit einer Laterne untersuchte Gauvain den Stein, der den Belagerten als Ausgang gedient hatte. Er hatte von diesem Stein erzählen hören, hielt diese Legende aber ebenfalls für eine Fabel. Als er ihn betrachtete, bemerkte er mit Bleistift auf den Stein geschriebene Worte: Er leuchtete hin und las:

›Auf Wiedersehen, Vicomte. Lantenac.‹

Guéchamp war zu Gauvain getreten. Verfolgung war selbstverständlich unnütz, die Flucht war vollbracht, die Ausreißer hatten das ganze Land, Busch, Schlucht, Dickicht und Bewohner für sich. Zweifellos waren sie schon weit fort, und der Wald von Fougères bedeutete ein einziges unendliches Versteck, in dem es keine Möglichkeit gab, sie zu finden. Was tun? Alles mußte von vorn begonnen werden. Gauvain und Guéchamp sprachen einander ihre Enttäuschungen, ihre Vermutungen aus. In ernstem Schweigen hörte Cimourdain zu.

»Was ist übrigens mit der Leiter?« fragte Gauvain.

»Kommandant«, antwortete Guéchamp, »sie ist nicht eingetroffen.«

»Aber wir sahen doch den Wagen unter Gendarmenbegleitung heranfahren.«

»Er brachte nicht die Leiter.«

»Was sonst?«

»Die Guillotine«, sagte Cimourdain.

XV
Man steckt eine Uhr und einen Schlüssel nicht in dieselbe Tasche

Der Marquis de Lantenac war nicht so fern, wie sie glaubten. Aber er befand sich völlig in Sicherheit und außerhalb ihres Zugriffes. Er war Halmalo gefolgt. Die Treppe, die er mit ihm hinter den anderen Fliehenden hinabgestiegen war, endete an der Schlucht und an den Brückenpfeilern in einen schmalen gewölbten Durchgang. Dieser wieder öffnete sich in eine tiefe natürliche Felsspalte, vor der auf einer Seite die Schlucht, auf der anderen der Wald lag. Jedem Blick entzogen, krümmte sich die Erdöffnung zwischen undurchdringlichem Gestrüpp hindurch. Hier konnte man niemanden mehr einfangen; ein Flüchtiger brauchte sich nur wie eine Schlange zu verkriechen, um unauffindbar zu werden. Die Mündung des Durchgangs war an der Treppe so sehr mit Dornen verwachsen, daß man bei der Anlage der Höhle keinen anderen Verschluß für nötig gehalten hatte.

Lantenac hatte sich jetzt nur noch zu entfernen. Auch eine Verkleidung brauchte er sich nicht zu beschaffen, denn seit seiner Ankunft in der Bretagne hatte er das Bauerngewand nicht mehr abgelegt. Er hielt dies für vornehmer.

Nur das Degengehänge warf er weg, nachdem er die Waffe herausgezogen hatte.

Als sie aus dem Durchgang in die Erdspalte traten, fanden sie die anderen fünf, Guinoiseau, Hoisnard, Branche-d'Or, Brin-d'Amour, Châtenay und den Abbé Turmeau, nicht mehr vor. »Die sind schnell weitergeflohen«, bemerkte Halmalo.

»Mach es wie sie«, sagte der Marquis.

»Der gnädige Herr wünscht, daß ich ihn verlasse?«

»Jawohl. Ich sagte dir schon, auf der Flucht soll man allein sein. Zwei kommen nicht durch, wo einer vielleicht durchkommt. Beisammen würden wir Aufmerksamkeit erregen, du würdest mich und ich dich den Verfolgern ausliefern.«

»Der gnädige Herr kennt die Gegend?«

»Gewiß.«

»Es bleibt beim Sammelplatz von La Pierre-Gauvaine?«

»Morgen mittag.«

»Ich werde dort sein. Wir kommen.«

Halmalo unterbrach sich. »Oh, gnädiger Herr, wenn ich daran denke, daß wir auf hoher See fuhren, wir beide allein, daß ich Sie töten wollte, daß Sie mir doch nur zu sagen brauchten, daß Sie mein Herr sind! Sie sagten es nicht! Welch ein Mann sind Sie!«

»England –«, sagte Lantenac, »– es gibt kein anderes Mittel mehr. In vierzehn Tagen müssen die Engländer in Frankreich sein.«

»Ich habe dem gnädigen Herrn noch mancherlei Bericht zu erstatten. Die Aufträge sind erledigt.«

»Davon sprechen wir morgen.«

»Bis morgen, gnädiger Herr.«

»Übrigens, hast du Hunger?«

»Kann sein, gnädiger Herr. Ich hatte es mit der Ankunft so eilig, daß ich nicht weiß, ob ich heute gegessen habe.«

Der Marquis zog eine Tafel Schokolade aus der Tasche, brach sie mittendurch, gab die Hälfte Halmalo und begann die andere Hälfte zu essen.

»Gnädiger Herr, rechts liegt die Schlucht, links der Wald.«

»Gut. Verlaß mich jetzt, suche deinen Weg.«

Halmalo gehorchte und tauchte ins Dunkel. Das Gesträuch raschelte, dann war nichts mehr zu hören, und einige Sekunden später hätte man seine Spur nicht mehr entdecken können. Diese unentwirrbare und stachlige Landschaft des Bocage war die Bundesgenossin jedes Flüchtlings, man verschwand nicht nur, man ging darin auf. Dieses schnelle Zerstieben war der Grund, weshalb unsere Heere vor dieser immer ausweichenden Vendée und vor ihren so großartig fliehenden Kämpfern stets in unsicheres Zögern gerieten.

Der Marquis stand regungslos. Er gehörte zu denen, die sich Mühe geben, nichts zu empfinden. Jetzt aber konnte er sich dem erregenden Bewußtsein nicht entziehen, nach soviel Blut und Schrecken wieder die freie Luft einzuatmen. Sich gänzlich gerettet zu wissen, nachdem man verloren gewesen war, nach dem so nahen Anblick des Grabes das Bild vollkommener Sicherheit zu genießen, den Tod zu verlassen und ins Leben zurückzutreten: das ergriff selbst einen Menschen wie Lantenac. Obwohl er sich schon in ähnlicher Lage befunden hatte, konnte seine harte Seele eine Bewegung nicht unterdrücken. Er gestand sich, daß er zufrieden war. Rasch aber bezähmte er dies fast einer Freude gleichende Gefühl.

Er zog die Uhr und ließ sie tönen. Wie spät war es? Zu seiner Verwunderung erst zehn. Wenn der Mensch eine solche schicksalhafte Wende in seinem Leben hinter sich hat, staunt er immer, daß diese inhaltsreichen Minuten nicht länger als die anderen sind. Der Kanonenschuß zum Zeichen des Sturms war kurz vor Sonnenuntergang gelöst worden, und man hatte La Tourgue eine halbe Stunde danach, zwischen sieben und acht, angegriffen. So war der mächtige Kampf, der bei sinkender Nacht um acht Uhr anfing, schon um die zehnte Stunde beendet; ein Epos von hundertzwanzig Minuten Dauer. Manchmal haben die Katastrophen die Schnelligkeit der Blitze, die Ereignisse haben erstaunliche Verkürzungen.

Bei einiger Überlegung dürfte übrigens das Gegenteil erstaunlich sein. Der zwei Stunden andauernde Widerstand einer so kleinen gegen eine so große Zahl war ungewöhnlich, und sicherlich konnte man sie nicht kurz und nicht überhastet nennen, diese Schlacht von neunzehn gegen viertausend Mann.

Mittlerweile wurde es Zeit, sich zu entfernen, Halmalo

mußte schon weit sein, und der Marquis entschied, daß es nicht notwendig war, hier länger zu verweilen. Er steckte seine Uhr wieder in die Jacke, doch nicht in dieselbe Tasche, denn er hatte bemerkt, daß sie dort mit dem Schlüssel der Eisentür in Berührung kam, den ihm der Imânus übergeben hatte. Der Schlüssel hätte das Glas der Uhr zerschlagen können. Darauf wandte er sich gleichfalls dem Walde zu.

Zur Linken meinte er einen matten Schimmer zu sehen.

Durch das Gezweig, das sich gegen den roten Himmel jäh in allen Einzelheiten abhob, drang ein breites Leuchten in die Schlucht. Er wollte darauf zugehen, besann sich aber. Es war besser, fand er, sich dieser Helligkeit, welcherart sie auch sein mochte, nicht auszusetzen. Er hatte sich jetzt nicht darum zu kümmern.

Aber kaum waren einige Schritte in der von Halmalo gewiesenen Richtung getan, da hörte er in seinem tiefen Versteck unter dem Gestrüpp einen fürchterlichen Schrei, der vom Rand der Hochebene ihm zu Häupten niedergellte. Der Marquis sah hinauf und blieb stehen.

Fünftes Buch

In Daemone Deus

I
Gefunden, doch verloren

Als Michelle Fléchard den Turm erblickt hatte, den die untergehende Sonne rötete, war sie noch mehr als eine Meile davon entfernt. Obwohl sie kaum noch zu einem Schritt imstande war, schreckte sie vor dieser Meile nicht zurück. Die Frauen sind schwach, aber die Mütter sind stark. Sie ging weiter.

Die Sonne war untergegangen; erst brach die Dämmerung an, dann die tiefe Nacht. Immer weiter laufend, hörte sie es von fern erst acht, dann neun Uhr schlagen. Der unsichtbare Kirchturm war wahrscheinlich der von Parigné. Manchmal machte sie halt, um auf die dumpfen Stöße zu lauschen, die vielleicht nur zu den unbestimmten Geräuschen der Nacht gehörten.

Sie ging immer vor sich hin, geradeaus und trat dabei mit blutenden Füßen auf Dornsträucher. Ein schwacher Schimmer leitete sie, der von dem fernen Turme kam und ihn geheimnisvoll heraushob. Wenn einer der Stöße erdröhnte, wurde der Schein stärker und nahm dann wieder ab.

Die weite Hochebene, auf der sie wanderte, trug weder Haus noch Baum, war nur mit Gras und Heidekraut bewachsen. Die Fläche stieg unmerklich und unabsehbar an, in harter gerader Linie durchschnitt sie den dunklen sternbesäten Horizont. Der Turm, auf den sie die Augen richtete, verlieh ihr die Kraft, weiterzusteigen. Langsam sah sie ihn anwachsen.

Die gedämpften Kanonenschläge und blassen Lichter, die mit Unterbrechungen vom Turm ausgingen, gaben der traurigen Mutter irgendein herzbeklemmendes Rätsel auf.

Plötzlich endeten sie, Lärm und Licht erloschen, es herrschte vollkommenes Schweigen, finsterer Friede machte sich breit. Gerade in diesem Augenblicke erreichte Michelle Fléchard den Rand der Ebene.

Unter sich erblickte sie eine Schlucht, deren Boden sich in der bleichen Nachtdichte verlor. Oben zu ihrer Rechten war ein Durcheinander von Rädern und durchbrochenen Verschanzungen, eine Kanonenbatterie. Vor ihr stand, spärlich erhellt von den brennenden Lunten der Batterie, ein mächtiges Gebäude, das aus schwärzeren Schatten als die Nacht errichtet zu sein schien.

Es war ein Schloß auf einer Brücke, deren Pfeiler in die Schlucht hinabstiegen, und Schloß und Brücke lehnten sich an einen dunklen runden Turm, jenen, dem die Mutter so lange zugewandert war. Durch seine Schießscharten sah man ein Hin- und Herirren von Licht, und das Getöse drinnen deutete auf eine Menge Menschen, von denen einige schattenhaft bis auf die obere Plattform überströmten.

Bei der Batterie war ein Lager, Michelle Fléchard konnte die Posten unterscheiden, ohne von ihnen selbst in der Dunkelheit und im Gestrüpp gesehen zu werden. Sie stand so nahe an der Brücke, daß sie meinte, mit der Hand an den Turm rühren zu können, während doch die tiefe Schlucht dazwischen lag. Sie erkannte auch die drei Stockwerke des Schlößchens.

Wie lange sie schweigend und regungslos in der Dunkelheit vor dieser gähnenden Schlucht und diesem dunklen Gebäude stand, blieb ihr unbewußt, denn das Maß der Zeit entschwand ihrer Seele. Was war dies alles, und was ging hier vor? War dies La Tourgue? Ihr schwindelte von der unbestimmten Erwartung, die sich bei Ankunft oder Abschied einstellt. Sie fragte sich, warum sie eigentlich hier sei. Sie starrte hin und lauschte.

Mit einem Male sah sie nichts mehr.

Zwischen ihr und dem Gebäude war ein Schleier von Rauch aufgestiegen und zwang sie mit ätzender Schärfe, die Augen zu schließen. Dann schnitt es mit purpurnem Licht durch ihre Lider hindurch. Sie sah von neuem hin.

Da hatte sie nicht mehr die Nacht vor sich, sondern den grellen Tag. Es war ein grauenhafter Tag, der Tag, der aus der Feuersbrunst hervorging, die vor ihren Augen ausbrach.

Der schwarze Rauch war scharlachrot geworden, eine riesige Flamme stand darin, die aufwachsend und niedersinkend die wilden Krümmungen der Blitze und der Schlangen beschrieb.

Die Flamme züngelte aus etwas hervor, das einem Rachen glich; aus einem brennenden Fenster. Es lag im untersten Stock des Brückengebäudes, sein eisernes Gitterwerk glühte, von dem ganzen Bau war allein dieses Fenster zu erkennen. Der Rauch verhüllte alles, selbst die Hochebene, wo nur der Schluchtrand schwarz vor dem blutigen Feuer auftauchte.

Staunend sah Michelle Fléchard hin. Der Rauch ist Wolke, die Wolke ist Traum: Sie wußte nicht mehr, was sie vor sich hatte, ob sie fliehen oder bleiben sollte, sie dünkte sich fast außerhalb der Wirklichkeit.

Ein Windstoß riß den Schleier entzwei; und plötzlich enthüllt, ragte die ganze tragische Burg empor, Turm, Brücke und Schlößchen, in der blendenden, entsetzlichen, großartigen Vergoldung der Feuersbrunst, strahlend von oben bis unten. Jetzt konnte Michelle, dank der schauerlichen Genauigkeit des Feuers, alles sehen.

Das unterste Stockwerk des Brückenschlößchens stand ganz in Flammen. Darüber sah man die zwei anderen Stockwerke, sie waren noch unversehrt, doch wie von einem Flammengeflecht getragen. Vom Rand der Hochebene, wo Michelle Fléchard stand, konnte man durch die Zwischenräume von Feuer und Rauch zuweilen einen Blick ins Innere tun. Alle Fenster waren weit geöffnet.

Durch die Fenster des zweiten Stocks, die sehr groß waren, sah Michelle längs der Wand Schränke, die mit Büchern gefüllt schienen, und hinter dem einen breiten Fenster am Boden im Halbdunkel eine kleine verworrene Gruppe, etwas gleich dem unbestimmten Knäuel eines Nestes, einer Brut. Ihr schien, als rege es sich manchmal.

Sie betrachtete es intensiv. Was für eine schattenhafte kleine Gruppe war das?

Hin und wieder glaubte sie, sie müsse lebendig sein. Sie fieberte, seit dem Morgen hatte sie nichts gegessen, war ohne Unterbrechung weitergewandert, erschöpft, von Wahngebilden durchtaumelt, vor deren Erneuerung sie sich hüten wollte. Doch immer starrer hingen ihre Augen an dem kleinen dunklen Haufen drüben, an diesen doch wohl wesenlosen Formen, Gegenständen auf dem Fußboden des Saales, unter dem die Feuersbrunst wütete.

Plötzlich langte die Flamme wie eine zielbewußte Hand nach dem großen abgestorbenen Efeuwuchs, der die vordere Hauswand bedeckte. Als hätte das Feuer erst jetzt das trokkene Gezweig entdeckt, züngelte es gierig darüber hin und stieg hinauf mit gräßlicher Geschwindigkeit. Augenblicklich war es im zweiten Stock und erhellte von oben das Innere des ersten. Da erschienen plötzlich im lichten Glanz die drei schlummernden Kinder.

Es war ein reizendes Häuflein von verschlungenen Armen und Beinen, die Gesichter lächelnd mit geschlossenen Augenlidern.

Die Mutter erkannte ihre Kinder.

Sie stieß einen furchtbaren Schrei aus. Dieser Schrei der unsagbaren Angst ist nur einer Mutter gegeben. Nichts ist so wild und rührend zugleich; schreit eine Frau so wild, so hört man eine Wölfin; ist es eine Wölfin, so hört man eine Frau.

Ein Heulen war dieser Schrei der Michelle Fléchard; nach dem Worte Homers hat Hekuba so aufgebellt.

Diesen Schrei hatte der Marquis de Lantenac gehört und

war stehengeblieben, zwischen dem Ausgang der unterirdischen Höhle, aus der ihn Halmalo geführt hatte, und der Waldschlucht.

Durch das Gestrüpp über ihm sah er die brennende Brücke und La Tourgue, rot vom Widerschein. Und durch die Zweige bemerkte er über seinem Haupte an der anderen Seite, am Rande der Hochebene, gegenüber dem brennenden Schlosse, im vollen Licht der Feuersbrunst, das verstörte und beklagenswerte Gesicht einer Frau, die sich über den Rand der Schlucht beugte. Und es war diese Frau, die diese Schreie ausgestoßen hatte.

Dieses Gesicht war nicht mehr das der Michelle Fléchard, sondern das einer Gorgone. Die Unglücklichen sind auch die Fürchterlichen. Eine Bäuerin, belanglos, unwissend und unbewußt, hatte plötzlich die epische Form erinnyenhafter Raserei angenommen. Großer Schmerz ist gigantische Erweiterung der Seele, und die Mutter war nun die Mütterlichkeit selbst. Was die Menschlichkeit insgesamt ausdrücken kann, ist übermenschlich, und hier, am Rande des Abgrunds, vor diesem Feuer, vor diesem Verbrechen richtete sie sich wie eine jenseitige Gewalt empor. Sie hatte den Schrei eines Tieres und die Gebärde der Göttin, ihr Gesicht, Verwünschungen schleudernd, schien eine Maske der Hölle zu sein. Doch erhabener als alles war der Blitz ihrer von Tränen strömenden Augen, und ihr Blick war niederschmetternder als die Feuersbrunst.

Der Marquis horchte. Zerrissene Laute regneten auf sein Haupt hernieder, mehr Schluchzer als Worte.

»Oh! Oh! Großer Gott! Meine Kinder! Es sind meine Kinder! Hilfe! Feuer! Feuer! Feuer! Ihr Mordbrenner! Ist niemand hier! Meine Kinder verbrennen! Ach, es ist schlimm! Georgette! Meine Kinder! Gros-Alain! René-Jean! Was ist denn das? Wer hat meine Kinder dorthin getan? Sie schlafen — Ich bin verrückt — Es ist nicht möglich — Hilfe!«

Inzwischen war in La Tourgue und auf der Hochebene alles in Aufruhr geraten. Das ganze Lager lief um die Feuersbrunst zusammen, und die Angreifer, soeben mit dem Schießen fertig, bekamen es jetzt mit der Feuersbrunst zu tun. Gauvain, Cimourdain, Guéchamp erteilten ihre Befehle. Was tun? Freilich, aus dem mageren Schluchtbach ließen sich kaum einige Eimer Wasser schöpfen. Die Aufregung wuchs, rings wimmelte es von verstörten Gesichtern, die hinüberstarrten. Das, was man sah, war entsetzlich. Man starrte hin und vermochte nichts zu tun.

An den Efeuranken hatte das Feuer den obersten Stock erreicht, hatte dort den mit Stroh gefüllten Speicher gefunden und sich daraufgestürzt. Der ganze Dachboden brannte jetzt. Schon tanzten die Flammen in unheimlicher Freude. Es war, als fache ein verruchter Atem diesen Scheiterhaufen an, als habe sich dieser entsetzliche Imânus in einen Funkenwirbel verwandelt, lebe hier vom mörderischen Leben des Feuers, und diese monströse Seele sei selbst zur Feuersbrunst geworden. Die Bibliothek war noch nicht ergriffen, weil die Höhe und Dicke der Mauern sie schützten, aber der verhängnisvolle Augenblick rückte näher. Die Glut des ersten Stocks leckte von unten, die des dritten streichelte von oben darüber hin, der Kuß des Todes umhauchte diesen Raum. Unter ihm lag ein Keller voll Lava, über ihm ein Gewölbe voller Herdglut: Ein Loch im Fußboden, und der Raum versank in roter Asche, ein Loch in der Decke, und der Raum wurde unter brennender Kohle begraben.

René-Jean, Gros-Alain und Georgette waren noch nicht erwacht. Sie schliefen den festen, einfachen Schlaf der Kindheit, und zwischen den großen Falten von Brand und Rauch sah man sie in der Feuergrotte auf dem leuchtenden Grund eines Meteors liegen, friedlich, anmutig wie drei Jesuskinder, vom Heiligenschein umstrahlt, in einer Hölle schlummernd. Vor diesen Rosen im Glutofen, vor diesen Wiegen im Grabe hätte wohl ein Tiger geweint.

Die Mutter rang die Hände. »Feuer! Ich schreie Feuer! Ist alles taub, kommt niemand? Sie verbrennen mir meine Kinder! Hierher, ihr Männer! Tage und Tage bin ich unterwegs, und so finde ich sie wieder! Feuer! Hilfe! Es sind Engel! Wenn man denkt, daß es Engel sind! Was haben sie denn getan, die unschuldigen Kleinen? Mich habt ihr erschossen, und die Kinder werden verbrannt! Wer macht denn nur dies alles? Hilfe! Rettet meine Kinder! Hört ihr nicht? Mit einem Hund, mit einer Hündin hätte man Mitleid! Meine Kinder! Meine Kinder! Ach, sie schlafen! Georgette, ich sehe ihren lieben kleinen Bauch! René-Jean, Gros-Alain! Ja, so heißen sie! Ihr seht doch, daß ich ihre Mutter bin. Oh, was für Scheußlichkeiten geschehen in dieser Zeit. Ich bin Tag und Nacht gewandert. Erst heute morgen habe ich noch mit einer Frau gesprochen. Hilfe! Feuer! Hier sind lauter Bestien, gräßlich! Das Älteste ist nicht einmal fünf Jahre alt, die Kleine noch nicht zwei. Ich sehe ihre dünnen nackten Beine. Sie schlafen, gütige Jungfrau! Die Hand des Himmels gibt sie mir zurück, und die Hand der Hölle nimmt sie mir nochmals fort! So weit mußte ich gehen. Meine Kinder, die ich mit meiner Milch genährt habe! Und ich hielt es schon für das größte Unglück, daß ich sie nicht finden konnte! Erbarmt euch! Ich will meine Kinder haben, ich brauche meine Kinder! Es ist wahr, daß sie im Feuer liegen! Seht doch meine armen blutigen Füße. Hilfe! Es ist nicht möglich, daß es Menschen auf der Welt gibt und man die Kleinen so sterben läßt. Hilfe! Mörder! Wer hat das je gesehen! Oh, die Verbrecher! Was für ein fürchterliches Haus ist dies? Man hat sie mir gestohlen, um sie zu töten! Jesus am Kreuz, ich will meine Kinder! Ich weiß nicht mehr, was ich tun soll! Sie sollen nicht sterben! Hilfe! Hilfe! Hilfe! Oh! Wenn sie sterben müssen, erwürge ich Gott!«

Gleichzeitig mit dieser Beschwörung der Mutter riefen Stimmen auf der Hochebene und in der Schlucht durcheinander:

»Eine Leiter!«

»Es ist keine Leiter da!«

»Wasser her!«

»Wir haben kein Wasser!«

»Oben im Turm, dort im zweiten Stock ist eine Tür.«

»Die Tür ist aus Eisen.«

»Schlagt sie ein!«

»Es ist nicht möglich!«

Verzweifelter schrie die Mutter: »Feuer! Hilfe! Beeilt euch doch! Oder tötet mich! Meine Kinder! Meine Kinder! Ach, das entsetzliche Feuer! Holt sie heraus aus dem Feuer oder schleudert mich hinein!«

In den Pausen ihres Geheuls hörte man das ruhige Prasseln der Feuersbrunst.

Der Marquis faßte in seine Tasche und fühlte darin den Schlüssel zur eisernen Tür. Er bückte sich und trat in den gewölbten Gang zurück, durch den er entkommen war.

II

Von der steinernen zur eisernen Tür

Eine ganze Armee, verwirrt von der unlösbaren Aufgabe einer Rettung, viertausend Mann, die drei Kindern nicht helfen können: dies war die Lage.

Eine Leiter war tatsächlich nicht vorhanden, die von Javené war ausgeblieben. Wie ein Krater, der sich dehnt, griff die Feuersbrunst um sich. Sie mit dem fast ausgetrockneten Bache löschen zu wollen, wäre so lächerlich gewesen, als schüttete man ein Glas Wasser über einem Vulkan aus.

Cimourdain, Guéchamp und Radoub waren in die Schlucht hinabgestiegen. Gauvain ging in den Saal zurück, wo sich der drehbare Stein mit dem geheimen Ausgang und die eiserne Tür zur Bibliothek befanden. Dort hatte der Imânus die Lunte angezündet, dort hatte der Brand begonnen.

Gauvain nahm zwanzig Mann mit, um die Tür sprengen zu lassen, es gab nur noch diesen Ausweg.

Aber sie war entsetzlich gut verschlossen. Man fing mit

Axthieben an. Die Beile zerbrachen. »Der Stahl ist wie Glas gegen dieses Eisen da!« sagte einer der Leute.

Die Tür bestand aus doppelten, je drei Zoll dicken, aneinander geschraubten und geschmiedeten Eisenplatten. Man versuchte es jetzt mit eisernen Stangen, die man unter die Tür stemmte. Die Stangen brachen. »Wie Streichhölzer«, sagte der Soldat.

Düster murmelte Gauvain: »Nur mit einer Kanonenkugel wäre sie aufzumachen. Wir müßten ein Geschütz heraufschaffen.«

»Nützte vielleicht auch nichts!« antwortete der Mann.

Einen Augenblick lang ließen sie die Hände sinken. Stumm, ohnmächtig, besiegt starrten die Männer die unüberwindliche Tür an. Roter Schein drang darunter hervor, noch immer wuchs die Feuersbrunst dahinter an.

Der Leichnam des Imânus lag in der Nähe, düsterer Sieg. Vielleicht noch einige Minuten, und der ganze Bau konnte zusammenstürzen. Was tun? Es gab keine Hoffnung mehr.

Den Blick auf den drehbaren Stein und den offenen Ausgang in der Wand gerichtet, schrie Gauvain erbittert:

»Aber der Marquis de Lantenac ist hier entkommen!«

»Und kehrt hier zurück«, erwiderte eine Stimme.

Ein weißer Kopf erschien in der steinernen Geheimöffnung des Ganges. Es war der Marquis.

Gauvain, der den Marquis seit Jahren nicht mehr so nahe gesehen hatte, trat einen Schritt zurück. Die anderen, wie erstarrt, blieben in ihrer zufälligen Stellung.

Der Marquis hielt einen großen Schlüssel in der Hand. Mit herrischem Blick hieß er einige Leute, die auf seinem Wege standen, zurückweichen, ging auf die eiserne Tür zu, bückte sich, steckte den Schlüssel ins Schloß. Es knirschte, die Tür ging auf, man sah einen feurigen Abgrund. Der Marquis trat hinein, mit festem Schritt, in hoher Haltung.

Schaudernd folgten sie ihm mit den Augen, und unmittelbar hinter ihm sank, vom Feuer zerbröckelt und von seinem

Schritt erschüttert, der Fußboden zusammen, so daß zwischen ihm und der Tür ein klaffender Spalt entstand. Der Marquis, ohne den Kopf zu wenden, verschwand im tiefen Rauche. Man sah nichts mehr.

Hatte er noch weiter gehen können? Hatte sich ein neuer Abgrund unter ihm geöffnet? War sein einziger Erfolg gewesen, bei seiner Rettungstat selbst zugrunde zu gehen? Man konnte noch keine Antwort geben.

Nur eine Mauer von Rauch und Glut hatte man vor sich. Hinter ihr befand sich der Marquis, tot oder lebendig.

III
Die Kinder erwachen

Indessen hatten die Kinder die Augen wieder aufgeschlagen.

Das Feuer, das noch nicht in die Bibliothek eingedrungen war, warf an die Decke erst noch einen rosigen Widerschein. Die Kinder kannten ein solches Morgenrot nicht, sie schauten, Georgette äugte sehr aufmerksam hin.

Da entfalteten sich alle Herrlichkeiten der Feuersbrunst ihnen. Die schwarze Hydra und der scharlachfarbene Drache wuchsen aus dem Rauch in düsterer roter Pracht. Mit langen Schwänzen flogen die Flammen davon und strahlten durch die Finsternis wie kämpfende, einander folgende Kometen. Das Feuer ist Verschwender und streut seine Juwelen in alle Winde. Nicht umsonst ist der Diamant der Kohle gleich. Kaskaden funkelnder Edelsteine fielen aus den Brandrissen des dritten Stocks in die Schlucht. Lawinen von Goldstaub stürzten aus dem brennenden Stroh und Hafer vom Dachboden durch die Fenster hinab, die Haferkörner gleich Amethysten, die Strohhalme gleich Karfunkeln.

»Hübsch«, sagte Georgette.

Alle drei saßen aufrecht.

»Oh!« schrie die Mutter. »Sie sind aufgewacht.«

René-Jean erhob sich, nach ihm Gros-Alain und Georgette. Der älteste streckte die Arme und ging ans Fenster:

»Es ist warm.«

»Warm«, wiederholte Georgette.

Die Mutter rief sie: »Meine Kinder! René! Georgette! Alain!«

Die Kinder schauten um sich, sie versuchten zu begreifen. Was Erwachsene erschreckt, macht Kinder neugierig. Wer leicht staunt, erschrickt nicht so schnell, Unwissenheit enthält Unerschrockenheit. Die Kinder verdienen so wenig die Hölle, daß sie sie bei ihrem Anblick bewundern würden.

Die Mutter schrie immer wieder ihre Namen, René-Jean wandte den Kopf, diese Stimme überwand seine Träumerei. Kinder haben ein kurzes Gedächtnis, aber rasch sind sie wieder zu erinnern. Die ganze Vergangenheit ist für sie ein Gestern. René-Jean sah seine Mutter, fand dies selbstverständlich, und da er inmitten so vieler seltsamer Dinge ein Bedürfnis nach Hilfe empfand, rief er: »Mama!« – »Mama!« schrie auch Gros-Alain. Georgette streckte die Arme aus und rief: »Ma!«

»Meine Kinder!« heulte die Mutter.

Sie standen an einem Fenster, zu dem das Feuer noch nicht gelangt war. »Es ist mir zu heiß«, sagte René-Jean, und er fügte hinzu: »Es brennt. Komm doch her, Mama«, sagte er und suchte mit den Augen seine Mutter. »Her, Ma!« wiederholte das Mädchen.

Von Strauch zu Strauch, mit aufgelöstem Haar, zerfetzt, blutend hatte sich die Mutter in die Schlucht hinabgleiten lassen. Dort waren Cimourdain und Guéchamp; sie fühlten sich ebenso ohnmächtig wie im Turm oben Gauvain. Verzweifelt darüber, unnütz zu sein, liefen die Soldaten fieberhaft um sie herum, ohne auf die unmäßige Hitze zu achten. Sie starrten hinüber zu der hohen Brücke, zu den steilen Bogen, zu den unerreichbaren Fenstern, sie sahen nur die Notwendigkeit, schnell zu handeln. Aber drei Stockwerke! Keine Möglichkeit, dahin zu gelangen. Radoub, durch einen Säbelhieb an der Schulter verletzt und mit abgerissenem Ohr, kam triefend von Schweiß und Blut gelaufen. Er erkannte Michelle Fléchard.

»Oh, die Erschossene! Sie sind wieder auferstanden?«

»Meine Kinder!« antwortete die Mutter.

»Richtig«, sagte Radoub, »über Gespenster nachzudenken, ist jetzt nicht die Zeit.«

Er machte einen unnützen Versuch, zur Brücke hinaufzuklettern, bohrte seine Nägel in die Fugen, klomm ein paar Minuten. Aber von den glatten Flächen ohne Bruch und Erhöhung, von dieser wie neuen alten Wand glitt Radoub wieder zurück. Die Feuersbrunst ging erschreckend schnell weiter. Im Rahmen des sich rötenden Fensters sahen sie die drei Köpfe, und Radoub reckte die Faust zum Himmel, stierte hinauf, als suche er jemanden, und schrie: »Führt man sich so auf, lieber Gott da oben?«

Auf den Knien umschlang die Mutter den Pfeiler der Brücke und kreischte: »Gnade!«

Dumpfes Krachen erscholl durch das Knistern der Flammen, die Scheiben der Bibliotheksschränke klirrten zersprungen zu Boden. Es war klar, das Gebälk gab jetzt nach. Hier konnte menschliche Kraft nicht mehr helfen. Noch einen Augenblick, und alles würde zusammenstürzen. Man erwartete nur noch die Katastrophe. Während die Leute im Wahnsinn der letzten Erwartung dastanden, hörten sie die kleinen Stimmen immer noch wiederholen: »Mama! Mama!«

Da erschien am Fenster daneben vor dem purpurnen Hintergrund eine hohe Gestalt.

Alle Köpfe erhoben sich, alle Blicke starrten hinauf. Ein Mensch war dort oben, ein Mensch im Saale der Bibliothek, ein Mensch im Glutofen. Diese Gestalt erschien schwarz inmitten der Flammen, aber die Haare waren weiß, und alle erkannten den Marquis de Lantenac.

Er verschwand und kehrte wieder. Der angsteinflößende Alte hob sich mit einer gewaltigen Leiter in den Händen vom

Fenster ab. Es war die Rettungsleiter, die an der Wand in der Bibliothek gelehnt hatte. Er hatte sie bis zum Fenster geschleppt, packte sie bei dem einen Ende, und mit der Meisterschaft eines Athleten ließ er sie über den Fenstersims bis in die Schlucht hinabgleiten. Vor Freude außer sich, streckte unten Radoub die Hände danach aus, faßte die Leiter, drückte sie in seine Arme und rief: »Es lebe die Republik!«

»Es lebe der König!« antwortete der Marquis.

»Schrei soviel Unsinn, wie du willst«, dröhnte Radoub, »du bist doch der liebe Gott!«

Die Leiter stand, die Verbindung zwischen dem brennenden Saal und der Erde war hergestellt, zwanzig Mann eilten herbei; Radoub voran, waren sie im Augenblick über die Sprossen verteilt, wie Maurer, die sich von einem zum anderen Ende Steine zureichen. Auf der hölzernen stand eine menschliche Leiter, und Radoub an ihrer Spitze berührte das Fenster und schaute in die Feuersbrunst.

Von allen Erregungen auf einmal durchwühlt, drängte sich das ganze auf der Heide und den Abhängen zerstreute Heer zur Hochebene, zur Schlucht, zur Plattform des Turms.

Wieder verschwand der Marquis und kehrte zurück und brachte ein Kind.

Schallendes Händeklatschen. Das erste Kind, das der Marquis aufs Geratewohl gegriffen hatte, war Gros-Alain. Dieser schrie: »Ich fürchte mich!«

Der Marquis reichte das Kind dem Unteroffizier, dieser gab es dem Soldaten, der es dem nächsten reichte. Während es so von Arm zu Arm die Leiter hinabsank, kam der Marquis nach einem Augenblick mit René-Jean zurück, der sich unter Tränen wehrte und Radoub schlug, als der Marquis ihn hinausreichte.

Der Marquis ging wieder in den hell brennenden Saal hinein, in dem Georgette allein geblieben war, und ging auf sie zu, sie lächelte. Dieser Mann aus Granit fühlte, wie seine Augen naß wurden.

»Wie heißt du?« fragte er.

»Orgette.«

Er nahm die lächelnde Kleine auf den Arm, und als er sie Radoub übergab, wurde dieses so strenge und herbe Gewissen von dieser Unschuld geblendet, und der Greis gab dem Kinde einen Kuß.

»Die kleine Göre«, schrien die Soldaten. Unter großem Jubel glitt auch Georgette von Arm zu Arm auf die Erde nieder. Alles klatschte in die Hände und stampfte mit den Füßen, die alten Grenadiere schluchzten, und das Kind lächelte ihnen zu.

Die Mutter aber stand am Fuße der Leiter, keuchend, betäubt, wahnsinnig vom Unerwarteten, ohne Übergang aus der Hölle ins Paradies geschickt. Der Überfluß an Freude hat auch seine Art, das Herz zu zerreißen. In ihren ausgebreiteten Armen empfing sie nacheinander die drei Kinder, überschüttete sie mit Küssen, lachte gellend und fiel ohnmächtig zu Boden.

Ein gewaltiger Schrei erhob sich: »Alle gerettet!«

Tatsächlich, gerettet waren alle, mit Ausnahme des Greises. Aber niemand dachte daran, vielleicht nicht einmal er selbst.

Sinnend blieb er noch einige Augenblicke am Fenster, als wollte er dem Feuer Zeit lassen, sich zu entscheiden. Dann stieg er in aller Ruhe langsam, stolz über die Brüstung des Fensters hinaus, und ohne sich umzudrehen, gerade, aufrecht, den Rücken an die Sprossen gelehnt, den Brand hinter sich, das Gesicht zum Abgrund gekehrt, kam er mit der stummen Erhabenheit eines Phantoms langsam die Leiter herab. Die Leute, die noch auf Sprossen standen, stürzten nach unten, ein Schauder erfaßte alle. Dieser Mann, der von dort oben herabschwebte, ließ sie wie die Erscheinung eines Heiligen scheu zurückweichen. Feierlich tauchte er immer tiefer in das Dunkel, das vor ihm lag, und näherte sich den zurückdrängenden Menschen. In seiner marmornen Blässe war keine Falte, in seinem geisterhaften Blick kein Zucken. Mit jedem Schritt, den er auf diese Männer, die ihm mit aufgerissenen Augen entgegenstarrten, zutrat, erschien er größer. Die Leiter bebte und klang unter seinem düsteren Tritt, als kehre die Gestalt des Komtur in seine Gruft zurück.

Als er die letzte Sprosse erreicht hatte und den Boden berührte, legte sich eine Hand auf seinen Nacken. Er wandte sich um.

»Ich verhafte dich«, sagte Cimourdain.

»Ich billige es«, erwiderte Lantenac.

Sechstes Buch
Nach dem Siege der Kampf

I
Lantenac gefangen

Der Marquis war wirklich in die Gruft zurückgestiegen.

Man führte ihn ab.

Sogleich wurde unter Cimourdains strenger Aufsicht das alte Krypta-Verlies von La Tourgue geöffnet. Man trug eine Lampe, einen Krug Wasser mit einem Laib Soldatenbrot hinein, warf einen Strohballen dazu, und kaum eine Viertelstunde, nachdem die Hand des Priesters den Marquis berührt hatte, schloß sich die Kerkertür hinter Lantenac.

Dann begab sich Cimourdain zu Gauvain, und während es von der fernen Kirche von Parigné elf Uhr schlug, sagte er:

»Ich berufe ein Kriegsgericht ein. Du wirst nicht dazugehören, denn Lantenac ist wie du ein Gauvain. Du bist ihm zu nah verwandt, um sein Richter sein zu können, und ich tadle es, daß Egalité über Capet mitgeurteilt hat. Das Kriegsgericht wird aus drei Richtern bestehen, einem Offizier, Hauptmann Guéchamp, einem Unteroffizier, Radoub, der dritte, der Vorsitzende, werde ich selbst sein. Mit all dem wirst du nichts mehr zu tun haben. Wir halten uns an den Beschluß des Konvents, wir werden nur die Identität des vormaligen Marquis de Lantenac feststellen: Morgen das Kriegsgericht, übermorgen die Guillotine, und die Vendée ist tot.«

Gauvain erwiderte kein Wort. Der andere verließ ihn, ganz von dieser alles überragenden Aufgabe eingenommen. Zeit und Ort mußten noch bestimmt werden. Wie Lequinio in Granville, Tallien in Bordeaux, Châlier in Lyon, Saint-Just in Straßburg pflegte auch Cimourdain, um vorbildlich zu wirken, bei den Hinrichtungen selbst zugegen zu sein. Daß der Richter bei der Arbeit des Henkers zusah, war ein Brauch der Schreckensmänner von 1793, den sie den alten Parlamenten Frankreichs und der spanischen Inquisition entlehnten.

Auch Gauvain war nachdenklich.

Vom Walde her blies ein kalter Wind. Gauvain überließ es Guéchamp, die nötigen Befehle zu erteilen: Er ging in sein Zelt, am Fuße von La Tourgue, auf der Wiese am Rande des Waldes, und hüllte sich in seinen Mantel. Dieser Kapuzenmantel war mit der einfachen Borte besetzt, die nach der republikanischen Mode auf nüchterne Art den Oberbefehlshaber kenntlich machte. Dann ging er über die blutige Wiese, wo der Angriff begonnen hatte. Er war allein. Das Feuer brannte weiter, von nun an unbeachtet. Radoub war bei den Kindern und der Mutter, fast so mütterlich wie diese. Das Brückenschlößchen brannte völlig nieder. Die Soldaten begrenzten das Feuer, warfen Gruben aus, legten die Toten hinein, verbanden die Verwundeten, rissen die Barrikade nieder. Sie entfernten die Leichen aus den Sälen und von den Treppen, reinigten den Schauplatz des Gemetzels, fegten den schrecklichen Kehricht des Sieges hinaus. Mit militärischer Geschwindigkeit verrichteten sie das, was man den Haushalt einer beendigten Schlacht nennen könnte. Gauvain sah nichts von all dem.

In seinem Traumzustand warf er kaum einen Blick auf den Posten vor der Bresche, der auf Cimourdains Befehl verdoppelt worden war.

Er konnte diese Bresche im Dunkeln sehen. Dort, zweihundert Schritte von der Wiese, wo er jetzt eine Zuflucht gesucht hatte, an jener schwarzen Öffnung war der Angriff vor drei Stunden begonnen worden, dort war Gauvain in den Turm eingedrungen, ins Erdgeschoß mit der Barrikade. Dort im Erdgeschoß war auch die Tür zum Kerker des Marquis, und dieser Posten vor der Bresche bewachte diesen Kerker.

Jedesmal, wenn Gauvain hinsah, hörte er, wie eine Totenglocke von fern, die Worte hallen: »Morgen das Kriegsgericht, übermorgen die Guillotine.«

Noch immer leistete die Feuersbrunst den löschenden Soldaten Widerstand, mochten sie auch alles vorhandene Wasser über die in Pausen aufschießende Flamme schütten. Krachend stürzten die Stockwerke des Gebäudes ineinander, wie aus geschwungener Fackel sprühten die Funken umher. Der Himmel blitzte auf bis zum Rande der Erde, riesenhaft warf La Tourgue ihren Schatten über den Wald.

Gauvain ging durch den Schatten vor der Bresche auf und ab, er kreuzte beide Hände hinter seinem Kopf, der mit der Kriegskapuze bedeckt war, und dachte nach.

II
Gauvain in Gedanken

Seine Träumereien waren unergründlich.

Eine unerhörte Veränderung hatte sich vollzogen.

Der Marquis de Lantenac hatte sich verklärt, Gauvain war Zeuge dieser Verklärung gewesen.

Nie hätte er eine solche Verwicklung für möglich gehalten, selbst im Traume war ihm Ähnliches noch nicht begegnet. Nun hatte ihn das Unerwartete gepackt und hielt ihn fest, irgendein herrisches Walten, das mit den Menschen spielt. Unmögliches war vor seinen Augen wirklich, sichtbar, fühlbar, unvermeidlich und unerbittlich geworden.

Welche Lösung hatte Gauvain dafür?

Es galt, nicht Winkelzüge zu machen, sondern zu einer geraden Folgerung zu kommen. Eine Frage war ihm gestellt worden, er konnte vor ihr nicht flüchten. Wer richtete die Frage an ihn?

Die Ereignisse, aber nicht diese allein. Wenn die wandelbaren Ereignisse uns befragen, dann zwingt uns die regungslose Gerechtigkeit zu antworten.

Hinter der Wolke, die ihren Schatten über uns wirft, steht der Stern, und seinem Licht entziehen wir uns so wenig wie dem Schatten.

Gauvain wurde einem Verhör unterzogen. Er erschien vor einem mächtigen Befrager, vor seinem Gewissen. Ein Schwindel erfaßte ihn. Seine festesten Entschlüsse, seine bestimmtesten Versprechen, seine stärksten Vorsätze, alles taumelte in den Tiefen seiner Willenskraft. Es gibt Seelenbeben.

Je gründlicher er über das, was er soeben erlebt hatte, nachdachte, um so heftiger fühlte er sich erschüttert.

Er hatte sich als Republikaner auf dem Boden absoluter Wahrheit geglaubt und war es wahrscheinlich auch gewesen. Eine höhere Wahrheit hatte sich ihm heute enthüllt: Über dem revolutionären Absoluten schwebte das menschliche Absolute.

Er konnte nicht ausweichen, das Geschehnis war allzu ernst, und Gauvain war daran beteiligt. Mochte Cimourdain gesagt haben: »Dies geht dich nichts mehr an«, er empfand etwas, wie der Baum in dem Augenblick, da man ihn von seiner Wurzel abreißt. Jeder Mensch hat eine Grundlage, deren Verletzung ihn bis zur Spitze erschüttert. Das empfand jetzt Gauvain.

Er drückte den Kopf in die Hände, als wollte er die Wahrheit hervorpressen. Die Dinge sich klarzumachen, um die es ging, war nicht einfach; das Komplizierte zu vereinfachen war das Schwerste; die furchtbaren Zahlen zusammenzurechnen, die Summe des Schicksals zu ziehen; ihm schwindelte davor. Er machte den Versuch, er mühte sich, seine Gedanken zu sammeln, die Widerstände seiner Seele zu disziplinieren, die Tatsachen aneinanderzureihen. Er ließ alles noch einmal vor seinem Auge passieren. Wer hat nicht schon vor sich selbst Bilanz gezogen, sich in einem außerordentlich wichtigen Moment seines Lebens befragt über seinen zukünftigen Weg, wo entschieden werden mußte, entweder weiterzugehen oder sich zurückzuziehen.

Gauvain hatte einem Wunder beigewohnt.

Mitten im irdischen Krieg hatte sich himmlischer Kampf erhoben, Kampf des Guten gegen das Böse, und ein fürchterliches Herz war darin besiegt worden.

Erwägt man die Natur des Menschen mit all ihrer Schlechtigkeit, Gewalttätigkeit, Selbsttäuschung, Blindheit, Krankhaftigkeit, Überhebung und Selbstsucht, so hatte Gauvain hier wirklich ein Wunder gesehen, den Sieg der Menschlichkeit über den Menschen.

Das Menschliche hatte das Unmenschliche überwunden.

Und auf welche Weise? Mit welchen Mitteln hatte es einen Koloß an Haß und Wut zu Boden geworfen? Welche Waffen, welche Kriegsmaschine hatte es dazu gebraucht? Eine Kinderwiege.

Gauvain stand wie geblendet. Dies war mitten im sozialen Aufruhr geschehen, im Zusammenstoß aller Feindseligkeiten und Rachegelüste, im dunkelsten, wildesten Augenblick des Kampfes, als das Verbrechen all seine Flammen und der Haß all seine Finsternisse ausspie, in dieser Stunde der Schlacht, da alles zur Waffe wird und das Handgemenge sich so gräßlich verstrickt, daß niemand mehr weiß, auf welcher Seite Gerechtigkeit, Redlichkeit, Wahrheit stehen. Da hatte der große Unbekannte, der geheimnisvolle Mahner unserer Seelen, über die menschliche Helligkeit und Finsternis sein großes ewiges Licht leuchten lassen.

Da war über dem Zweikampf des Falschen mit dem Relativen plötzlich in der Tiefe das Gesicht der Wahrheit erschienen. Es zeigte sich die Stärke der Schwachen.

Man hatte drei armselige Wesen, drei kaum geborene, ihrer selbst unbewußte, verlassene Waisen, stotternde, lächelnde Kinder — gegen Bürgerkrieg, entsetzliche Logik der Wiedervergeltung und Rache, Gemetzel und Brudermord, Raserei, Bosheit und alle Gorgonen triumphieren sehen; man hatte den

Ausbruch und das Fehlschlagen einer schändlichen Feuersbrunst gesehen, die zum Verbrechen führen sollte, das Mißlingen verruchter Pläne; die überlieferte Grausamkeit des Mittelalters, die alte mitleidlose Menschenverachtung, die vorgeschobene Notwendigkeit des Krieges, die Staatsräson wie die arrogante, vorgefaßte Überheblichkeit eines ungezähmten Greisentums waren zerstoben vor den blauen Augen, die kaum zum Leben erwacht waren. Und das ist verständlich, denn wer noch nicht gelebt hat, hat nicht gesündigt, er ist Gerechtigkeit, Wahrheit, Reinheit; und die großen himmlischen Engel leben in den kleinen Kindern.

Ein nützliches Schauspiel, ein Rat, eine Lehre: Die tobsüchtigen Kämpfer des gnadenlosen Krieges sahen plötzlich im Angesicht aller ihrer Frevel, Attentate und ihres Fanatismus, zwischen den Scheiterhaufen ihrer Rachsucht und den Brandfackeln ihrer Mordsucht, über der gewaltigen Legion von Greueln die Allmacht der Unschuld aufstehen. Und die Unschuld hatte gesiegt, und jetzt konnte man sagen: Nein, es gibt keinen Bürgerkrieg, keine Barbarei, keinen Haß, keinen Mord, keine Finsternis; um die Gespenster zu zerstreuen, genügt diese Morgenröte ... die Kindheit.

In keinem Kampfe waren Satan und Gott sichtbarer geworden als in diesem. Kampfplatz war ein Gewissen, das Gewissen Lantenacs.

Noch heftiger und noch entscheidender vielleicht begann der Streit jetzt von neuem in einem anderen Gewissen, in dem Gauvains.

Welch ein Schlachtfeld ist der Mensch!

Unseren Gedanken, Göttern, Ungeheuern, Riesen sind wir preisgegeben: Diese entsetzlichen Krieger zerstampfen oft unsere Seele.

Tiefer versank Gauvain in sein Grübeln. Dem Marquis de Lantenac, verfolgt, belagert, verurteilt, geächtet und wie ein Tier im Zirkus, wie ein Nagel in der Zange gepreßt, festgehalten in seiner zum eigenen Kerker gewordenen Behausung, umschlossen von einer Mauer aus Eisen und Feuer, war es gelungen, zu entkommen. Er hatte dies Wunder vollbracht, sich zu befreien, das Schwierigste in einem solchen Kriege, die Flucht. Er hatte vom Walde wieder Besitz ergriffen, um sich darin zu verschanzen, er hatte das Land wiedererobert, um darin zu kämpfen, die Nacht wieder erreicht, um darin zu verschwinden. Von neuem war er der unheimliche Flüchtling geworden, er kam und ging, der unfaßbare Anführer der Unsichtbaren, das Haupt der unterirdischen Krieger, der Herr der Wälder. Gauvain hatte den Sieg, doch Lantenac die Freiheit. Von nun an war er sicher, unbegrenzter Raum lag vor ihm, unerschöpfliche Wahl der Unterschlüpfe, nicht mehr einzuholen, nicht mehr zu finden, nicht mehr zu berühren, der Löwe war in die Falle gegangen und aus der Falle entkommen.

Aber er war in diese zurückgekehrt.

Der Marquis de Lantenac hatte freiwillig, spontan, sich dessen voll bewußt, den Wald, den Schatten, die Sicherheit, die Freiheit verlassen, um ins schrecklichste Verderben unerschrocken zurückzukommen; ein erstes Mal hatte Gauvain ihn gesehen, als er sich in die Feuersbrunst stürzte und dabei riskierte, darin verschlungen zu werden, und noch ein zweites Mal, als er die Leiter hinabstieg, die ihn seinen Feinden zurückgab, Leiter der Rettung für die anderen, für ihn Leiter des Verderbens.

Warum hatte er dies getan?

Um drei Kinder zu retten.

Was wollte man jetzt mit diesem Manne tun?

Ihn guillotinieren.

Für drei Kinder – die seinen? Nein! Aus seiner Familie? Nein! Aus seiner Kaste? Nein! – Für drei armselige, irgendwoher gekommene, irgendwo aufgegriffene, unbekannte, zerlumpte, barfüßige Kinder hatte dieser Edelmann, dieser Fürst, dieser Greis, bereits gerettet, befreit, siegreich, denn solch ein Entrinnen ist Triumph, alles gewagt, alles aufs Spiel gesetzt, alles wieder in Frage gestellt und hatte hochmütig, indem er die

Kinder zurückgab, mit ihnen sein Haupt zurückgebracht, sein bis dahin entsetzliches, nun verehrungswürdiges Haupt. Er bot es ihnen an.

Und sie? Was würden sie tun? Sie nahmen es entgegen.

Lantenac hatte die Wahl zwischen seinem und anderer Leben gehabt, und in dieser außerordentlichen Wahl wählte er seinen Tod. Den erkannte man ihm bereitwillig zu.

Man würde ihn töten. Den Tod als Belohnung des Heldentums!

Auf eine hochherzige Tat antwortete man mit einer barbarischen!

Solche Blöße gab sich die Revolution.

Wie klein machte sich die Republik!

Während der Mann der Vorurteile und Unterdrückungen plötzlich umgewandelt in die Menschlichkeit zurückkehrte, wollten sie, die Anhänger der Freiheit und Unabhängigkeit, im Bürgerkrieg, in der Übung des Blutvergießens, im Brudermord verharren! Also galt das göttliche Gesetz der Vergebung, der Selbstverleugnung, der Erlösung, des Opferns für die Verfechter des Irrtums und nicht für die Soldaten der Wahrheit? Der Wettstreit der Großmut sollte verboten sein? Wie, solche Niederlage auf sich nehmen, in der Übermacht sich als schwächer erweisen, im Siege zum Mörder werden und sich den Ruf erwerben, auf der Seite der Monarchie stünden die Lebensretter, die Retter der Kinder, und die Mörder von Greisen auf der Seite der Republik?

So würde dieser große Soldat, dieser gewaltige Achtzigjährige, dieser entwaffnete Kämpfer, eher geraubt als gefangengenommen, ergriffen mitten in seiner guten Tat, mit eigener Erlaubnis gefesselt, auf der Stirn noch die Schweißtropfen großartiger Selbstlosigkeit, die Stufen des Schafotts hinaufsteigen, wie man zur Apotheose emporschwebt. Unter dem Beile würde das Haupt fallen, um welches die drei Seelen der geretteten kleinen Engel bittend flögen. Bei solcher die Henker schändenden Hinrichtung würde wohl ein Lächeln auf dem

Gesicht des Opfers erscheinen und auf dem Gesicht der Republik die Röte der Scham.

Sollte das in Gauvains, des Führers Anwesenheit geschehen? Er, der es verhindern konnte, sollte sich enthalten und mit der stolzen Beruhigung zufrieden sein: »Dies geht dich nichts mehr an!« Würde er sich nicht den Vorwurf machen, daß in einem solchen Falle die Aufgabe des Rechtes Mitschuld bedeutete? Und er würde nicht bemerken, daß bei einer so gewaltigen Handlung derjenige, der unwidersprochen alles zuläßt, schlimmer ist als einer, der handelt, denn der Passive ist der Feigling.

Aber hatte er den Tod dieses Mannes nicht schon versprochen? Hatte nicht Gauvain, der Mann der Milde, erklärt, für Lantenac gebe es keine Milde und er werde ihn Cimourdain überantworten? Er schuldete diesen Kopf, er zahlte nur seine Schuld, weiter nichts.

War es noch derselbe Kopf?

Bisher hatte Gauvain in Lantenac nur den rohen Kämpfer gesehen, den fanatischen Anhänger des Königtums, der Feudalherrschaft, den Schlächter der Gefangenen, den Blutmenschen, der vom Krieg entfesselt war. Er fürchtete ihn nicht, und den Ächter konnte er ächten, gegen den Unversöhnlichen unversöhnlich sein. Nichts Einfacheres. Da war der Weg vorgezeichnet und mit finsterer Leichtigkeit einzuhalten. Alles war vorgesehen. Den Tötenden zu töten war nichts als eine gerade Linie des Entsetzlichen.

Unvermutet war diese gerade Linie unterbrochen worden, und hinter ihrer Krümmung enthüllte sich ein neuer Horizont; eine Metamorphose hatte stattgefunden, ein unerwarteter Lantenac trat hervor. Dem Ungeheuer entstieg ein Held, mehr als ein Held, ein Mensch; mehr als eine Seele, ein Herz. Gauvain hatte nicht mehr einen Schlächter, sondern einen Retter vor sich. Lantenac hatte Gauvain mit himmlischer Lichtflut, mit einem Donnerschlag der Güte niedergeschmettert.

Sollte der verklärte Lantenac nicht auch Gauvain verklären? Was denn, diese Lichtflut sollte ohne Gegenwirkung bleiben? Der Mann der Vergangenheit würde nach vorn und der Mann der Zukunft rückwärts gehen? Oder sollte der Mann der Barbarei und des Aberglaubens mit nun ausgebreiteten Schwingen den Mann des Ideals am Boden durch den Schlamm und die Nacht kriechen sehen? Gauvain auf dem Bauche zurück in die alten, schrecklichen Geleise roher Vergangenheit, Lantenac vorwärts erhabenen Begegnungen zu!

Und dann noch etwas: die Familie! Dieses Blut, was er vergießen würde, denn es vergießen lassen ist so gut, wie selbst vergießen, war das nicht sein eigenes Blut, das Blut der Gauvains? Sein Großvater war tot, aber sein Großonkel lebte, und das war der Marquis de Lantenac. War der Bruder, der schon im Grabe lag, nicht im Begriff aufzustehen, um den anderen daran zu hindern, hineinzukommen? Gab er nicht seinem Enkel den Befehl, von jetzt an diese Krone aus weißem Haar, die Schwester seiner Aureole zu respektieren? Stand nicht hier zwischen Gauvain und Lantenac der entsetzliche Blick eines Gespenstes? War der Sinn der Revolution die Entartung des Menschen, die Zerstörung der Familie und die Vernichtung der Menschlichkeit? Durchaus nicht. 1789 war aufgegangen, um diese höchsten Güter zu bekräftigen, und nicht, um sie zu verneinen; die Bastillen umwerfen heißt die Menschheit befreien, die Feudalherrschaft abschaffen heißt die Familien festigen.

Da der Autor, der Erzeuger, der Ausgangspunkt der Autorität und die Autorität im Autor einbegriffen ist, gibt es keine andere Autorität als die Vaterschaft; daher die berechtigte Herrschaft der Bienenkönigin, die ihr Volk gebiert und ihr Königtum von ihrer Mutterschaft ableitet. Daher der Widersinn des Menschenkönigs, der, da er nicht Vater ist, so also nicht Herr sein kann. Daher die Absetzung des Königs und die Errichtung der Republik: Was bedeutet das alles, die Familie, die Menschheit, die Revolution? Die Revolution ist die Thronbesteigung des Volkes, und das Volk selbst ist im Grunde der Mensch.

Es handelte sich jetzt darum, ob nach Lantenacs Rückkehr

ins Menschentum Gauvain in die Familie zurückkehren würde; ob Oheim und Neffe sich in einer höheren Lichtsphäre treffen würden oder ob dem Fortschritt des Onkels ein Rückschritt des Neffen antworten würde.

Auf diese Frage ging Gauvains pathetischer Streit mit seinem Gewissen zu, und die Lösung schien sich von selbst zu ergeben: Rettung für Lantenac.

Ja. Aber Frankreich?

Hier zeigte das hin- und herschwankende Problem plötzlich ein anderes Gesicht.

Wie? Frankreich stand am Rande des Abgrunds, preisgegeben, mit offenen Grenzen! Frankreich hatte kein Bollwerk, keinen Festungsgraben mehr, und Deutschland drang über den Rhein. Frankreich hatte keine Mauer mehr, und Italien stieg über die Alpen und Spanien über die Pyrenäen. Es blieb nur noch der große Schlund des Ozeans, nur den Abgrund hatte es noch für sich. Wie ein Riese auf das Meer gestützt, konnte es noch gegen das ganze Festland kämpfen. Das war trotz allem eine unbezwingbare Stellung. Doch nein! Diese Stellung war bedroht, dieser Ozean gehörte Frankreich nicht mehr: auf diesem Ozean stand England. Und England wußte nur noch nicht, wie es die Küste überwinden sollte. Da fand sich ein Mann, der ihm die Brücke baute, der ihm die Hand reichte, ein Mann, der zu Pitt, Craig, Cornwallis, Dundas, zu all den Piraten sprach: Kommt! Der hinüberschrie: England, nimm Frankreich! Dieser Mann war der Marquis de Lantenac.

Und man hatte diesen Mann nun in der Hand nach drei Monaten erbitterter Verfolgung und hartnäckiger Jagd. Die Faust der Revolution, die zusammengeballte Faust von 93 hatte den royalistischen Mörder am Kragen gepackt. Durch Einwirkung dieser mysteriösen Absicht des Schicksals, das sich von oben den menschlichen Dingen beimischt, erwartete nun diesen Vaterlandsmörder die Strafe im eigenen Familienverlies; der Feudalherr im Feudalverlies. Die Steine seiner eigenen Mauer standen wider ihn auf und schlossen sich um ihn, und der sein Land fesseln wollte, wurde nun von seinem Hause gefesselt. Dies war von Gott augenscheinlich angeordnet worden. Die Stunde hatte geschlagen, die Revolution hatte diesen öffentlichen Widersacher gefangengenommen, er konnte nicht mehr kämpfen, sich nicht mehr schlagen, nicht mehr schädlich sein. In dieser Vendée, die so viel Arme und nur dieses eine Gehirn besaß, war der Bürgerkrieg mit ihm beendet. Tragisch-glückliche Lösung! Nach all dem Gemetzel war dieser Mann, der so viel getötet hatte, nun selbst an der Reihe zu sterben.

Wer hätte sich finden sollen, um ihn zu retten?

Cimourdain, das heißt 93, hielt Lantenac, das heißt die Monarchie. Und es sollte sich einer finden, der dieser bronzenen Kralle die Beute entrisse? Lantenac, der Mensch, in dem sich diese Garbe von Geißeln, die man Vergangenheit nennt, konzentriert, der Marquis de Lantenac war im Grabe; die schwere ewige Tür hatte sich hinter ihm geschlossen; und nun sollte jemand kommen, diesen Riegel von außen zu öffnen. Dieser Übeltäter der Menschen war tot und mit ihm der Aufruhr, der Bruderkampf, der bestialische Krieg; und da sollte ihn jemand auferstehen lassen?

Oh, wie würde dieser Totenkopf darüber lachen!

Das ist recht, ihr Dummköpfe, würde das Gespenst kreischen, da habt ihr mich wieder!

Mit welcher fröhlichen Unversöhnlichkeit würde er sich von neuem an sein blutiges Werk, ein Werk voll Haß und Krieg machen! Wie würden schon am nächsten Tage die Häuser wieder brennen, die Gefangenen und Verwundeten und Frauen wieder hingeschlachtet werden!

Und alles erwogen, jene Tat, die Gauvain bestrickte, maß er ihr nicht einen allzu hohen Wert bei?

Drei Kinder waren verloren, und Lantenac hatte sie am Leben erhalten. Aber weshalb waren sie verloren? Durch Lantenacs Schuld. Wer hatte die Wiegen ins Feuer gestellt? Der

Imânus. Wer war der Imânus? Lantenacs Untergebener. Der Führer ist verantwortlich, so war Lantenac der Mordbrenner. Was hatte er demnach so Bewundernswertes getan? Er hatte sein Verbrechen nicht bis zu Ende geführt. Das war alles. Nachdem er den Plan des Verbrechens festgelegt hatte, nahm er doch Abstand von der Ausführung. Es hatte ihn selbst entsetzt. Der Schrei der Mutter rührte den Grund menschlichen Mitleids in ihm auf, das wie ein allgemeiner Vorrat der Seele selbst in den furchtbarsten Menschen zurückbleibt. Bei jenem Schrei drehte er sich um und kehrte aus der Nacht, in der er sich verstecken wollte, zum Lichte zurück. Nachdem er das Verbrechen aufgebaut hatte, zerstörte er es nun. Sein ganzes Verdienst lag darin; er war nicht bis zum Schluß ein Ungeheuer geblieben.

Für ein so geringes Verdienst sollte man ihm alles wiedergeben, den Raum der Welt, die Felder und Wiesen der Erde, die Luft und den Wald, all das, was er für sein Banditentum ausnutzen würde? Ihm die Freiheit wiedergeben zur Unterdrükkung anderer? Ihm das Leben gewähren, das er zu mörderischer Vernichtung mißbrauchen würde?

Oder sollte man sich mit ihm verständigen, mit seiner herrischen Seele unterhandeln, ihm die Freiheit gegen die Zusage verkaufen, daß er künftig jede Feindseligkeit und Revolte unterließe? Welcher Fehler wäre ein solches Angebot! Welche Vorteile würde man ihm geben! Bis zu welchem Grade würde man sich erniedrigen! Wie würde er den Fragenden die Antwort ins Gesicht schlagen: Die Schande behaltet für euch! Mich tötet!

Mit einem solchen Manne war in der Tat nichts anderes zu beginnen, als daß man ihn tötete oder ihn befreite. Bei ihm gipfelte alles in steter Bereitschaft, zu entschweben oder sich zu opfern, er war sich selbst unaufhörlich Adler und Abgrund. Fremdartige Seele! Ihn töten, welche Bedrückung! Ihn freilassen, welche Verantwortung! Wäre Lantenac gerettet, finge in der Vendée alles wieder von neuem an. Wie bei der Hydra, solange der Kopf nicht abgehauen ist. In einem Augenblick, mit der Schnelligkeit eines Meteors, würde die Flamme, die beim Verschwinden dieses Mannes ausgelöscht worden war, sich wieder entzünden. Lantenac würde nicht eher ruhen, bis er diesen abscheulichen Plan, die Monarchie wie einen Grabdeckel auf die Republik und England auf Frankreich zu stellen, vollendet hätte. Lantenac retten hieße Frankreich opfern; das Leben Lantenacs war der Tod einer Unzahl unschuldiger Männer, Frauen und Kinder, die wieder in die täglichen Kriegswirbel geschleudert würden; es war die Landung der Engländer; die Zurücknahme der Revolution, verwüstete Städte, ein zerrissenes Volk; eine blutende Bretagne; die Beute wieder dem Zugriff der Kralle auszuliefern.

Und mitten in diesen einander kreuzenden Strahlen seiner Gedanken sah Gauvain ein Problem sich aus seinen unklaren Träumen herausschälen: die Freilassung des Tigers.

Noch einmal erschien die Frage in ihrer ersten Gestalt, der Felsen des Sisyphus, Sinnbild des Widerstreits im Menschen, rollte zurück: War Lantenac wirklich der Tiger?

Vielleicht war er es gewesen. War er es jetzt noch? Gauvain unterlag dieser schwindelerregenden Spirale des Geistes, die immer wieder zum Ausgangspunkt kommt, die die Gedanken wie Blindschleichen erscheinen läßt. Sollte man nicht vor dem aufgerissenen Rachen des Bürgerkriegs der Menschlichkeit huldigen, den Beweis liefern, daß es über Königsmacht und Revolution, über den irdischen Wahrheiten eine höhere gibt, die Pflicht des Starken zur Beschützung der Schwachen, die Pflicht des Geretteten gegen die Verlorenen, die Vaterpflicht aller Greise gegenüber allen Kindern!

Diese Herrlichkeiten mit dem eigenen Leben durchsetzen, ein Kriegsheld sein und blutiger Vergeltung entsagen, königlich gesinnt sein und eine Waage nehmen; und in der einen Schale liegt der König von Frankreich, eine Monarchie von fünfzehn Jahrhunderten, die Wiederherstellung der alten Gesetze und der überlieferten Gesellschaft, in der anderen aber sind drei beliebige Bauernkinder – und nun den König, den Thron, das Zepter und die fünfzehn Jahrhunderte leichter befinden gegen die Unschuld der drei Kleinen! War das nichts? Der dies vollbracht hatte, sollte der Tiger bleiben und als Bestie behandelt werden? Nein, nein, nein! Dieser Mensch, der soeben den dunklen Schlund des Bürgerkrieges durch das Licht einer göttlichen Tat erleuchtet hatte, konnte kein Monster sein. Der Schwertträger verwandelte sich in einen Träger des Lichtes. Der höllische Satan wurde wieder zum himmlischen Luzifer. Durch seine Opfertat hatte sich Lantenac von allen früheren Greueln losgekauft; indem er sich physisch aufgab, hatte er sich moralisch gerettet; er hatte sich eine neue Unschuld erkämpft und seine eigene Begnadigung unterschrieben. Gibt es nicht das Recht, sich selbst zu verzeihen? Von nun an war Lantenac verehrungswürdig.

Lantenac hatte das Außerordentliche schon vollbracht, die Reihe war nun an Gauvain.

Gauvain schuldete ihm eine Antwort. Es war die Zeit, wo der Kampf zwischen guten und schlechten Leidenschaften die Welt ins Chaos führte; Lantenac, der über diesem Chaos gestanden hatte, war es gelungen, das Menschliche zu befreien; nun war es an Gauvain, die Familie daraus zu lösen.

Was hatte er zu tun? Sollte Gauvain das Vertrauen Gottes mißbrauchen? Nein! Er flüsterte für sich selbst: ›Retten wir Lantenac. Also gut, arbeite für die Engländer, geh zum Feinde über, rette Lantenac und verrate Frankreich.‹ Er schauderte.

O Träumer, deine Lösung ist keine! Gauvain sah in der Finsternis das düstere Lächeln der Sphinx.

Diese Situation war eine Art furchterregende Kreuzung, wo die kämpfenden Wahrheiten ankamen und sich gegenüberstanden, und wo die drei höchsten Ideale des Menschen sich in die Augen sahen: die Menschheit, die Familie, das Vaterland. Jede dieser Stimmen sprach, und jede sprach die Wahrheit. Wie sollte er da wählen? Eine um die andere schien den Schnittpunkt von Weisheit und Gerechtigkeit gefunden zu haben und mahnte: dies mußt du tun. Mußte er dies tun? Ja. Nein. Die Überlegung riet zu dem einen, das Gefühl zu dem anderen. Beide Ratschläge standen sich konträr gegenüber. Die Überlegung kommt aus dem Verstande, das Gefühl aus dem Gewissen, jene entspringt dem Menschen, dieses einem Höheren. Darum hat das Gefühl die geringere Klarheit, doch die größere Macht. Dennoch, welche Gewalt liegt in der strengen Vernunft! Gauvain schwankte, in grausamer Ratlosigkeit. Die Vernichtung und die Rettung des Marquis; zwei Abgründe. In einen von beiden mußte Gauvain springen. Aus welchem aber rief die Pflicht?

III
Die Kapuze des Kommandanten

Um die Pflicht handelte es sich wirklich.

Vor Cimourdain stieg sie düster, vor Gauvain gewaltig empor. Sie war einfach vor dem einen, vielseitig zusammengepaßt, verwickelt vor dem anderen.

Es schlug Mitternacht, es schlug ein Uhr. Ohne es zu merken, hatte sich Gauvain der Bresche genähert.

Die Feuersbrunst flackerte nur noch verschwommen und verlosch. Der Widerschein des sterbenden Feuers erhellte die gegenüberliegende Hochebene, wenn der Rauch sich nicht dazwischenschob. Diese wechselnden Stöße des Lichts nahmen den Dingen ihre natürlichen Verhältnisse, die Schildwachen des Lagers erschienen darin wie kriechende Gestalten. Gauvain, in Gedanken verloren, betrachtete unbewußt das Auf und Ab der Flammen und des Rauches. Das Kommen und Gehen des Lichtes vor seinen Augen glich in etwa den Bewegungen der Wahrheit in seiner Seele.

Plötzlich, zwischen zwei Rauchschwaden, beleuchtete ein davonfliegender Feuerbrand die höchste Stelle des Geländes und ließ die purpurnen Umrisse eines Karrens hervortreten.

Gauvain sah dieses Fuhrwerk. Reiter mit Gendarmenhüten umringten es. Durch Guéchamps Fernrohr hatte er es vor einigen Stunden bei Sonnenuntergang am Horizont herannahen sehen. Es standen Leute darauf, die etwas abzuladen schienen, etwas Schweres, das manchmal eisern erklirrte. Es wäre schwer zu sagen, was es war; Balkenwerk war dabei, und zwei der Männer trugen jetzt eine Art Kiste herab, die nach ihrer Form einen dreieckigen Gegenstand enthalten mußte. Da erlosch die Flamme, und alles trat ins Dunkel zurück. Mit starrem Blick blieb Gauvain nachdenklich, vor dem, was dort im Dunkeln stand.

Laternen wurden angezündet, undeutliche Gestalten gingen hin und her. Gauvain konnte von unten und von der anderen Seite der Schlucht nur das sehen, was sich ganz am Rande der Hochebene befand. Es waren auch Stimmen zu hören, aber die Worte blieben unverständlich. Hier und da tönten Schläge auf Holz, oder man hörte irgendein metallisches Knirschen, als werde eine Sense gewetzt.

Es schlug zwei Uhr. Langsam, wie einer, der nach zwei Schritten vorwärts gern drei wieder zurückzugehen wünscht, näherte sich Gauvain der Bresche. Die Schildwache erkannte seinen Mantel und die Kapuze mit den goldenen Borten. An dem präsentierenden Mann vorbei trat er in den Saal zur ebenen Erde, der zum Wachsaal umgestaltet worden war. Eine Laterne hing am Gewölbe. Sie erhellte den Raum gerade genug, um den Saal zu durchqueren, ohne auf die auf Stroh am Boden liegenden und fast alle schlafenden Wachmänner zu treten. Sie lagen da, wo sie noch vor wenigen Stunden gekämpft hatten, und mancher lag auf einem von der Schlacht übriggebliebenen Stück Blei oder Eisen, das sie beim Schlafen etwas störte; aber sie waren müde und rasteten wenigstens. An dieser gräßlichen Stätte hatte man gebrüllt, mit den Zähnen geknirscht, zugeschlagen, getötet, ausgeröchelt. Auf diesem Steinboden, der ihnen nun als Bett diente, waren viele von den Ihren tot niedergestürzt. Das Stroh, das ihren

Schlummer trug, hatte das Blut ihrer Kameraden getrunken. Jetzt war alles vorüber, sie hatten das Blut fortgespült, die Säbel abgewischt, die Toten waren tot, die Überlebenden schliefen friedlich. So ist der Krieg, und morgen sollten alle ebenso friedlich schlafen.

Bei Gauvains Eintritt standen einige auf, unter anderem der kommandierende Offizier. Gauvain deutete auf die Tür des Verlieses:

»Öffnen Sie«, sagte er.

Die Riegel wurden zurückgeschoben, die Tür ging auf, Gauvain trat hinein, die Tür wurde hinter ihm wieder geschlossen.

Siebentes Buch
Feudalherrschaft und Revolution

I
Der Ahnherr

Auf einer Steinplatte der Krypta neben der viereckigen Luftöffnung des Verlieses brannte eine Lampe.

Man hatte auch den Wasserkrug, das Militärbrot und das Bündel Stroh hineingetan. Da die Krypta in den Felsen gehauen war, wäre der Einfall, etwa Feuer an das Stroh zu legen, dem Gefangenen schlecht bekommen. Er wäre erstickt, ohne diesen Mauern schaden zu können.

Als sich die Tür in den Angeln drehte, schritt der Marquis mit den regelmäßigen Bewegungen eines gefangenen Raubtieres im Käfig hin und her.

Bei dem Geräusch hob er den Kopf, und die Lampe zwischen ihm und Gauvain leuchtete den beiden Männern vom Boden her ins Gesicht.

Sie sahen einander an, mit einem Blick, vor dem jeder erstarrte.

Dann brach der Marquis in Gelächter aus und sagte:

»Guten Tag, Monsieur! Es ist einige Jahre her, daß ich nicht mehr das Glück hatte, Ihnen zu begegnen. Sie erweisen mir die Gnade Ihres Besuches, ich danke Ihnen. Es ist mein größter Wunsch, ein wenig zu plaudern, denn ich empfand schon eine gewisse Langeweile. Ihre lieben Freunde vergeuden die Zeit mit allerlei Feststellungen betreffend Identität und Zuständigkeit des Kriegsgerichts. Alles ist so weitschweifig, ich würde die Sache rascher besorgen. Nun treten Sie näher, ich bin hier zu Hause. Was sagen Sie eigentlich zu all diesen Vorgängen? Originell, nicht wahr? Es waren einmal ein König und eine Königin, der König war der König, die Königin war Frankreich. Man hat dem König den Kopf abgeschlagen und die Königin mit Robespierre vermählt. Dieser Herr und die Dame haben eine Tochter bekommen, Guillotine genannt, deren Bekanntschaft ich augenscheinlich morgen früh machen werde. Diese Bekanntschaft wird mir ein Vergnügen sein, so wie es mich freut, Sie bei mir zu sehen. Führt Sie diese Angelegenheit her? Sind Sie vielleicht befördert worden, zum Henker befördert? Wenn es aber ein einfacher Freundschaftsbesuch sein sollte, so bin ich von Herzen gerührt. Vicomte, Sie haben vielleicht vergessen, wie ein Edelmann aussieht. Hier treffen Sie einen: mich. Schauen Sie her, es ist eine sonderbare Art Mensch. Er glaubt an Gott, an Überlieferung, an Familie, an seine Vorfahren, er glaubt nach dem Beispiel seines Vaters an die Treue, an die Untertänigkeit, an die Pflicht gegen den Landesherrn und die Achtung vor den überkommenen Gesetzen, an Tugend und Gerechtigkeit, und er würde Sie mit Vergnügen standrechtlich erschießen lassen. Haben Sie die Güte, Platz zu nehmen, auf dem Steinboden freilich, denn in diesem Salon steht kein Sessel. Aber wer im Schmutz lebt, kann sich auf den Boden setzen. Glauben Sie nicht, daß ich Sie mit dieser Äußerung kränken will, denn was wir den Schmutz nennen, nennen Sie die Nation, und Sie werden von mir gewiß nicht verlangen, daß ich Freiheit, Gleichheit und Brüderlichkeit schreie. Wir befinden uns hier in einem alten Gemach meines Hauses. Ehemals warfen die Herren ihre Bauern hier hinein, jetzt geht es umgekehrt zu, und diesen Scherz nennt man Revolution. Ich habe nichts dagegen, wenn man mir in den nächsten sechsunddreißig Stunden den Hals abschneidet, wie man es vorhat. Nur hätte man so höflich sein können, mir meine Tabaksdose herunterzuschicken, sie steht oben im Spiegelzimmer, wo Sie als kleines Kind spielten und häufig auf meinen Knien ritten. Ich erlaube mir die Mitteilung, Monsieur, daß Sie den Namen Gauvain führen und seltsamerweise adliges Blut in den Adern haben, wahrhaftig, dasselbe Blut wie ich, das mich zu einem Mann von Ehre und Sie zu einem Lumpen macht. Solche Eigenheiten gibt es. Vielleicht antworten Sie mir, das sei nicht Ihre Schuld; meine ist es wohl auch nicht. Gewiß, man kann Missetäter sein, ohne es zu wissen, das liegt an der Luft, die man einatmet, und in Zeiten wie diesen ist man für sein Handeln nicht verantwortlich. Die Revolution ist schurkisch für jedermann, und all eure großen Verbrecher sind die leibhaftige Unschuld. Oder sind es Schwachköpfe und Sie in erster Linie? Gestatten Sie, daß ich Ihnen meine Bewunderung zu Füßen lege. Ja, ich bewundere einen jungen Mann wie Sie, der von vornehmer Geburt, für einen hohen Posten im Staate ausersehen, um sein edles Blut für edle Sachen zu vergießen, Sie, ein Vicomte dieses Stammschlosses Tour-Gauvain, bretonischer Fürst, von Rechts wegen Herzog und von Erbschafts wegen Pair von Frankreich, was beinahe alles ist, wonach ein vernünftiger Mensch hienieden verlangen sollte; ich bewundere Sie, der, anstatt zu sein, was er ist, lieber sein möchte, was Sie sind, so daß er zuletzt seinen Feinden als ein Übeltäter und seinen Freunden als ein Dummkopf erscheinen muß. Bei dieser Gelegenheit bitte ich, mich auch dem Abbé Cimourdain zu empfehlen.«

Der Marquis sprach behaglich, gelassen, ohne Betonungen, mit seiner gesellschaftlichen Stimme und seinem klaren ruhigen Blick, die beiden Hände in den Westentaschen. Er unterbrach sich, holte tief Atem und nahm die Unterhaltung wieder auf:

»Ich will Ihnen nicht verhehlen, daß ich mein Möglichstes getan habe, um Ihnen das Leben zu nehmen. Ich habe dreimal, ich selbst, eigenhändig, ein Geschütz auf Sie abgefeuert. Ein ziemlich unfeines Verfahren, sicherlich. Aber man darf in Kriegszeiten nicht von der falschen Voraussetzung ausgehen, als suche der Feind uns nur Annehmlichkeiten zu bereiten.

Herr Neffe, wir führen Krieg mit Feuer und Schwert, und es ist auch Tatsache, daß man den König umgebracht hat. Ein hübsches Jahrhundert.«

Er schwieg wieder. Dann: »Und dies alles wäre nicht geschehen, wenn man Voltaire gehenkt und Rousseau auf die Galeeren geschickt hätte! Oh, die geistreichen Leute, das sind Plagen! Und was werft ihr eigentlich der Monarchie vor? Sie hat allerdings den Herrn Abbé Pucelle in seine Abtei von Corbogny zurückgeschickt mit freier Wahl des Wagens und beliebiger Reisedauer. Ihr Monsieur Titon aber, der mit Verlaub ein rechter Wollüstling war und seine Dirnen besuchte, ehe er zum wundertätigen Diakonus Pâris ging, er wurde vom Schloß von Vincennes zum Schloß von Ham in der Picardie gebracht, welches allerdings ein ziemlich unangenehmer Aufenthalt ist. Das waren die Klagepunkte, ich erinnere mich daran; ich habe zu meiner Zeit auch mitgeschrien, so einfälig wie Sie war ich auch.«

Der Marquis griff in seine Tasche, als suchte er die Tabaksdose, und fuhr fort: »Aber nicht so bösartig. Man redete, um zu reden. Man betrieb wohl auch Untersuchungen und Eingaben; dann kamen die Herren Philosophen an die Reihe, man verbrannte nur ihre Schriften, anstelle sie selbst zu verbrennen. Hofintrigen haben mitgespielt, dann kamen all die Dummköpfe, Turgot, Quesnay, Malesherbes, die Physiokraten und so weiter, die Wühlereien begannen. Die Federfuchser, die Verswütigen haben das alles fertiggebracht. Die Enzyklopädisten! Diderot! D'Alembert! Oh, die üblen Nichtsnutze! Wie konnte ein wohlgeborener Mann, dieser König von Preußen, sich damit einlassen! Ich hätte vielleicht all diese Papierkratzer beseitigt. Ha, wir waren Gerichtsherren! Man kann hier auf der Mauer die Spuren des Vierteilungsräderwerkes sehen. Wir haben nicht gespaßt. Nein, nein, nur keine Schreiberlinge! Solange es Leute wie den Arouet gibt, gibt es auch solche wie Marat. Solange noch Afterkünstler Papier bekritzeln dürfen, werden Halunken morden. Solange es Tinte gibt, wird man schwarze Flecken machen, solange eine Menschenpfote den Gänsekiel hält, werden Nichtsnutzigkeiten zu Freveltaten anwachsen. Die Bücher verschulden Verbrechen. Einen doppelten Sinn hat das Wort Chimäre: es bedeutet Traum und Ungeheuer. Oh, wie glaubt man heute an das Billige! Was faselt ihr von Rechten? Menschenrechte, Volksrechte, wie hohl, stumpfsinnig, haltlos, sinnlos ist das alles! Dagegen wenn ich sage, Havoise, Schwester Conans II., brachte dem Grafen Hoël von Nantes und Cornouailles die Grafschaft Bretagne in die Ehe, dieser vererbte seinen Thron Alain Fergant, dem Oheim der Berta, die sich mit Alain dem Schwarzen, Herrn zu La Roche-sur-Yon vermählte und von ihm einen Sohn hatte, Conan den Kleinen, den Ahnen des Guy oder des Gauvain von Thouars, unseres Vorfahren – so spreche ich eine klare Tatsache aus, und daher ergibt sich ein Recht. Auf welches aber berufen sich Ihre Lumpen, Ihre Strolche, Ihre Hungerleider? Auf die Gotteslästerung und den Königsmord. Verfluchte Niederträchtigkeit! Diese Flegel! Es tut mir leid für Sie, aber Sie haben dieses stolze Blut der Bretagne in den Adern. Unser beider Großvater ist jener Gauvain von Thouars; unser Ahnherr der große Herzog von Montbazon, Pair von Frankreich, Ritter des königlichen Hausordens, der die Vorstadt von Tours eroberte, in der Schlacht bei Arques verwundet wurde und in seinem sechsundachtzigsten Jahre als Oberjägermeister von Frankreich in seinem Schlosse von Couzières in der Touraine verschied. Ich könnte Ihnen noch manches vom Herzog von Laudunois erzählen, dem Sohne der Baronne de la Garnache, ferner wäre da Claude von Lothringen, Herzog von Chevreuse oder Henri de Lenoncourt oder Françoise de Laval-Boisdauphin. Aber wozu das? Der Herr hat den Vorzug, ein Schwachkopf sein zu dürfen, und will durchaus den gleichen Rang wie mein Stallknecht haben. Dies will ich jedenfalls erwähnen, daß ich schon hoch an Jahren war, als Sie noch in den Windeln lagen; ich habe Ihnen oft das Rotznäschen geputzt und möchte es wieder tun, denn Sie

haben es fertiggebracht, im Wachsen kleiner zu werden. Seitdem wir uns nicht mehr gesehen haben, ist jeder von uns seinen Weg gegangen, ich nach der ehrenhaften Seite, Sie nach der entgegengesetzten. Wie das enden wird, weiß ich nicht, nur eins ist sicher, Ihre Herren Freunde sind schöne Schurken. Ja, ja, es sieht gut aus, ich muß diese Fortschritte bewundern. Im Heere hat man die Strafe des dreitägigen Wassertrinkens für die Säufer abgeschafft. Man erfreut sich des Maximums, des Konvents, des Bischofs Gobel und der Herren Chaumette und Hébert. Man rottet die Vergangenheit mit Stumpf und Stiel aus, von der Bastille bis zum Kalender, die Heiligen werden durch Gemüsearten ersetzt. Gut, ihr Herren Bürger, seid Herrscher, regiert, richtet euch häuslich ein, benehmt euch nach Belieben, tut euch keinen Zwang an. Die Religion wird doch die Religion bleiben, das Königtum füllt doch fünfzehn Jahrhunderte unserer Geschichte aus, und der alte französische Adel überragt euch weiter, selbst wenn ihr ihn köpft. Benörgelt ihr das historische Recht der Dynastien, wir zucken über euch die Achseln. Chilperich war im Grunde genommen nur ein Mönch namens Daniel und wurde von Rainfried erfunden, um Karl Martell zu ärgern; das wissen wir so gut wie ihr. Aber darum geht es nicht, sondern um die Notwendigkeit, ein großes Reich zu sein, das alte Frankreich, dieses herrlich eingerichtete Land, wo zuerst die geheiligten Personen der Monarchen, absolute Herrscher des Staates, dann die Prinzen, dann die Würdenträger der Krone für den Krieg zu Lande und zur See, für Artillerie, für die Leitung und Verwaltung der Finanzen stehen. Dann kommt die hohe und niedere Justiz, danach das Steuerwesen und die staatlichen Einnahmen, endlich die drei Abstufungen der königlichen Polizei. Das war schön und vornehm angeordnet, ihr habt es zerstört. Zerstört habt ihr die Provinzen, ihr jämmerlichen Ignoranten, die ihr seid, ohne euch einmal klarzuwerden, was die Provinzen bedeuteten. Frankreichs Genius enthielt den Genius des ganzen Kontinents, und jede der Provinzen Frankreichs vertrat eine europäische Tugend: die Picardie die deutsche Offenherzigkeit, die Champagne die schwedische Großmut, Burgund den holländischen Gewerbefleiß, das Languedoc polnische Regsamkeit, die Gascogne spanischen Ernst, die Provence italienische Klugheit, die Normandie griechische Feinheit, das Dauphiné schweizerische Treue. Davon habt ihr nichts gewußt. Ihr habt zerbrochen, zersplittert, zertrümmert, ihr seid in aller Seelenruhe Bestien gewesen. Ihr wollt keinen Adel mehr? Gut, ihr sollt keinen mehr haben, schreibt ihn ab. Ihr werdet keine Paladine, keine Helden haben. Gute Nacht, ihr alten Größen. Wo wäre auch gegenwärtig ein d'Assas zu finden! Ihr habt alle Angst um eure Haut. Was sollten unter euch jene ritterlichen Kämpfer von Fontenoy, welche grüßten, ehe sie töteten; die Helden in seidenen Strümpfen der Belagerung von Lérida. Ihr werdet nicht mehr solche stolzen Schlachten kennen, wo die Federbüsche wie Meteore hinbrausten. Ihr seid als Volk am Ende und werdet die Vergewaltigung des feindlichen Einbruchs erdulden müssen. Käme Alarich II., er würde keinen Chlodwig finden; kehrte Abdarrhaman wieder, kein Karl Martell träte ihm entgegen; kämen die Sachsen zurück, stünde kein Pippin vor ihnen. Ihr erlebt die großen Kampftage nicht wieder, Agnadel, Rocroy, Lens, Staffarde, Neerwinden, Steinkirchen, La Marsaille, Raucoux, Lawfeld, Mahon; kein Marignan mit Franz I., kein Bouvines mit Philipp-August, der mit der einen Hand den Grafen Renaud von Boulogne und mit der anderen den flandrischen Grafen Ferrand gefangennimmt. Aber zu einem Azincourt werdet ihr es bringen, freilich ohne daß einer von euch in die Fahne gewickelt sich niedermachen läßt wie Monsieur de Bacqueville, der edle Kriegsbannerträger. So geht! Geht euren Weg! Tut eure Taten! Seid Menschen der Neuzeit! Werdet klein!«

Noch einmal machte der Marquis eine Pause und sprach weiter: »Uns aber laßt groß bleiben. Tötet die Könige, die Adligen, die Priester, metzelt, verheert, trampelt mit den Stiefeln auf die antiken Grundsätze, zerstampft Thron und Altar, zertretet Gott, tanzt darüber hin, das ist eure Sache. Verräter und Feiglinge seid ihr, unfähig der Hingebung und Selbstaufopferung. Ich habe gesprochen, jetzt lassen Sie mich guillotinieren, Vicomte. Ich habe die Ehre, mich Ihnen gehorsamst zu empfehlen.«

Er fügte noch hinzu: »Oh, ich habe Ihnen ein wenig die Wahrheit gesagt, aber was macht mir das, ich bin ja tot.«

»Sie sind frei«, antwortete Gauvain.

Er trat auf Lantenac zu, legte den Kommandantenmantel ab, warf ihn dem Marquis um die Schulter und zog ihm die Kapuze über die Stirn. Sie hatten beide dieselbe Größe.

»Was machst du da?« sagte Lantenac.

Gauvain rief: »Leutnant, öffnen Sie.«

Die Tür ging auf.

Gauvain rief hinaus: »Schließen Sie hinter mir sofort wieder zu.«

Und er drängte den verdutzten Marquis zur Tür hinaus.

Der Saal, der jetzt die Wachstube war, wurde durch die Hornlaterne mehr verdunkelt als erhellt. In diesem verschwommenen Schein sahen diejenigen Soldaten, die nicht schliefen, einen Mann von hoher Gestalt im Mantel mit dem Kommandantenabzeichen auf den Ausgang zugehen. Sie erwiesen ihm die militärische Ehrenbezeigung. Der Mann schritt an ihnen vorüber.

Langsam durchmaß Lantenac die Wachstube, kam durch die Bresche, wobei er sich mehrmals an den Kopf stieß, und war draußen.

Die Schildwache präsentierte das Gewehr, da sie dachten, Gauvain zu sehen.

Als er das Gras der Wiese unter den Füßen spürte, zweihundert Schritte vom Wald, vor sich den weiten Raum, Nacht, Freiheit und Leben, stand er eine Weile regungslos, wie einer, dem etwas aufgenötigt worden ist, der sich überrumpeln ließ und der durch die eine offene Tür hindurchgegangen, überlegt und sich nun fragt, ob er gut oder schlecht handelte, zaudert, bevor er weitergeht und mit einem letzten Gedanken daran verweilt. Nach kurzer aufmerksamer Überlegung erhob er die rechte Hand, schnalzte mit den Fingern und sagte:

»Meinetwegen!«

Und er ging weiter.

Die Tür des Verlieses war wieder verschlossen worden. Drinnen befand sich Gauvain.

II
Das Kriegsgericht

Im Kriegsgerichtswesen dieser Zeit herrschte die Willkür. Dumas hatte wohl in der Gesetzgebenden Versammlung einen Entwurf zu einer Militärgesetzgebung eingebracht, und seine Arbeit wurde von Talot im Rate der Fünfhundert wieder aufgenommen. Aber das endgültige Gesetz über die Kriegsgerichte ist ein Werk des Kaiserreichs. Erst zu dieser Zeit wurde zum Beispiel die Vorschrift geschaffen, daß beim Einsammeln der Stimmen mit dem untersten militärischen Grade zu beginnen sei. Die Revolution kannte dies Verfahren noch nicht.

Im Jahre 1793 vereinten sich die Befugnisse eines Kriegsgerichts fast ganz in der Person eines Vorsitzenden. Er wählte die Mitglieder aus, bestimmte ihre Grade, regelte die Art der Abstimmung, er war ebensosehr Machthaber wie Richter.

Cimourdain hatte als Sitzungssaal jenen Raum zu ebener Erde ausgesucht, wo die Barrikade gestanden hatte und wo nun die Wache lag. Er gedachte alles abzukürzen, auch den Weg vom Gefängnis zum Gericht, wie vom Gericht zum Schafott.

Um zwölf Uhr mittags versammelten sich nach seiner Anweisung die Mitglieder zur ersten Sitzung des Kriegsgerichts. Die Ausstattung bestand aus drei Strohstühlen, einem Tisch aus Tannenholz, zwei brennenden Kerzen und einem Schemel vor dem Tisch.

Die Stühle waren für die Richter, der Schemel für den Angeklagten bestimmt. An den Tischenden stand noch je ein Schemel für den Auditor, der ein Verpflegungsmeister, und für den Schriftführer, der ein Korporal war. Auf dem Tische sah man eine Stange roten Siegellacks, einen kupfernen Stempel der Republik, zwei Schreibgarnituren, Schichten von Schreibpapier und zwei ausgebreitete gedruckte Plakate, das eine mit der Ächtung Lantenacs, das andere mit der Verordnung des Konvents.

Hinter dem mittleren Stuhl war ein Bündel Trikoloren aufgestellt. In diesen derben Zeiten hielt man sich nicht lange mit der Ausschmückung auf, im Handumdrehen verwandelte man eine Wachstube in einen Gerichtssaal. Der mittlere Sitz, der für den Präsidenten bestimmt war, war der Kerkertüre zugewandt.

Soldaten bildeten die Zuschauer.

Am Schemel des Angeklagten standen zwei Gendarmen.

Cimourdain saß auf seinem Platze in der Mitte, rechts von ihm Hauptmann Guéchamp als erster Richter, links als zweiter der Unteroffizier Radoub.

Er hatte seinen Hut mit dreifarbigem Federbusch auf, den Säbel an der Seite, im Gürtel seine zwei Pistolen. Der grimmige Ausdruck seines Gesichts wurde durch die hochrote Narbe gesteigert.

Radoub hatte sich schließlich doch verbinden lassen und trug um den Kopf ein Taschentuch, auf dem ein langsam sich ausbreitender Blutfleck zu sehen war.

Die Sitzung hatte um zwölf noch nicht begonnen. Ein Meldereiter, dessen Pferd man draußen scharren hörte, stand am Gerichtstisch, und Cimourdain schrieb. Seine Worte lauteten:

›Bürger, Mitglieder des Wohlfahrtsausschusses! Lantenac ist gefangen. Er wird morgen hingerichtet werden.‹

Er setzte das Datum hinzu und unterschrieb, faltete und versiegelte die Depesche und reichte sie dem Boten, der damit abging. Danach sagte Cimourdain mit lauter Stimme:

»Der Kerker ist zu öffnen.«

Die beiden Gendarmen zogen die Riegel zurück, öffneten die Tür und traten hinein. Cimourdain hob den Kopf empor, verschränkte die Arme, schaute auf die Tür und rief:

»Der Gefangene ist vorzuführen.«

Unter der Wölbung der Pforte, zwischen den beiden Wächtern, erschien ein Mann.

Es war Gauvain.

Cimourdain zuckte zusammen.

»Gauvain!« schrie er. Dann: »Den Gefangenen sollt ihr vorführen!«

»Der bin ich«, sagte Gauvain.

»Du?«

»Ich.«

»Und Lantenac?«

»Ist frei.«

»Wie, frei?«

»Ja.«

»Entkommen?«

»Entkommen.«

Erbebend stammelte Cimourdain: »Freilich, es ist ja sein Schloß, er kennt jedes Loch, das Verlies hat wohl irgendeinen Ausgang, daran hätte ich denken sollen, er wird ein Mittel zur Flucht gefunden haben, ohne die Hilfe eines anderen zu brauchen.«

»Ihm ist geholfen worden«, sagte Gauvain.

»Bei der Flucht?«

»Bei der Flucht.«

»Wer hat das getan?«

»Ich.«

»Du?«

»Ich.«

»Du träumst!«

»Ich bin in den Kerker getreten, war allein mit dem Gefangenen, meinen Mantel habe ich abgenommen und ihm umgeworfen. Ich habe die Kapuze über sein Gesicht gezogen, er ist an meiner Stelle hinausgegangen, und ich bin an seiner Stelle geblieben. Hier bin ich.«

»Das hast du nicht getan.«

»Ich habe es getan.«

»Es ist unmöglich.«

»Es ist wahr.«

»Führt mir Lantenac vor!«

»Er ist nicht mehr hier. Die Soldaten haben ihn im Kommandantenmantel für mich gehalten und hinausgehen lassen. Es war noch Nacht.«

»Du bist verrückt!«

»Ich berichte, wie es sich verhält.«

Ein Schweigen entstand. Cimourdain stotterte:

»Dann verdienst du …«

»Den Tod«, sagte Gauvain.

Cimourdain war bleich geworden wie ein abgehauener Kopf. Regungslos saß er da, wie vom Blitz getroffen, und schien nicht mehr zu atmen. Ein dicker Schweißtropfen lief über seine Stirn.

Endlich sprach er mit festerer Stimme:

»Gendarmen, bringt den Angeklagten auf seinen Platz.«

Gauvain setzte sich auf den Schemel.

»Gendarmen, zieht die Säbel«, befahl Cimourdain. Dies war die Formel bei einem Verbrechen, auf das die Todesstrafe stand. Die Gendarmen hatten ihre Säbel gezogen. Cimourdain sprach, seine Stimme war wieder so ruhig wie sonst geworden:

»Angeklagter, stehen Sie auf.«

Er duzte Gauvain nicht mehr.

III
Die Abstimmung

Gauvain erhob sich.

»Wie heißen Sie?« fragte Cimourdain.

»Gauvain.«

»Wer sind Sie?« ging das Verhör weiter.

»Ich bin Oberkommandant des Streifenbataillons im Departement Côtes-du-Nord.«

»Sind Sie mit dem Flüchtigen verwandt oder verschwägert?«

»Ich bin sein Großneffe.«

»Sie kennen die Verordnung des Konvents?«

»Ich sehe die Verfügung hier auf dem Tische liegen.«

»Was haben Sie zu dieser Verordnung zu bemerken?«

»Daß ich sie gleichfalls unterschrieb, daß ich ihre Vollziehung befahl und das von mir unterzeichnete Plakat selbst anschlagen ließ.«

»Wählen Sie einen Verteidiger.«

»Ich verteidige mich selbst.«

»Sie haben das Wort.«

Cimourdain hatte seine Selbstbeherrschung wiedergewonnen, die freilich kaum der Ruhe eines Menschen, eher der Festigkeit eines Felsens ähnelte. Eine Weile blieb Gauvain stumm und in sich gekehrt. Der andere wiederholte:

»Was können Sie zu Ihrer Verteidigung anführen?«

Langsam hob Gauvain den Kopf und erwiderte, ohne jemanden anzuschauen, dies:

»Ich wurde durch die eine Tatsache verhindert, die andere in Betracht zu ziehen. Eine gute Tat, von zu großer Nähe betrachtet, hat mir hundert Ruchlosigkeiten verdeckt. Ein Greis auf der einen Seite und Kinder auf der anderen, dies hat sich zwischen mich und die Pflicht gedrängt. Ich vergaß die niedergebrannten Dörfer, die verwüsteten Felder, die niedergemetzelten Gefangenen und Verwundeten und Frauen, ich vergaß das an England verratene Frankreich und setzte den Mörder des Vaterlandes in Freiheit. Ich bin schuldig. Man glaube nicht, daß ich mit diesen Worten gegen mich selbst spreche, das ist ein Irrtum: Ich spreche für mich. Wenn der Schuldige seine Schuld erkennt, rettet er das einzige, was der Mühe lohnt, die Ehre.«

»Ist das alles, was Sie zu Ihrer Verteidigung zu sagen haben?«

»Ich füge hinzu, daß ich als Führer mit dem Beispiel vorangehen mußte und daß Sie als Richter die Pflicht haben, ein abschreckendes Beispiel zu geben.«

»Worin soll das bestehen?«

»In meinem Tode.«

»Sie finden ihn gerecht?«

»Und notwendig.«

»Nehmen Sie Platz.«

Der Verpflegungsmeister erhob sich und verlas als Auditor erstens den Beschluß, der den vormaligen Marquis de Lantenac außerhalb des Gesetzes stellte, zweitens die Verordnung des Konvents, die jede Begünstigung der Flucht eines gefangenen Aufrührers mit dem Tode bestraft. Er schloß mit den am Rande hinzugefügten Zeilen, die gleichfalls bei Todesstrafe verboten, daß dem vorgenannten Aufrührer Beistand und Vorschub geleistet werde, bis zu der Unterschrift: ›Der Oberkommandant des Streifenbataillons, Gauvain.‹

Als die Vorlesung beendet war, setzte der Auditor sich wieder hin. Cimourdain kreuzte die Arme und sprach:

»Angeklagter, merken Sie auf, ihr Anwesenden hört, schaut und schweigt. Vor euch steht das Gesetz. Nunmehr wird zur Abstimmung geschritten. Einfache Mehrheit entscheidet. Der Reihe nach, mit lauter Stimme werden die Richter ihr Urteil fällen, in Gegenwart des Angeklagten, denn die Gerechtigkeit hat nichts zu verheimlichen.

Ich erteile jetzt dem ersten Richter das Wort. Sprechen Sie, Hauptmann Guéchamp.«

Der Hauptmann Guéchamp schien weder Cimourdain noch Gauvain zu sehen. Seine gesenkten Lider verbargen die Augen, die auf das gedruckte Plakat hinabstarrten wie in einen Abgrund. Er sagte:

»Das Gesetz ist absolut. Ein Richter aber ist mehr und ist weniger als ein Mensch, weniger, denn er darf kein Herz haben, mehr, denn er hat ein Schwert. Im Jahre 414 der römischen Zeitrechnung ließ Manlius seinen eigenen Sohn hinrichten, weil er ohne Befehl gesiegt hatte. Die verletzte Soldatendisziplin forderte diese Sühne. Im vorliegenden Falle ist das Gesetz verletzt worden, das Gesetz, das noch über der Disziplin steht. Eine Anwandlung von Mitleid hat das Vaterland wieder in Gefahr gestürzt. Das Mitleid kann den Umfang eines Verbrechens annehmen. Der Kommandant Gauvain hat dem Aufrührer Lantenac zur Flucht verholfen, Gauvain ist schuldig, ich stimme für seinen Tod.«

»Schreiben Sie, Protokollführer«, sagte Cimourdain.

Der Protokollführer schrieb: ›Hauptmann Guéchamp: Todesstrafe.‹

»Guéchamp, Sie haben gerecht geurteilt, ich danke Ihnen«, erklang Gauvains Stimme.

Cimourdain sagte: »Der zweite Richter hat das Wort. Sprechen Sie, Unteroffizier Radoub.«

Radoub stand auf, wandte sich zu Gauvain und machte dem Angeklagten die Ehrenbezeigung. Dann rief er:

»Wenn das so ist, dann guillotiniert mich. Denn mein heiligstes Ehrenwort, Himmeldonnerwetter, gebe ich hier, ich möchte getan haben, was zuerst der Alte und was dann mein Kommandant getan hat. Als ich sah, wie sich dieser Mann von achtzig Jahren ins Feuer warf, um die drei Kerlchen herauszuholen, da dachte ich: ›Alle Achtung, du bist ein ganz Braver!‹ Und wenn ich jetzt erfahre, daß mein Kommandant den Alten aus eurer blöden Guillotine herausgeholt hat, verdammt, dann denke ich, Sie müßten mein General sein, Kommandant, Sie sind ein ganzer Mann, und hol mich der Teufel, Ihnen würde ich das Kreuz des heiligen Ludwig verleihen, wenn es noch Kreuze und Heilige und Ludwige gäbe! Was denn! Sollen wir vollständig zu Idioten werden! Wenn wir dafür all die Schlachten gewonnen haben, bei Jemmapes, Valmy, Fleurus und Wattignies, dann soll man es nur gleich sagen! Also da ist der Kommandant Gauvain, der seit vier Monaten diesen frechen Königlichen nach Noten heimgeigt, der die Republik mit dem Säbel heraushaut, der die Sache von Dol gemacht hat, wo es so hübsch geistreich herging. Und wenn man einmal einen solchen Mann hat, sucht man ihn loszuwerden? Statt ihn zum General zu befördern, wollt ihr ihm den Hals abschneiden? Das nenne ich mit dem Kopf voraus über das Geländer vom Pont-Neuf springen. Ihnen aber, Bürger Gauvain, mein Kommandant, muß ich sagen, Sie haben vorhin auch einige Dummheiten geredet, das heißt, dies würde ich Ihnen sagen, wenn Sie statt mein General mein Korporal wären. Der Alte hat wohl daran getan, die Kinder zu retten, Sie haben wohl daran getan, den Alten zu retten, und wenn man die Leute für ihre guten Taten guillotiniert, dann soll das Donnerwetter darein schlagen, dann finde ich mich nicht mehr zurecht. Dann braucht man überhaupt nicht mehr aufzuhören. Ist das überhaupt wahr? Ich kneife mich, um zu sehen, ob ich wach bin, mir steht der Verstand still. Sollte der Alte vielleicht die Kinderchen bei lebendigem Leibe verbrennen lassen? Sollte mein Kommandant ihn köpfen lassen? Hört, laßt mich auch köpfen, das wäre mir ebenso lieb. Nehmen wir übrigens an, die Kleinen wären umgekommen: dann wär das Bataillon Bonnet-Rouge entehrt. Wäre das wünschenswert? Dann fressen wir einander nur gleich auf! In der Politik kenne ich mich ebensogut aus wie ihr, ich habe zum Klub der Pikensektion gehört. Verflucht, wir werden am Ende noch zu Dummköpfen! Kurz gesagt, ich schätze solche Dinge nicht, die einen höchst unangenehm durcheinanderbringen. Zum Teufel, warum schlagen wir unser Leben in die Schanze? Damit man unseren Anführer umbringt? Nichts da, Lisettchen. Ich will meinen Kommandanten heraushaben, ich muß ihn haben, heut gefällt er mir noch besser als gestern. Ihn auf die Guillotine schicken? Da kann ich nur lachen. Mit all dem wollen wir verschont bleiben. Ich habe gehört, was gesagt wurde. Ihr könnt sagen, was ihr wollt, aber es ist unmöglich!«

Und Radoub setzte sich. Seine Wunde hatte sich wieder geöffnet. Von der Stelle, wo früher sein Ohr war, floß ein langer Streifen Blut an seinem Hals entlang.

»Sie stimmen für Freispruch des Angeklagten?« fragte Cimourdain, sich zu Radoub wendend.

»Ich stimme dafür, daß er zum General ernannt wird«, erwiderte Radoub.

»Ich will wissen, ob Sie für seinen Freispruch stimmen.«

»Ich stimme dafür, daß man ihn zum ersten Mann in der Republik macht.«

»Unteroffizier Radoub, Ja oder Nein? Stimmen Sie für Freispruch des Kommandanten Gauvain?«

»Ich stimme dafür, daß man an seiner Stelle mir den Kopf abhaut.«

»Freispruch«, sagte Cimourdain, »schreiben Sie, Protokollführer.«

Der Protokollführer schrieb: ›Unteroffizier Radoub: Freispruch.‹ Dann bemerkte er: »Eine Stimme für Todesstrafe, eine Stimme für Freispruch, unentschieden.«

Die Reihe war an Cimourdain. Er erhob sich, nahm den Hut ab und legte ihn auf den Tisch. Sein Gesicht erschien nicht bleich, noch aschfahl, es war erdfarben.

Und hätten alle Anwesenden in Leichentüchern dagelegen, die Stille wäre nicht tiefer gewesen als jetzt. Mit feierlicher und fester Stimme sagte Cimourdain langsam:

»Angeklagter Gauvain, ich schreite zur Verkündung des Urteils. Im Namen der Republik hat das Kriegsgericht mit der Mehrheit von zwei Stimmen gegen eine ...«

Er hielt inne. Zauderte er vor dem Spruche: Tod? Zauderte er vor dem Spruche: Leben? Alle warteten atemlos. Er fuhr fort:

»… auf Todesstrafe erkannt.«

Cimourdains Gesicht drückte die Qual eines düsteren Triumphes aus. Dieses schreckliche Lächeln lief wohl über Jakobs Gesicht, als er sich in der Finsternis von dem Engel, den er niedergerungen hatte, segnen ließ.

Nur dieser eine Schimmer, und seine Züge wurden wieder marmorn. Er setzte sich, bedeckte sich wieder und fügte hinzu:

»Gauvain, die Hinrichtung wird morgen bei Sonnenaufgang vollzogen.«

Gauvain erhob sich, grüßte und sprach: »Ich danke dem Gericht.«

»Der Verurteilte ist abzuführen«, sagte Cimourdain.

Auf einen Wink Cimourdains öffnete sich die Tür von neuem, Gauvain trat hinein, und der Kerker schloß sich. Mit blankem Säbel blieben die beiden Gendarmen rechts und links von der Tür stehen.

Radoub war in Ohnmacht gefallen und wurde fortgetragen.

IV
Nach dem Richter Cimourdain der Gebieter Cimourdain

Ein Lager ist ein Wespennest, zumal in Revolutionszeiten. Gern und rasch tritt der dem Soldaten innewohnende Stachel des Bürgersinns hervor und scheut sich nicht, nach der Verfolgung des Feindes gegen den eigenen Führer anzugehen. In der regen Truppe, die La Tourgue eingenommen hatte, summte es in verschiedenen Tonarten. Zuerst war man gegen den Kommandanten, als man von Lantenacs Flucht erfuhr. Daß man an Stelle von Lantenac Gauvain aus dem Kerker treten sah, wirkte wie ein elektrischer Funke, und im Nu hatte sich die Nachricht überall verbreitet. Ein Murren kam in dem kleinen Heere auf: Jetzt stellen sie wohl Gauvain vor Gericht, aber das ist nur blauer Dunst. Traue einer den Herren von Thron und Altar! Erst sahen wir einen Vicomte, der einen Marquis rettete, jetzt werden wir sehen, wie der Priester den Adligen freispricht!

Aber als Gauvains Verurteilung bekannt wurde, erhob sich ein anderes Murren: Das ist zu stark! Unser Anführer, unser tapferer junger Kommandant, ein Held! Er ist Vicomte, gewiß, aber um so verdienstvoller, daß er Republikaner ist. Was denn, ist er nicht der Befreier von Pontorson, von Villedieu, von Pont-au-Beau, der Sieger von Dol und La Tourgue! Der Mann, durch den wir unbesiegbar sind, das Schwert der Republik in der Vendée! Seit fünf Monaten hält er die Chouans in Schach und macht sämtliche Dummheiten des Léchelle und Genossen wieder gut, und dieser Cimourdain wagt, ihn zum Tode zu verurteilen! Weshalb? Weil er einen Greis rettete, der drei Kinder gerettet hat! Ein Priester darf einen Soldaten töten!

Also grollte das siegreiche und unzufriedene Lager, ein dunkler Zorn umgab Cimourdain. Viertausend Männer gegen einen einzigen, dies scheint eine Macht zu sein, aber es ist keine; diese viertausend Männer waren nur eine Menge, und Cimourdain war ein Wille. Man wußte, daß er die Brauen leicht zusammenzog, und dies allein hielt die Armee schon in Zucht. In solcher strengen Zeit brauchte sich hinter jemandem nur der Schatten des Wohlfahrtsausschusses zu zeigen, um Furcht einzuflößen und die Verwünschungen zum Flüstern, das Flüstern zum Stillschweigen zurückzuführen. Inmitten dieses Grollens blieb Cimourdain wie zuvor Herr über Gauvains Schicksal sowie das aller anderen. Man wußte, daß man von ihm nichts fordern durfte und daß er nur der übermenschlichen, von ihm allein gehörten Stimme seines Gewissens folgen würde.

Von ihm hing alles ab, und er allein konnte das Urteil, das er als Militärrichter gefällt hatte, als Zivilkommissar in Begnadigung verwandeln. Er hatte unbeschränkte Vollmacht: ein Wink von ihm, und Gauvain war frei. Er war Gebieter über Leben und Tod, er befahl der Guillotine, er allein schwebte über dieser tragischen Lage.

Die Nacht kam. Sie konnten nichts anderes tun als abwarten.

V
Der Kerker

Aus dem Gerichtssaal war wieder die Wachstube geworden. Die Posten wurden wie am Abend zuvor verdoppelt, vor der geschlossenen Tür des Verlieses standen zwei Schildwachen.

Gegen Mitternacht kam ein Mann mit einer Laterne in der Hand, gab sich zu erkennen und ließ den Kerker aufschließen. Es war Cimourdain.

Er trat ein, die Tür blieb hinter ihm angelehnt.

Dunkel und still war es im Verlies. Cimourdain machte einen Schritt in die Finsternis hinein, stellte die Lampe zu Boden und wartete. Man hörte in der Finsternis die gleichmäßigen Atemzüge eines Schlafenden. Er lauschte in Gedanken versunken diesem friedlichen Ton. Gauvain lag an der Rückseite des Verlieses auf einem Strohballen. Es war sein Atem, was man hörte. Er schlief tief.

Cimourdain ging so leise wie möglich zu ihm und betrachtete ihn; eine Mutter kann ihren Säugling nicht tiefer und zärtlicher ansehen. Dieser Blick war wohl stärker als Cimourdain, denn wie ein Kind drückte er die beiden Fäuste gegen die Augen und blieb eine Weile regungslos. Dann kniete er nieder, nahm Gauvains Hand und führte sie an seine Lippen.

Gauvain bewegte sich und öffnete die Augen mit dem erstaunten Ausdruck des Aufgeweckten. Beim trüben Licht der Laterne erkannte er Cimourdain.

»Oh«, sagte er, »Sie sind es, mein Lehrer. Ich habe geträumt, meine Hand küsse der Tod.«

Cimourdain empfand jene Erschütterung, wie wenn die Flut der Gedanken so hoch und stürmisch geht, daß sie die Seele zu ertränken droht. Aus der Tiefe seines Herzens fuhr nur ein einziger Laut: »Gauvain!«

Sie sahen einander an, Cimourdain hatte die Flammen, welche die Tränen verbrennen, in den Augen, Gauvain sein sanftestes Lächeln.

»Die Narbe hier auf Ihrem Gesicht«, sagte Gauvain, auf seinen Ellenbogen sich stützend, »ist der Säbelhieb, den Sie für mich aufgefangen haben. Gestern noch standen Sie neben mir und mir zuliebe in der Schlacht. Wenn die Vorsehung Sie nicht neben meine Wiege gestellt hätte, wo wäre ich heute? Im Dunkeln. Daß ich jetzt eine Ahnung von der Pflicht habe, verdanke ich Ihnen, denn ich lag von Geburt in allen Banden des Vorurteils. Sie haben mich aus ihnen erlöst und meinem Wachstum freien Raum gegeben. Sie haben aus einem zur Mumie bestimmten Wesen wieder ein unbefangenes Kind gemacht. In die voraussichtliche Mißgeburt haben sie ein Gewissen gelegt, ohne Sie wäre ich in meiner Entwicklung klein geblieben. Durch Sie lebe ich. Ich war nur ein Herr, und Sie haben mich zu einem Bürger gemacht, ich war nur ein Bürger, und Sie haben mich zu einem Geist erzogen. Mein Charakter ist durch Sie für das irdische Dasein, meine Seele für das himmlische Leben befähigt worden, Sie haben mir, um in die menschliche Wirklichkeit eindringen zu können, den Schlüssel der Wahrheit und darüber hinaus den Schlüssel zum Licht gegeben. Oh, mein Lehrer, ich danke Ihnen. Sie sind mein Schöpfer gewesen.«

Cimourdain setzte sich auf das Stroh neben ihn und sagte: »Wir wollen miteinander zur Nacht essen.«

Gauvain brach sein schwarzes Brot und reichte es ihm, der ein Stück davon nahm. Dann hielt ihm Gauvain den Wasserkrug hin. »Trink zuerst«, sagte Cimourdain.

Gauvain trank, er nahm nur einen Schluck und gab den Krug Cimourdain, der in langen Zügen schlürfte.

Und während dieses Mahles war auch weiter Gauvain der Essende und Cimourdain der Trinkende. Dies bedeutete, daß der eine ruhig und der andere fiebrig war.

Eine große Heiterkeit verbreitete sich in dieser Höhle. Die beiden Männer sprachen miteinander.

Gauvain sagte:

»Große Dinge zeichnen sich ab. Was die Revolution gegenwärtig tut, ist rätselhaft. Hinter dem sichtbaren wird ein unsichtbares Werk vollbracht, und das eine verdeckt das andere. Das sichtbare Werk ist grausam, das unsichtbare erhaben. In diesem Augenblick erkenne ich alles sehr deutlich. Es ist seltsam schön. Man mußte sich des Stoffes der Vergangenheit bedienen, daher dies ungewöhnliche Jahr 93: Am Gerüst der Barbarei wird der Zivilisation ein Tempel erbaut.«

»Ja«, erwiderte Cimourdain. »Diesem Übergang wird das Endgültige folgen. Recht und Pflicht im gleichen gemeinsamen Schritt, ferner die proportional zum Besitz steigende Besteuerung, die Wehrpflicht, die Gleichmachung ohne Ausnahme und über allem und alle die gerade Linie des Gesetzes, die Republik des Absoluten.«

»Lieber sähe ich die Republik des Ideals«, sagte Gauvain, und nach einer Pause: »Oh, mein Lehrer, wo findet in all dem, was Sie soeben aufzählten, die Hingebung Platz, die Selbstverleugnung und Aufopferung, die großmütige Verkettung der wohlwollenden Gefühle, die Liebe? Allgemeines Gleichgewicht ist gut, Harmonie ist besser. Das Harfenspiel schwebt über der Waage. Durch ihre Republik wird der Mensch zugemessen, eingeteilt, geregelt: Die Meine trägt ihn zum Azur empor. Es ist der Unterschied zwischen einer Formel und einem Adler.«

»Du verlierst dich in den Wolken.«

»Sie verlieren sich in der Berechnung.«

»Die Harmonie steckt voller Träume.«

»Auch die Algebra.«

»Durch einen Euklid wünschte ich den Menschen konstruiert.«

»Ich sähe ihn lieber von einem Homer erschaffen«, sagte Gauvain.

Cimourdains strenges Lächeln lag auf Gauvain, als wollte er dieser Seele Halt gebieten.

»Dichtung! Mißtraue den Poeten.«

»Oh, ich kenne diese Mahnungen. Mißtraue dem Hauch der Luft, mißtraue dem Strahl des Lichts, dem Duft der Blumen, mißtraue den Bildern der Sterne!«

»Von all dem kann man nicht leben.«

»Was wissen Sie davon? Auch die Idee ist eine Nahrung, und denken ist essen.«

»Laß von solchen Abstraktheiten. Die Republik ist das Einmaleins, und wenn ich jedem gebe, was ihm zukommt ...«

»Müssen Sie jedem noch geben, was ihm nicht zukommt.«

»Was meinst du damit?«

»Ich meine damit unendliche Gegenseitigkeit, die jeder allen schuldet und die alle jedem schulden und die das soziale Leben ausmacht.«

»Außerhalb des strenggenommenen Rechtes liegt nichts.«

»Liegt alles.«

»Ich erkenne nur die Gerechtigkeit.«

»Ich sehe höher.«

»Was steht noch darüber?«

»Die Gerechtigkeit des Herzens.«

Zuweilen hielten sie inne, wie von vorüberschwebenden Gedanken angehalten.

»Drücke dich bestimmter aus«, hob Cimourdain wieder an, »wenn du kannst.«

»Gewiß. Sie verlangen die allgemeine Wehrpflicht. Gegen wen? Gegen Mitmenschen. Ich will keine Wehrpflicht, ich will den Frieden. Sie verlangen Hilfe für das Elend, ich will, daß das Elend abgeschafft wird. Sie verlangen die im Verhältnis zum Vermögen stehende Besteuerung, ich will die Besteuerung überflüssig machen. Die allgemeinen Ausgaben sollen auf das Notwendige zurückgeführt und durch die Überschüsse der Gesellschaft gedeckt werden.«

»Was verstehst du darunter?«

»Folgendes: Ihr müßt zunächst jede Art von Parasitentum beseitigen, das des Priesters, des Richters, des Soldaten. Ihr müßt ferner von jedem Reichtum den richtigen Gebrauch machen; leitet den Dünger statt in die Kloake auf den Acker; macht Frankreich urbar, drei Viertel des Bodens liegen brach; schafft die Freiweide ab; verteilt den Gemeindeboden, daß jeder Mensch ein Feld und jedes Feld einen Menschen habe. So werdet ihr den sozialen Ertrag verhundertfachen. Heute gibt Frankreich seinem Bauern nur an vier Tagen im Jahr Fleisch zu essen, bei guter Bebauung könnte es dreihundert Millionen Menschen, ganz Europa ernähren. Gebraucht die Natur, die unterschätzte, diese unerschöpfliche und gewaltige Bundesgenossin. Laßt jeden Windhauch, jeden Wasserfall, jede magnetische Strömung für euch arbeiten. Unseren Erdball durchzieht ein Netz unterirdischer Adern, darin fließt verschwenderisch Wasser, Öl und Feuer. Stecht diese Adern auf, und hervor springt das Wasser für eure Brunnen, das Öl für eure Lampen, das Feuer für euren Herd. Überdenkt die Bewegungen der Wellen, Ebbe und Flut, das Hin und Her der Brandung. Was ist der Ozean? Eine ungeheure, verlorene Kraft? Wie töricht ist die Erde, daß sie das Meer nicht in ihren Dienst stellt!«

»Da bist du mitten im Traum verloren.«

»Das heißt, mitten in der Wirklichkeit bin ich. Und dann: Das Weib, was macht ihr aus dem?«

»Das, was es ist«, versetzte Cimourdain, »die Dienerin des Mannes.«

»Gewiß, unter einer Bedingung.«

»Welcher?«

»Daß der Mann der Diener des Weibes sei.«

»Was denkst du!« rief Cimourdain. »Der Mann und dienen? Niemals! Der Mann ist der Herr. Ich erkenne nur ein Herrentum an, das des Heimes. Dort ist der Mann ein König.«

»Gewiß, unter einer Voraussetzung.«

»Welche ist das?«

»Daß die Frau dort eine Königin ist.«

»Du verlangst also für den Mann und für die Frau …«

»Gleichberechtigung.«

»Gleichberechtigung? Was denkst du dir? Es sind zwei ganz verschiedene Wesen.«

»Darum sagte ich Gleichberechtigung, nicht Gleichheit.«

Eine Pause, eine Art Waffenruhe entstand zwischen den beiden einander anblitzenden Geistern. Cimourdain unterbrach das Schweigen:

»Und das Kind, wem gibst du es?«

»Zunächst dem Vater, der es zeugt, dann der Mutter, die es zur Welt bringt, später dem Lehrer, der es unterweist, weiter der Gesellschaft, die es reifen läßt, dem Vaterlande, seiner obersten Mutter, zuletzt der Menschheit, seiner ältesten Ahnin.«

»Von Gott sprichst du nicht.«

»Jede dieser Stufen, Vater, Mutter, Lehrer, Gesellschaft, Vaterland, Menschheit ist eine der Sprossen der Leiter, die zu Gott emporsteigt.«

Cimourdain schwieg, und Gauvain fuhr fort:

»Wer die letzte Sprosse der Leiter erreicht hat, ist bei Gott angelangt. Gott tut sich auf, wir haben nur einzutreten.«

Cimourdain machte eine Gebärde, als rufe er jemanden zurück.

»Kehre auf die Erde zurück, Gauvain, das Mögliche wollen wir verwirklichen.«

»Sorgt vor allem, daß ihr es nicht unmöglich macht.«

»Das Mögliche läßt sich immer wirklich machen.«

»Immer nicht. Faßt man die Utopie allzu heftig an, so tötet man sie. Nichts ist wehrloser als das Ei.«

»Aber man muß die Utopie anfassen und sie einspannen in

das Joch der Tatsachen, sie mit der Wirklichkeit umgeben. Der abstrakte Begriff muß einen Körper erhalten, und was er an Schönheit verliert, gewinnt er an Nützlichkeit zurück. Er wird geringer, doch besser.«

»Das Recht muß in das Gesetz eingehen; wenn das Recht sich zum Gesetz gemacht hat, ist es absolut, und dann ist erreicht, was ich das Mögliche nenne.«

»Das Mögliche ist mehr als dies.«

»Du bist wieder mitten im Traum.«

»Das Mögliche ist ein geheimnisvoller, ewig über dem Menschen kreisender Vogel.«

»Man muß ihn fangen.«

»Doch lebendig.«

Gauvain fuhr fort: »Ich denke so: immer nach vorn. Hätte Gott gewollt, daß der Mensch rückwärts schreite, so hätte er ihm ein Auge am Hinterkopf gesetzt. Schauen wir immer nach der Morgenröte, nach dem Eisprung der Geburt. Das Niederfallende ermutigt das Emporsteigende; das Auseinanderbersten des alten Baumes ruft den neuen Baum hervor. So wird jedes Jahrhundert sein Werk vollbringen, heute den Staat, morgen die Menschheit. Jetzt handelt es sich um das Recht, später um den Lohn. Lohn und Recht sind im Grunde nur unterschiedliche Wörter für eine Sache, denn der Mensch lebt nicht, damit seine Hände leer bleiben. Indem Gott das Leben schafft, übernimmt er eine Schuld. Das Recht ist der angeborene Lohn, der Lohn das erworbene Recht.«

Gauvain sprach mit der inneren Sammlung eines Propheten, und Cimourdain hörte zu. Die Rollen waren vertauscht. Jetzt schien der Schüler der Lehrer geworden zu sein.

»Du gehst rasch«, flüsterte Cimourdain.

»Vielleicht, weil ich ein wenig Eile habe«, antwortete Gauvain mit einem Lächeln. »Mein Lehrer, zwischen unseren beiden Zukunftsbildern ist dieser Unterschied: Sie wünschen die allgemeine Kasernierung, ich die Schule. Sie träumen von einem Soldatenmenschen, ich von einem Bürger. Sie wollen ihn furchtbar, ich will ihn denkend. Sie gründen die Republik des Schwertes, ich gründe ...«

Er hielt inne. »Ich würde eine Republik des Geistes gründen.«

Cimourdain senkte den Blick auf den Steinboden des Kerkers.

»Und was soll bis dahin sein?«

»Was schon ist.«

»Du setzt also die Gegenwart nicht herab?«

»Nein.«

»Weshalb nicht?«

»Weil sie ein Sturm ist. Ein Sturm weiß immer, was er tut, für eine umgerissene Eiche wieviel gesunde Wälder! In der Zivilisation hauste die Pest, der große Wind befreit sie davon. Vielleicht ist er nicht wählerisch genug. Kann er denn anders? Das liegt an seiner Aufgabe, an seinem gewaltigen Fegen! Vor dem Schrecken der Giftdünste begreife ich die Wut des Sturmes. Übrigens, was kümmert mich der Sturm, wenn ich einen Kompaß habe, und die Ereignisse, wenn ich mein Gewissen habe«, sagte Gauvain und fügte mit tiefer Stimme, die gleichzeitig eine feierliche Stimme ist, hinzu: »Es gibt einen, den sollten wir immer walten lassen.«

»Von wem sprichst du?« fragte Cimourdain.

Gauvain hob den Finger über sein Haupt, Cimourdains Blick folgte ihm, und er meinte durch das Gewölbe des Verlieses den Sternenhimmel zu sehen. Wieder verstummten sie.

»Die Gesellschaft also größer als die wahre Natur«, begann Cimourdain von neuem. »Das ist nicht mehr das Machbare, sage ich dir, es ist ein Traum.«

»Nein, das ist das irdische Ziel. Wozu sonst eine Gesellschaft? Bleibt lieber im Zustand der Natur und seid Wilde. Tahiti ist ein Paradies, doch in diesem Paradies denkt man nicht. Ich glaube, eine intelligente Hölle wäre noch besser als ein dummes Paradies. Aber nein, keine Hölle. Wir wollen die menschliche Gemeinschaft sein und größer als die Natur. Ja, wenn zum Zustand der Natur nichts hinzutreten soll, warum ihn verlassen? Dann begnügt euch doch mit der Arbeit wie die Ameise, und mit dem Honig wie die Biene. Bleibt das Arbeitstier, statt die königliche Intelligenz zu sein. Aber wenn ihr der Natur irgend etwas hinzufügt, werdet ihr notwendigerweise größer als sie; hinzufügen ist erhöhen, erhöhen ist größer werden. Gesellschaft ist sublimierte Natur. Für sie beanspruche ich alles, was dem Bienenkorb, dem Ameisenhaufen fehlt, die Denkmäler, die Künste, die Dichtung, die Helden und die Genies. Ewige Lasten zu tragen, das ist nicht des Menschen Gesetz. Nein, nein! Fort mit den Parias, den Sklaven, den Sträflingen, fort mit den Verdammten! Jedes Attribut des Menschen sei ein Sinnbild der Zivilisation und ein Zeichen des Fortschritts. Freiheit vor dem Geist, Gleichheit vor dem Herzen, Brüderlichkeit vor der Seele! Nein! Kein Joch mehr! Nicht Ketten zu schleppen, sondern Schwingen zu öffnen ist der Mensch geschaffen. Er soll nicht mehr im Staube kriechen, ich will die Larve zum Schmetterling verklärt, den Wurm zur lebendigen emporschwebenden Blume verwandelt, ich will ...«

Er hielt inne, seine Augen schimmerten, die Lippen bewegten sich noch, aber er sprach nicht mehr.

Durch die offengebliebene Tür drangen Geräusche in den Kerker: gedämpfte Trompetenklänge, wohl das Wecken, dann das Niederdröhnen von Gewehrkolben, Ablösung der Schildwache. In der Nähe des Turmes aber waren, soweit man in der Dunkelheit unterscheiden konnte, die unbestimmten Laute einer Bewegung zu vernehmen, als würden Bretter und Balken geschoben, dazwischen tiefe und unterbrochene Geräusche, die Hammerschlägen ähnelten.

Cimourdain lauschte mit bleichem Gesicht, Gauvain hörte nicht hin. Immer tiefer sank er in seine Träumerei. Er schien kaum noch zu atmen, so innig betrachtete er die Erscheinungen, die unter der Wölbung seiner Stirn vor ihm aufstiegen. Manchmal schauerte er selig zusammen, das morgendliche Licht in seinem Auge wuchs.

Nach einer Weile fragte Cimourdain: »Woran denkst du?«

»An die Zukunft«, sagte Gauvain.

Er verfiel wieder in seine Meditation und merkte nicht, daß Cimourdain sich von dem Strohlager erhob, auf dem sie beieinander gesessen hatten. Cimourdain aber, den Blick immer auf den sinnenden Jüngling geheftet, ging langsam rückwärts bis zur Tür und trat hinaus. Der Kerker schloß sich wieder.

VI
Indessen geht die Sonne auf

Der Tag war nicht mehr fern vom Horizont.

Mit dem Tage aber erhob sich etwas Seltsames, Regungsloses, Erschreckendes, das die Vögel des Himmels hier nicht kannten, auf der Hochebene von La Tourgue, über dem Walde von Fougères.

In der Nacht war es hingebracht worden. Es war eher aufgestellt als aufgebaut worden; sein Schattenriß stand vor dem Horizont mit den harten geraden Linien eines hebräischen Buchstabens oder einer ägyptischen Hieroglyphe aus dem alten Rätselalphabet.

Der erste Eindruck, den dieses Ding erzeugte, war Zwecklosigkeit. ›Wozu stand es dort zwischen dem blühenden Heidekraut?‹ fragte man sich, aber dann empfand man einen Schauder. Es war eine Art Podest, auf vier Pfählen, und an dem einen Ende der Plattform ragten zwei gerade Pfosten hoch in die Luft. Ein Querbalken verband sie oben, und dort hielten die Pfosten zwischen sich ein Dreieck, das schwarz im blauen Morgenhimmel hing. Am anderen Ende des Gerüstes stand eine Leiter. Zwischen den beiden Pfosten aber, unter dem Dreieck, erkannte man eine Art hölzerner Wand, die aus zwei beweglichen Stücken bestand. Wenn ihre Hälften aufeinanderlagen, ließen sie zwischen sich ein rundes Loch, ungefähr vom Umfang eines menschlichen Halses. Die obere Hälfte des Brettes konnte in eine Nut gleiten, so ließ es sich auf und ab bewegen. Augenblicklich war der obere Teil dieses Kragens aufgezogen. Am Fuße der beiden Pfosten, die das Dreieck trugen, lag ein Brett, das sich in seinen Scharnieren drehen konnte und wie eine Schaukel aussah. Daneben standen ein langer und, zwischen den beiden Pfosten nach dem Rande der Plattform zu, ein viereckiger Korb. Das Ganze, mit Ausnahme des eisernen Dreiecks, war aus Holz und rot angestrichen. Man sah ihm an, daß Menschenhände es hergestellt hatten, so häßlich armselig und niedrig war es, und war doch so gewaltig, daß es verdient hätte, von Genien hierher getragen worden zu sein.

Das unförmige Bauwerk war die Guillotine.

Ihr gegenüber, einige Schritte entfernt, ragte aus der Schlucht ein anderes Ungetüm, La Tourgue, das steinerne Ungetüm ein Pendant zum hölzernen. Wenn der Mensch Holz und Stein berührt hat, sind diese nicht mehr nur Holz und Stein, sie übernehmen etwas vom Menschen. Ein Gebäude ist ein Dogma und eine Maschine eine Idee.

La Tourgue war das verhängnisvolle Ergebnis der Vergangenheit, das in Paris Bastille hieß, in England Tower, in Deutschland der Spielberg, in Spanien Escorial, in Moskau Kreml, in Rom Castello Sant'Angelo.

In La Tourgue hatten sich fünfzehn Jahrhunderte zusammengedrängt: das Mittelalter, die Leibeigenschaft, die Bindung an die Scholle, die Feudalherrschaft. In der Guillotine verkörperte sich das eine Jahr 93. Und diese zwölf Monate hielten jenen fünfzehn Jahrhunderten die Waage.

La Tourgue war die Monarchie, die Guillotine war die Revolution.

Tragische Konfrontation.

Auf der einen Seite die Verschuldung und auf der anderen Seite die Fälligkeit. Dort die harte alte Verstrickung von Herren und Hörigen, von Sklaven, Gebietern, Bürgerstand, Adel, Vielfalt der Gesetzbücher, zu Gewohnheitsrechten verzweigt, Bündnis des Richters und des Priesters, zahllose Unterbindungen des Lebens, Fiskus, Salzsteuer, tote Hand, Kopfsteuer, Ausnahmestellungen, Vorrechte, Vorurteile, Fanatismus, das königliche Privileg des Bankrotts, Zepter, Thron, Willkür, Gottesgnadentum; hier ein einfaches Fallbeil.

Dort ein Knoten, hier die Axt.

Lange hatte La Tourgue einsam in dieser Wüste gestanden und stand noch da, mit ihren Mauerscharten, aus denen einst siedendes Öl, brennendes Pech, geschmolzenes Blei herabfloß, mit dem Verlies, gepflastert mit Gebeinen, und der Folterkammer, wo man räderte. Eine ungeheure Tragik füllte den Bau, sein düsteres Gesicht überragte den Wald, in diesem Schatten hatte er fünfzehn Jahrhunderte wilder Ruhe genossen, in diesem Lande war er die alleinige Macht, ihm galt alle Achtung, ihm alle Furcht. Dieser Turm hatte hier geherrscht, er war die unbeschränkte Barbarei und sah nun mit einem Male, wie Etwas, mehr als Etwas, Jemand! vor ihm und gegen ihn aufstand, ebenso grauenhaft wie der Turm, die Guillotine.

Der Stein scheint manchmal fremdartige Augen zu bekommen, eine Statue beobachtet, ein Turm lauert, eine Schloßwand betrachtet. Es war, als starrte La Tourgue die Guillotine an, als frage sie sich, was das sei. Es schien ja aus der Erde hervorgewachsen zu sein, und so verhielt es sich in Wahrheit.

In dieser verhängnisvollen Erde war der düstere Baum gekeimt. Dieser Boden, getränkt mit soviel Schweiß, Blut und Tränen, durchwühlt von soviel Schluchten, Gräbern, Höhlen und Fallen, dieser Boden, in dem alle Arten Toter verfault waren, hineingeworfen von Tyrannei aller Arten, dieser Boden, der so viele Abgründe bedeckte und wo so viele Untertanen — schauerliche Samenkörner — tief begraben worden waren, aus diesem tiefen Boden war an dem bestimmten Tage diese unbekannte Rächerin, diese grausame, schwerttragende Maschine emporgestiegen, und 93 sprach zur alten Welt:

Da bin ich.

Mit Recht konnte die Guillotine zum Schloßturm sagen: Ich bin deine Tochter.

Gleichzeitig fühlte sich der Turm durch sie getötet, denn diese schicksalhaften Dinge leben ein geheimnisvolles Leben. La Tourgue stand irgendwie verstört vor dieser furchterregenden Erscheinung. Man konnte annehmen, sie hätte Angst. Die monströse Masse aus Granit in ihrer majestätischen Verruchtheit war diesem Brett mit seinem Dreieck nicht gewachsen. Vor der neuen Allmacht erzitterte die abgesetzte alte. Die Gewalttätigkeit von ehemals verglich sich mit der jetzigen, die Kriminalgeschichte mit der Geschichte der Feudaljustiz, die alte Festung, das alte Gefängnis, der alte Herrensitz, darin einst die zerrissenen armen Sünder heulten, der kriegerische, mörderische Bau, nun dienstunfähig und kampfunfähig, geschändet, entwaffnet, entthront, der Steinhaufen, nun einen Aschenhaufen wert, der scheußliche, großartige Leichnam, in dem noch die Greuel der Jahrhunderte schwammen, sah nun mit Grauen die lebende, schreckliche Gegenwart vorbeiziehen. Das Gestern bebte vor dem Heute, die alte Grausamkeit erkannte und erduldete die neuen Schrecken, das Nichts riß vor dem Werkzeug des Schreckens seine dunklen Augen auf, der Spuk betrachtete das Gespenst.

Die unbarmherzige Natur aber will vor den menschlichen Freveln ihre Blumen, Düfte, Strahlen, Klänge nicht zurückziehen; sie erdrückt den Menschen lieber unter dem Gegensatz zwischen göttlicher Schönheit und sozialer Häßlichkeit; sie erläßt ihm keinen Schmetterlingsflügel und keinen Vogelgesang. Mitten im Mord, mitten in barbarischer Rache muß er den Anblick der heiligen Dinge ertragen; er kann dem unendlichen Vorwurf des milden Weltalls, dem unerbittlich heiteren Blau des Himmels nicht entfliehen. Denn in ihrer ganzen Nacktheit soll sich die Mißgestalt der menschlichen Ordnung vor dem blendenden Glanz der Ewigkeit zeigen. Der Mensch zerreißt, zermalmt, macht unfruchtbar, tötet; der Sommer bleibt der Sommer, die Lilie die Lilie, und der Stern bleibt Stern.

Nie war der Himmel frischer und lieblicher gewesen als an diesem Morgen. Lauer Wind wiegte das Heidekraut, weicher

Dunst strich durch die Zweige, und ganz durchhaucht vom Atem der Quellen dampfte der Wald von Fougères in dem aufgehenden Morgen wie ein breiter voller Weihrauchkessel. Das Blau des Firmaments, das Weiß der Wolken, die Klarsichtigkeit der Gewässer, das Grün der Blätter, diese harmonische Farbentonleiter vom Aquamarin bis zum Smaragd, die Gruppe der brüderlichen Bäume, die weitgedehnten Grasflächen; die unendliche Tiefebene, all das hatte die Reinheit, die den ewigen Ratschlag der Natur an den Menschen bedeutet. Mittendrin aber machte sich das schamlose Treiben des Menschen breit, und inmitten dieses allen erhoben sich die Festung und das Schafott, der Krieg und die Folter, Gestalten einer blutigen Epoche und eines blutigen Augenblicks, Nachteule der Vergangenheit und Fledermaus der Zukunftsdämmerung. In Gegenwart der blühenden, duftenden, liebevollen und liebenswerten Schöpfung wollte der prächtige Himmel, der La Tourgue und die Guillotine mit Morgenröte überflutete, den Menschen sagen: Seht, was ich tue und was ihr tut!

Und so gewaltig kann die Sonne mit ihrem Licht umgehen.

Das Schauspiel hatte seine Zuschauer. Die viertausend Mann des kleinen Streifbataillons standen in Schlachtordnung auf der Hochebene. Auf drei Seiten umgaben sie die Guillotine und bildeten genau die Figur eines großen E, dessen mittleren Querstrich die Batterie bildete. Zwischen den drei Mauern von Soldaten, die sich bis an die Ränder der Hochebene hinzogen, stand die rote Maschine wie eingeschlossen. An der vierten, offenen Seite, die der Schlucht zugekehrt war, blickte La Tourgue herein.

Dieses bildete einen länglichen Platz, in dessen Mitte das Schafott stand.

Je höher die Sonne stieg, desto mehr verkürzte sich auf der Wiese der Schatten der Guillotine.

Mit glimmender Lunte standen die Kanoniere bei den Geschützen.

Aus der Schlucht stieg ein sanfter bläulicher Rauch, das

sterbende Feuer der Brücke. Der Rauch umringelte den Turm, ohne ihn zu verschleiern; seine hohe Plattform beherrschte den ganzen Horizont. Zwischen ihm und der Guillotine lag nur die Schlucht, so daß man darüber hinweg sich verständlich machen konnte.

Auf die Plattform hatte man den Gerichtstisch und den Stuhl mit den Trikoloren gestellt. Der Tag erhob sich hinter La Tourgue und ließ die schwarze Masse der Festung hervortreten und oben auf ihrer höchsten Plattform, auf dem Stuhl des Gerichtes, unter dem Fahnenbündel, die Gestalt eines Mannes, der dort unbeweglich mit verschränkten Armen saß.

Es war Cimourdain. Wie am Abend zuvor trug er den Anzug des Zivilkommissars, auf dem Kopfe den Hut mit dreifarbigem Federbusch, den Säbel an der Seite, die Pistolen im Gürtel.

Er schwieg. Es schwiegen alle. Mit gesenktem Blick standen die Soldaten, Gewehr bei Fuß. Sie berührten sich dicht mit den Ellbogen, dennoch sprach keiner mit dem anderen. Dumpf überdachten sie diesen Krieg, die vielen Kämpfe, die im Kugelregen mutig erstiegenen Hecken, die Schwärme rasender Bauern, von ihrem Ansturm zurückgetrieben, die eroberten Festungen, die gewonnenen Schlachten, die Siege, und jetzt war ihnen, als verkehre sich der große Triumph in Schande. Eine düstre Erwartung schnürte jede Brust zusammen. Auf dem Gerüst der Guillotine sah man im erhaben anwachsenden Morgen den Henker hin und her schreiten.

Plötzlich hörten sie den gedämpften Schall der mit Flor umwickelten Trommeln. Das dunkle Wirbeln näherte sich, die Reihen traten auseinander, und ein Zug schritt durch das Karree hindurch und nahm den Weg zum Schafott.

Voran die schwarzen Trommeln, dahinter eine Kompanie Grenadiere mit gesenktem Gewehr, dann eine Abteilung Gendarmen, den Säbel gezogen, dann der Verurteilte, Gauvain.

Gauvain ging frei einher, Hände und Füße ungefesselt, in kleiner Uniform, mit dem Degen.

Hinter ihm kam noch eine Abteilung Gendarmen.

Auf seinem Antlitz lag die sinnende Seligkeit, die ihn in jenem Augenblick erleuchtet hatte, als er zu Cimourdain sagte: ›Ich denke an die Zukunft.‹ Von unsäglicher Erhabenheit war dieses weite, leuchtende Lächeln.

Als er die traurige Stätte erreicht hatte, galt sein erster Blick, die Guillotine verschmähend, der Höhe des Turms. Er wußte, daß Cimourdain es für seine Pflicht halten würde, der Vollstreckung beizuwohnen. Ihn suchte er dort oben, und er fand ihn. Eisig bleich war Cimourdain. Die neben ihm standen, hörten nicht, daß er atmete. Als er Gauvain erblickte, hatte er sich nicht geregt.

Inzwischen schritt Gauvain auf das Schafott zu. Im Gehen sah er Cimourdain an, der ihn auch ansah. Es war, als stützte sich Cimourdain auf diesen Blick.

Jetzt kam Gauvain an dem Fuß des Schafotts an und stieg hinauf. Der Befehlshaber der Grenadiere folgte ihm. Gauvain löste seinen Degen und gab ihn dem Offizier, er nahm die Halsbinde ab und reichte sie dem Henker.

Er glich einer Vision, nie war er so schön gewesen. Sein braunes Haar flatterte im Winde, damals schnitt man es den Verurteilten noch nicht ab. Sein weißer Hals erinnerte an eine Frau, das heldenmütige und souveräne Auge an einen Erzengel. Sinnend stand er auf dem Blutgerüst. Auch diese Stätte ist ein Gipfel, dort ragte Gauvain, stolz und ruhig, vom Glorienschein der Sonne umleuchtet.

Trotzdem mußte man den Geduldigen binden. Der Henker trat mit einem Strick heran. In dem Moment, als sie ihren jungen Führer wirklich dem Beil verfallen sahen, hielten sich die Soldaten nicht länger, dieser Augenblick sprengte den Kriegern das Herz, und etwas Unerhörtes war zu vernehmen, das Aufschluchzen einer ganzen Armee. Gnade! Gnade! schrie es von allen Seiten. Einige fielen auf die Knie, andere warfen die Gewehre weg und erhoben die Arme zur Höhe des Turms, wo Cimourdain stand. Ein Grenadier schrie, auf die Guillotine deutend: »Nimmt man dort Ersatzmänner an? Ich bin bereit!« Und rasend wiederholten alle: Gnade! Gnade! Löwen wären bei diesem Laut in Erregung oder Schrecken geraten, denn die Tränen von Soldaten sind furchtbar.

Der Henker hielt inne und stand ratlos.

Aber eine leise knappe Stimme, dennoch allen vernehmbar, so düster war sie, rief von der Höhe des Turms:

»Tut nach dem Gesetz!«

Da erkannten sie den Ton der Unerbittlichkeit. Cimourdain hatte entschieden. Ein Schauder überlief das Heer.

Der Henker aber zögerte nicht länger, er näherte sich mit einem Stricke.

»Warten Sie«, sagte Gauvain.

Er wandte sich Cimourdain zu und winkte ihm mit seiner noch freien Rechten einen Abschiedsgruß zu, dann ließ er sich binden.

Als er gebunden war, sprach er zu dem Henker:

»Verzeihung, noch einen Augenblick.«

Und er rief:

»Es lebe die Republik!«

Man legte ihn auf das Schaukelbrett, das anmutige stolze Haupt schob sich in den verruchten Kragen, behutsam strich ihm der Henker die Haare vom Nacken und drückte an der Feder, das eiserne Dreieck ruckte, glitt herab, zuerst langsam, dann sausend schnell, ein scheußlicher Schlag ...

Zugleich hörte man einen anderen Schall, dem Schlag des Beils antwortete der Schlag eines Schusses. Cimourdain hatte eine seiner Pistolen aus dem Gürtel gerissen, und als Gauvains Haupt in den Korb rollte, schoß Cimourdain sich eine Kugel ins Herz. Blut strömte aus seinem Munde, er fiel tot nieder.

Und diese beiden Seelen, tragisch verschwistert, entschwebten, und der Schatten des einen verschmolz mit dem Lichte des anderen.

Nachwort

Im Mai 1871 verübten aufgeputschte Rechtsradikale zu später nächtlicher Stunde einen Anschlag auf das Haus Victor Hugos in der Rue des Barricades Nr. 5 in Brüssel. Sie bewarfen die Wohnung des Dichters, in der sich auch seine Schwiegertochter und seine beiden kleinen Enkel befanden, mit Steinen, stießen Morddrohungen wie ›Nieder mit Hugo! Tod dem Jean Valjean!‹ aus und versuchten, das Haus zu stürmen. Kein Mensch aus der Nachbarschaft leistete Hilfe, und erst am frühen Morgen kam Rettung durch zwei Arbeiter, die, auf dem Wege zu ihrer Fabrik, das Hausen der Bande bemerkten und die Polizei alarmierten. Als diese eintraf, hatten die Täter längst das Weite gesucht. Man fertigte ein Protokoll an, mehr geschah nicht. Doch, etwas geschah: Der belgische Justizminister verfügte Hugos Ausweisung, mit der Begründung, seine Anwesenheit in Belgien gefährde die öffentliche Sicherheit und Ruhe des Landes.

Hugo wußte wohl, was hinter dem Anschlag und der Ausweisung steckte. Tags zuvor war in der ›Indépendance belge‹ sein Artikel erschienen, in dem er die Asylverweigerung der belgischen Regierung für die besiegten flüchtigen Kommunarden angeprangert und allen Exilanten sein Haus als Zufluchtsstätte angeboten hatte. Aus tiefer Abscheu gegenüber der brutalen Niedermetzelung der Pariser Kommune solidarisierte er sich mit den Opfern, deren Kampf er doch nie eindeutig unterstützt hatte. Seine Forderungen nach Freiheit, Gleichheit, Brüderlichkeit und Gerechtigkeit, für die er stets eingetreten war als Dichter und als republikanischer Politiker, erwiesen sich hier, wo die Kommune sich anschickte, in die Tat umzusetzen, was 1789 begonnen worden war, als vage, sentimental-romantische Begriffe. Zwar bekannte sich Hugo zu den Zielen der Kommune, doch stießen ihn deren praktische Konsequenzen ab: ›Je suis pour la Commune en principe et contre la Commune dans l'application‹, schreibt er im April 1871 im ›Rappel‹.

Hugo, für den das Jahr 1870 zunächst eine Befreiung von der schmachvollen Diktatur Napoleons III. bedeutet hatte, ließ sich im gleichen Jahr aus der Liste der französischen Nationalversammlung streichen, weil die konservative Provisorische Regierung Thiers auf eine Verteidigung des Vaterlandes verzichten wollte, um einen Schandfrieden mit den preußischen Belagerern der Hauptstadt zu schließen. Erst kurz zuvor hatte der alte Mann in Paris vor den Ruinen eines Gebäudes gestanden, das durch eine preußische Bombe in Schutt und Asche gelegt worden war. Es war das ehemalige Feuillantinerinnenkloster, mit dem sich die Erinnerung an eine besonders friedvolle und behütete Zeit seiner Kindheit verband.

Wenige Monate später erfuhr Hugo in seinem belgischen Exil von der Zerstörung eines anderen, mit der Erinnerung an seinen Vater, den ehemaligen General Napoleons I., verbundenen Denkmals. Die Führer der Kommune ließen im April 1871 die Vendôme-Säule als Symbol des Chauvinismus stürzen. Hugo reagierte voller Empörung: ›Seit dem 8. wird Paris nicht nur von Unbekannten geführt, was nicht gut ist, sondern auch von Unwissenden, was schlimm ist. Ich brauche dafür keinen anderen Beweis als die Gründe, die für die Zerstörung der Vendôme-Säule angeführt werden: die Erinnerungen, welche die Säule wachruft. Wenn man ein Denkmal wegen der

Erinnerungen, die es weckt, zerstören muß, so laßt uns den Parthenon niederreißen, weil er an den heidnischen Aberglauben erinnert, die Alhambra, weil sie an den mohammedanischen Aberglauben erinnert, das Kolosseum, weil es an jene schrecklichen Feste erinnert, bei denen Raubtiere Menschen fraßen, die Pyramiden, weil sie an die furchtbaren Könige erinnern, die Pharaonen, deren Grabmäler sie sind; laßt uns alle Denkmäler niederreißen, angefangen beim Ramsestempel, alle Moscheen, angefangen bei der Hagia Sophia, alle Kathedralen, angefangen bei Notre-Dame!‹

Sein Leben lang war Victor Hugo gegen jegliche Gewalt aufgetreten, Gewalt gegen Menschen ebenso wie gegen Kulturgüter. Und er litt unter der Selbstzerfleischung seines Vaterlandes, einem Bruderkrieg, der die Erinnerung an die Kämpfe zwischen Royalisten und Republikanern während der Französischen Revolution heraufbeschwor und damit zugleich an die Zerstrittenheit zwischen den Eltern des Dichters, die auf grundsätzlichen politischen Differenzen beruhte und schließlich zur Scheidung führte. Als Kind hatte er kaum etwas davon gespürt, der Vater war selten zu Hause, aber immer besorgt um ihn herum die Mutter, die ihren Letztgeborenen aufs zärtlichste liebte, wohl weil er, 1802 zur Welt gekommen, fast wieder erloschen wäre wie eine zarte Kerze. Sie hatte ihn mit aller mütterlichen Aufopferung gehegt und gepflegt und ihm so noch einmal das Leben geschenkt. Und dann, als die ›stillen‹ Tage unter dem Zeichen der Bourbonen-Lilie anbrachen, konnte sie, die immer glühende Royalistin gewesen war, sich auch offen dazu bekennen, konnte ihm anvertrauen, wie sie als junges Mädchen auf Seiten der Königstreuen als Spionin am Widerstand gegen die Revolution teilgenommen hatte, sprach von den Greueln der ›Blauen‹, der Revolutionäre, so, als sie das Blut der Chouans auf dem Marktplatz von Nantes hatte fließen sehen und andere Schreckensszenen, begangen an den widerspenstigen Bretonen. Mit solchen Erzählungen begeisterte sie ihn zu jenen Oden zum Ruhm des wiedererstandenen Geschlechtes des Königs, unter anderem die zum Lobe auf die konterrevolutionäre Vendée 1793.

Die ganze Wahrheit über seine Eltern erfuhr Victor erst nach dem Tode der Mutter 1821, durch den Vater: Am 24. und 25. August 1791, dem Jahrestag der Bartholomäusnacht, wenige Monate, nachdem die Revolution für den Bauern die jahrhundertealten Feudalrechte abgeschafft hatte, begann der so befreite, aber von Priestern und Emigranten aufgehetzte Bauer in der Vendée gegen Paris zu rebellieren, und am 11. März 1793 kam es zum großangelegten Aufstand im Westen Frankreichs.

Léopold Hugo, mit fünfzehn Jahren schon Freiwilliger in der Revolutionsarmee und durch seine Unerschrockenheit und seinen Mut zum Hauptmann avanciert, hatte am Feldzug gegen diesen konterrevolutionären Aufstand teilgenommen und eines Tages in der Stadt Chateaubriant seine spätere Frau kennengelernt, die er erst Jahre danach als fanatische Royalistin erkannte. Er nannte sich damals Brutus Hugo (den Vornamen hatte er sich aus republikanischer Begeisterung zugelegt) und war nicht allein bei seinen Kameraden beliebt, sondern genoß sogar beim Feind eine gewisse Achtung, da er, entgegen dem Befehl des Generals Humbert und vor allem den Anordnungen des Konvents in Paris, viele bretonische Frauen, Kinder und Greise vor dem standrechtlichen Erschießen verschont hatte. Ob es das war, was ihm die Zuneigung der damals vierundzwanzigjährigen Sophie Trébuchet einbrachte, oder seine steile militärische Karriere, das konnte der Vater nicht sagen, und die Mutter hatte sich dazu nie geäußert.

Léopold Hugo, der den Einfluß der Mutter auf den kleinen Victor besorgt beobachtet hatte, war der Meinung: ›Lassen wir die Zeit wirken. Jetzt teilt der Knabe noch die Ansichten seiner Mutter, aber als Mann wird er sich den Ansichten seines Vaters anschließen.‹ Und er sollte recht behalten. Victor wurde ein glühender Verfechter der Revolution und hat sich zeitlebens zu Paris, der Mutter aller Revolutionen des Jahrhunderts, bekannt und zum Volk als Quelle, von der alle Kraft für Veränderungen ausgeht. Die Masse – in seinen Büchern manchmal schon im Titel als Held genannt (›Die Elenden‹, ›Die Arbeiter des Meeres‹) – ist für ihn noch Natur und zugleich Inbegriff alles Menschlichen schlechthin. So nennt sich der Dichter nach 1830 einen ›Sozialisten‹, damals ein mystisches Wort, in dem sich politische Zukunftsideen der Utopisten mit christlichen Vorstellungen von Gerechtigkeit und Menschenliebe mischten.

So enthusiastisch Hugo stets den Kampf des Volkes für mehr Gerechtigkeit und eine neue Gesellschaft unterstützt hatte, so entschieden verurteilte er Unmenschlichkeit und Gewalt. ›… Vor dem aufgerissenen Rachen des Bürgerkriegs der Menschlichkeit huldigen, den Beweis liefern, daß es über Königsmacht und Revolution, über den irdischen Wahrheiten eine höhere gibt: die Pflicht des Starken zur Beschützung der Schwachen, die Pflicht des Geretteten gegen die Verlorenen, die Vaterpflicht aller Greise gegenüber allen Kindern!‹ läßt er den republikanischen Offizier Gauvain im vorliegenden Roman sagen. Er ist geprägt von dieser politisch unentschiedenen, aber menschlich integren Haltung.

Der Eindruck, den die Kommune als Revolution und Bruderkrieg dem Dichter vermittelt hatte, ließ ihn Vergangenes mit jüngst Geschehenem vergleichen und führte ihn zu diesem bereits 1860 gefaßten Projekt eines Romans über die Französische Revolution, der 1874 erschien und sein letzter sein sollte.

Eberhard Wesemann

ISBN 3-378-00295-6

Gustav Kiepenheuer Verlag Leipzig und Weimar
Erste Auflage
Lizenz Nr. 396/265/15/89 LSV 7351
Gesamtherstellung: Offizin Andersen Nexö,
Graphischer Großbetrieb, Leipzig III/18/38
Schrift: Bodoni-Antiqua
Gestaltung: Helgard Reckziegel
Printed in the German Democratic Republic
Bestell-Nr. 812 272 8
01320